Das Goldene Versprechen
Botschaften der Hoffnung und Inspiration
von Erzengel Michael
gechannelt von Ronna Herman/USA

Orignaltitel:
The Golden Promise
in den USA veröffentlicht durc
Mt. Shasta Light Publishing

Deutsche Übersetzung: Alfred Winkler/ A
Hollabrunn/Österreich

Deutsche Fassung

Heidemarie de Melo - Verlag
Schleissheimerstr. 220
80797 München
Tel. (089) 30 34 81 Fax (089) 30 80 646
Email: de.Melo.Horus@t-online.de

Ronna Herman kann im deutschsprachigen Raum über den Heidemarie de Melo - Verlag kontaktiert werden.

Cover : Design von Aaron , Mt. Shasta Publishing
Cover-Bild : Erzengel Michael von Peggy Black

ISBN-Nr. 3.936226-01-6

Druck: DeschDruck, Westbergstr. 5, 85391 Allershausen

Erzengel Michael (Bild von Armando de Melo)

Vowort von Russ Michael

Wieder einmal hat Ronna Herman, die ein unglaublich reiner Kanal für die machtvolle Energie von Erzengel Michael ist, ein weiteres umfangreiches Buch voller großartiger, neuer spiritueller Informationen üermittelt.

Dieses Buch ist vollgestopft mit benötigten Informationen, Meditationen und großartigen „spirituellen Werkzeugen", welche, wenn gelesen, verstanden und angewendet, jeden, der sich dazu entschließt, deutlich rascher zu spiritueller Erleuchtung und Selbstbemeisterung führen kann.

Einige Kapitel sind der Erklärung unserer sieben solaren und fünf kosmischen Strahlen gewidmet, ihren Aspekten oder Eigenschaften, und welche Edelsteine getragen oder betrachtet werden können, um irgendeine dieser göttlichen Strahlenqualitäten in unserem eigenen göttlichen Wesen hervorzuheben oder zu vergrößern.

Andere Kapitel geben Einblick in die sieben Hauptchakren oder ätherischen Zentren im Körper und wie sie durch den physischen Gebrauch der entsprechenden Farben aktiviert werden können, indem man diese Farben täglich für einen Monat trägt, mit ihnen schreibt, meditiert, etc.,etc.

Dieses großartige Buch enthält auch hervorragende „New Age-Überzeugungen" - die einzubeziehen in unser Alltagsleben klug wäre - als auch eine Auswahl von hervorragenden und machtvollen „Mantra Bitten" an Meister, Erzengel oder göttliche Wesenheiten.

Insgesamt ist der Ton und die Empfindung dieses Buches höchst erhebend und gewaltig inspirierend. Wenn Du planst, nur zwei oder drei Bücher in diesem Monat zu lesen, dann sollte *Das Goldene Versprechen* unbedingt eines von diesen sein.

Anmerkung: Russ Michael ist Autor von 26 Büchern, die in 11 Sprachen verkauft werden, einschließlich seines Langzeit-Bestsellers „ *Finding Your Soulmate*" und seines neuen Buches *„Your Soulmate Is Calling" (deutsch: Dein Seelenpartner ruft nach Dir).*

Danksagung

Ich möchte mich hier bei Ronna Herman bedanken, dass sie mir dieses Buch anvertraut und mich als ihre Mittlerin für den deutschsprachigen Raum ernannt hat.

Mein besonderer Dank geht an Alfred Winkler, der dieses große Werk in die deutsche Sprache übertragen hat. Niemand anders als er, der sich so auf die Schwingung von Erzengel Michael und seinem Sprachrohr Ronna Herman einstellte, konnte so hervorragend dieses Buch übertragen.
Danke Alfred!!!

Ja, und letztendlich haben Lichtarbeiter es mit ihrer finanziellen Hilfe möglich gemacht, dieses Buch drucken zu lassen. Der Segen Gottes möge mit Ihnen sein, ich weiß, Erzengel Michael ist bestimmt bei ihnen, ganz besonders bei einem Lichtarbeiter ohne dessen Hilfe ich es nicht geschafft hätte.

Alles in Allem wurde das Buch von Anfang an von Erzengel Michael geführt.

Danke,Danke,Danke

Heidemarie de Melo-Verlag
Email de.Melo.Horus@t-online.de

Inhaltsverzeichnis

1.. Erzengel Michaels Botschaft an die deutschsprachigen Leser

Geliebte Meister, stellt euch bitte vor, wir sitzen zusammen, ihr und ich, und schwelgen in Erinnerung an all die wundervollen Abenteuer, die wir zusammen in den höheren Reichen durch die Äonen der Zeit erlebt haben. Ja, jeder einzelne von euch gehört zu meinen Legionen des Lichts, oder ihr würdet diese Worte, die ich euch durch meine Botin sende, nicht lesen und auf sie ansprechen. Ich war euch immer nahe, um euch zu führen und zu beschützen, wie ich es versprach. Ihr mögt es vergessen haben, ich aber nicht. Nachdem ihr eurem Auftrag zum Planet-Erde-Projekt zugestimmt hattet, pflanzte ich einen „Sternensamen" in euer Herz, einen spezielle Samen Gotteslicht, der euch als meine Krieger des Friedens und des Lichtes identifiziert. Dieser Samen „brennt" nun hell in eurem Herzzentrum und brachte die Sehnsucht hervor, die ihr in diesen vergangenen Jahren so oft gefühlt habt. Nun ist es Zeit, voranzuschreiten und euer Erbe zu fordern, und so bitte ich jeden von euch, eine neue Vereinbarung mit mir zu treffen.

Wollt ihr meine Abgesandten auf Erden sein? Wollt ihr meine Verfechter des Lichts sein und mein Schwert der sieben Tugenden tragen? Ihr alle, die ihr in den schönen Ländern mit Namen Deutschland, Österreich und Schweiz lebt, habt eine sehr wichtige Rolle zu spielen in dem großen Plan, der sich jetzt entfaltet. Viele Orte in aller Welt sind in großer Bedrängnis wegen Übervölkerung, Missbrauch von Land, Wäldern, Seen und Flüssen, aber auch durch Verschmutzung von so vielen negativen Gedankenformen. Es liegt solch eine große Schwere auf diesen Orten, sodass, ja, eine Reinigung stattfinden muss. Ihr seht, dass dies jetzt geschieht: mehr Überschwemmungen, Brände, große Winde und gewaltige Stürme. Sie geschehen nicht um irgendjemanden zu bestrafen, sondern um zu reinigen und die Negativität und den Schaden auszugleichen, der während der vergangenen Zeitalter verursacht wurde, so dass alles wieder in Balance gebracht werden kann. Viele teure Seelen die an diesen Orten leben, akzeptierten den Auftrag, das Licht zu verankern und mitzuhelfen, die Reinigung so sanft wie möglich zu machen. Die Rolle, die zu spielen jeder von euch akzeptiert hat, ist wesentlich für den Erfolg des Ganzen.

Ihr braucht euch keine Sorgen darüber zu machen, ob ihr an einem sicheren Ort seid, Geliebte. Ihr werdet sicher sein, wenn ihr euch selbst mit dem Licht des Geistes/Spirit umgebt und für das höchste Wohl aller bittet. Diejenigen die glauben, es muss Kataklysmen geben, werden ihre Kataklysmen mit sich nehmen, ganz gleich wohin sie gehen, denn das ist die Realität, die sie erschaffen haben. Ihr könnt euch durch diese sich schnell verändernden Zeiten mit Leichtigkeit und Anmut bewegen. Jede Person, die zu ihrer Gottnatur erwacht, fühlt den Ruf/Wunsch, mit der Heimreise zu beginnen. Der erste Teil der Reise wird sie zu den Orten auf der Erde führen, die in Resonanz stehen mit dem Gesang ihrer Seele, ihres Herzens. Ganz gleich, in welchem Land ihr zu dieser Zeit euren Wohnsitz habt, oder welche Kultur, welches Erbe ihr für diese Lebenszeit gewählt habt, eure Abstammung ist uralt und ehrenwert, und in eurer Gehirnstruktur habt ihr eine gewaltige und tiefgründige Weisheit mit der Welt zu teilen. Die männlichen Energien des Vater-Schöpfers haben tausende Jahre lang eure Länder beherrscht, jetzt bitten wir euch, erlaubt der Liebe der Göttin/Mutter-Schöpfer ebenfalls ihre liebende Energie über euch zu ergießen, und eure Herzen mit ihrer Liebe, ihrem Licht und dem Samen der neuen Schöpfung zu füllen.

In längst vergangenen Zeiten wandtet ihr euch nach innen um Führung von eurem Spirit-Selbst und eurem Schöpfer. Ihr lerntet große und herrliche Dinge zu manifestieren durch die Anwendung der universellen Gesetze der Manifestation. Aber euer Fokus wandte sich nach außen, und viele haben vergessen, wo ihre wahre Stärke liegt. Jetzt bitten wir euch, wendet euch wieder nach innen und verbindet euch mit dem Gottesfunken, der im Innern wohnt. Wenn ihr euch mit den Mächten eurer inneren Essenz verbindet, werdet ihr Wunder erschaffen, die über eure wildesten Vorstellungen hinausgehen. Geliebte, bittet immer darum, dass eure Kreationen dem höchsten Wohle aller dienen mögen. Auf diese Weise werdet ihr nicht fehlgehen und ihr werdet die volle Schönheit und Freigebigkeit der Schöpfung genießen.

Eure Aufgabe ist, euch auf die neuen Städte und Länder des Lichts vorzubereiten, die in den höheren Dimensionen darauf warten, auf der Erde manifestiert zu werden. Wollt ihr einwilligen, bei diesem Vorgang mitzuhelfen? Während eurer Meditationen geht in eure Lichtpyramide und stellt euch einen Göttlichen Lichtstrahl vor, der herabstrahlt auf euer

Heim, die Nachbarschaft in der ihr lebt, dann auf die Stadt und letztendlich auf euer Land. Fokussiert euch eine Zeit lang auf jeden Bereich, und euch wird Führung zuteil werden sobald ihr bereit seid, eure Aufstiegssäule des Lichts zu erweitern. Ihr verankert damit die verfeinerten Frequenzen der höheren Dimensionen, die den Weg für die Entfaltung des Neuen Zeitalters der Gnade ebnen und harmonisieren werden. Geliebte, beginnt durch mit Liebe gefilterte Augen zu sehen und mit Mitgefühl gestimmte Ohren zu hören. Beginnt das zu sehen, was ihr mit anderen Rassen, Kulturen und Ländern gemeinsam habt und nicht das, was euch unterscheidet. Ihr seid einmalig, aber in euch allen ist der gleiche Göttliche Funke des Schöpfers, der sich noch einmal in einem physischen Gefäß verkörpert hat, um zu helfen, den Himmel auf Erden wiederherzustellen.

Wollt ihr diese Aufgabe annehmen, Geliebte? Bittet, und ich werde euch überlichten mit meiner Liebe, Stärke, Integrität und meinem Willen, um unserem Vater/Mutter-Gott zu dienen, und mit all dem, was ihr braucht, um tapfer voranzugehen, um diese, eure letzte Aufgabe auf Erden, zu erfüllen. Wie ich euch vor kurzem sagte, euer irdischer Auftrag ist vollendet, nun ist es Zeit, eure galaktisch/kosmische Aufgabe zu übernehmen, da wir tapfer miteinander fortschreiten, um einer für den anderen Freude, Frieden, Überfluss und Liebe zu erschaffen auf dem wunderschönen Sternenschiff genannt Erde.

Verbindet euch oft mit mir in unserer Pyramide des Lichts, ich werde euch führen und inspirieren, ich werde euch trösten, aber vor allem werde ich euch durchtränken mit dem kostbaren Geschenk der Liebe und des Lichtes von unserem Schöpfer. Wisst, dass ihr nie allein seid.

ICH BIN Erzengel Michael.

2. Botschaft von RONNA

An alle meine geliebten Seelen/Sternen-Schwestern und Brüder:
Vieles ist geschehen seit Erzengel Michael's erstes Buch **„Auf Schwingen des Lichts"** veröffentlicht wurde. Die Leute sagten mir, dass sich ihr Leben dramatisch verändert hat, meistens zum Besseren, jedenfalls meines, das weiß ich. Mein Gatte und ich übersiedelten von San Diego in Kalifornien nach Reno in Nevada, um nahe bei unseren Kindern und Enkeln zu sein. **„Auf Schwingen des Lichts"** wurde in vier Sprachen übersetzt: Holländisch, Deutsch, Französisch und Portugiesisch. Erzengel Michael's monatliche Botschaften wurden in die meisten Hauptsprachen übersetzt und wurden von Tausenden, möglicherweise Millionen in aller Welt gelesen. Ich unternahm ausgedehnte Reisen durch die Vereinigten Staaten und Europa, hielt Seminare und Workshops, und traf so viele wunderbare Menschen, welche ich als meine erweiterte Seelenfamilie betrachte.

Die positive Resonanz auf diese Botschaften und meine Arbeit war beinahe überwältigend. Ich bin unendlich dankbar dafür, dass ich, in diesen sich schnell verändernden Zeiten, von Erzengel Michael zum Übermittler seiner liebevollen Weisheit und seiner Botschaften für die Welt auserwählt wurde.

Ich schreibe diesen Liebesbrief an Euch am Vorabend des neuen Millenniums, und, wie so viele von Euch, fühle ich die aufsteigende Erregung für die wunderbaren Dinge, von denen wir wissen, dass sie sich in den nächsten entscheidenden Jahren ereignen werden. Es war nicht immer leicht, aber ich schätze diese Erfahrungen, sowohl die Lektionen als auch die vielen Geschenke, die ich erhielt, denn sie machten mich zu dem, was ich heute bin. Ich kann aufrichtig zu den Menschen sagen, „Ich weiß, wie ihr fühlt", denn ich musste all die Dinge, die ich euch lehre, selbst erleben, und deshalb kann ich sagen :"ich lebe das, was ich sage", und „ich fliege nach meiner Vision".

Alles, was mir Erzengel Michael mitteilte, wurde wahr, wenn auch nicht immer so, wie ich es erwartete, oder in dem erhofften Zeitrahmen, aber zurückblickend kann ich sagen, es war alles zum besten und höchsten Wohle aller. Was können wir mehr erbitten?

Also lade ich Euch ein zu einer gemeinsamen Reise mit mir, einer Reise in die unsichtbaren Reiche der Engel. Legt Euren analytischen Verstand zur Seite, wenn ihr wollt, und fühlt mit Eurem Herzen und Eurem inneren Wissen. Lasst die Worte in Euch nachhallen und fühlt, ob sie nicht eine Saite tief im Innern berühren, eine Erinnerung an längst vergangene Zeiten, wo wir mit den Engeln kommunizierten und spazieren gingen.

Erzengel Michael's Botschaften wurden zunehmend tiefgreifender, da er uns sanft in ein größeres Bewusstsein über unsere kosmischen Abstammung und die universellen Gesetze führt, die unsere Lebensgrundlage sind, indem er uns erklärt, was in unserer Welt und mit uns geschieht. Ich gebe Euch diese Botschaften in der Form weiter, wie sie mir gegeben wurden, mit nur kleinen bearbeitenden oder grammatischen Korrekturen. Er hat einige der Botschaften auf den neuesten Stand gebracht, aber sie sind zeitlos, heute genauso relevant wie an dem Tag, wo sie mir zum ersten Mal gegeben wurden. Die Botschaften haben einen „Geschmack", eine gewisse Ausdrucksweise; Lord Michael benützt die Worte in einer Weise, die in literarischen Kreisen wohl keine Akzeptanz finden würden, aber sie rufen in ihrer Essenz von Liebe und Mitgefühl Resonanz hervor, und deshalb bringe ich sie zu Euch auf die gleiche Weise.

Indem wir beginnen, uns zu höherer Wahrheit und größerer Weisheit Zugang zu verschaffen, dehnen wir unsere physischen, emotionalen und spirituellen Realitäten sprunghaft aus. Die Menschheit wird erwachsen, wir sind nicht mehr länger Kinder, die im Dunklen herumstolpern, oder ohne zu fragen anderen folgen. Es taucht eine Bewusstseinsebene auf, die nicht bloß unsere Familien, die Nachbarschaft und Städte, sondern auch Rassen, Kulturen, Länder und Planeten mit einbezieht, ja sogar unser Sonnensystem, die Galaxis und das Universum.

Wenn wir beginnen, die höheren Frequenzen der Liebe, des Mitgefühls und des Nichturteilens in uns schwingen zu lassen, wird es keine Furcht, Begrenztheit oder Krankheit geben, und wir werden uns in ein Gefühl der Einheit begeben, statt eines der Isolation und des Alleinseins. Wir befinden uns in einem Prozess der Heilung und der Befreiung von allen Energien und Frequenzen, die uns nicht länger dienlich sind, und die in dem Lichtkörper, den wir uns bauen, nicht existieren können. Indem wir all diese dunklen Kristalle (wie Lord Michael sie nennt) freigeben, können wir die leeren Stellen mit reiner kristalliner Lichtsubstanz füllen. Diese alten unausgeglichenen Energien enthalten die Erinnerungen an Schmerz, Leiden und Begrenzungen unserer uralten Vergangenheit.

Es ist Zeit für uns, uns von den falschen Vorstellungen zu befreien, oder der trennenden Bedeutung von: gut und böse, licht und dunkel - dem Dualitäts- oder Polaritätsbewusstsein. Wir sind hier auf Erden in einem physischen Körper, auf der materiellen Ebene, um die Dualität und Polarität zu erfahren. Was wir suchen ist Ausgeglichenheit und Harmonie, nicht die Beseitigung der Dualität oder Polarität.

Es ist Zeit für uns, zu einem Gefühl des Einsseins oder der Ganzheit zurückzukehren. Die ganze Schöpfung ist eine Aspekt des Göttlichen Schöpfers, unserer Vater/Mutter-Gottheit. Es ist auch Zeit, Dich daran zu erinnern, dass Du ein Meister bist. Du kamst zur Erde als mitschöpferischer Meister, um die Paradieswelt, genannt Erde zu errichten, zu erleben und zu genießen. Bist Du bereit, den Meister des Mangels, der Begrenzung, der Angst und des Leidens abzulegen? Es ist Zeit, Dein Erbe anzutreten als Meister der Liebe, der Schönheit, der Freigebigkeit, des Überflusses und der Freude.

Noch nie, seit unserer Ankunft auf dem Planeten Erde vor vielen Äonen, hatten wir so viel Hilfe und Beistand von den höheren Reichen: Erzengel, Helferengel, Meister, Lehrer, Führer und wundersame Wesen aus weit entfernten Galaxien. Aber Du musst darum bitten, und dann Deiner inneren Führung folgen, bis Du Deinen Weg zurück findest auf diesen wundersamen Pfad des höheren Bewusstseins, der Erleuchtung und Meisterschaft.

Wir alle sind zusammen auf dieser wundersamen Reise zurück nach Hause. Jeder Sieg, jeder Vorteil, den Du erzielst, ebnet den Weg für die Nachfolgenden hinter Dir. Ich hoffe, dass ich dazu beitragen kann, Eure Reise ein wenig leichter und Eure Erlebnisse freudvoller zu machen.
Liebe, Licht, Freude und Segen über alle Maßen, Ronna

3. Löse dich von deiner Vergangenheit indem du zurückgehst in die Zukunft

Meine Geliebten, dies ist eine sehr entscheidende Zeit in eurem Umwandlungs- und Aufstiegsprozess, eine Zeit, in der ihr für äußere Einflüsse und Konzepte höchst anfällig seid. Täglich werden euch neue Informationen, Methoden und Theorien zur eingehenden Betrachtung, Untersuchung und Integrierung dargeboten. Aber was ist wahr und was nicht? Wie könnt ihr das erkennen? Haben wir euch nicht gesagt, dass ihr die Vielzahl der Konzepte, die euch vorgelegt werden, sortieren und erkunden müsst, um zu erkennen, was eure Wahrheit ist? Ihr, nur ihr allein könnt entscheiden, was für euch richtig ist und welchem Pfad des Bewusstseins ihr folgen wollt, denn ihr seid eine einmalige und wesentliche Schöpfung des Göttlichen Geistes.

Es gibt viele kleinere Dramen, die sich im größeren Drama der Transformation und Evolution abspielen, und ihr könnt nicht völlig begreifen oder euch vorstellen, was in diesem schönen Tanz des Aufstiegs, zurück in die Reiche der er-LEUCHT-eten Realität, stattfindet. Es ist einfach ein weiterer Schritt auf dem Weg zurück in eure Heimat unter den Sternen. Was für viele von euch als negativ oder Strafe erscheint, ist in Wirklichkeit nur ein notwendiger Schritt, um euch aus eurer Selbstzufriedenheit und euren alten Denkmustern aufzurütteln.

Viele schöne und tapfere Diener des Lichts akzeptierten ihre Aufgabe, Katalysatoren für geist- und herzerschütternde Ereignisse zu sein, sodass sie in ihr höheres Bewusstsein „hineinschockiert" werden und beginnen, für sich selbst zu denken. Auf einer Göttlichen Ebene akzeptierten sie die Gelegenheit, des Schöpfers Arbeit zu tun, wie auch immer der Preis oder der Urteilsspruch ausfallen würde. Wir ehren diese großartigen und wunderbaren Wesenheiten, denn ihre Aufgabe ist keine leichte.

Weil ihr euch in einer sehr kritischen Phase eures Erleuchtungsprozesses befindet, einer Zeit, in der ihr sehr verletzbar seid, und eure Prüfungen und Tests nicht so dramatisch sind wie in der Vergangenheit, seid ihr ziemlich oft verwirrt und wisst nicht, wie der nächste Schritt oder die nächste Wahrheit aussieht, die ihr in eure sich stetig verändernde Realität eingliedern sollt.

Viele von euch fallen in die alten Verhaltensmuster zurück, indem ihr anderen erlaubt, für euch zu denken, euch - ohne zu fragen- von ihnen führen zu lassen, ohne eure Wahrheit dadurch zu bestätigen, indem ihr nach innen geht und euch mit eurer unfehlbaren Quelle verbindet, eurer eigenen Göttlichen Gegenwart. Ihr sucht noch immer außerhalb von euch selbst, wendet euch an jene, von denen ihr glaubt, dass sie stärker oder klüger sind als ihr, hoffend, dass sie euch die Wege führen, so dass ihr nicht an der Spitze vorangehen müsst in die Feuerlinie oder in ungeprüftes Territorium. Wir sagen euch, Geliebte, so wird das nicht funktionieren. Ihr, als Lichtkämpfer, müsst euren eigenen Pfad erleuchten, eure eigene kostbare Weisheit in Anspruch nehmen, für die ihr bezahlt habt und die ihr durch lange Zeitalter der Erfahrungen, Prüfungen und Leiden gewonnen habt.

Eine große Vielfalt liebender, engagierter Botschafter und Lehrer wurde nun hinaus in die Arena des öffentlichen Dienstes entsandt, um euch Zugang zu der Vielzahl an neuen Informationen zu verschaffen, die nun hervorströmen seit der „Ring des Nichtüberschreitens“, oder die Quarantäne von der Erde aufgehoben wurde. Aber in der Fülle an Informationen - vieles davon steht in Harmonie mit den Konzepten und Lehren der Hierarchie und der Lichtwesen – gibt es nach wie vor solche, die in Gedankenform übertragen und durch das Glaubenssystem und die Realität des Botschafters gefiltert werden; widersprüchliche und verwirrende Informationen – teilweise wahr, viel Halbwahrheit, und sogar manche verzerrte Trugschlüsse, aufgepickt aus den Mythen des Massenbewusstseins.

Dies ist ein Versuchsgelände, versteht ihr. Ihr lernt, die Geschenke und Fähigkeiten zu benutzen, die Jahrhunderte über Jahrhunderte in euch schlummerten. Wenn ihr euch auf den Weg in die Reiche der erleuchteten Wahrheit begebt, werdet ihr nicht nach eurem erzielten Punktestand oder eurer Authentizität beurteilt, sondern nur nach eurer Absicht. Jede Person, die „channelt“ oder Informationen liefert, findet eine Anhängerschaft für diese Wissensebene, solche, die daraus lernen wollen, denn vieles davon stand euch vorher nicht zur Verfügung: Einsichten, Werkzeuge und Methoden, die ihr benötigt, um die Spirale des Aufstiegs zu durchlaufen. Manchmal kommt die Unschuld von SPIRIT (Geist) zum Vorschein, eine zarte liebende Natur, die in bedingungsloser Liebe schwingt, als ein leuchtendes Beispiel eines wahren Meisters. Andere wiederum mögen Lektionen im Urteilsvermögen erteilen, gut möglich durch schmerzliche Erlebnisse, so dass ihr zur Erkenntnis gelangt, dass ihr nicht mehr länger eure Wahrheit und Macht an andere abgeben sollt.

Ihr müsst die Informationen, die euch angeboten werden, durch euer eigenes Herzzentrum auf ihre Gültigkeit hin überprüfen und euch dabei immer mehr und mehr auf eure eigene Göttliche Intuition einstimmen. Ihr könnt nicht alles Wissen haben, und das ist auch nicht notwendig, denn es ist die Aufgabe dieser Botschafter aus den höheren Reichen, euch eine Vielzahl an Standpunkten anzubieten, ein Panorama von Informationen, gesammelt vom Geist des Universums oder entnommen aus ihren eigenen Datenspeichern uralter Erfahrungen, sodass ihr wählen könnt, was am engsten mit eurer Abstammung, eurem Erbe und eurem Schicksal in Resonanz steht. Aber ihr müsst über bewusstes Gewahrwerden, mentale Urteilsfähigkeit und intuitive Einstimmung auf euer Höheres Selbst zu eurer eigenen spirituellen Wahrheit finden.

Ihr habt in eurer Göttlichen Blaupause eine Erinnerung an euren kosmischen Ursprung. Ihr habt dort unauslöschlich eingeprägt, wie es am Anfang war, dieser Garten von „E-Don“, Planet Erde - dieser höchst wundersame Ort an Schönheit und Vollkommenheit. Aber mit dem Verstreichen der Äonen schwanden diese perfekten Erinnerungen, wurden zugedeckt, ersetzt oder verzerrt durch all die Ausdünstung, Negativität, Begrenzung und Isolation, die ihr als eure Realität angenommen habt.

Wir bitten euch, eure Vergangenheit loszulassen, sodass ihr die Erinnerung an eure Vollkommenheit wieder in euch erwecken könnt, an dieses perfekte Wesen, das als ein voll ermächtigter Repräsentant des Schöpfers herabstieg, um bei der Hervorbringung all der großen Ausdrucksvielfalt und Schöpfung auf diesem kostbaren Planeten Erde mitzuwirken. Jede höhere Schwingungsebene, die ihr erreicht, ruft eine Resonanz in eurem physischen Gefäß hervor, welche diese neuen Frequenzwellen tief in euer innerstes Wesen hinein sendet. Danach beginnt es vibrierend jene Kernerinnerungen oder Energien, die nicht mit den verfeinerten Frequenzen verträglich sind, aufzulösen. Viele dieser Restenergien stammen aus eurer sehr alten Vergangenheit, Erinnerungen an eure ersten Erlebnisse von Misserfolg, Verrat und körperlicher Trennung. Ihr hattet sie so lange, dass ihr sie als das akzeptiertet, was ihr seid; und sie beeinflussten euch in gewisser Weise in jeder Lebenszeit, seit ihr euch von Spirit (Geist) entfernt habt und herabgesunken seid in den Sumpf der Begrenzung und den Strudel negativer Energien, ausgespieen von der Menschheit.

Um euch von diesen uralten Erinnerungen zu lösen, die euch noch immer in Fesseln halten, müsst ihr zurückgehen zu jener Zeit der Vollkommenheit, in der ihr in einem schönen ätherisch-physischem Körper wart, als ihr noch Mitschöpfer dieses ursprünglichen Planeten wart und in einem Paradies lebtet, wo wir miteinander interagierten, kommunizierten und zusammen in perfekter Harmonie arbeiteten, eine neue Welt erbauten nach der Blaupause, die uns vom Gott-Geist gegeben wurde. Dies war ein wunderbares neues Experiment, ein einmaliges Konzept in der unendlichen Spirale der Schöpfung, eine Zeit, wo ihr arglos und rein wart in der Freude eures Ausdrucks, des Erschaffens, Erlebens und gemeinsamen Teilens. Aber um wieder dahin zu gelangen, müsst ihr Schichten um Schichten von Gedankenformen durchstoßen, die nicht mehr länger die euren sind - sie sind nicht wer ihr seid. Lasst sie gehen - ihr habt eure Lektionen gelernt, ihr habt das Wissen und die Weisheit integriert, die euch dieses physische Experiment anzubieten hatte. ES IST ZEIT, SIE GEHEN ZU LASSEN.

Lasst jene Worte durch den Kopf gehen, die Bilder hervorbringen oder Erinnerungen aktivieren. Wenn sie Gefühle von Liebe, Frieden, Harmonie und Einheit hervorrufen, dann sind es Erinnerungen und Energien, die ihr von eurem Göttlichen Selbst mitgebracht habt; aber wenn sie Furcht, Depression oder Ängste hervorrufen, dann sind es Konzepte begrenzten Denkens, die ihr in eure Realität integriert habt, seit ihr euer fleischliches Gewand angenommen habt.

Erfolglosigkeit, Unwürdigkeit, Verlassenheit, Knappheit, Ablehnung, Verrat, Knechtschaft, Sklaverei, Manipulation, Teufel, Dämonen, Satan, Hölle und Finsternis sind alles Worte, die Frequenzen und Erinnerungen von Furcht in euch freisetzen. Sie schwächen und lähmen mehr als einige andere, abhängig davon, wie viele von diesen eingeklemmten Energien losgelöst und im Licht erleuchteter Wahrheit freigesetzt wurden. Worte können euch nicht verletzen, aber diese Erinnerungen und eingeklemmten Energien können euch an das Karma-Rad gebunden halten und damit zum Sklaven der Illusion der dritten Dimension machen.

Nicht länger mehr geht ihr allein durch die Schatten, nicht mehr länger schreitet ihr allein durch die dunkle Nacht der Seele, denn die Engel und eure Göttliche ICH BIN-Gegenwart sind mit euch. Auch wenn ihr hin und wieder vom geraden und engen Pfad abkommt, werdet ihr schnell wieder von Spirit (Geist) zurück gestupst, denn dies sind höchst wundersame und außergewöhnliche Zeiten. Nie zuvor wurde der Menschheit solch ein kostbares Geschenk angeboten - das der Meisterschaft und Erleuchtung innerhalb einer Lebenszeit. Aber es gibt Fallen, Tests und Prüfungen entlang des Weges. Wir stehen euch hilfreich bei und gehen an eurer Seite, aber wir werden euch nicht an der Hand halten und euch anführen. Wir werden euch anleiten, aber wir können nicht eure Lektionen entfernen oder euch helfen, sie zu umgehen. Diese Verpflichtung liegt einzig bei euch, denn ihr seid - um es noch einmal zu sagen - im Training, mitschöpferische Meister paradiesischer Welten zu werden.

Lasst die Furcht hinter euch, ihr kostbaren Krieger; lasst gleichermaßen die Erinnerungen an Misserfolge hinter euch, den diesmal werdet ihr NICHT VERSAGEN. Es ist unbedingt nötig, dass ihr euch entscheidet, wie ihr eure Zukunft, eure neue Realität erschaffen wollt. Soll sie nach der Blaupause von jemand anders gestaltet werden, oder nach eurer eigenen? Nach der Methode von jemand anderem, oder nach eurer eigenen? Wollt ihr den Traum von jemand anderem leben, oder euren eigenen? Ihr müsst euch JETZT entscheiden!

Die wundervollen Diener, die so vertrauensvoll ihre Energie, Zeit und schöpferisches Bemühen aufwenden, seien geehrt und gelobt, denn ihnen obliegt eine bedeutende Aufgabe. Sie sind mit Fähigkeiten und Einsichten begnadet, um euch Richtlinien und eine Vielfalt an Standpunkten und Konzepten zur Auswahl zu geben, damit ihr ein breiteres Spektrum höherer Wahrheiten erlangen mögt, sodass ihr von all diesen Informationen und Konzepten jene ausfindig machen könnt, die euer Wissen und eure Bewusstheit am besten steigern. Dann müsst ihr euch jenes Wissen heraussuchen, welches mit eurer inneren Wahrheit übereinstimmt, und es integrieren, sodass es zu eurer Weisheit und zu einem Teil eures persönlichen Ausdrucks wird, eines Ausdrucks von

Weisheit und Wahrheit, der in perfekter Harmonie mit eurem Göttlichen Selbst schwingt. So werdet ihr mehr und mehr von euren verzerrten Wahrheiten und Energien beseitigen, die euch davon abhalten, euch mit diesem machtvollen, höchst wundersamen Teil von euch selbst - eurem wahren Ich - zu verschmelzen.

Ihr durchbrecht nun die letzten Ebenen der Illusion. Die meisten von euch haben die dritte Dimension von Schmerz und Leid verlassen, und schwirren nun durch die emotionalen astralen Ebenen von Halbwahrheiten, Glamour, Mysterium und Mythos der vierten Dimension. Dort gibt es viele verlockende Gedankenformen und Realitäten, welche eure Aufmerksamkeit ablenken können von eurem höheren Ziel der Erleuchtung und des Aufstiegs in die Einheit und Harmonie mit eurem Göttlichen Selbst. Seid nicht säumig auf eurem Weg, meine Getreuen. Eure wahre Bestimmung ist in Sicht. Bleibt dran - bleibt dran, wir sind fast dort. Meine abgrundtiefe Liebe und Dankbarkeit euch allen, meine getreuen Diener des Lichts.
ICH BIN Erzengel Michael.

4.. Ihr werdet zum Mythos künftiger Generationen

Geliebte Meister, erlaubt mir, in jeden von euch die Aurora Borealis der kosmischen Schöpfungsenergie einzuflößen, die sich gegenwärtig über die Erde ergießt. Es gab ein Verwerfung oder eine Öffnung im Trennungsgefüge der Dimensionen, wodurch ein großes Einfließen fünftdimensionaler Energie gestattet wurde, die eure Erde und die ganze Menschheit durchdringt. Dies hat es nie zuvor in der Erdgeschichte gegeben. Es wurde durch eure Absicht aktiviert, euer Ausströmen von reiner selbstloser Liebe und eure Zuwendung zum Schöpfer. Und so erlaubt mir, euch etwas Hilfe zu geben, damit ihr den größten Nutzen ziehen könnt von dieser ständig zunehmenden und sich beschleunigenden Infusionen des Christus-Lichts. Damit es kein Missverständnis gibt: jede Person auf Erden, auf einer gewissen Ebene, wird von diesem Wunder beeinflusst.

Stellt euch vor, wenn ihr dazu gewillt seid, wie eine vollkommene Diamant-Kristallpyramide, mit der Spitze nach abwärts, von eurer Göttlichen ICH BIN - Gegenwart herabsteigt und euer Kronenchakra durchdringt. In dieser Pyramide, in genau der richtigen Proportion für jeden von euch, befindet sich die Essenz der fünf höheren Strahlen, die ihr nun in euer Dasein integriert. Gestattet eurem bewussten Verstand, überflutet zu werden mit Liebe, Freude, Frieden und dem Erkennen, dass diese Energie all eure Gehirnzellen ganz und gar durchzieht. Stellt euch vor oder fühlt, wie euer bewusster Verstand zur Seite tritt, sich eventuell auf eurer Schulter niederlässt, als ein Zuschauer, ein stiller Beobachter des Vorgangs. Wir möchten, dass euer bewusster Verstand mit diesem Empfinden vertraut wird und sich nicht bedroht fühlt, wenn immer mehr euer Spirit, euer Christus-Geist, die Herrschaft über eure Gehirnfunktionen übernimmt. Dies ist notwendig, damit es zu keinem Konflikt kommt, wenn ihr neue Wahrheiten hereinbringt und beginnt, mehr von eurer Gehirnkapazität zu nützen.

In der Vergangenheit musste sich alles Wissen oder jede erweiterte Wahrheit gegen den Widerstand eures linearen, analytischen Verstandes durchkämpfen, traf meistens auf Widerspruch, oder wurde von alten starren Gedankenformen und Konzepten verdreht. Die neue Modalität der Bestätigung liegt in eurem Herz/Seelen-Zentrum. Nehmt das als eure Wahrheit an, was sich als ausdehnend, liebvoll und erleuchtend anfühlt. Legt all das beiseite, was euren Zweifel erregt oder ein Missbehagen auslöst. Was eure Wahrheit ist, wird auf irgendeine Weise von eurem Höheren Selbst bestätigt. Auf diese Weise werdet ihr immer in eurer eigenen Integrität und Ermächtigung sein.

Und nun erlaubt diesem kostbaren, seltenen Geschenk, sich herabzusenken in euer Unterbewusstsein. Seht dieses als einen langen dunklen Korridor mit vielen verschlossenen Türen und Abteilungen. Hinter diesen Türen sind all eure Ängste, Phobien und Besessenheiten; all die subjektiven Gedankenformen, die ihr durch die Zeitalter herab als eure Wahrheit angesehen habt und die euch ständig im Krieg mit euch selbst gehalten haben. Seht, wie sich die Türen und Abteilungen öffnen, und all die dort lauernden Schatten und Energien von den umwandelnden Energien der fünf Strahlen durchdrungen werden. Seht, wie all das, was nicht eure höchste Wahrheit ist, was euch in Begrenzung und Illusion hielt, sich auflöst und in reine Göttliche Lichtsubstanz umwandelt. Das Geschenk, das wir euch anbieten, ist Einheit und Harmonie zwischen eurem Unterbewusstsein, eurem Verstandesbewusstsein und eurem Überbewusstsein oder Christus-Geist, sodass ihr nicht mehr länger den Kampf und die Konflikte zwischen euren vielen Bewusstseinstrukturen zu erleiden habt. Noch einmal, ihr werdet die Kontrolle und Herrschaft über euer Bewusstsein vom Blickwinkel eines Meisters einnehmen, nicht länger eure Bemühungen sabotieren, sondern in perfekter Harmonie funktionieren mit eurem Göttlichen Selbst und eurer Göttlichen Blaupause.

Wir wissen, dass ihr jetzt viel Verwirrung erlebt. Viele von euch haben Schwierigkeiten, sich auszudrücken: die Worte kommen entweder falsch oder entstellt heraus, und ihr hört Worte von anderen, die ihr nicht versteht. Ihr habt eine schwierige Zeit, euch zu konzentrieren, und zeitweise fühlt ihr euch total verwirrt. Lasst euch sagen, auch das wird vorübergehen, geliebte Freunde. Ihr heilt eure Vergangenheit und die Vergangenheit eurer irdischen Erfahrungen. Stellt euch die drittdimensionale Erde vor, wie sie sich langsam freimacht von der vierdimensionalen Realität, die ihr gegenwärtig erlebt. Nach und nach wird, durch eure Resonanz mit immer höher und höheren Frequenzen, all die Negativität und Unausgeglichenheit, sowie die Illusionen dieser Realität von eurer Welt verschwinden. Alles, was ihr mitnehmen werdet, ist die Erinnerung an die Schönheit, an die Erfolge und Leistungen, und an die Wunder eurer vergangenen Erlebnisse auf dem Planeten Erde. Ihr werdet Schmerzen, Leid und Qual vergessen. Da sich euer Spirit erhöht, wird er die Illusion der Trennung und das Gefühl des Versagens hinwegwischen - er kennt nur noch Vollkommenheit.

Ihr werdet zum Mythos künftiger Generationen. Sie werden zurückblickend mit größtem Respekt und größter Ehrfurcht von den tapferen und schönen Seelen sprechen, die den Planeten Erde vor sicherer Zerstörung retteten und ihn erhöhten und umgestalteten in seine ursprüngliche Schönheit und Vollkommenheit. Missversteht dies nicht, ihr pflanzt die Saat und schafft die Grundlage für die Entstehung eines neuen Himmels auf Erden.

Es ist Zeit für euch, voranzuschreiten, ihr kostbaren Freunde - entweder im physischen oder im ätherischen Körper. Es ist Zeit, mit sich rechnen zu lassen und Verantwortlichkeit zu übernehmen. Was habt ihr mit den Geschenken getan, die euch gegeben wurden? Seid ihr gewillt, engagiert und tapfer genug, vorwärts zu gehen, eure Hand auszustrecken und die neue Ebene der Ermächtigung anzunehmen, die euch angeboten wird? Seid ihr gewillt, euch mit euren größten Ängsten zu konfrontieren, einfach hindurch zu gehen und zu beobachten, wie sie sich in Rauch auflösen, um nie mehr zurückzukehren - eine Illusion letztendlich? Seid ihr gewillt, den Anstößen eures Spirit zu folgen, da ihr unerforschtes Territorium betretet und euch erlaubt, ungeschützt zu sein und doch wagemutig ausschreitend nach euren Träumen zu greifen und sie mit eurer Gedanken- und Liebeskraft zu verwirklichen? Der Pfad eines Meisters ist nicht für jene schwachen Herzens und Geistes.

Wir haben gesagt, dass viele spezielle Zuteilungen jenen gegeben werden, die mutig vorangehen und ihr Erbe fordern. Wenn die Massen erwachen und nach Hilfe, Aufklärung, Information und Unterstützung schreien, werdet ihr, meine kostbaren Krieger, mehr denn je benötigt. Wir warten darauf, euch zu ermächtigen, euch mit Weisheit, Fähigkeiten und Wissen zu beschenken, das weit über eure wildesten Vorstellungen hinausgeht. Versteht, euer Gehirn hat immer in seiner 100%igen Kapazität funktioniert - überrascht euch das? Aber ihr hattet nur zu jenem begrenzten Teil Zugriff, der in Resonanz mit den Frequenzen der dritten Dimension stand. Indem ihr Ausgeglichenheit erzielt und die höheren Frequenzen integriert, werdet ihr beginnen, auf mehr und mehr eurer Gehirnkapazität, die mit der vierten, fünften und sechsten Dimension in Resonanz steht, zuzugreifen. Ihr habt nicht eher Zugriff zu diesen Teilen eures Gehirns, solange ihr euch nicht auf diese Frequenzen eingestimmt habt.

Deshalb ist es so wichtig, dass ihr damit beginnt, auf eine neue Weise euer Gehirn, Bewusstsein und Unterbewusstsein zu benützen, sodass ihr nicht „überlastet" werdet. Zu viel an widersprechenden Informationen oder vorverlegten Informationen, wirft euren Körper und Geist in einen Angstzustand, lässt ihn fühlen, als ob er überfallen oder angegriffen sei. Dies erzeugt all die Symptome, die ihr in eurem Körper erfahren habt. Widerstand und Furcht rufen Unbehagen und Krankheit hervor.

In den kommenden Tagen werde wir euch, soweit es angebracht ist, viele verschiedene Wege zeigen, wie ihr zu diesen höheren Strahlen, die euch jetzt zur Verfügung stehen, Zugriff erlangen und deren Energien nützen könnt. Aber wir fühlen auch, dass es angebracht ist, euch eine Ermahnung mitzugeben. Da ihr sensitiver für die höheren Schwingungsenergien werdet, ist es wichtiger denn je zuvor, dass ihr eure Gedanken, eure Sprechweise und das, was ihr in euer Bewusstsein hereinfiltert, kontrolliert. Euer Unterbewusstsein empfängt Anweisung und wird beeindruckt durch Wiederholung, Rhythmus und emotionale Reaktionen. Während ihr euer Unterbewusstsein von allem alten Schutt reinigt, lasst nicht zu, dass irgendwelche Gedankenformen in euer Bewusstsein eindringen, die nicht selbstermächtigend, liebevoll und erleuchtend sind - die nicht abgestimmt sind auf eure neue erweiterte Realität. Seid dessen gewahr, welche Musik ihr im Hintergrund spielen lasst, welche Worte beständig aus Radio und TV ausgespuckt werden, was ihr lest und womit ihr eure Sinne überschüttet. Vieles davon sind heimtückische Energien der Abhängigkeit/Sucht, des Opferzustandes, der Versklavung oder Einschränkung.

Immer mehr schöne junge Seelen eurer Welt werden durch die Macht der Medien massiv beeinflusst und kontrolliert, während ihr hilflos dabeisteht und zuseht wie sie in die Fallen gehen, aus denen ihr sie zu befreien machtlos seid. Seid wachsam, Geliebte, kontrolliert eure Sinne und nehmt euer Schicksal in die Hand.

Eure Realität wird sich ständig verändern und eure Wahrnehmung wird sich verbreitern, wenn euer erweitertes Bewusstsein die Herrschaft über euer Gehirn und eure physischen Sinne übernimmt. Es ist daher wichtiger denn je zuvor, dass ihr euren schönen Körper in Einklang bringt und ihn als eine Erweiterung des Geistes/Spirit betrachtet, statt eines getrennten Wesens. Macht es euch zur Gewohnheit in euren stillen Stunden, euch auf die verschiedenen Teile eures Körpers zu konzentrieren: interagiert und stimmt euch ein auf die vielen kostbaren Teile, die euer physisches Gefäß beinhaltet. Richtet euer Bewusstsein auf eure Füße: lobt sie für ihre „Unter-Stützung" und dafür, dass sie euch erden und euch ein Gefühl der Verbundenheit mit Mutter Erde geben. Fokussiert euch auf eure Knie und Hüften: ehrt sie für die wunderbare Flexibilität, die sie euch verleihen, für die Mobilität und Vorwärtsbewegung, die sie eurem Körper ermöglichen. Eure Sexual- und Fortpflanzungsorgane verdienen Liebe und Anerkennung für das Geschenk der Schöpfung, das sie euch gewähren, als auch für die Fähigkeit, euch zu vereinen und miteinander eins zu werden. Es gibt kein größeres Geschenk auf Erden, das ihr euch selbst oder anderen geben könnt, als wenn diese Wechselwirkung durch die Reinheit der Liebe und die Einheit von Körper, Geist und Spirit geehrt zustande kommt. Lasst euer Bewusstsein durch den Körper wandern bis ihr zu fühlen beginnt, wie das Blut und die Lebenskraft durch eure Adern strömen und euer Herzschlag sich einstimmt auf den Rhythmus von Mutter Erde und dem des kosmischen Herzens. Ihr werdet, mit zunehmender Empfindsamkeit für diese verfeinerten Reize, eingestimmt auf die pulsierende Schöpfung durch die Energien eurer großen Zentralsonne. Setzt diesen Prozess fort, indem ihr euch auf die Wunder eures physischen Körpers einstimmt und sie anerkennt, sodass ihr euch bewusst werdet, wie wahrlich vielfältig ihr seid. Ihr werdet eine neue Beziehung zu eurem Körper herstellen und damit eine neue Stärke, Vitalität und Meisterschaft erlangen.

Die Erregung auf Erden nimmt zu ihr Lieben: eine Vision taucht auf, die weit über eure kühnsten Träume hinausgeht. Streckt euch aus und ergreift diesen Traum. Wir sind dort und erwarten euch - im Inneren wie im Äußeren -, um euch mit unserem Schutz und unserer Liebe zu umfangen. Wir sind immer mit euch.
ICH BIN Erzengel Michael.

5. Das Goldene Versprechen

Geliebte Meister, viele Facetten eurer Glaubensstruktur, als auch viele der Illusionen, auf welche ihr eure Welt aufgebaut habt, zerbröckeln und verändern sich jetzt täglich in einem immer schnelleren Tempo. In der Tat ist es eine Zeit, in der die Masse erwacht, und jedes fühlende Wesen, ganz gleich auf welcher Bewusstseinsebene, eine innere Unzufriedenheit fühlt und Fragen zu stellen beginnt.

Da Mutter Erde ihr volles Bewusstsein erlangt, beginnt auch sie aus ihrem Unterbewusstsein die Erinnerungen an Verwüstungen, Schmerz und Leid hervorzuholen, die sie erlitten hat seit sie sich bereit erklärte, eure Gastmutter für dieses große Experiment zu sein. Sie sehnt sich danach, ihr Lichtgewand wiederzugewinnen und anzulegen, und nun, da sie diese Möglichkeit erkennt, kann sie nichts mehr stoppen auf ihrem Weg zu ihrer schicksalhaften Bestimmung als Stern des Lichts. Ich habe früher schon von der Wabe des Lichts gesprochen, dem Bewusstseinsgitter, das rund um die Erde wiederhergestellt wird. Dieses hat nun seinen festen Platz eingenommen, und durch eure Anstrengungen, ihr Lichtarbeiter in aller Welt, wird es langsam mit Göttlicher Lichtsubstanz gefüllt - der Resonanz oder Schwingung, die notwendig ist, um die Erde und die Menschheit auf die nächste Bewusstseinsebene emporzuheben.

Stellt euch dieses Gitternetz als den Blutstrom der Erde vor. Wenn nun höhere Frequenzen auf Taschen negativer, zusammengepresster Energie, oder auf Blockaden stoßen, erzeugt das Stress und Chaos. Das Resultat wäre für die Erde vergleichbar mit den Auswirkungen eines hohen Blutdrucks. Ebenso wie ihr mit diesen verfeinerten kosmischen Energien von innen und außen bombardiert werdet, ist es auch mit eurer Erde. Wenn die Sternentore oder kosmischen Schnellstrassen geöffnet sind, wird es dem Energiestrom von der großen Zentralsonne ermöglicht, frei durch diesen Quadranten der Galaxie in euer Sonnensystem einzufließen. Die tiefsten Schatten im Unterbewusstsein der Erde und der Menschheit werden von diesen verfeinerten Lichtfrequenzen infiltriert.

All die uralten Erinnerungen an eure vergangenen Erlebnisse im physischen Bereich steigen empor, ebenso die Erinnerungen im

Bewusstsein der Erde. Viele von euch hatten zugestimmt, sich in diesem Leben in Gegenden zu inkarnieren, wo es die schlimmsten Zerstörungen und Negativitäten zu erleben gab. Ihr wart dort, meine Tapferen, und erfuhrt alle Schmerzen und Qualen zusammen mit anderen. Ihr bewahrtet in eurem Innern die Erinnerungen daran, welche nun darauf warten, geheilt und ausgeglichen zu werden; und vereint werdet ihr dieses Wunder für die Menschheit und die Erde vollbringen. Wie ich schon vorhin erklärte, habt ihr zugestimmt, bei diesem Heilungsprozess von all dem, was in der Vergangenheit geschah, mitzuwirken, denn diese Energie muss neu qualifiziert und harmonisiert werden, bevor ihr weiter voranschreiten könnt. Die Vergangenheit besteht aus Energie und Potential, das bereits benutzt wurde. Es ist eingraviert im Gedächtnis des Massenbewusstseins und verwoben in den kosmischen „Wandteppich". Aber die Vergangenheit ist veränderlich und flexibel, gerade so wie die Zukunft, und sie kann neu qualifiziert und verwoben werden, indem die Irrtümer und Unvollkommenheiten beseitigt werden.

Die Zukunft ist voller unbegrenzter Verheißung und mit kosmischer Ursubstanz gefüllt, die nur darauf wartet, von euch, den Mitschöpfern der schönen neuen Welt von Morgen, genutzt und geformt zu werden. Aber ihr müsst wieder lernen und euch daran erinnern, wie ihr dieses große Geschenk ergreifen und anwenden könnt; und das Gleiche gilt auch für eure Mutter Erde. Die Königreiche der Devas und der Elementare, unter der obersten Leitung der Sieben Elohim und den Formschöpfern, wurden beauftragt, den Göttlichen Plan, die Blaupause für den Planeten Erde, zu verwirklichen und zu überwachen. Diese großartigen Wesen, vom größten bis zum kleinsten, dienten seit Äonen in selbstloser Weise, bis sie nicht mehr länger den negativen und destruktiven Kräften, von denen sie ständig bombardiert wurden, widerstehen konnten. Sie begannen allmählich ihre Energie zurückzuziehen. Geradeso wie euer Seelen-Selbst sich nach und nach von eurem physischen Körper zurückzog und nur eine dünne Silberschnur hinterließ, die euch mit eurer Göttlichen ICH BIN-Gegenwart verbindet, so geschah es auch mit der Lebenskraft der Erde, die durch den solaren Logos den Königreichen der Devas und Elementaren zugeführt wurde. Kaum genug ursprüngliche Lebenssubstanz floss in die Erde, um sie am Leben zu erhalten und vor der Selbstzerstörung zu bewahren, und so verfiel auch sie in einen Schlummerzustand.

Diese Zeit findet nun ihren Abschluss. Die schönen Diener des Schöpfers, die devischen und elementaren Königreiche, habe neue Direktiven erhalten. Sie erhielten die Anweisung, in voller Kraft mit dem Einfluss ihrer Lebenselemente auf die Erde zu beginnen: dem kosmischen Feuer, der Lebenskraft der Schöpfung; dem Atem Gottes, dem Luft-Element; dem reinigenden und lebenserhaltenden Wasser-Element; und dem Fundament eures Daseins auf der materiellen Ebene, dem Element Erde. Ihr mögt die wechselhaften unberechenbaren Wetterabläufe und Erdveränderungen als destruktive Kräfte der Natur betrachten, aber wir sehen sie als einen notwendigen Prozess, der eure Erde heilen und wieder in Balance bringen soll. Die Elemente sind nicht eure Feinde, sie sind Göttliche Geschenke vom Schöpfer. Ihr aber habt die Erde und euch selbst lange genug missbraucht und misshandelt. Gleichsam wie bei einem eigensinnigen Kind, ist es jetzt für die Menschheit an der Zeit, über ihre Haftung und Verantwortlichkeit für ihre Handlungen belehrt zu werden.

Es wird jetzt schnell offenkundig, welche Zonen des Planeten am meisten der Reinigung und Ausbalancierung bedürfen. Wir bemühen uns, den Grad an Schmerz und Leid so niedrig wie möglich zu halten, und es ist, wie euch schon gesagt wurde, eine Massenzerstörung auf eurem Planeten nicht mehr länger im Bereich der Möglichkeit. Jedoch, falls ihr zulasst, dass euer Körper soweit verfällt, dass eure Lebenskraft bedroht ist, und so ist es auch mit der Erde, dann müssen drastische Maßnahmen ergriffen werden.

Das ist der Grund, warum wir euch sagen, dass diese Zeiten, in denen ihr jetzt lebt, so entscheidend sind. Jede Gelegenheit muss wahrgenommen werden, um der Erde bei der Geburt und dem Wiedererlangen ihres Lichtkörpers behilflich zu sein. Deshalb haben wir euch gebeten, zu jeder Vollmondzeit zusammenzukommen und zu meditieren, damit die kosmische Lebenskraft, durch euch hindurch in die Erde einströmen kann. Ihr müsst jede Gelegenheit nutzen, die euch im großen Schöpfungsplan geboten wird. Wir bitten euch, werdet euch der wundersamen Gelegenheit bewusst, dass ihr Teil der Umwandlung der Erde und der Menschheit seid.

Versammelt euch zur Frühlings-Tagundnachtgleiche und zur Zeit des Wesak- Festes bei Vollmond im Zeichen Stier. Die Sommersonnenwende ist eine Zeit, in der die für das Jahr zur Verfügung stehende Lebenskraft ihren Höhepunkt erreicht, eine Zeit, in der euch das höchste Potential zur Verfügung steht, um eure Träume und Sehnsüchte zu formen und zu verwirklichen. Wenn ihr in selbstloser Absicht zu dem gemeinsamen Zweck zusammenkommt, der Erde in ihrer Umwandlung und Neustrukturierung zu helfen, steht euch all die Nahrung und das Feuer der Schöpfung auf Abruf zur Verfügung.

Es ist wunderbar und kraftvoll, in solchen Zeiten mit anderen körperlich zusammenzukommen, aber wenn dies nicht möglich ist, Geliebte, wisst, dass eure Mitwirkung dennoch benötigt wird und wichtig für das Ganze ist. In diesen heiligen Zeiten, ganz egal wo ihr seid, ob allein oder mit einem anderen oder unter Tausenden, ihr erschafft eine Verbindung der Herzen rund um die Welt, und eure lodernde Herzensflamme und euer heiliger Atem wird das exquisite kostbare Geschenk, das euch vom Allerhöchsten angeboten wird, auffangen, entzünden und ausstrahlen rund um und durch die Erde.

Mag euer Beitrag in euren Augen auch no so klein sein, er ist von entscheidender Bedeutung. Miteinander könnt ihr Berge versetzen, die Ozeane beruhigen und die stürmischen Elemente von Feuer und Wind besänftigen. Ruft die gesegneten Devas und die kostbaren Elementarwesen an und erbittet ihre Mitarbeit und ihren Beistand, wenn ihr ein gegenseitiges Band und eine funktionierende Beziehung wieder herstellt. Sowie ihr ein Beziehung zu euren Körperelementen und zu eurem Höheren Selbst wieder hergestellt habt, ist es an der Zeit, wieder mit den Naturkräften der Schöpfung in Harmonie zusammenzuarbeiten. Ihr werdet die Gewinner sein, das versichere ich euch.

Ich bitte euch, stellt euren analytischen Verstand für kurze Zeit zur Seite. Seht oder fühlt, wie euer bewusster Verstand sich zur Seite schiebt und sich auf eurer Schulter niederlässt. Gebt ihm eine Form oder eine Gestalt - macht ihn real. Das ist ratsam, wenn ihr in einem meditativen Zustand seid oder euch bemüht, euren höheren oder kausalen Geist anzuzapfen, um Zugang zur Weisheit des Spirit zu erlangen. Ihr könnt nicht nur in eurem Emotionalkörper leben oder funktionieren, auch nicht im Mentalkörper allein (dem Verstand). Geist(Spirit) ist dazu bestimmt, im ganzen Körper zu wohnen, nicht nur im Herzen (Emotionen) oder im Kopf (Intellekt). Es ist Zeit, dass ihr euch der Wissenschaft des Geistes und nicht bloß der Emotionen des Geistes bewusst werdet. Die meisten Religionen basieren auf den Emotionen des Geistes, dies führt zu furchtbezogenen Reaktionen, wie Schuld, Scham, schwachem Selbstwertgefühl, Gefühl der Machtlosigkeit oder der Nichtkontrolle über euer Schicksal.

Nun gebt in eurer inneren Vorstellung eurem Unterbewusstsein ebenfalls eine Form. Es kann die Gestalt einer Person mit einem Körper annehmen, oder nur eine veränderliche Form oder Farbe, aber wir möchten, dass ihr ohne jeden Zweifel wisst, dass diese elementaren Teile von euch real sind und einen großen Einfluss auf euch haben. Dafür gibt es keinen richtigen oder falschen Weg; es ist eure persönliche Erfahrung und nur für euch allein gültig.

Seht euer Unterbewusstsein in einem großen Raum mit vielen verschlossenen Dateien und Türen. In diesen dunklen Abteilen liegen all die subjektiven, unterbewussten Erinnerungen, die dort durch die Zeitalter herab gespeichert wurden: Angst, ein Gefühl des Versagens, des Unwertseins und des Ungeliebtseins. Hier liegen die Energien der Zurückweisung, des Verlassenseins, der Scham und Schuld - die Süchte und Phobien, die euch für viele Zeitalter irdischen Erlebens in den Fesseln von Schmerz und Leid hielten.

Ruft nun eure Göttliche ICH BIN- Gegenwart, sie möge einen Strahl weißen kristallinen Lichtes und die violette Flamme herab durch euer Kronenchakra senden. Seht wie dieser reinigende und umwandelnde Energiestrahl diesen großen Raum erfüllt. Wenn ihr nun die Türen und Abteile aufstoßt, seht wie dieses wunderbare Licht in jede Ecke dringt, während es mit dem Prozess der Erleuchtung und Ausbalancierung all dieser dort gespeicherten unqualifizierten Energien beginnt. Jedwede Gedankenformen oder Energien, die zu eurem höchsten Wohle sind, bleiben unversehrt und werden verstärkt. Jene Energien und Gedankenformen aber, die euch nicht mehr länger dienlich sind, werden nach und nach aufgelöst und machen den Weg frei für neue kraftspendende Gedanken, Antriebe und Impulse.

Wenn ihr euch in diesen Empfangmodus begebt, sodass euer Unterbewusstsein neue lebenswichtige Informationen hervorbringen kann, wird euer bewusster Geist nicht überladen werden, oder wegen seines linearen konditionierten Denkens sich versperren und die zugeführte Energie zurückweisen.

Die letzte Komponente in diesem Prozess ist, jede neue Information durch euren Herz/Thymusbereich - euren Wahrheitsbarometer - zu filtern. Wenn sie sich richtig oder erweiternd und kraftspendend anfühlt, dann mögt ihr sie als eure Wahrheit akzeptieren. Wenn sie aber ein Gefühl der Beschränkung auslöst oder der Furcht, oder wenn sie auf irgendeine Weise kontrollierend oder auf Angst begründet ist, dann lasst sie beiseite und nehmt sie nicht an. Wenn sich aber ein Gefühl der Neutralität ausbreitet und ihr euch nicht sicher seid, dann könnte es sich um eine neue Wahrheit handeln, die darauf wartet in euer Glaubenssystem einbezogen zu werden, und das braucht seine Zeit, um ihre Gültigkeit zu bestätigen. Wenn ihr darum bittet, wird sie ihre Gültigkeit durch einen Traum, ein Buch, ein Ereignis oder irgendeine Person andeuten - gebt ihr Zeit, dann werdet ihr wissen ohne jeden Zweifel.

Nun, da ich euch die Grundregeln gegeben habe, möchte ich euch ein Beispiel einer erweiterten Wahrheit geben, die darauf wartet, in euer Glaubenssystem einbezogen zu werden, damit ihr den größten Vorteil aus dem zieht, was euch angeboten wird. Seit der Zeit, als die Erde sich hinab in die Frequenzen der dritten Dimension begab, wart ihr zwischen den Inkarnationen immer unter der Führung eures Göttlichen Selbst' zusammen mit euren Führern und Lehrern. Gemeinsam habt ihr alle beschlossen, welches die Themen des nächsten Lebens sein würden, oder welche Bedingungen für euer spirituelles Wachstum am besten geeignet wären. Das wisst ihr ja bereits. Aber zusätzlich wurde euch auch eine Aufgabe erteilt, eine Gelegenheit, zu dienen und im Bewusstsein zu wachsen. In vielen Leben war es eine sehr einfache Aufgabe, aber hin und wieder wurde euch ein Auftrag von größerer Wichtigkeit erteilt, der Weisheit, Hingabe und Mut erforderte. Seht euch selbst vor eure große ICH BIN- Gegenwart hintreten und mit Göttlicher Lichtsubstanz erfüllt werden, sagen wir, in der Stärke einer 100 Watt-Birne für ein leichtes, nicht anspruchsvolles Leben. Aber als ihr gebeten wurdet, oder euch die Gelegenheit angeboten wurde, große Fortschritte in eurem spirituellen Wachstum zu machen, oder bei dem Göttlichen Plan behilflich zu sein, wurde euch erlaubt - hypothetisch gesehen - die Energie einer 1000

Watt-Birne, oder sogar mehr, hereinzuziehen. So sagt das Sprichwort: „Wenn viel gegeben wird, wird viel zurückverlangt".

Ihr hattet Lebenszeiten, in denen ihr mit großen Talenten ausgestattet wart, ähnlich jenen, die ihr jetzt bei anderen seht und sie darum beneidet. Jeder von euch hatte die Gelegenheit, sich aus der Masse nach vorne zu kämpfen und damit eine Einwirkung auf die Zukunft der Menschheit und der Erde zu machen. Als ihr diese Talente zum Wohle aller benutztet, wurde eurer „Bank kosmischer Lebenssubstanz" mehr hinzugefügt und zur Verfügung gestellt, aber ihr konntet nicht immer alles in eure physische Erfahrung bringen. Deshalb sagen wir euch, beurteilt niemanden nach seinem äußeren Erscheinungsbild. Der obdachlose Mann auf der Straße hat vielleicht die Erfahrung dieser Facette seines Daseins gewählt, während er größere Gaben und Reichtümer in seinem Göttlichen Selbst trägt. Nun, das ist eine stark vereinfachte Erklärung für das, was wirklich zwischen zwei Leben geschieht, bevor ihr eine weitere Aufgabe auf der physischen Ebene übernehmt. Jedoch wird euch eine generelle Idee und Gelegenheit gegeben, euer Bewusstsein in ein höheres Gewahrwerden dessen auszudehnen, wie der Geist(Spirit) sich in und durch euch bewegt und arbeitet.

Was ich in euer Bewusstsein einflößen möchte, ist das GOLDENE VERSPRECHEN, das wir euch gaben, bevor ihr auf die physische Ebene in diesem Leben kamt. Wir von den höheren Reichen, und gleichermaßen ihr, wussten, das diese Zeit in der Evolution der Erde und der Menschheit eine Zeit „Auf Biegen und Brechen" ist. Es wurde euch das Versprechen gegeben, dass ihr in diesem einen Leben die Gelegenheit haben werdet, auf die volle Stärke und das volle Ausmaß eurer kosmischen Lebenssubstanz zuzugreifen, die im Herzen eurer Göttlichen ICH BIN- Gegenwart gespeichert ist und auf euch wartet. Das ist der Grund, warum viele von euch jetzt sprunghaft vorankommen: sie greifen zu, integrieren und strahlen aus stetig wachsende Weisheit, Liebe und Licht.

Deshalb ist es so wichtig, dass ihr emsig danach strebt, eure vier körperlichen Systeme auszugleichen und zu harmonisieren und der Strahlung des Geistes (Spirit) zu gestatten, auf und durch euch hervorzuströmen. Indem ihr euren Körper achtet und ihn ausbalanciert durch reine liebevolle Gedanken, durch tiefe belebende Atemübungen und durch energiespendende Bewegung und Aktivität, erschafft ihr ein perfektes Umfeld für eure Göttliche Essenz, den Funken des Schöpfers, sodass er in eurem physischen Körper seine volle Herrschaft übernehmen kann. Das GOLDENE VERSPRECHEN wird dann erfüllt sein. Oh, welche Wunder ereignen sich mitten unter euch und auf eurem gesegneten Planeten. Seht über das Ungemach des Augenblicks hinweg und werft euren Blick auf die Vollkommenheit der Zukunft, meine tapferen Krieger. Der Sieg ist in Sicht. Zögert jetzt nicht, ihr Getreuen. Wir sind nur einen Herzschlag entfernt, wir umgeben, schützen und lieben euch über alle Maßen.

ICH BIN Erzengel Michael.

6. Gedanken auf dem Weg zur Meisterschaft

- *Wahre Meister werden dir die Richtung zu deiner Ermächtigung weisen. Sie leben wirklich das, was sie predigen. Ein Lehrer ist nur dazu fähig, die Wahrheiten weiterzugeben, die er in seinem täglichen Leben demonstriert.*
- *Die innere Einstellung zu emotionaler und mentaler Kontrolle ist der wichtigste Faktor, um deinen Körper auf eine höhere Frequenzstufe zu bringen. Du musst danach streben, deinen niederen (physischen) Körper auf die Anpassung an die neuen Energieschwingungen, die jetzt in die Erdatmosphäre eintreten, vorzubereiten.*
- *Die ständige Kontrolle über deine negativen Emotionen und Gefühle ist notwendig, um ein ausgeglichenes, kraftspendendes Aurafeld um dich herum zu errichten. Je ausgeglichener du wirst, desto empfindsamer wirst du für höhere Energieschwingungen, und du wirst fähig, diese Energien anzuwenden und das zu manifestieren, was du dir im Leben wünschst.*
- *Das Wesen in dir, das man die Seele nennt, denkt nicht wie der Verstand, aber es erkennt Energien ... es nimmt emotionale Schwingungen wahr über die Gefühle. Die Seele sieht und hört nicht, dennoch nimmt sie Sicht und Klang wahr. Sie ist dieser eigentliche Teil von dir, der immer „ist". Der Verstand muss trainiert werden, Diener der Seele zu sein. Eine Haltung von Liebe, Verwunderung und Dankbarkeit, stellt deine Seele in Führung.*
- *So lange wir gegen die Polarität am Kreuz der Materie ankämpfen, sind wir ständig auf die eine oder andere Weise unausgeglichen. Um frei zu sein, die neutralisierende Energie des Herzens zu üben, braucht man sich nur zu entspannen und mit Verwunderung und Zurückhaltung den Mittelweg zu gehen – zu fühlen, aber nicht ein Sklave der Gefühle zu sein; die Kontrolle über den Verstand zu üben, und nicht durch Leidenschaft und maßloses Verlangen versklavt zu werden.*
- *Dem spirituellen Pfad zu folgen ist leichter, wenn man einem erfahrenen Reisenden nachfolgt.*
- *Negative Stärke ist nichts weiter als positive Stärke in niederer Schwingung – die Welt der Materie, Gefühle und Gedanken.*
- *Je höher du die spirituelle Stufenleiter emporsteigst, desto subtiler wird das Leben und desto weniger unterliegst du der Kontrolle der negativen Kräfte. Du agierst dann aus einem neuen Bewusstsein mit mehr Sensitivität und Urteilsvermögen.*
- *Du bist das vergangene Leben von jemand in der Zukunft.*
- *Die Absicht der Seele ist, zu lernen, Liebe zu geben und zu empfangen, ohne besitzen zu wollen. Mitfühlende Liebe ist ein losgelöstes Gefühl und nicht*

verletzbar durch den Verstand oder die Emotion der Leidenschaft. Mitfühlende Liebesenergie ist der Mutteraspekt.

- *Wenn du beginnst, dich selbst als einen Funken der Göttlichen Allmacht zu sehen, wirst du nie einen Grund oder den Wunsch haben, dich schuldig oder ängstlich zu fühlen, oder dich selbst in irgendeiner Weise zu bestrafen. Denk' daran, du spielst eine Rolle ...interagierst im Spiel des Lebens ... und durchlebst einen Traum. Wechsle deine Rolle und das Spiel, und du kannst den Traum in die Erfüllung deiner größten Wünsche umwandeln.*
- *Gebrauche deinen logischen Verstand, um neue Informationen mit deinen vergangenen Erfahrungen zu vergleichen. Gib deinen neuen Konzepten Zeit, ihre Gültigkeit unter Beweis zu stellen.*
- *Der Messias-Komplex steht manchmal am Beginn der Erleuchtung, aber er ist noch in der 3D-Realität verhaftet durch Gedanken wie: „Nur ich kenne die wirkliche Wahrheit, und ihr müsst sie von mir lernen." Die Realität der fünften Dimension ist: „Komm, lasst uns miteinander wachsen. Ich teile mit euch meine Erleuchtung- Spirit- Weisheit, und ihr könnt die eure mit mir teilen. Dann werden wir durch unsere gegenseitige Unterstützung rascher voranschreiten."*
- *Sei vorsichtig gegenüber jeden, der dich deiner Kraft berauben möchte oder sich Autorität über dein spirituelles Wachstum anmaßt.*
- *In dem Maße, wie du dich selbst liebst, wirst du auch von deiner Umgebung Liebe empfangen.*
- *Das Geheimnis des Wandels liegt in der Konzentration all deiner Energien auf der Errichtung des Neuen und nicht auf der Bekämpfung des Alten.*
- *Karma ist Aktion und Reaktion, oder Ursache und Wirkung. Weisheit tilgt Karma.*
- *Was all das betrifft, das in dir ein Gefühl des Festgefahrenseins in der 3D-Realität hervorruft, stelle dir folgende Fragen:*

1. *Was ist die reale Angst hinter diesem Problem?*
2. *Welche Bedürfnisse habe ich oder geben mir das Gefühl, dass sie nicht befriedigt sind?*
3. *Was tue oder denke ich, das in meinem Leben Disharmonie verursacht?*
4. *Wie kann ich meine Handlungsweise oder meine Gedanken ändern, um mehr Harmonie in mein Leben zu bringen?*

- *Eine Änderung der Verhaltensweise führt schnell zu einer Veränderung der inneren Einstellung.*
- *Der Aufstieg findet Tag für Tag, Gedanke für Gedanke statt.*
- Unser aller Schicksal ist die Vollendung ... also lasst uns entspannen und die Reise genießen !!

In Licht und Liebe, Ronna

7. Die Zukunft ist jetzt

Geliebte Meister, lasst nicht zu, dass euch die dramatischen Wetterveränderungen oder die sich beschleunigenden kataklysmischen Ereignisse, die in aller Welt stattfinden, in einen Wirbel der Furcht versetzen, sondern wisst, dass aus Chaos neue Schöpfung emporsteigt. Wir fühlen die Angst und Bedrängnis, die ihr erlebt, da nun eure alten Glaubensstrukturen zerbröckeln und die Dinge, an die ihr immer geglaubt und euch auf sie verlassen habt, nun wegfallen und in euch ein Gefühl der Verletzbarkeit und Unsicherheit hinterlassen.

Eine neue Erde ist im Entstehen, so wie auch ihr aus dem Kokon schlüpft, in dem ihr so lange eingesperrt wart. Ihr biegt eure spirituellen Muskeln und breitet eure schimmernden Flügel aus, während ihr euch ausdehnt und in eure multidimensionale Lichtkörper hineinwachst. Es gibt eine Überfülle an wahrscheinlichen Zukünften, die sich viele von euch erschließen, wenn ihr euren Geist mit dem kosmischen Strom potentieller Realitäten verbindet. Ihr müsst entscheiden, welche von diesen möglichen Realitäten ihr manifestieren wollt. Deswegen haben wir euch gebeten, euch Zeit zu nehmen und über eure Vision des neuen Jahrtausends nachzudenken, sie zu verfeinern und dann alles in eurer Macht stehende zu tun, um eure einzigartige Vision zu verwirklichen. Erinnert euch an die populäre Redensart: „Das Universum passt sich deinem Bild der Realität an." Wenn ihr also von jemandem die Voraussage hört, dass eure Stadt oder euer Land in nächster Zukunft zerstört werden wird, oder dass es zu immer größeren Kataklysmen kommen wird, damit das Neue Zeitalter anbrechen kann, dann nehmt bitte diese Vorhersagen nicht als eure Wahrheit an.

Ihr seid viel stärker als ihr glaubt, besonders wenn ihr euch in gemeinsamer Anstrengung vereint, um zum höchsten Wohle aller tätig zu sein. Ihr seid eine Schöpfung des Gott-Geistes und ihr seid mit dem tief sitzenden Verlangen kodiert, selbst Schöpfer zu sein. Während dieser wichtigsten Zeiten der Evolution und Transformation, wurde oder wird jeder von euch an den Ort hingezogen, wo ihr am besten dienen könnt. Entweder durch den Dienst an anderen, durch eure einmaligen Talente und Gaben, oder weil ihr spezielle Energien eurer göttlichen Blaupause in euch kodiert habt, die für die Evolution dieser Gegend von Bedeutung sind. Oder ihr mögt Lichtpakete oder Frequenzen in eurer

Gehirnstruktur haben, die helfen, die kristallinen Energien zu aktivieren, die seit vielen tausend Jahren in der Erde schlummern. Diese großartigen Strukturen warten auf euch und auf jene, die in Harmonie mit euch sind, so dass sie - wieder - ihr strahlendes Licht in das Sonnensystem aussenden können, und ebenso die verfeinerten Frequenzen, die nun auf die Erde herabgestrahlt werden. Diese Frequenzen werden auch den Globus umkreisen wenn das goldene Lichtgewebe wiederhergestellt ist - ein entscheidender Faktor im Wiedervereinigungsprozess. Vieles wurde erreicht, aber noch viel mehr muss getan werden, und jeder von euch ist ein Hauptdarsteller.

Wenn ihr auch zusammenschließt und euch selbst gestattet, Transformatoren für diese Energie zu sein, werdet ihr sie durch euren Körper ziehen, sodass sie eure einzigartigen Frequenzmuster aufnehmen kann, bevor die kombinierten Frequenzen tief in den kristallinen Kern der Erde übertragen werden. Wisst, das ihr - mit eurer liebenden Absicht- in eurem physischen Körper die Schlüssel bereit haltet, mit denen ihr helfen könnt, diese herrlichen Lichtstrukturen wieder zum Leben zu erwecken. Und auf diese Weise werdet ihr der Erde und der Menschheit einen großen Dienst erweisen, denn dieser wichtige Prozess wird euch helfen, die Spannung und den Stress bei der Freisetzung der Zwänge und Unvollkommenheiten zu lindern, während ihr euch durch die vierte Dimension hindurch zur Freiheit und Harmonie der fünften Dimension bewegt.

Viele von euch heilen die alten Wunden und Erinnerungen an Atlantis und Lemuria, während viele andere die wundersamen Erinnerungen an einige der großen Lichtzentren der Vergangenheit aktivieren. Dann werdet ihr alle diese Energien dazu benutzen, um die perfekte Zukunft erschaffen zu helfen. Ihr seid aufgerufen, tapfere und mutige Handlungen zu setzen, während ihr in der Erfüllung eurer zugewiesenen Aufträge voranschreitet. Erinnert euch, Geliebte, ihr wart damit einverstanden.

Das Drama und die große Transformation, die auf der Erde stattfinden, hat es nie zuvor in aller Schöpfung gegeben. Ihr werdet als Göttliche Architekten angesehen, die mutig dem Unbekannten im entferntesten Außenposten des Universums entgegentraten, ein fleischliches Gewand anlegten und in den Sumpf der dreidimensional Illusion eintauchten.

Jetzt ist die Zeit, diese Fesseln, die euch binden, abzuschütteln. Jetzt ist die Zeit, euer göttliches Geburtsrecht und euer Erbe zurückzufordern. Oh, ihr Geliebten, wenn ihr nur wüsstet, wie sehr ihr von uns geehrt und geschätzt werdet. Wenn ihr euch nur erinnern könntet, wer ihr in den höheren Dimensionen wart und seid, ihr würdet nicht ängstlich oder traurig sein, ihr würdet wissen, dass ihr über all die Macht, Weisheit und Werkzeuge verfügt, um wieder ein Paradies auf Erden zu erschaffen, und wenn die Aufgabe vollendet ist, wie leicht werdet ihr dann zurückkehren in eure Heimat unter den Sternen. Wir möchten euch die Gewissheit geben, dass wir auf euch warten, um euch mit offenen Armen willkommen zu heißen, und es wird ein großartiges Fest geben.

Wenn all die tiefsitzenden, negativen Muster aus den Tiefen eures Gedächtnisses und eurer DNS emporsteigen, um freigelegt und ein für allemal aufgelöst zu werden, fühlen wir eure Frustration, eure Verwirrung und eure Furcht vor Strafe oder davor, dass ihr etwas falsch gemacht habt. Lasst euch versichern, ihr Kostbaren, dies geschieht, weil ihr etwas RICHTIG gemacht habt, nicht falsch. Wir wollen eure Qual oder euer Unbehagen nicht bagatellisieren, jedoch wollen wir euch Ermutigung und Führung geben. Ein Reinigungsprozess ist auf Erden und in jedem fühlenden Wesen im Gange. Indem ihr den reinigenden Lichtenergien gestattet in euren ganzen Körper einzudringen, löst und verfeinert ihr alles, was von niedrigerer Schwingung ist. Könnt ihr das vergängliche Missbehagen als eine Gelegenheit akzeptieren, um das los zu werden, was nicht eurem höchsten Wohle dient? Dann bitte nützt alle zur Verfügung stehenden Mittel, um euch von den Symptomen oder Beschaffenheiten zu befreien in dem Bewusstsein, dass ihr mit deren Erledigung bereit seid, sogar noch größere Lichtinfusionen anzunehmen.

Wir haben versucht euch zu helfen, die Universalen Gesetze der Schöpfung und er sieben Strahlen des Daseins - oder der Tugenden und Attribute des Schöpfers eures Sonnensystems - zu verstehen. Die Prismen der Sieben Kosmischen Strahlen verstärken sich, während sie über das vergrößerte Sonnenlicht in eure Körper projiziert werden, um euch zu kräftigen und in eure Ganzheit zu bringen. Ihr werdet nun mündig, da ihr eure spirituelle Verantwortlichkeit übernehmt und die Weisheit eines Meisters erlangt, aber es bleibt noch viel zu tun übrig, und Urteilsvermögen ist wichtiger denn je. Ihr geht nun aus den Oberschwingungen der 7 in die galaktischen Oberschwingungen der 12 über - deshalb ist es so wichtig, dass ihr euer physisches Chakrasystem in Balance bringt, wenn ihr den Zugang zu den sich ständig verstärkenden höheren Schwingungsstrahlen erlangt. Geliebte, wenn ihr nach den Sternen greift, verankert eure Füße fest auf der Erde, denn wenn ihr das nicht tut, wird euer physisches Gefäß nicht in der Lage sein, dem vergrößerten Einfluss der kosmischen Energie zu widerstehen, und ihr werdet dann nicht fähig sein, euch selbst und oder irgendjemand anderem dienlich zu sein. Ihr seid von der Erde abhängig, die euch unterstützt und erhält. Es ist jetzt Zeit für euch, eurem Mutterplaneten hilfreich beizustehen, denn ihr seid unerbittlich miteinander verbunden bis ihr euch in die nächste Ebene der Erleuchtung empor windet.

Wie bei jeder großen Veränderung, macht das Pendel der populären Meinung oder des Massenbewusstseins weite Schwingungen, bevor es sich in eine vernünftige Norm einpendelt. Da sind viele Lehren und Behauptungen im Umlauf, viele davon zu eurer Hilfe und Ermächtigung, und viele, die euch verängstigen und entkräften. Auch werden viele Produkte angepriesen, die angeblich eure Erleuchtung beschleunigen und „die Arbeit für euch tun." Es gibt viele legitime Werkzeuge und Produkte, die euch auf eurem Weg weiterhelfen, aber denkt daran, Geliebte, ihr müsst die innere Arbeit tun, müsst den Pfad zur Er-**leucht**-ung beschreiten, niemand anderer kann das für euch tun.

Ihr befindet euch mitten im Übergang in das neue Jahrtausend - es ist eine Zeit des Feierns, nicht eine der Angst oder Unsicherheit. Eure Ängste sind unbegründet, denn sie beruhen auf alten dreidimensionalen Illusionen. Ihr habt euch die Wahrheiten, die wir euch lehrten, zu Herzen genommen, ihr habt nichts zu befürchten.

Für viele ist es eine Zeit der Ernte und der Danksagung, während andere in der Welt unter Mangel und Entbehrung leiden. Wir bitten diejenigen von euch, die in den Ländern des Überflusses leben, eine Bestandsaufnahme zu machen hinsichtlich dessen, was ihr für ein bequemes Leben braucht. Es ist Zeit, eine Entscheidung darüber zu treffen, was wirklich wichtig in eurem Leben ist. Müsst ihr immer mehr, größere und bessere Geräte und materielle Güter haben, um bequem und glücklich leben zu können? Wir glauben nicht. **Eure Welt verändert sich sehr rasch und wir sagen euch, sowie diese nächsten fünf Jahre**

eurer Zeit vorübergehen, werden sich eure Prioritäten dramatisch ändern. Wir verlangen nicht, dass ihr eure Besitztümer aufgeben sollt, aber wir bitten euch, dass ihr euch dessen bewusst werdet, dass Glück, Freude und Zufriedenheit im Innern ihren Anfang nehmen. Wenn ihr eurer Seele, eurem Spirit erlaubt, im Innern die Herrschaft zu übernehmen, werdet ihr nicht mehr länger außerhalb von euch selbst nach Glück oder Selbstbestätigung suchen.

Wollt ihr diese Zeit auch zu einer Zeit der Vergebung machen? Es ist Zeit, zurückzukehren zur Harmonie, zur Harmonie zwischen Rassen, Religionen und Kulturen, und ebenso in der Familie, mit Freunden und am Arbeitsplatz. Wollt ihr ein Versprechen abgeben, damit zu beginnen, fortan durch mit Liebe gefilterte Augen zu sehen, mit durch Mitgefühl gemilderte Ohren zu hören, und die Liebe des Spirit durch euer Herz zu strahlen? Oh, was für einen Unterschied würde das bewirken, Geliebte. Eintracht und Harmonie sind die Worte, auf die ihr euch in diesen sich schnell verändernden Zeiten, fokussieren sollt. Wenn sich jeder die Worte dieses Abschnitts zu Herzen nehmen und sie praktizieren würde, wie schnell würde sich dann eure Welt zum Besseren verwandeln. Ihr seid es, die darunter leidet, wenn ihr an Ärger und Verurteilung anderer in eurem Herzen festhaltet, denn damit drosselt ihr den Strom des Christuslichtes zu euch selbst. Liebt und schätzt die Menschen um euch für ihre Einmaligkeit und ihre unterschiedlichen Naturen. Wenn ihr sie als nicht liebenswert anseht, dann strahlt Liebe und Mitgefühl zum Funken des Göttlichen in ihnen. Sogar wenn sie Furcht und Ablehnung zeigen, wisst, dass sie auf ihre Weise Liebe und Glück suchen, und sie werden in der ihnen gemäßen Zeit, den Weg zur Göttlichen Liebe und Harmonie beschreiten. Wenn ihr durch euer Beispiel - verbunden mit liebevollen Gedanken und Taten - lehrt, werdet ihr vielen teuren, erdgebundenen Seelen in ihrer Umwandlung helfen.

Da ist noch eine andere Frage, die wir schon zuvor angesprochen haben, die aber einer Auffrischung bedarf. Wisst, dass ihr von großer Hilfe für jene teuren Seelen sein könnt, die durch den physischen Todesprozess gehen. Schließt sie in eure täglichen Gebete ein und fügt eure liebevolle Energie der weißen Säule aus Licht und Liebe hinzu, die sich von der Erde bis in die höheren Dimensionen erstreckt. Dann seht, wie sich all diese teuren Seelen in dieser Lichtsäule aufwärts bewegen und sich baden in den gesegneten, reinigenden Strahlen der violetten Flamme.

Seht, wie die Engel der Barmherzigkeit sie umgeben und ihnen helfen, sich vom magnetischen Sog der physischen Ebene zu befreien Die drei niederen Astralebenen werden schrittweise gereinigt und verfeinert, und so können sich diese Geliebten schnell durch die dritte und vierte Dimension in das geläuterte Licht begeben. Wir wissen, dass ihr um eure Geliebten, die von euch genommen wurden, trauert, und wir sind hier, um euch in dieser Zeit des schmerzlichen Verlustes zu trösten. Aber ihr sollt wissen, dass sie frohlocken , dass sie sich entweder darauf vorbereiten, mit größerer Bewusstheit zur Erde zurückzukehren, um beim Entwicklungsprozess mitzuhelfen, oder in den Lichtreichen Aufgaben zu übernehmen und auf den inneren Dimensionen zu dienen. Die Schleier zwischen den Dimensionen werden immer dünner und eure telepathischen Fähigkeiten sind im Erwachen. Sie warten darauf, mit euch zum richtigen Zeitpunkt zu interagieren.

Ihr könnt, wo immer ihr lebt, helfen, die kristallinen Energien in der Erde zu aktivieren. Kommt zusammen wann immer und so oft als möglich. Wir haben euch diese Meditation schon früher einmal gegeben, aber jetzt ist es wichtiger den je, dass ihr am Erwachen der Erde und der Menschheit aktiv teilnehmt:

Bittet unsere Vater/Mutter-Gottheit und all die großen Lichtwesen, sich mit euch zu verbinden. Atmet tief während ihr seht, wie eure pranische Lichtröhre von einem Strahl goldweißen Lichtes aus der Schöpferquelle erleuchtet wird und tief ins Herzzentrum der Erde eindringt. Atmet tief und rhythmisch den pranischen Lebensatem und fühlt, wie sich ein Energiewirbel in eurem Körper aufbaut. Fühlt, wie sich eine Kraft zu entwickeln beginnt, ein Wirbelwind Göttlicher Energie. Richtet euer Bewusstsein auf euer Herzzentrum und fühlt, wie die Liebe zur gesamten Schöpfung euer Sein durchdringt bis hinab ins Zentrum der Erde, während ihr diesen Wirbel kosmischer Energie in eurem Innern aufbaut. Seht diesen Wirbelwind erfüllt mit der magischen Violetten Flamme und einem lodernden purpurroten Strahl mit einem stahlblauen und leuchtend weißen Zentrum – so seid ihr jetzt eine Lichtsäule, welche die reine Essenz kosmischer Lebenskraft ausstrahlt. Richtet euer Bewusstsein nun auf das dritte Auge und dann, so wie wir es euch lehrten, fokussiert euch auf euer Gehirnzentrum – ihr werdet in eurem Innern die Schlüssel und Codes aktivieren, die euer Geschenk und Beitrag zum Meisterplan sind. Sendet nun einen Lichtstrahl vom dritten

Auge als auch vom Solarplexus aus und seht in eurer inneren Vision, wie die beiden Strahlen ein V formen, bis sie vor euch zusammentreffen, etwa 1m über der Erde. Beobachtet mit eurem geistigen Auge, wie sich diese Energien entzünden und über den ganzen Globus ausbreiten und sich mit jenen eurer spirituellen Brüder und Schwestern verbinden. Seht, wie sich diese Lichtsäule ausdehnt, während sie den Bereich, in dem ich lebt, umhüllt, und dann immer weiter und weiter ihr Licht ausstrahlt, jedes Mal, wenn ihr euch darauf konzentriert. Haltet diese Vision und diesen Fokus aufrecht bis ihr in eurem Herzen hört: „Es ist getan. Es ist getan."

Meine tapferen Krieger, werdet nicht entmutigt - die Dunkelheit ist immer am größten vor der Dämmerung. Ihr macht dramatische Fortschritte. Die Schatten und dunklen Ecken auf der Erde und in den Köpfen der Menschheit werden nicht in der Lage sein, den Strahlen des Christuslichtes noch länger Widerstand zu leisten. Haltet fest an eurer Vision. Habt Mut und ermutigt andere, während ihr kühn in das Licht der zukünftigen Welt marschiert. Wir stehen an eurer Seite und umhüllen euch mit einer Aura Göttlicher Liebe.
ICH BIN Erzengel Michael.

8. Suche deinen Wesenskern – Wer du wirklich bist

Geliebte Meister, es ist Zeit für uns, euch in eurem Bewusstsein, eurem Wissen und in eurem Umwandlungsprozess einen Schritt weiter zu bringen. Wir möchten heute über Kernfragen zu euch sprechen, den innersten Kern eures Seins, euer Wesen, eure Essenz. Ihr habt die Schichten der Negativität, der verdrehten Konzepte und alten Glaubenssysteme abgestreift wie die Schalen einer Zwiebel, Schicht für Schicht. Seit einigen Jahren habt ihr euch eingehend mit eurem Unterbewusstsein befasst, habt eure Schattenseiten aufgestöbert – all die subjektiven Ansichten, Ängste, Begrenzungen, Halbwahrheiten und Falschheiten, die sich durch die Zeitalter darin niedergelassen hatten. Viele von euch haben lange und eifrig daran gearbeitet, diese Glaubensansichten, Gewohnheiten und Charaktereigenschaften, die euch nicht mehr länger dienen, zu eliminieren – diese Dinge, die euch in Fesseln von Furcht, Begrenzung, Schuld und Gefühlen der Hoffnungslosigkeit und Minderwertigkeit gefangen hielten.

Wir wissen, dass dies ein langer, mühsamer und frustrierender Prozess war, aber wir möchten euch gerne gute Neuigkeiten und erfreuliche Nachrichten bringen. Diejenigen von euch, die so tapfer durch die öde Wüste des Unterbewusstseins geschritten sind, die verschlossenen Türen ihrer inneren Welt geöffnet und sich konfrontiert haben mit ihrem niederen Ego-Selbst, ihrem instinktiven emotionalen Selbst und ihrem starren, kontrollierenden mentalen Selbst, hatten ein gewaltige Aufgabe und würdige Gegner. Immerhin übten diese für viele tausend Jahre die Kontrolle aus und waren daher nicht gewillt, sich einer höheren Autorität ohne Kampf zu unterwerfen. Aber ihr wart beharrlich und habt diesen Kampf gewonnen, oder seid dabei, ihn zu gewinnen.

Diese Bereiche eures inneren Wesens, die sich letztlich doch der Glorie und dem Wunder des Christus-Lichtes unterworfen haben, werden in seiner heilenden Energie gebadet und kehren zu einem natürlichen Zustand der Liebe zurück – ein Vorgang der Übereinstimmung, Kooperation und Wiedervereinigung mit dem Rest eures wundersamen Wesens. Sie erkennen, dass sie ihre Autorität und ihren Zweck in eurem Leben nicht verlieren, sondern sogar in einen größeren Machtbereich eintreten, wenn sie sich mit der Ganzheit eures Wesens und der Großartigkeit eures Seins verschmelzen und harmonisieren. Dies ist der Pfad der Meister: die Stufen, Prüfungen und Tests, die konfrontiert und überwunden werden müssen.

Und so kommen wir nun zum nächsten Teil des Prozesses. Da ihr gerade beginnt, einen flüchtigen Eindruck dessen zu gewinnen, was für wunderbare, machtvolle Wesen ihr seid, lasst euch sagen, dass ihr noch nicht einmal die leiseste Ahnung davon habt.

Jetzt ist es an der Zeit, euer Eigentumsrecht an eurem WESENSKERN, eurer wahren Identität, anzuerkennen und zu fordern. Ihr seid nicht bloß ein männliches oder weibliches menschliches Wesen auf dem Planeten Erde. Ihr seid nicht bloß eine Seele in einem physischen Körper, der ein Höheres Selbst hat als Teil eines noch größeren Wesens, bekannt als eure Göttliche ICH BIN- Gegenwart. Ihr habt wichtige Verbindungen, meine Freunde, und wie manche gerne feststellen, ihr habt ein königliches Erbe, Vorfahren von großem Ansehen.

Ihr seid die „Sternensaat", die Wegweiser, und ihr wisst wer ihr seid, denn wir haben in der Vergangenheit schon oft darüber gesprochen. Wir möchten nicht, dass ihr auf die Idee kommt, dass ihr „besser oder mehr als" der Rest der Menschheit seid, sondern, dass einfach jetzt eure Zeit da ist. Es steht jeder auf seiner Evolutionsstufe, wobei euch die Zuordnung, die ihr durch viele Lebenszeiten und viele Zeitalter erworben habt, euch in diese Umstände und Situationen gestellt hat, in welchen ihr euch jetzt befindet.

Wir haben euch über das einzigartige Experiment erzählt, für das der Planet Erde auserwählt wurde, und wie viele von euch aus weit entfernten Zivilisationen und sogar aus anderen Universen kamen, um ein Repräsentant eurer Welt oder eures Sternensystems zu sein, um das Expertenwissen eurer Rasse einzubringen, oder um zu lernen und Wissen und Erfahrung zu gewinnen, sodass ihr diese neuen Informationen zurückbringen könnt zu eurer eigenen Zivilisation. Ihr alle seid dem Aufruf gefolgt und habt euch verpflichtet, Teil vom „Großen Experiment" –Planet Erde – zu sein. Jedem von euch wurde eine Aufgabe zugeteilt, die auf der universellen Ebene mit den großen Konzilen und Schöpfer-Göttern ihren Anfang nahm.

Manche von euch haben Erinnerungen (tief eingegraben in euren Gehirnzellen) an ihre Mithilfe bei der Erschaffung des komplexen, komplizierten Entwurfs für diese Galaxis, dieses Sonnensystem und den Planeten Erde. Viele von euch erinnern sich, dass sie als Erdenwächter hierher kamen, um die Entwicklung und Verfestigung dieses Juwels des Universums zu überwachen. Manche von euch halfen bei der Einführung des magnetischen Gittersystems und der „Leylines", handhabten große machtvolle Ströme elektromagnetischer Energie und errichteten das ätherische Netz oder Feld, das die Erde umgibt.

Einige brachten von ihren Welten die DNS-Codes der Minerale, der Edelsteine, der Elemente: Feuer, Luft, Erde und Wasser, während andere die Blaupausen und die notwendigen Schwingungsfrequenzen für die Entwicklung der schönen Flora und Fauna brachten, der vielen Tierarten, Vögel und Kreaturen, die schließlich die Erde bewohnen würden. Einige von euch halfen - unter der Führung und Leitung der Engelsreiche - all diese Wunder mit einem ätherischen Gewebe oder Körper zu durchziehen, und halfen dann den Elementaren und devischen Königreichen, die Vormundschaft über diese höchst kostbaren Geschöpfe zu übernehmen.

Andere von euch hatten die große Verantwortung über die Gestaltung der menschlichen Form und über die eigentliche Aussaat des Menschen von all den verschiedenen Zivilisationen, –nämlich die Gründung der fünf Haupt-Wurzelrassen und vieler Unterrassen (zwei Haupt-Wurzelrassen sind noch im Kommen). Wiederum andere brachten eine Menge wissenschaftlicher Daten, mentale Energie und Lebendigkeit, während viele als Träger der Energie der Göttin kamen und die großen Lichtströme, die von der Schöpferquelle herabströmten, auf der Erde verankerten.

Einigen von euch wurde die Aufgabe zuteil (als es für euch Zeit war, in individuelle Seelen aufgesplittert zu werden), jenen Teil des Experiments auszuführen, in der ihr euch an eure Verbindung zu eurem Göttlichen Gegenstück erinnern würdet, als ihr entweder in einen männlichen oder weiblichen Körper getrennt wurdet - in die Polaritäten aus physischer Form. Es war durch die Zeitalter herab eure Aufgabe, dieses perfekte Gegenstück von euch zu suchen, und es war eine lange schmerzvolle Reise. Aber viele von euch kommen jetzt zu der Erkenntnis, dass sie diese Einheit, dieses Gefühl der Ganzheit, nicht außerhalb von sich selbst, sondern nur in ihrem Innern finden werden. Und dann werdet ihr paradoxerweise bereit sein, einen wahren Seelenpartner auf der physischen Ebene zu finden, oder euch mit eurer Göttlichen Ergänzung - wenn sie nicht gegenwärtig inkarniert ist - auf den inneren Ebenen zu verbinden; so werdet ihr euch nie wieder allein fühlen. Und irrt euch nicht, Geliebte, eine innerdimensionale Beziehung mit eurer Zwillingsflamme kann sogar wunderbarer und erfüllender sein als eine physische.

Viele von euch bezweifeln das, doch ihr müsst uns in dieser Sache vertrauen. Wenn ihr erst einmal diese Verbindung mit eurer eigenen Seelenflamme auf den inneren Ebenen aufgenommen habt, werdet ihr euch nie mehr getrennt oder allein fühlen.

Viele von euch fühlten sich betrogen und verlassen, als ihr schließlich in einen physischen Körper gesteckt wurdet und euch nicht länger willentlich aus ihm zurückziehen konntet. Es war euer Auftrag, euren Fokus auf den physischen Körper zu richten, den Geist/Spirit zu integrieren und zu einer Erweiterung der Göttlichen Gegenwart zu werden durch die Manifestation, Entwicklung und Vervollkommnung des Lebens in seiner physischen Ausdrucksform – über den mentalen, emotionalen und astralen(Begierden-) Körper, durch das Geschenk des freien Willens. Und damit lief das Experiment schief, und eine Liebe/ Hass- Beziehung nahm ihren Anfang und hat sich durch die Zeiten herab fortgesetzt und vergrößert. Seht euch um, werft einen Blick auf die Menschheit insgesamt. Wie weit seid ihr gefallen von diesem perfekten, großartigen Gefäß, in welchem ihr zur Erde kamt – dieser schönen Gestalt, dieser ehrfurchtgebietenden komplizierten Struktur, die ihr ursprünglich bewohntet.

Ja, wir sagten euch, dass ihr nicht bloß ein Körper seid, aber wir haben euch auch gesagt, dass ihr alle Teile von euch selbst in ihren originalen Zustand der Vollkommenheit zurückbringen müsst. Viele Menschen sind noch immer besessen davon, wie viel und welche große Vielfalt an Nahrung sie in ihre Körper stopfen können, oder wie viele Gefühle sie über sexuelle Beziehungen oder augenblicklichen Nervenkitzel erleben können. Und ja, sogar diese Begierden gehen zurück auf – oder haben ihren Entstehung in – eurem ursprünglichen Auftrag, der so verzerrt oder abwegig wurde, das ihr keine Idee mehr von der wahren mitschöpferischen/mentalen/emotionalen Natur habt, die in euch programmiert oder kodiert wurde.

Da gab es diejenigen von euch, die als Führer, Ausübende von Macht und Autorität, als große Planer und Strategen kamen. Ihr könnt sehen, welches Resultat der Missbrauch dieser Geschenke erbracht hat. Wann werden jene, die die Macht innehaben, diese geborenen Führer, die anscheinend immer nach vorne kommen und Einfluss auf die Menschheit nehmen, erwachen und erkennen, dass diese Geschenke von ihnen genommen und letztlich gegen sie gerichtet werden, wenn sie nicht die Verantwortung für diese große Ehre, die ihnen verliehen wurde, übernehmen und damit beginnen, ihr Fähigkeiten zum Wohle aller richtig anzuwenden?

Und es gab jene, die als Heiler und Wärter kamen, eine höchst ehrenwerte Aufgabe und Veranlagung, und es ist sehr offensichtlich, was sich daraus entwickelte. Viele nützen diese Talente so, wie sie angewendet werden sollen, aber weit mehr zogen einen Vorteil aus der großen Masse und missbrauchten ihre Kenntnisse und Fähigkeiten, um die Menschen unter Kontrolle zu halten und ein großes Vermögen anzusammeln. Und es gibt eine irrige Meinung darüber, dass ein Diener oder Pfleger der Menschen zu sein, keine ehrenwerte Aufgabe oder Anstrengung ist. Viele von ihnen werden angesehen als seien sie „weniger als", oder nicht so wichtig wie andere Pflichten oder Berufe. Begeht keinen Fehler, diese geliebten selbstlosen Seelen sind wesentlich für das Wohlbefinden der Menschheit und sind ebenfalls göttliche Abgesandte des Schöpfers.

Diejenigen von euch, die mit überwältigender Liebe für den Schöpfer und die wundervolle Erde hierher kamen, fühlten ein große Verantwortung für den Planeten. Ihr habt immer gewusst (schon bevor es eine populäre Glaubensansicht oder ein akzeptables Konzept wurde), dass die Erde eine lebendige atmende Wesenheit ist. Ihr fühlt eine große Neigung/Verwandtschaft zur Natur und deren wundersamer Vielfalt, welche die Mutter Erde der Menschheit als Geschenk anbietet. Und ihr fühlt einen tiefen persönlichen Schmerz, fast einen Angriff auf euer eigenes Wesen, durch den Missbrauch, die Verwahrlosung und selbstsüchtige Zerstörung, welche die Menschheit über dieses einst perfekte makellose Paradies gebracht hat. Ihr seid diejenigen, die ihren größten Frieden in den Bergen finden, in der Wildnis oder am Strand sitzend, das Wunder der Wellen beobachtend, wie sie aufschäumen, pulsieren und dahin fließen und sich bemühen, euren leidenden Planeten zu besänftigen.

Sendet eure Liebesenergie, Geliebte – fühlt ihre Macht durch euer Wesen strömen, wenn ihr die höchstmöglichen Frequenzen hereinbringt und dann diese heilende Energie hinab in die Erde übertragt, und seht auch, wie sie reinigend und heilend das ätherische Netz der Erde durchzieht. Das ist eure Auftrag, euer Teil des Göttlichen Plans. Ihr wisst wer ihr seid ...ihr werdet wissen, dass dies eure Berufung ist, durch das Gefühl der Freude, der heiteren Gemütsruhe und des Friedens, wenn ihr euch erlaubt, ein Heilungsinstrument für Mutter Erde zu sein.

Und jene von euch, die kamen, um zu lehren, zu führen und das Wissen im Fluss zu halten, um Wissen zu übermitteln, das zu Weisheit wird, dadurch Veränderungen schafft und ermöglicht, neuen Philosophien in den fruchtbaren Geist von Kindern einzupflanzen und in diejenigen, die im Erwachen und bereit für höhere Wahrheiten sind, – euch ist eine gewaltige Aufgabe zuteil – denn ihr müsst lehren durch euer Beispiel, aber auch durch das gesprochene Wort, wenn ihr die Gültigkeit von Liebe, Freude, Frieden, Ehre, Integrität, Einheit und Fülle übermittelt, statt Furcht, Hass, Schuld, Isolation und Begrenzung.

Viele von euch kamen mit so viel Liebe für den Schöpfer, dass es für sie schwer war, sich der materiellen Welt und dem physischen Körper anzupassen. Ihr seid diejenigen, die alle Dinge im physikalischen Reich ablehnten, die materiellen Komfort, Reichtum und Begehren, aber auch die körperliche Form zurückwiesen, in dem Glauben, dass ihr euch nicht an den Sinneseindrücken der physischen Welt erfreuen und zugleich spirituell sein könnt. Aber deshalb seid ihr gekommen, ihr Lieben. Wir wissen, dass ihr immer in der Lage seid, reiner Spirit zu sein und dem Willen des Schöpfers in den höheren Reichen zu folgen. Euer Auftrag war, Mitschöpfer einer himmlischen Erde zu sein und all die Schönheit und Wunder des Spirit in solider, physischer Form zu erleben. Ihr habt eure Körper gegeißelt, zu Tode gehungert, mit schmerzvollen Gehirn- und seelenbetäubenden Substanzen missbraucht, in Kriege geführt im Namen Gottes und gestorben in der irrigen Meinung, dass es der Wille

Gottes war. Der Wille unserer Vater/Mutter-Gottheit ist, dass ihr im mitschöpferischen Glanz, in der Vollkommenheit, Schönheit und Harmonie mit all den anderen Göttlichen Abgesandten lebt, die mit euch die Erde bewohnen.

Andere kamen, um die männlichen und weiblichen Attribute und Fähigkeiten in der physischen Form auszugleichen. Wir haben oft darüber gesprochen und euch viel Einblick gewährt bezüglich dessen, wie weit ihr abgewichen seid von den ausgeglichenen harmonischen Energien, mit denen ihr ursprünglich hier angekommen seid. Gebt den Kampf auf, ihr Lieben. Zuerst hört damit auf, euch selbst innerlich zu bekriegen: akzeptiert eure Stärke, aber auch eure Sanftmut, akzeptiert eure Kreativität, eure intuitive Natur und eure dynamischen, vorausschauenden und schlussfolgernden Fähigkeiten. Erlaubt euch selbst, sanftmütig und doch stark zu sein, zu lieben und geliebt zu werden und doch an eurer Integrität und eurer Selbst-Identität festzuhalten, selbstlos zu geben, aber mit Freude und einem Gefühl des Wertseins zu empfangen. Dies sind die Lektionen, die ihr zu lernen habt, und die Balance, die ihr sucht, meine geliebten Krieger.

Wohin seid ihr gefallen in diesem Göttlichen Plan, ihr Lieben? Was ist eure Rolle? Was ist die Botschaft, die eurer Seele aufgeprägt wurde? „Geh' vorwärts und schaffe ..." Was sagt euch das Echo in eurem Herzen? Ihr werdet es wissen, wenn ihr eure Intuition oder euer Seelen-Selbst anzapft während ihr diese Botschaft lest. Deswegen wird sie euch zu dieser Zeit gegeben, damit ihr euch auf eure spezielle Aufgabe konzentrieren könnt, ...damit ihr beginnen könnt, euch zu verfeinern und euren Teil am großen Wandteppich der Geschichte - der im Entstehen ist - zu vervollkommnen. Es braucht jeden von euch, ihr Kostbaren, um ihn zu vollenden und zu einem prächtigen, erfolgreichen Abschluss zu bringen.

Verlangt jetzt nach eurer Göttlichen Aufgabe - diesem goldenen Funken, der so lange schlafend lag - übernehmt eure wahre Identität, die darauf wartet, erkannt zu werden und die bereit ist, hervorzubrechen. Euer INNERSTES WESEN ruft ... bitte antwortet.
ICH BIN Erzengel Michael und bringe euch diese Wahrheiten.

9. Ihr habt Engelsverbindungen

Geliebte Meister, bevor wir diesen Tag zusammen beginnen, bitte ich euch, schließt für einen Augenblick eure Augen. Ich wünsche mir für euch, dass ihr meine Gegenwart fühlt - nicht bloß die Botschaften lest, die ich euch zukommen lasse. Wir haben ein Göttliche Verbindung miteinander, ihr und ich, ja, ich meine jeden von euch. Ihr seid hier auf diesem Planeten, weil ihr unserem Aufruf gefolgt seid. Ihr musstet gewisse strenge Kriterien erfüllen und euch einem intensiven Trainingsprozess unterziehen, um euch für dieses großartige Experiment auf dem Planeten Erde zu qualifizieren.

Holt diese Erinnerung aus dem tiefsten Innern eures Herzens/eurer Seele hervor und erlaubt euch, ein Gefühl der Ausdehnung, der Fülle, der Freude zu spüren, wenn wir unsere Energien miteinander verbinden. Ich sende euch einen Liebesstrahl vom Zentrum meines Seins, ein Geschenk nur für euch. Wir von den Engelreichen sind genauso bemüht wie ihr, unsere Verbindung wiederzuerlangen. Wir vermissen eure Gegenwart, ihr Lieben, wir waren zu lange voneinander getrennt.

Wenn ihr wollt, will ich jedem von euch vier wunderschöne Engelwesen zuteilen, aber ihr müsst um dieses Geschenk bitten. Diese Engel sind machtvoller als jeder andere der Myriaden Engelshelfer, die euch zugeteilt wurden, da diese geliebten Engelskrieger auf meine Bitte hin zu euch kommen werden. Es werden zwei mit weiblichen und zwei mit männlichen Energien euch zu Diensten stehen. Ich versichere euch, SIE SIND REAL - so real wie irgendetwas, das ihr auf der physischen Ebene berühren könnt. Gebt ihnen Anweisungen, fragt nach ihren Namen und erlaubt euch, ein Gefühl für ihre Persönlichkeiten zu entwickeln - stimmt euch mit euren inneren Sinnen auf sie ein. Weist sie an, euch in allem Bemühen beizustehen, sei es Überfluss, Gesundheit, Organisation, Schutz, Kreativität - es gibt keine Begrenzung in dem, was sie tun können.

Je mehr ihr mit ihnen kommuniziert, desto realer werden sie und desto mehr werdet ihr sehen, wie hilfreich sie sein können. Es ist Zeit für euch, einige Belohnungen zu empfangen für all eure beharrlichen Anstrengungen, all eure Prüfungen und Tests. Nach und nach werden wir unsere ordentlichen Beziehungen mit euch und mit der ganzen Menschheit wieder aufnehmen. Wir sind nicht dazu bestimmt, von euch getrennt zu sein. Es war beabsichtigt, dass ihr in der Lage sein werdet, mit uns telepathisch zu kommunizieren, ja sogar euren Spirit/Geist in unsere Reiche zu erheben, mit uns eure Zeit zu verbringen und Hilfe und Beistand anzunehmen.

Selbst als euer Spirit sich voll in euer physisches Gefäß einverleibte, war geplant, dass wir immer zur Verfügung stehen würden, euch zu führen, zu ermutigen und zu unterstützen. Und so war es auch, aber in einer viel beschränkteren Weise. Wir konnten euch nur in euren Träumen erreichen und durch die Sehnsüchte eures Herzens und durch die zarten Stupse eurer Seele. Wir wurden unwirklich für euch - Mythen, Fantasien, oder eine Hoffnung für die Gläubigen.

Mehr in letzter Zeit haben wir begonnen, unsere Verbindung mit euch neu aufzubauen, weil ihr den statischen Zustand zwischen uns durch die Verfeinerung eures aurischen Feldes frei gemacht habt, sodass ihr nun wieder Zutritt zu den höheren Dimensionen habt. Auch waren wir in der Lage, den Prozess zu beschleunigen, weil uns die Erlaubnis gegeben wurde, zu intervenieren, um euren Erwachungsprozess zu aktivieren. Ihr habt, bevor euch gestattet wurde, euch in dieses Leben zu inkarnieren, zugestimmt, dass, wenn der richtige Zeitpunkt gekommen ist, ihr uns erlauben würdet, euren freien Willen beiseite zu stellen und euch zu eurem Schicksal zu lenken - dem Pfad des Erwachens. Viele von euch können sich exakt an Zeit, Ort und Umstände erinnern, an dem dies stattfand. Wir stupsten euch auf den Pfad, und seither ist nichts mehr auf der Welt das Gleiche wie vorher.

Als die Erde aus ihrer ätherischen Achse gestoßen wurde und in die dritte Dimension sank, war für uns eine der größten Tragödien die, dass wir kaum mehr die Dichte der astralen Ebenen durchdringen konnten, um mit euch Verbindung aufzunehmen. Ihr vergaßt, dass wir alle zusammen Teil eines Plans waren - dieses Experiments auf einem Planeten, den ihr jetzt Erde nennt. Wir sind alle Brüder und Schwestern, meine Lieben, egal welcher Abstammung oder auf welcher Bewusstseinsebene. Ihr habt vergessen, dass ihr Göttliche Wesen seid, dass ihr hier nur Besucher seid. Eure Heimat ist draußen unter den Sternen - an einem ausgedehnten und wundersamen Ort, wo es keine

Beschränkungen und Begrenzungen gibt - in einem Reich aller Möglichkeiten.

Einige von euch empfangen nicht zusammenhängende und beunruhigende Gedanken und träumen sehr lebhaft und in großem Detail. Lasst euch sagen, damit beginnt ihr, Zugriff zu nehmen zu einigen eurer parallelen Leben, zu anderen Dimensionen, und sogar Teile von euch selbst zurückzuverlangen. Manche integrieren auch Fragmente ihres Höheren Selbst, und so gibt es viele verwirrende oder widersprüchliche Informationen - verzerrte Informationen und Gedankenformen, die anscheinend nicht zu euch gehören. Ebenso wie mit den Emotionen und Gedanken, die aus dem Inneren eures eigenen Wesens aufsteigen und auf Furcht oder Negativität beliebiger Art beruhen, seht diese Gedankenformen, die nicht auf Liebe oder Freude basieren, augenblicklich in reine, Göttliche Lichtsubstanz umgewandelt.

Vieles geschieht auf der Erde, in der Erde, aber auch in den Dimensionen jenseits der Erde, das ihr nur erfühlen, aber nicht einmal ansatzweise begreifen könnt. Ich habe von den großen Kristallen gesprochen, die aktiviert wurden, und wie diese in immer höher werdenden Frequenzen aus und um die Erde herum schwingen. Die Erde, euer Sonnensystem und die Galaxis werden von diesen Energien beeinflusst. Während eure Erde sich regt und erwacht (geradeso wie ihr), sendet sie wieder Frequenzen der Liebe, Hoffnung, Inspiration und Freude aus. Ah, sie ist tapfer, eure schöne Erde. Es braucht mehr als Atombomben, als die Verschmutzung der weiten Meere und die Vernichtung ihrer großen Wälder, um sie zu zerstören oder ihren Überlebenswillen zu brechen.

Sie hat vorübergehend ihr Grollen in vielen Gebieten der Welt beruhigt. Sie ist begierig, bereit und willig, mit euch in jeder möglichen Weise zusammenzuarbeiten, um ihre Wunden zu heilen, ihre Atmosphäre zu reinigen und ihren Verfall zu stoppen. Nach und nach - so wie ihr - heilt sie sich selbst von ihrem goldenen ätherischen Netz nach innen, und von ihrem Herzzentrum nach außen. Ihr Herzschlag beschleunigt sich, die Nebel lichten sich. Auch sie erinnert sich, dass sie „heilig“ ist, dass sie eine Königin des Himmels ist, Gaia, ein Paradies, der Garten von „E-Don“ (was bedeutet, Gehorsam gegenüber der Göttlichen Weisheit).

Ist es nicht offensichtlich für euch, dass sich in den Massen etwas rührt? Ihr müsstet ganz isoliert auf einer Insel leben, ohne irgendeine Kommunikationsmöglichkeit mit der Außenwelt, um nicht zu sehen, dass eine beschleunigte Verschiebung im Massenbewusstsein vor sich geht. Die Programmierung über Engel und psychische Phänomene ist eine alltägliche Sache; allopathische und alternative Heilweisen arbeiten immer häufiger Hand in Hand.. Die Wissenschaft testet Schritt für Schritt die „Wasser" des erweiterten Bewusstseins, Technologien, wo die wissenschaftlichen und paranormalen oder unüblichen Modalitäten auf ihre Gültigkeit überprüft und integriert werden (viel öfter, als es der Öffentlichkeit mitgeteilt wird).

Viele von euch erleben übernatürliche Ereignisse in ihren Leben, und wir bitten euch, seid mutig genug, diese Wunder mit euren Freunden zu teilen. Fürchtet euch nicht vor Lächerlichkeit oder Kritik; ihr werdet häufiger Zustimmung als Missbilligung finden und viel öfter Interesse als Geringschätzung. Die religiösen Gemeinden beginnen, teilweise aus Furcht um den Verlust ihrer Anhänger, einige der mehr moderaten New Age- Lehren mit einzubeziehen; und weil es nicht wichtig ist, wie oder warum, ist es zum Vorteil für die Menschheit und trägt dazu bei, den Umwandlungsprozess für die Erde und ihre Bewohner zu beschleunigen.

Es gibt da einige beunruhigende Ereignisse in eurer Weltwirtschaft und in der politischen Arena. Ich bitte euch, seid gewissenhaft und euch der Lektionen bewusst, die wir euch geben. Es wurde vorhergesagt, dass eure Finanzunternehmen sich umorientieren und auf die Interessen aller Menschen fokussieren müssen und nicht bloß auf einig wenige. Eure Regierung muss Verantwortung tragen, und ihr müsst Ehrlichkeit und Integrität fordern für das, was der größten Zahl an Gleichberechtigten zugute kommt, und nicht bloß einigen speziellen Interessensgruppen. Ihr müsst einen aktiven Anteil übernehmen, indem ihr euch zuerst eine gesunde, gerechte und freigebige Wirtschaft vorstellt, sowie eine ethische Regierung und eine weltweite Einheit für die ganze Bevölkerung. Dann müsst ihr die Verantwortlichkeit für euren Teil des Plans übernehmen, indem ihr immer von einem Standpunkt untadeliger Ehrlichkeit aus handelt.

Überprüft eure Gefühle hinsichtlich Überfluss und Mangel. Wenn nur ein Viertel der Weltbevölkerung an Wohlstand und Überfluss für alle glauben, es sich vorstellen, erflehen und dann darauf hinarbeiten würde, würdet ihr eine dramatische Wendung der Ereignisse erleben, wenn jene, die den Reichtum der Welt horten und jene, welche die Sanftmütigen und Armen ausbeuten, damit beginnen müssten, ihren Würgegriff an der Weltwirtschaft loszulassen. Haltet ihr furchtsam an euren Reichtümern fest und hortet sie? Gebt acht, ihr Lieben, dass euer Schatz sich nicht in dünne Luft auflöst. Er ist nur eine Form von Energie, wie ihr wisst. Energie ist dazu da, um zu zirkulieren, erneuert, genutzt, umgeformt, erweitert und verfeinert zu werden. Das, woran ihr allzu sehr festhaltet, wird sich vor euren Augen auflösen.

Ein Teil des Einweihungsprozesses besteht darin, all das, was euch lieb und teuer ist, was ihr besitzt, eurem Göttlichen Selbst zu überlassen zum höchsten Wohle aller. Dies bedeutet nicht, das ihr es verlieren werdet, es bedeutet bloß, dass ihr gewillt seid, dem Göttlichen Plan zu erlauben, durch euch zu wirken, und das ist immer zu eurem höchsten Wohl, selbst wenn es im Augenblick nicht danach aussieht.

Wir beobachten, wie viele von euch ihre Glaubensansichten und Standpunkte, bezüglich dessen was sie brauchen um „glücklich zu sein“, verändert haben. Es ist weise, dass ihr zu der Erkenntnis kommt, dass Fülle und Überfluss in vielen Formen und in großer Vielfalt in Erscheinung treten - nicht bloß in „materiellen Dingen.“

Wir nehmen auch - wieder einmal - ein Grollen und Gerüchte wahr, die in vielen von euch Furcht und ein Gefühl der Hilflosigkeit hervorrufen, welches sich in das Massenbewusstsein ausbreitet: düstere Voraussagen von kataklysmischen Ereignissen. Haben wir euch nicht gesagt, dass Prophezeiungen bloß eine wahrscheinliche Zukunft vorhersagen, aber dass ihr einen freien Willen habt und dass ihr jede Vorhersage verändern oder mildern könnt? Sind Kataklysmen und Zerstörung Teil eurer Realität? Denkt daran, ihr werdet nicht von einem launenhaften Schicksal hin und her geworfen. IHR HABT STETS DIE KONTROLLE, IMMER!

Ihr nehmt die Kataklysmen mit euch, wenn das Teil eurer Realität ist. Und ihr seid SICHER, egal wohin ihr geht, wenn das eure Realität ist.

Viele von euch sind dort wo sie sind, weil sie versprochen haben, die Energien auszugleichen und in der Erde zu verankern, so dass diese großen destruktiven Kräfte beruhigt werden können. Besänftigt die Ängste eurer Familien und Nachbarn, bewahrt ein Gefühl heiterer Gelassenheit und Sicherheit, gebt ein Beispiel, seid eine Säule des Lichts, welche die Schatten der Furcht vertreibt. Wisst, dass ihr nur das erfahren werdet, was ihr zum Teil eurer Realität werden lasst. Wenn ihr eure Glaubensansichten verändert, verändert ihr das Bild eurer Realität und das Universum arbeitet mit euch zusammen.

Ihr seid die Führer, ihr seid die Vorbilder. Ihr werdet die Vision und den Standard dessen vertreten, was die Zukunft bereit hält. Wir sind bereit, euch beizustehen, meine tapferen Krieger. Erlaubt uns, euch zu unterstützen, euren Mut zu stärken, eure Einsicht zu schärfen und euch die Richtung zu weisen. Zusammen werden wir jedes Ungemach überwinden. Wir werden siegen. Daran habe ich nie gezweifelt.
ICH BIN Erzengel Michael.

10. Die universellen Gesetze der Manifestation

Geliebte Meister des Lichts, heute möchte ich mit euch über das Gesetz der Manifestation sprechen, und zwar mehr von einem mentalen und wissenschaftlichen Standpunkt aus. Vorerst wollen wir einmal die Manifestation und die Mitschöpfung in Harmonie mit dem Geist (Spirit) als Teil eures Göttlichen Rechtes und eures spirituellen Erbes - beiseite legen. Viele Lichtarbeiter fragen sich, warum sie nicht den göttlichen Strom des Überflusses anzapfen können, damit sie ihre Aufgabe vollenden und ihre Träume erfüllen können. Viele kämpfen noch immer ums Überleben und erfüllen ihre täglichen Pflichten, während diejenigen, die von einem Standpunkt der Habsucht und Macht aus agieren, ganz offensichtlich in der dritten Dimension, immer reicher werden. Es gibt gültige universelle Gesetze, die von allen befolgt werden müssen -Heiligen wie Sündern gleichermaßen. Vor vielen Äonen wurden große Energieströme durch die Elohim, Erzengel und Mitschöpfer eures Universums, unter der Leitung des Urschöpfers ausgesendet. Alle Wesen, die in ihrer Seele einen Funken des Schöpfers tragen, haben die Fähigkeit, auf diese elektromagnetische oder schöpferische Energie zuzugreifen und mit ihr schöpferisch tätig zu sein. Aber ihr müsst die Regeln kennen und wissen, wie ihr die Quelle anzapft und sie für euch arbeiten lasst. Zuerst müsst ihr die richtige Geisteshaltung haben: ihr müsst nicht spirituell oder gut sein, oder hohe Ideale haben; ihr könnt auch von einem völlig egoistischen Standpunkt aus agieren, sogar mit dem Wunsch, Macht und Kontrolle über andere zu gewinnen - die Gesetze der Manifestation werden dennoch immer funktionieren. Wenn ihr einen näheren Blick auf jene werft, die großen Reichtum und große Macht angesammelt haben, werdet ihr sehen, dass sie eine Vision haben, einen Glauben an sich selbst und die Fähigkeit, alles zu erreichen, was sie sich wünschen. Sie beginnen damit, die notwendige Geschicklichkeit und das Wissen zu erlangen, das sie benötigen, um Experten auf ihrem Gebiet zu werden. Sie verwenden so viel Zeit und Energie wie nötig, um ihre Träume zu verwirklichen. Sie hören nicht auf irgendwelche negativen Einflüsse von anderen, noch zweifeln sie keinen Augenblick an ihrer Fähigkeit, ihre Wünsche und Ziele zu erreichen. Sie ziehen diejenigen an sich, die gleiche Interessen und ähnliche Bestrebungen haben. Sie haben ihre Vision fest in ihrem Geist verankert, und Tag für Tag, von Augenblick zu Augenblick tun sie all das was nötig ist, um ihre Vision zu verwirklichen.

Was also ist das Geheimnis? Warum haben sie Erfolg, während viele spirituelle Lichtarbeiter solche Schwierigkeiten haben, genügend Überfluss zu erschaffen, um einfach und würdevoll zu leben, so dass sie sich auf die Erfüllung ihrer spirituellen Aufgabe und dem Dienst an Anderen konzentrieren können? Ihr seid ein elektromagnetisches Kraftfeld, meine geliebten Freunde, ihr sendet eine Frequenz oder Schwingungen aus, und diese Schwingungen verbinden sich mit ähnlichen Energiewellen und bringen auf diese Weise mehr der gleichen Art zu euch zurück. Wenn ihr daher Tag und Nacht Mantras und Affirmationen sprecht und um Wohlstand bittet, wenn ihr ununterbrochen darüber sprecht, was ihr erschaffen wollt wenn ihr die Mittel dazu habt, und ihr euch aus ganzem Herzen nach diesem Überfluss sehnt und er dennoch nicht kommt ...warum? Weil in eurem Unterbewusstsein immer noch diese alten Bande lauern, die sagen: „Um spirituell zu sein, muss ich allen materiellen Dingen in der Welt entsagen. Ich muss Glück und Wohlbefinden opfern, damit ich anderen dienen kann (der alte Märtyrer-Komplex). Wenn ich mich auf mein spirituelles Wachstum konzentriere, wird Gott für mich sorgen"... und so fort. Einen Augenblick lang seid ihr begeistert und fühlt, dass ihr die Welt erobern und alles manifestieren könnt, was ihr euch wünscht, und im nächsten Augenblick beginnt ihr wieder an euch selbst zu zweifeln. Ihr wiederholt eure Affirmationen für den Überfluss und erlaubt dann eurem stets geschäftigen Ego-Verstand, euch Tag und Nacht zu quälen und euch Sorgen zu machen wegen unbezahlter Rechnungen, oder wie ihr zu einem neuen Auto oder einem besser bezahlten Job kommt. Ihr zahlt nur widerwillig eure Steuern, die Versicherung, den Zahnarzt, etc., statt dass ihr dankbar seid und das Geld segnet, das durch eure Hände geht, wenn ihr euren Verpflichtungen nachkommt, oder andere für ihre Dienste entlohnt.

Nur sehr wenige von euch haben die richtige Mentalität, um mit großem Reichtum umzugehen. Was würdet ihr tun, wenn ihr plötzlich einige Millionen Dollar geschenkt bekommt? Würdet ihr sie horten? Währet ihr in Sorge, sie wieder zu verlieren oder dass euch jemand um euer Vermögen betrügt? Oder würdet ihr es freudig ausgeben, eure Träume verwirklichen und anderen helfen, ihre Wünsche zu erfüllen in dem Wissen, dass euer Überfluss weiter fließen wird und dass immer genügend bleibt, um eure Bedürfnisse und Wünsche zu befriedigen? Wir sprechen jetzt nicht über den Überfluss, der euch glücklich macht oder euch ein Gefühl der Befriedigung oder des „Verdienthabens" gibt. Denkt daran, wir sprechen über den unparteiischen Fluss der universellen Substanz, und ich bin sicher, ihr habt bemerkt, dass viele von den Reichsten die elendsten, langweiligsten und unglücklichsten Individuen sind. Aber ihr müsst ihnen zugute halten, dass sie wissen, wie man die universelle Quelle durch Gedanken, Wünsche und Entschlossenheit anzapft. Sie wanken nie in ihrer Zielstrebigkeit. Sie lassen sich von nichts und niemandem von der Vollendung ihrer Aufgabe abhalten. Sie vergegenwärtigen, sie wünschen, sie glauben, sie handeln ... und daher manifestieren sie. Ihr müsst damit beginnen, eure Aufmerksamkeit auf die Fülle zu lenken, die ihr bereits in eurem Leben habt. Dankt dafür, freut euch über das, was ihr habt und über all die guten Dinge in eurem Leben. Wendet euer Bewusstsein ab von dem, was falsch ist an euch selbst und an den anderen um euch und an der Welt, und beginnt das zu sehen, was richtig, schön und wundersam ist. Ihr müsst so handeln, als ob ihr Anrecht auf all die Schönheit und die Fülle des Universums habt, und dass diese sich in unbegrenztem Maße ergießt, bis sie sich zu manifestieren beginnt. Wir sagen nicht, dass ihr hinausgehen und Geld ausgeben sollt, das ihr nicht habt, aber ihr könnt beginnen, die Geschenke, die euch zur Verfügung stehen, zu sehen und euch daran zu erfreuen. Viele davon erfordern weder den Austausch von Geld noch von Energie. Eure Gedanken sind machtvoller als ihr wisst; das möchten wir ausdrücklich betonen. Aber noch immer erlaubt ihr eurem Geist umherzuschweifen und immer wieder mit Gedanken voller Zweifel, Negativität, Furcht, Schuld, etc., zu spielen, die eure Affirmationen unwirksam machen oder sie auslöschen. Einen Augenblick lang glaubt ihr, dass ihr alles erreichen könnt, was ihr euch wünscht, und im nächsten Augenblick wälzt ihr euch wieder in Selbstzweifel und Selbstmitleid. Ganz gleich, wie bewusst ihr in spiritueller Hinsicht werdet, wenn ihr nicht mit eurem Mentalkörper und eurem Verstand diesen Strom des Bewusstseins anzapft, der euch erlaubt, die Energien der Manifestation anzuziehen, werdet ihr niemals Mitschöpfer des Überflusses auf der irdischen Ebene werden. Erstens müsst ihr euch völlig darüber im Klaren sein, was ihr zu manifestieren wünscht – fühlt die Intensität in eurem Seelen-Selbst, nicht in eurem Ego-Selbst. Zweitens müsst ihr sicher sein, dass eure Wünsche mit eurem Höheren Selbst harmonisch übereinstimmen; ihr müsst sie Ihm überlassen, zum höchsten Wohle für euch selbst und für andere, und begreifen, dass ihr nicht immer den größeren Überblick habt, und dass ihr auch nicht die Göttliche Gegenwart begrenzen wollt hinsichtlich der Art und Weise, wie eure Träume manifestiert werden sollen. Des weiteren sollt ihr auf die innere Stimme der Intuition hören - hört auf ihre Anleitung und erwartet Wunder; und dann, wenn euch der Weg offenbart wurde, beginnt zu handeln. Wenn Zweifel hochkommen, oder euer Ego mit den alten Gefühlen der Unwürdigkeit oder Schuld zu spielen beginnt, dann anerkennt diese Gefühle , wandelt sie um und richtet eure Gedanken fest auf euer Ziel. Bedankt euch für die kleinen Wunder, die sich ereignen, und bereitet so den Weg für immer größere Geschenke, die auf euch zukommen. Wenn ihr euch mehr auf die positiven Aspekte eures Lebens konzentriert, verstärkt ihr diese Energien und zieht noch mehr davon an euch. Ihr erschafft ein Kraftfeld der Liebe, der Fülle und Harmonie, das niemand sprengen oder zerstören kann -nur ihr könnt das. Und indem ihr nach mehr Bewusstsein und spiritueller Harmonie strebt, werdet ihr große Freude und großes Vergnügen an eurem Überfluss haben, denn ihr seid dann im Strom der Schöpfung und im Gleichgewicht mit allen Aspekten der universellen Gesetze. Das ist das Geheimnis, ihr Lieben.

Nun lasst mich ein anderes Gebiet der Verworrenheit und Fehlinterpretation erläutern. Es wurde von manchen gesagt, dass die Erde sich bereits in die vierte Dimension begeben hat, während andere sagen, sie ist gerade dabei, sich in die vierte Dimension zu begeben. Lasst es mich auf diese Weise erklären: Alles was sich im Physischen manifestiert, beginnt sich zuerst im Ätherischen zu manifestieren. So wie ihr zuerst euren ätherischen Lichtkörper aufbaut, der schließlich euren physischen Lichtkörper erschafft, so geschieht das Gleiche mit eurem Planeten Erde. Der ätherische Körper der Erde hat sich in die vierte Dimension begeben, aber der physische Planet ist noch immer verstrickt in die dreidimensionale Erfahrungsebene. Jedoch, da die drei niederen Ebenen der vierten Dimension gereinigt sind, erlaubt uns dies einen größeren Zugang zur Erde, und damit eine größere Wechselbeziehung mit der Erde und der Menschheit. Und es erlaubt jenen von euch, die ihre Frequenzen in die höhere vierte Dimension angehoben haben, diese verfeinerte Energie anzuzapfen. Das ist so, als ob ihr in einer Lichtsäule lebt - die höheren Frequenzen folgen euch, wo auch immer ihr hingeht - sie schaffen einen sicheren Hafen oder eine Insel des Schutzes und der Harmonie, während die anderen um euch nach wie vor in den niederen

Schwingungsbereichen verharren, verfangen in der Illusion von Chaos, Kummer und Leid.

Wenn die Erde immer mehr von den höheren Frequenzen annimmt (dank der Anstrengung von euch allen, den wunderbaren hingebungsvollen Lichtarbeitern) und diese Energie in immer größerem Maße auf der physischen Ebene verankert wird, wird es zunehmend schwieriger, mental, emotional und physisch in der dreidimensionalen Dimension zu verbleiben.

Und so bitten wir euch, als Krieger des Lichts, stärkt eure spirituelle Rüstung und beschließt, den Weg und das Ziel, das ihr sucht, fest im Auge zu behalten und nichts und niemandem zu erlauben, euch von eurer Mission abzulenken.

Wir wissen, dass es schwierig ist, Gedanken, Gewohnheiten und Charakterzüge zu überwinden, die ihr seit Jahrtausenden angesammelt habt, aber jetzt ist die Zeit für einen Neubeginn, eine Zeit, eure alten begrenzten Ansichten, Zweifel und Schwächen loszulassen. Ihr seid MEISTER, ihr steigt auf in einen neuen Zustand der Erkenntnis, in ein neues Bewusstsein; ihr entwickelt euch und kehrt zurück zu eurem vollkommenen Zustand der Freude, der Ausgeglichenheit und Harmonie, wo ihr wieder in der Schönheit eures Geistes erstrahlen werdet, dessen Glanz für alle zu sehen ist. Wagt es zu träumen und nach den Sternen zu greifen, wagt all das zu fordern, was euch der Schöpfer versprochen hat ...es gehört euch zur Inbesitznahme, meine Geliebten. Aber denkt daran, ihr müsst das ernten, was ihr sät. Also lasst uns wieder gemeinsam ein Paradies auf Erden erschaffen, wo Liebe, Überfluss, Schönheit und Harmonie reichlich vorhanden sind.
ICH BIN Erzengel Michael und bringe euch diese Wahrheiten.

11. Ein Zustand der Gnade

Geliebte Meister, fühlt ihr tief im Innern eine Bewegung, eine unerklärliche Erregung? Denkt zurück an die Zeit eurer Kindheit und wie ihr euch am Vorabend eurer großen Feiertage fühltet, besonders an jenen, wo Geschenke ausgetauscht wurden; oder denkt an den Abend vor eurer Geburtstagsfeier, oder an andere spezielle Tage. Eure Erwartung war so groß, dass ihr kaum schlafen, ja nicht einmal still sein konntet - eure Phantasie ging mit euch durch und ihr hattet solch große Hoffnungen und Träume über die Überraschungen, die für euch bereit sein würden. Erfüllten sie eure Erwartungen? Wart ihr erfreut oder enttäuscht nach dem Öffnen der glänzenden bunten Päckchen, als ihr deren Inhalt erblicktet? War da nicht eine Enttäuschung als alles vorüber war, ungeachtet dessen, wie hoch der Nervenkitzel und die Erregung des Augenblicks war?

Glück ist eine sehr flüchtige Sache, nicht wahr? Es scheint, als ob es immer gerade jenseits eurer Reichweite ist. Das liegt daran, weil Glück eine Emotion des Ego-Wunschkörpers ist und er immer nach etwas außerhalb von ihm Ausschau hält, nach etwas, was ihm ein Gefühl der Befriedigung verschafft, eine Person, eine Sache oder irgendein Ereignis. Es setzt das Gefühl der Getrenntheit fort, die Illusion, dass die materielle Welt mit all ihren Reizen, dauernde Erfüllung, Glück und Freude bringt.
Freude ist die Emotion des Seelen-Selbst. Ihr werdet immer längere Perioden der Freude und des Friedens erleben, wenn ihr damit beginnt, euch auf eure Seele und die Harmonie des Geistes(Spirit) einzuschwingen. Dies geschieht, wenn ihr anfangt, euch an die Impulse eures Höheren Selbst' zu gewöhnen, und ein Gefühl des sich Er<u>freuens</u> an den höchst banalen Routinearbeiten zu finden, sei es in der Menge oder in der Abgeschiedenheit, ob alles perfekt abläuft oder ob es eine Zeit ist, in der eure Geduld auf die Probe gestellt wird. Ihr werdet in diesem Herz-zentrierten Gefühl des Friedens stehen, ungeachtet der äußeren Umstände. Zwar mögt ihr Zeiten des Zweifels haben, oder Zeiten, in denen ihr euch etwas außerhalb des harmonischen Flusses fühlt, oder ihr mögt „Spitzen-Erlebnisse" haben, wenn ihr ein neues „Hoch" erreicht, aber ihr werdet schnell zurückkehren in dieses harmonische Zentrum, wo euer Seelen-Selbst fest die Kontrolle innehat. Viele von euch zapfen immer häufiger diese Energie der Freude an, bis sie zu eurem natürlichen emotionalen Zustand wird. Aber jetzt, wo die

Licht-Infusionen dramatisch zunehmen, während ihr euch auf die nächste Stufe der Spirale zu bewegt, beginnt ihr auch, euch in eine höhere Resonanz einzuschwingen: die Oberschwingungen der „Glückseligkeit.“ Glückseligkeit ist der natürliche Zustand von Spirit (reiner Geist), und wenn ihr euch erst einmal fest mit dieser von Gott geschaffenen Energie verbindet, werden alle äußeren Ereignisse in die Illusion absinken und nicht mehr länger irgendeinen Eindruck auf euch machen.

Das ist die Erregung, die sich in eurem Inneren aufbaut und die Menschheit und die Erde in ihren äußersten Tiefen des kollektiven Seelen-Gedächtnisses aufrührt. Ihr beginnt hinabzusteigen zum Kern eurer physischen Existenz, Geliebte. Während ihr in die ersten fünf Jahre des neuen Jahrhunderts eintretet - eine höchst monumentale und kritische Zeit, - nehmt euch bitte Zeit für eine Selbstprüfung. Blickt zurück auf die Prüfungen und Tests in eurem Leben und schaut, ob ihr in der Lage seid, ein Muster zu erkennen, ähnlich einem Wandteppich - es gibt dort ein Motiv, wenn ihr genauer hinschaut - und ihr werdet sehen, dass ihr verknüpft seid mit diesen angeblichen Härten oder Lektionen, dem Geheimnis eurer Meisterschaft, eurem Lebenszweck und eurer Befreiung vom Rad des Karma. Das Geschenk des „Zustands der Gnade“ erwartet euch, aber ihr müsst die Hüllen und Bänder entfernen, die das Geschenk verbergen.

Wisst, dass die alten Energien nicht mehr länger funktionieren, dass ihr nicht negative oder lieblose Gedanken in den Äther aussenden und sie Jahre später - oder sogar in einem anderen Leben - zurückkommen lassen könnt, oft den Eindruck erweckend, dass sie keine Macht oder Rückwirkung mehr haben. Oh nein, meine lieben Freunde, der Kreis der Gedankenenergie schließt sich fast augenblicklich - innerhalb von Stunden, Tagen, Wochen oder, zumindest, in wenigen Monaten. Ob sie nun euer rechtmäßiges Erbe auf Überfluss, Liebe und Freude fordern, oder Gefühle der Unwürdigkeit, des Hasses oder der Verurteilung projizieren, eure Gedankenformen eilen von euch fort und sammeln ähnliche Energie, und schnell, wie ein dynamischer Bumerang, kehren sie verstärkt zu euch zurück.

Ihr werdet nicht mehr länger fähig sein, die innerste Essenz eures wahren Selbst' zu verleugnen, sowohl euer Christus-Selbst als auch jenen Teil eures inneren Kerns, der sich durch die Zeitalter herab in einen Knoten negativer Erinnerungen und Erfahrungen verschnürt hat. Beide fordern lautstark anerkannt und in euer Bewusstsein gebracht zu werden, in das Licht der Erkenntnis. Um eure Göttlichkeit geltend zu machen, müsst ihr zuerst reichlich Liebe den schmerzvollen, abgelehnten und verleugneten Teilen von euch selbst entgegenbringen, die all das Ungemach und Chaos, sowohl in eurem Körper als auch in eurer äußeren Realität, verursachten. Diese zusammengepresste Energie trägt die Erinnerung und erzeugt die vielfachen Gefühle des Unbehagens und der Verwirrung.

Warum wollt ihr euch nicht das Geschenk eines inneren Urlaubs vergönnen, einer Reise nach Innen? **Seht euch selbst fest verankert mit dem Herzen von Mutter Erde und umgebt euch mit der glänzenden Lichtsäule, die von eurer göttlichen ICH BIN- Gegenwart ausgesendet wird. Startet in eurem Wurzelchakra oder Energiezentrum und, als ob ihr eine wunderschöne Kristallzelle des Lichtes seid, erlaubt euch, völlig einzutauchen in das Gedächtnis dieses Zentrums. Was sind eure Gefühle hinsichtlich Überleben, Selbsterhaltung, Mangel? Fühlt ihr euch des Überflusses würdig, den euch Mutter Erde zu bieten hat? Lasst euch überfluten von diesen Gefühlen: Traurigkeit, Frustration, Furcht ... anerkennt sie, und wenn ihr fertig seid, sagt:** *„Ich entlasse euch in die reine Substanz des Christus-Lichtes; ich brauche euch nicht mehr länger."* **Seht die schöne Lichtzelle, die euer Bewusstsein birgt, wie sie diese Energien abtrennt und umhüllt, während sie durch eure Liebe in schimmernde Vollkommenheit umgewandelt werden. Oder, da sie ebenso wie ihr ein Gedächtnis und eine Wahlmöglichkeit haben, falls sie sich nicht dazu entscheiden, das Licht zu umarmen, seht, wie sie aus all euren Körperformen - den physischen, ätherischen, emotionalen und mentalen - frei hinausfließen in den Äther, um ihrem eigenen Pfad zu folgen. Sie werden das Licht zu einer anderen Zeit wählen, zusammen mit dem Rest derjenigen, die noch nicht bereit sind, voranzukommen. Segnet sie in ihrer Wahl und wisst, dass sie völlig in Ordnung ist.**

Geht nun in das zweite Chakra und erlaubt all den Energien des Ego-Begierdenkörpers hervorzukommen: Sexuelle Liebesenergie, Leidenschaft, Emotionen und eure Ansichten über Geben und Empfangen. Diese Energien stammen immer aus einem Mangelgefühl von etwas außerhalb von euch selbst und sind meistens

unausgeglichen, fokussiert auf physische Reize oder Befriedigungen, ohne einen Gedanken an mentale, emotionale oder spirituelle Vereinbarkeit. Sie sind Projektionen von nach außen auf irgendwelche Personen gerichteten Gefühlen, in der Hoffnung, sie können das erfüllen, von dem ihr glaubt, dass ihr dazu nicht fähig seid: geliebt zu werden und sich der Liebe wert zu fühlen. All die anderen Spiele des Verlangens, die Fähigkeit zu geben und zu empfangen, und die Beziehungen in jeder Form, stammen von diesem gleichen tiefsitzenden Bedürfnis nach Liebe und geliebt zu werden.

Warum nicht mit einer Liebesaffäre mit euch selbst beginnen? Macht einen Vertrag mit dem Wunsch eurer Seele und versichert, dass ihr beginnen werdet, mit eurer intuitiven statt mit eurer triebhaften Natur zu arbeiten. Beginnt nach dem zu suchen, was euch in Harmonie mit eurem wahren Selbst, eurem Göttlichen Selbst bringt. Dann werdet ihr nach Beziehung und Wechselwirkung mit einem solchen Menschen streben, der ebenfalls ein Gefühl der Ganzheit projiziert, und es wird eine Vereinbarkeit in allen Ausdrucksfacetten geben: physisch, mental, emotional und spirituell. Dies ist eine seelendurchdrungene Beziehung, nicht eine egobezogene Beziehung, die zum Scheitern verurteilt ist. In jedem Fall folgt der gleichen Visualisierung der Vermischung mit den Energien und Gefühlen dieses Wirbels. Seht, wie sich aus dieser schönen Sphäre des Lichts die Liebe in alle Bereiche der Dunkelheit und Negativität ergießt, und wiederholt zu jeder Zeit eure Anweisung: ***„Ich entlasse euch in die reine Substanz des Christus-Lichtes; ich brauche euch nicht mehr länger.“***

Geht nun hinauf in den Solarplexus und befreit all die eingeklemmten Energien in diesem Bereich, die euch dazu geführt haben, eure Macht abzugeben, die euch ängstlich vor Unterdrückung gemacht oder Gefühle der Unzulänglichkeit eingeflößt haben. All die vom Ego erschaffenen Minderwertigkeitsgefühle sind hier eingebettet. Lasst sie gehen, ihr Kostbaren. Fordert nochmals eure Macht, fordert eure Kreativität, eure Einzigartigkeit und eure Göttlichkeit. Der Solarplexus ist eines der großen Energiezentren der Zukunft. Von hier aus werdet ihr die großen Lichtströme aussenden, die ihr in immer größerer Menge aufnehmt. Und dann, zusammen mit anderen Lichtkämpfern, werdet ihr sie ausstrahlen und die Erde mit diesem großartigen Geschenk der Er<u>leucht</u>ung durchdringen. Segnet, heilt und befreit diese im Solarplexus zusammengepressten Energien, sodass ihr dieses Zentrum wieder in der Weise benutzen könnt, für die es gedacht ist.

Begebt euch nun in das Herz-Chakra und fühlt den Schutzschild, den ihr in eurem Ätherkörper platziert habt, um euch vor Schmerz und Leid zu schützen, das ihr durch die Zeitalter herab erfahren und euch gleichzeitig vom Strom des Lichts und der Liebe zu euch und durch euch abgesperrt habt. Dies ist der Bereich, in dem sich eure Lebenskraft aufbaut und erhält, der euch erlaubt, die Liebe des Schöpfers anzunehmen und auszustrahlen. Löst bitte diese Sperre auf, meine Geliebten, sie wird nicht länger benötigt. Erlaubt der wundersamen dreifaltigen Flamme, als eure spirituelle Rüstung und euer Symbol der Macht und Würde hervorzulodern und euch als Krieger des Lichts zu identifizieren. Erlaubt diesem Geschenk des Schöpfers euer Schutzschild zu sein, und ihr werdet beginnen, in Resonanz mit der Liebe, dem Mitgefühl, der Weisheit, Macht und dem Willen des Schöpfers zu sein, und ihr werdet nie wieder den Schmerz und die Seelenangst des Abgeschnittenseins von der Essenz des Spirit (Höheren Geistes) zu erleiden haben. Indem ihr den Herzbereich von seinen Beschränkungen erlöst, werdet ihr auch die Thymusdrüse befreien, die wieder beginnen wird, ihre lebensspendenden Hormone durch den ganzen Körper zu senden, so dass ihr euch verjüngen oder eure Jugendlichkeit und Vitalität aufrecht erhalten könnt. Alterung, Verkümmerung, Entkräftung und Tod sind alle das Resultat des Abgeschnittenseins von der Lebenskraft eures göttlichen Selbst'.

Bewegt nun eure Kristallkugel des Lichts in euren Kehlkopfbereich und fühlt die Einengungen und die Stauung, die hier stattgefunden hat. Fühlt all die Unwahrheiten, die eure Stimmbänder verstopfen, oder all die Zeiten, in denen ihr nicht fähig wart, eure Wahrheit zu sprechen, die in eurer Kehle stecken und Anspannung, Irritation, Husten oder Probleme mit der Thymusdrüse verursachen. Dies ist ein weiteres wichtiges Machtzentrum, Geliebte, und es ist Zeit für euch, damit zu beginnen, diese Macht auszuüben: sprecht eure Wahrheit, eure spirituelle Integrität mit Urteilsvermögen und Diskretion, mit Nichtverurteilen und Mitgefühl. Wenn ihr dieses Göttliche Recht praktiziert, werden aus den tiefen Schlupfwinkeln eures Gehirns die Gedanken zu fließen beginnen und ihr werdet wieder anfangen, euch eurer intuitiven Natur und Weisheit zu bedienen. Ihr werdet genau zum richtigen Zeitpunkt die richtigen Worte sagen und ihr werdet

wissen, wann ihr schweigen müsst – beides ist gleichermaßen wichtig. So haben viele von euch nie über die Dinge gesprochen, die tief in eurem Bewusstsein „begraben“ und für euch von größter Wichtigkeit und Bedeutung sind, weil sie befürchteten, auf Ablehnung zu stoßen. Es ist Zeit, dass ihr eure Wahrheit aussprecht und fordert, und das ist möglich, wenn ihr den Pfad eures Kehlkopfchakras von all den alten Energieeinflüssen reinigt. Lasst sie gehen, sie haben euch gut gedient, solange ihr durch die materielle Dichte und Getrenntheit reisen musstet. Lasst sie frei und begebt euch wieder in die Harmonie mit Spirit.

Geht nun in den wichtigsten Bereich, den des dritten Auges (zwischen den Augenbrauen) und entfernt den Film von eurer Hellseherei. Seht, wie eure Hypophyse (die Hirnanhangdrüse) zu pulsieren und sich zu öffnen beginnt und belebende Energie in den unteren Teil des Gehirns aussendet, die rechte und linke Hemisphäre miteinander verbindet und jene Bereiche aktiviert, die durch Missbrauch verkümmert waren. Das wird eure intuitive Natur steigern und Weisheit und Geistesfrieden bringen, während ihr beginnt, mit eurem Höheren Selbst Kontakt aufzunehmen und schließlich auch mit eurer Göttlichen ICH BIN – Gegenwart. Löst euch vom Konzept der Dualität und beginnt damit, eure männlichen und weiblichen Energien zu integrieren: die Energie, den Willen und die Dynamik des Vaters mit der Liebe, dem Mitgefühl und den kreativen und nährenden Aspekten der Mutter. Entlasst alles, was euch nicht länger dient in das Licht, und steigt nochmals um eine Stufe höher.

Konzentriert euch auf euer Kronenchakra, das Tor zu den höheren Dimensionen, zu eurem Göttlichen Selbst und zur Unendlichkeit. Seht dieses Zentrum weit geöffnet und seht, wie die Epiphyse (Zirbeldrüse) zu pulsieren beginnt und den oberen Teil des Gehirns revitalisiert und dabei euer Hellhören aktiviert. Wisst, dass ihr fähig seid, diese Brücke zu bauen, diesen Lichtpfad, der euch behilflich ist beim Zugriff zu Inspiration, Göttlicher Weisheit und den spirituellen Willen des Schöpfers durch eure ICH BIN Gegenwart. Befreit euch von den einschränkenden Energien, den furchtbezogenen Emotionen und den Illusionen, die euch für so viele Zeitalter gefesselt hielten.

Wenn ihr diese sieben niederen Chakren reinigt und ausbalanciert, erwartet euch das Geschenk von fünf zusätzlichen Energiezentren, die

euch vorwärts und aufwärts zu eurem höheren Seelenbewusstsein und in die höheren Reiche führen ... dies ist der Pfad des Aufstiegs, Geliebte. Greift nach dem Geschenk, das euch angeboten wird - das größte Geschenk von allen - das Geschenk der Ganzheit und Göttlichkeit.

Bevor ihr diese tiefgreifende Übung beendet, lasst euch bitte einen Schritt weiter führen. Fühlt euer innerstes Wesen, wie es sich hinaufbewegt durch die höheren Dimensionen und sich mit dem galaktischen Herzen verbindet. Verankert dieses Kristalljuwel eurer Essenz fest in diesem feurigen Herzen, während es beginnt, die verfeinerte Liebe und das Licht der Schöpfung an sich zu ziehen. Ihr seid nun durch eure Göttliche Gegenwart verankert mit den Pulsschlägen der Galaxis, und ihr seid ebenso fest verankert mit dem Herzen eures Planeten Erde. Könnt ihr nicht die Macht und Stärke dieser Wiederverbindung fühlen? Dies ist die Säule der Macht und Stärke, in der ihr vor vielen Äonen in die physische Welt herabgestiegen seid, und nun, da ihr diese Lichtsäule neu verankert habt, ist sie nochmals das Mittel für euren Aufstieg in die höheren Reiche der Erleuchtung. Es bedeutet nicht, dass ihr eure Erdenreise zum Abschluss bringen müsst, es bedeutet bloß, dass ihr Zugriff habt auf euer Göttliches Geburtsrecht: eine Liebesverbindung mit dem Schöpfer.

Geliebte, beginnt damit, euch gegenseitig mit dem zu beschenken, was wirklich zählt: Liebe, Verständnis, Unterstützung, Urteilslosigkeit, Ermutigung und vor allem mit eurer Freude und Glückseligkeit. Die teuren eingewickelten Päckchen sind ein armseliger Ersatz für die wirkliche Sache: eine liebende Seele und ein mitfühlender Geist (Spirit). Ihr werdet in höchstem Maße geliebt und geehrt.
ICH BIN Erzengel Michael.

12. Suche nach einer Vision: Ein kurzer Blick ins Paradies – Eure Heimat

Geliebte Meister, da wir heute zusammenkommen, erlaubt mir, dass ich euch mitnehme auf die Suche nach einer Vision. Viele von euch beginnen sich zu erinnern und die Tatsache zu akzeptieren, dass der Planet Erde nicht eure Heimat ist, dass ihr hier nur Besucher seid – zur Studienarbeit, könnte man sagen. Es ist nicht ungewöhnlich zu hören: „Ich hatte nie das Gefühl, dass ich hierher gehöre. Es kam mir nie so vor, dass ich zu den anderen passe, nicht einmal zu meiner Familie." Und ihr hattet immer Sehnsüchte und Träume – nebelhaft, illusorisch, gerade außerhalb eurer Verstandesgrenzen – nicht erreichbar. Sogar als Kind mögt ihr euch unzufrieden gefühlt haben, als ob es da etwas gab, an das ihr euch erinnern solltet, oder dass ihr euch beeilen müsst, erwachsen zu werden, denn da war etwas Wichtiges, das ihr vermutlich tun solltet – aber was? Ihr hattet keine blasse Ahnung. Schließlich wurde daraus eine Göttliche Unzufriedenheit, die euch, manchmal nicht allzu zart, anstieß in Richtung Pfad der Erleuchtung, und so begann eure Rückreise in eure Heimat.

Stellt euch vor, ihr Lieben, wie es sich wohl anfühlen würde, in perfekter Gemeinschaft mit dem Schöpfer zu sein, das Gefühl überwältigender allumfassender Liebe und Freude, da ihr ausgesendet werdet als ein Teil der Göttlichen Schöpfungsstrahlen, um unter der Leitung eurer Vater/Mutter-Gottheit zu erschaffen und Erfahrungen zu machen. Stellt euch selbst als einen großen Energiewirbel vor, pulsierend voller Energie, große Strahlen leuchtender Farben aussendend, Energiewellen ausstrahlend und Symphonien an Klängen erzeugend, die sich harmonisch mit anderen wundersamen Wesen, solchen wie ihr, vermischen, während ihr euch in die Weite des Universums ausdehnt, um den Willen des Schöpfers zu erfüllen.

Verspürt wie ihr euch fühlt, da diese Energien, die ihr projiziert, herumwirbeln und sich verfestigen, Struktur und Form erkennbar werden, schön und einzigartig über alle Maßen – eure Schöpfungen – erzeugt durch die Macht eurer Gedanken, eurer Liebesgefühle und eurer Vorstellung. Stellt euch nun vor wie es wohl wäre, diese herrlichen Schöpfungen zu erleben – mannigfaltig über alle Maßen, frei fließend, vollkommen und harmonisch ...große glänzende Hallen, Tempel, Gärten und tanzende Gewässer, alles schimmernd so hell und rein im Sonnenlicht, dass es solch eine Menge von Myriaden juwelengleicher Farben wirft, die ihr nie fähig wäret, sie alle zu benennen, geschweige denn, sie zu beschreiben.

Elegante, schöne Menschen, männlich und weiblich, alle in der Blüte ihres Lebens - leuchtend, gesund, dynamisch, und Frieden, Liebe und solch eine Freude ausstrahlend, dass ihr lächeln müsst. Und es erhebt euren Geist(Spirit), einfach ihre Gesichter zu bestaunen, während sie ihren Myriaden Aufgaben nachgehen. Da sind kostbare, ungestüme, glückliche Kinder jeden Alters - spielend, lernend, schaffend unter der Aufsicht liebender, geduldiger Eltern. Aber ihr stellt auch fest, dass es hier nirgendwo gealterte, hinfällige oder schwache Wesen zu sehen gibt.

Ihr durchstreift die Tempel und großen Hallen, bestaunt die exquisiten, unschätzbaren Kunstwerke und die verschwenderischen Einrichtungsgegenstände. Während ihr durch die vielen offenen Türen geht, könnt ihr hören, wie über alle nur vorstellbaren Dinge diskutiert wird, von Gruppen jeglichen Alters - es ist nicht bloß eine Person, die belehrt, sondern alle interagieren, beteiligen sich und tragen zum Gespräch bei. Süße Melodien schweben durch die Luft und ihr beobachtet, wie eine Gruppe nach der anderen in Harmonie ihre Stimmen erheben oder Instrumente spielen, die ihr nicht erkennen und noch viel weniger identifizieren könnt, alles vermischt sich miteinander und erzeugt Welle über Welle widerhallender Schwingungen, die euch im tiefsten Inneren berühren.

Ihr geht dann hinaus in die Gärten und ergötzt eure Sinne an der Schönheit und dem Aroma der Blumen und der komplizierten Landschaft, die kristallklaren Gewässer lindern und kühlen die Luft, und ihr fühlt solch einen Frieden und eine Einheit mit der ganzen Schöpfung, dass es euch scheint, als wolle euer Herz vor Freude zerspringen. Ihr geht weiter den Pfad entlang bis ihr an einem Punkt zu stehen kommt, der euch einen großartigen Ausblick über die im Sonnenlicht glänzende und schimmernde Landschaft bietet, und ihr wisst, das ist der Ort, wo ihr eure Ewigkeit verbringen wollt. Hier ist es, wo ihr hingehört und wo ihr eure Erfüllung findet - an diesem wundersamen Ort, an dessen Erschaffung ihr mitgeholfen habt.

Nach einer sehr langen Zeit wurdet ihr, zusammen mit einer gewaltigen Anzahl anderer Wesen, in die große Halle gerufen, einen Ort, der nur für sehr feierliche, heilige Versammlungen bestimmt ist. Ihr seid von euren Gefühlen überwältigt, denn anwesend sind die Erzengel und viele andere herrliche Wesen, die euch bekannt sind; große, machtvolle Wesenheiten, mit denen ihr gereist seid und gearbeitet habt, oder von denen ihr in dunkler Vergangenheit erschaffen wurdet. Ja, auch ich bin da, wie auch meine holde Lady Faith und sehr viele wichtige Repräsentanten von anderen weit entfernten Zivilisationen und Universen.

Ein Wesen von großer Ehre und Verantwortung, eine glänzende herrliche Wesenheit, beginnt zu all den hier Versammelten zu sprechen. Es wird euch gesagt, dass ihr, wenn ihr zustimmt, auserwählt wurdet, zusammen mit vielen anderen, Teil eines Göttlichen Experiments auf einem Planeten zu sein, den man Erde nennt. Mir, Erzengel Michael, wurde als dem Schutzengel, Aufseher und Leiter dieses Experiments die Aufgabe zugeteilt, euch zu führen und zu beschützen. Ihr würdet bezeichnet werden als „Meine Legionen des Lichts."

Nun, wir haben euch schon die Details darüber gesagt, was dieses Experiment sein sollte und wie es schief lief, aber das ist nicht Teil dieser Vision, die wir euch geben, denn dies ist eine Vision eurer abgeschlossenen Vergangenheit und dessen, was ihr tief im Innern ersehnt, es wieder zu erschaffen.

Ihr alle stimmtet begierig zu, wart aufgeregt und fühltet euch geehrt, zu solch einer wichtigen Mission auserwählt worden zu sein. Es wurde euch dann euer individueller Auftrag gegeben, codiert mit eurer eigenen speziellen Mission, eurer Göttlichen Blaupause, und dann wurdet ihr freudig auf euren Weg geschickt. Tief eingepflanzt in euer Seelengedächtnis waren die Vision eurer Heimat, eurer vollkommenen Schöpfungen, die glänzenden Leistungen, die ihr im Namen des Schöpfers vollbracht habt. Ihr hattet nicht einen Augenblick lang Zweifel daran, dass dieser Auftrag ein großer Erfolg sein würde, so wie es jene in der Vergangenheit waren.

Am Anfang stimmte das auch, und der Planet Erde wurde ähnlich dem vollkommenen Paradies, von dem ihr alle kamt, gestaltet. Wir kommunizierten mit euch, wiesen euch an, ermutigten und halfen euch in euren ehrfurchtgebietenden Aufgaben für unmessbar viele Jahre. Ihr wisst tief in eurem innersten Sein, wie es sich anfühlt, reine Energie vom Spirit an sich zu ziehen, von den herrlichen Wesen, welche Träger der Aspekte und Merkmale der vielen großen Strahlen sind. Ihr, wie wir, waren in vollkommener Harmonie mit dem Willen des Schöpfers, bis alles in Unordnung geriet und in eine Dichte fiel, wo wir nicht länger mit euch in Verbindung bleiben konnten, oder ihr nicht länger Zugriff hattet zur Energie eurer Göttlichen Gegenwart.

Der Vorhang des Vergessens begann sich über eure Erinnerung zu breiten, und eure Seele verlor die Verbindung zu eurem Körper, hang nur noch an einem dünnen Silberfaden. Ihr wart Göttliche Abgesandte für eine höchst wichtige Mission, und ihr habt nicht versagt - ihr müsst wissen, dass es nicht euer Verschulden war - IHR HABT NICHT VERSAGT. Es gab Experimente innerhalb von Experimenten - Agenden von vielen Zivilisationen, die mit dem Originalplan nicht vereinbar waren. Ein Experiment bedeutet einfach, dass man nicht genau weiß, was dabei herauskommen wird, auch nicht auf der Schöpferebene, denn das Geschenk des freien Willens war damit verbunden.

Schließlich wurde ein neuer Plan in Angriff genommen, ein Plan für die Rettung der Menschheit und der Erde. Man hat beschlossen, denjenigen von euch, die in ihrer ursprünglichen Mission ausgesandt wurden, zu gestatten, ihre Aufgabe mit etwas Beistand von den höheren Dimensionen fortzusetzen. Eine Entscheidung wurde getroffen, um zu sehen, ob ihr, die ihr den Schöpfer seit vielen Zeitaltern so sehr liebt, ihr, die ihr jene Erinnerungen an die Vollkommenheit in euch tragt, die ihr besaßt bevor ihr auf die Erde kamt, hinabsteigen könnt in die Dichte und Dunkelheit mit dem Rest der Menschheit, und durch eure Liebe, euren Wunsch und eure eigenen Anstrengungen ein höheres Bewusstsein und Liebe herausbilden könnt, um dann aufgrund eurer vielen Erfahrungen und triumphalen Siege über das Reich der Materie, ein größeres Licht und größere Weisheit auszustrahlen und zum Ausdruck zu bringen als zuvor.

Man wusste, dass eine Zeit kommen würde, wo das Experiment abgeschlossen wird, ungeachtet seines Ausgangs, ob Sieg oder

Niederlage. Wir sind hier, um euch kostbaren Kriegern zu sagen, dass ihr euren Sieg beanspruchen könnt - er ist in Sicht.

Es ist jetzt Zeit, dass ihr jene Erinnerungen aus den dunklen Schlupfwinkeln eurer Seele, eures Geistes und Herzens hervorholt. Es ist Zeit für euch, dass ihr eure Göttliche Erbschaft antretet und wieder mit eurer Aufgabe - der Erschaffung des Himmels auf Erden - vorangeht. Es ist Zeit, das ihr den Garten Eden wieder herstellt - nicht einen bestimmten Ort auf der Erde, sondern die ganze Erde in ihrer Gesamtheit, als das Paradies, das sie einmal war - das Paradies, das ihr von euren Erinnerungen an eure Heimat mitgebracht und wieder aufgebaut habt.

Wir geben euch diese Vision, Geliebte, damit ihr sie als euer Eigentum beansprucht, damit ihr wisst, dass es möglich ist, denn ihr habt sie zuvor erschaffen - ihr wisst wie - ihr habt es bloß vergessen.

Errichtet eure Vision, meine geliebten Krieger. Beginnt in eurem eigenen Herzzentrum und fordert eure Macht und Herrlichkeit, die euer Göttliches Erbe ist. Dann beginnt damit, eure Energie und Vollkommenheit in euren physischen Körper und nach außen in eure Welt auszustrahlen: zu euren Beziehungen, euren Arbeitsplatz, euer Gemeinwesen, euer Land und zu der ganzen Welt. Erlaubt allem, was euch nicht mehr länger dienlich ist, seinen Pfad der Begrenzung fortzusetzen oder sich euch im Reich aller Möglichkeiten anzuschließen. Der Pfad zum Licht und der Pfad, der sich weiter in die Dunkelheit hinabwindet, gelangen zu einem deutlich ausgeprägten Trennungspunkt. Ihr sehr euch genötigt, ein für allemal, euch mit euren eigenen Schatten zu konfrontieren - mit all den Unausgewogenheiten und Einschränkungen, die in euch festsitzen oder euch zurückhalten von der vollen Befähigung zur Selbstverwirklichung. Wenn ihr nicht gewillt seid, nach innen zu gehen und die notwendigen Korrekturen vorzunehmen oder die nicht übereinstimmenden Energien auszugleichen, werden sie auf euch zurückgespiegelt in einer höchst dramatischen kraftvollen Weise durch die Wechselbeziehungen mit anderen.

Lasst los, meine getreuen Krieger, lasst alles fahren, was euch nicht länger hilft oder fördert auf dem Weg zu eurem gewählten Schicksal. Ihr alle kennt – wenn ihr nur in eure eigene innere Wahrheit hineinschaut – jene Dinge, die euch verstrickt halten in Opferschaft statt in Meisterschaft, in Beschränkung statt in Überfluss und Gesundheit, in Entkräftung, Verkümmerung, Alterung und Tod statt in Jugendlichkeit und Vitalität. Wählt die Glückseligkeit des Paradieses, wählt die Freude, wieder Mitschöpfer mit den großen Wesen des Lichts und der Engelreiche zu sein. Wählt den Pfad, der euch letztendlich wieder in eure Heimat führt. Und wisst dieses, denn **wir geben euch ein Versprechen: nie wieder werdet ihr die Beschränkungen, Ängste und Qualen zu erleiden haben, wie ihr sie auf der Erde erlebt habt.**

Ihr habt euch die Flügel eines Meisters des „Experiment Erde" verdient.

Kommt, helft uns in der noch verbleibenden Zeit soviel teure Seelen als möglich zu erwecken, so dass sie sich unserer Reise anschließen können ... unserer Rückkehr nach Utopia. Aber denkt daran, es ist immer ihre Wahl, denn ihr könnt nur für euch selbst wählen. Ihr könnt den Weg weisen und die Liebe und das Licht des Schöpfers aussenden, und ihr könnt durch euer Beispiel und eure sanfte Führung die Übergangsstufen für sie erleichtern, aber jeder muss sich selbst entscheiden, diesen Pfad zu beschreiten. Die Zeit ist nahe, ihr Lieben, und eure Vorfreude ist nicht größer als unsere.
ICH BIN Erzengel Michael.

13. Wie nehmt ihr die Liebe wahr? Was ist eure Wahrheit?

Geliebte Meister, es ist in dieser Zeit mehr als je zuvor unerlässlich, dass ihr gewissenhaft, Schritt für Schritt, Tag für Tag nach eurer eigenen Wahrheit sucht, und dass ihr euch bemüht, in der Integrität dieser Wahrheit zu leben. Nicht in euren alten, überholten Programmen oder dem, was ihr gelesen oder von irgendjemandem gehört habt, sondern in dem, was in euch als die Wahrheit eurer eigenen Göttlichen Essenz widerhallt. Seht, es gibt viele Wahrheiten und Ebenen, oder Schichten, einer jetzt hervorkommenden neuen Wahrheit, dass die Quarantäne von eurer Erde entfernt wurde. Aber jeder von euch muss seine eigene Bewusstseinsebene und seine Schwingungsfrequenzen berücksichtigen, auf die er eingestimmt ist.

Beginnt damit, die fundamentale Weisheit der Liebe und des Mitgefühls an euch selbst und anderen anzuwenden, bevor ihr versucht, die komplexeren Regeln und Richtlinien derjenigen zu meistern und zu verstehen, die auf dem Pfad des Bewusstseins und der Integration schon weiter fortgeschritten sind. Ihr seid einmalig, eure Lektionen und Herausforderungen waren und werden speziell für euch geformt, um euch bei der Ausbalancierung und Harmonisierung aller disharmonischen Energien in euren physischen, mentalen und emotionalen Körpern zu helfen. Ihr seid nicht den Launen des Schicksals ausgeliefert, und ihr seid nicht ausgesondert, um bestraft oder verfolgt zu werden. Jede Person oder Wesenheit muss seiner eigenen besonderen Bestimmung folgen - dem Pfad zur Erleuchtung und Wiedervereinigung mit ihrem Göttlichen Selbst. Die Lektionen, die ihr lernt und ausführt, sind euer Beitrag zum Ganzen. In diesen anscheinend schmerzvollen Erfahrungen sind die Juwelen der Weisheit enthalten, die ihr benötigt, um eure spezielle Facette des großen Plans zu erfüllen. Also beurteilt euch oder euren Fortschritt nicht im Vergleich zu irgendjemand anderem. Schaut nicht ehrfürchtig oder mit Neid auf die Talente und Gaben anderer, die sie gemeistert und manifestiert haben, denn in euren Schatztruhen liegen genauso große und warten auf ihre Entdeckung – sie wollen hervorgebracht und mehrfach genutzt werden.

Das ist der Grund warum wir euch bitten, mit dem Prozess der Veränderung eurer Auffassung über das, was Liebe ist und was sie nicht ist, zu beginnen. Die Energien der Liebe sind vom Standpunkt eines Lichtarbeiters oder Meisters aus gesehen völlig verschieden von denjenigen, die noch in der dreidimensionalen Realität gefangen sind. Liebe ist nicht bloß ein emotionales Gefühl, der intensive Wunsch, jemand anderen zu besitzen, um ein Ganzheitsgefühl zu haben, oder in manchen Fällen der Nervenkitzel der Eroberung und des Gewinnens eines anscheinend „großen Preises", welcher meistens zu einer großen Last wird.

Liebe ist nicht Selbstaufopferung und eine Opferrolle, wo du so viel von dir hergibst, dass du nicht mehr länger eine Identität von dir selbst hast. Es wurde gesagt, ihr sollt andere lieben wie euch selbst. Wir sagen euch, ihr Geliebten, viele von euch haben eine so geringe Selbstachtung, dass sie nur wenig Liebe auf andere projizieren können. Zuerst müsst ihr die Essenz der Liebe in euch selbst, in eurem Seelenzentrum aufbauen, und ihr beginnt damit, indem ihr akzeptiert, dass ihr ein Funke Gottes seid und daher der Liebe, der Achtung und all der Freude, Schönheit und Fülle der Schöpfung wert seid. Wir sagten vorhin, dass es Zeit ist, eine Liebesaffäre mit euch selbst zu beginnen, indem ihr anfangt, euch auf das zu konzentrieren, was für euch richtig ist, statt auf das, was falsch ist. Hört auf die flüsternde intuitive Stimme eures Seelenselbst (die immer lauter wird, wenn ihr ihre Weisheit annehmt,) denn sie gibt euch Ermutigung, Einsicht und Bewusstheit über euer gewaltiges Potential.

Die Liebe lässt es nicht zu, dass andere euch nicht achten und ausnützen, sie verstärken nur eure eigenen Projektionen der Unwürdigkeit. Wie könnt ihr erwarten, dass andere Euch mit Liebe und Respekt behandeln, wenn ihr nicht gewillt seid, Grenzen zu setzen und klare Botschaften der Liebe, Akzeptanz und Wertschätzung für euch selbst, als auch für andere zu senden? Die einschränkenden, lähmenden Gedankenformen von Selbstaufopferung, Märtyrertum, Leiden, und die Verneinung der Schönheit und Vollkommenheit eures physischen Körpers müssen aufhören. Erlaubt diesen destruktiven Gedankenformen sich zusammen mit allen anderen illusionären dreidimensionalen Konzepten aus eurem Bewusstsein aufzulösen.

Viele von euch haben sich auf Drängen eures Ego-Wunschkörpers in die Gefühle von Macht und Errungenschaften verliebt. In der Tat kamt ihr als Mitschöpfer, um das materielle Reich auf dem schönen Planeten Erde zu errichten, zu vervollkommnen und zu genießen. Aber irgendwann einmal gerietet ihr in die Falle eurer eigenen Leistungen und Fähigkeiten, wie Besitz, Eigentum und Vorräte, so dass dies zum Maß eurer Liebe wurde: wart ihr machtvoll und einflussreich genug, dann wart ihr der Liebe wert, oder ihr hattet das größte Warenhaus und Besitztümer, dann wurdet ihr bewundert und geachtet.

All eure Energien auf diese äußeren Manifestationen zu konzentrieren, erzeugt nur eine kurzzeitige Befriedigung, aber ebenso eine andauernde Frustration und Unzufriedenheit. Was passiert, wenn euch eure Macht und eure Reichtümer genommen werden? Was geschieht, wenn ihr eure Besitztümer verliert? Mit was könnt ihr euch dann identifizieren? Es ist, als ob ihr all das verloren habt, was ihr wart und was ihr repräsentiert habt. Darum verlieren so viele ihre Lebenslust, manche gehen sogar soweit, dass sie sich das Leben nehmen, weil ihnen - von ihrer Sicht aus- all das genommen wurde, was sie „liebten und schätzten", zusammen mit ihrem Gefühl des Geliebt- und Geachtet-seins.

Liebe, als ein nach außen gerichteter Fokus, außerhalb von euch selbst, wird immer ein Gefühl der Verletzbarkeit bringen, braucht immer einer ständigen Bestätigung durch etwas oder irgendjemand. Liebe, als ein nach außen projizierter innerer Fokus, ist ein konstanter Strom an Selbstsicherheit, Selbstakzeptanz, ist immer bemüht, mehr von diesem beglückenden Gefühl der Einheit und Harmonie mit aller Schöpfung in sich aufzunehmen und auszustrahlen.

Liebe ist die Essenz des Geistes Gottes. Liebe ist die Christusenergie, die große Ströme kosmischer Substanz aus dem Herzzentrum der Urschöpfer-Gottheit im nie endenden Verlangen hervorquellen lässt, um mehr von sich selbst zu erfahren. Sie ist ein gesegnetes Geschenk, das in der ganzen Schöpfung Anwendung findet - auf allen Ebenen, von der höchsten, machtvollsten, bis zur niedrigsten, schwächsten. Es ist euer Geburtsrecht, eure eigene Einzigartigkeit durch liebevolles Miterschaffen in Harmonie mit der Göttlichen Blaupause zum Selbstausdruck zu bringen, welche immer in perfekter Übereinstimmung mit dem großen

Plan des Schöpfers steht. Wie liebevoll sind eure Schöpfungen, ihr Geliebten? Welche Art von Tempel habt ihr für eure Seele erschaffen? Identifiziert ihr euch nur mit eurem Körper, um dann durch ständiges Urteilen und Konzentrieren auf eure Unvollkommenheiten und das Vergleichen mit anderen einen fortdauernden Kampf zu führen, der letztlich dazu führt, dass ihr euch in euren Fehlern und in der Bewertung eurer Ansichten bestärkt (eine Liebe/Hass-Beziehung mit euch selbst, die euch frustriert und in selbstverschuldeter Trübsal fest hält)?
Was für eine Welt habt ihr in jedem Augenblick mit euren beständigen Gedankenformen gebaut? Was für ein Beispiel gabt ihr euren Kindern und geliebten Angehörigen? Projiziert ihr ein stolzes Selbstgefühl, ein Bewusstsein dessen, wie kostbar das Geschenk des Lebens ist? Gebt ihr ein Beispiel durch euer Bemühen, die Myriaden Facetten in euch selbst zu vervollkommnen?

Ganz gleich, in welchen Umständen ihr euch befindet, für jeden von euch gibt es einen offenen Pfad, dem ihr folgen könnt, eine Gelegenheit, die darauf wartet, euch die Annahme eurer Macht zu ermöglichen, das Anzapfen eurer Kreativität, um die vielen latenten Fähigkeiten zum Vorschein zu bringen, die ihr tief in eurer Gedächtnisbank gespeichert habt. Und nun, wie noch nie zuvor, sind wir euch ganz nahe, beobachten, warten darauf euch zu helfen, zu ermutigen, die Wunder zu erschaffen, den Weg zu ebnen und euch im Voranschreiten beizustehen.

Es ist jetzt für euch alle an der Zeit, als tapfere Krieger des Lichts, die Schranken der Diskriminierung, der Entmächtigung und Begrenzung niederzureißen und zu überschreiten. Wir fordern euch ihr Frauen des Geistes(Spirit) heraus, werdet Leuchttürme und Beispiele als „meisterhafte Frauen unter Männern." Wir flehen euch Männer voller Tapferkeit und Integrität an, werdet zu „mitfühlenden Männern unter den Frauen." Damit meinen wir, löscht und beseitigt die Trennlinien und Barrieren zwischen euch, bietet euch gegenseitig eure Talente und Attribute an und akzeptiert und integriert diese so sehr benötigten Energien in eure mentalen und emotionalen Körper. Eure Wahrheit liegt in eurer Bewusstseinsebene, in der Aufnahme des kosmischen Geschenks des Christus-Bewusstseins. Ihr müsst das Wissen, das ihr erlangt, integrieren, und dann müsst ihr demonstrieren, dass ihr die Fähigkeit habt, diese neue Ebene der Weisheit zu leben. Was eure Bereitschaft betrifft, euren Weg auf der Einweihungsspirale fortzusetzen, werdet ihr von eurem eigenen Höheren Selbst und eurer Göttlichen Gegenwart beurteilt. Wir haben euch gesagt, dass der Pfad des Aufstiegs ein sehr einsamer, sekulärer Prozess ist. Eure Einweihungen sind speziell für euch und euch allein entworfen, denn ihr seid mit keinem anderen gleich. Und dennoch, ihr Kostbaren, jeder Fortschritt, den ihr erzielt und der einen weiteren Teil von euch erhöht oder euch auf dem engen Pfad zur Meisterschaft einen Schritt weiterbringt, fördert auch die Menschheit als Ganzes. Ihr seid der „Eine" in eurer Essenz, aber in der „Einheit" mit Allem.

Es ist Zeit für euch, hervorzutreten, euren Standpunkt einzunehmen und gehört zu werden. Beginnt dort wo ihr seid, auf der höchsten Ebene eures Verständnisses, seht mit Augen der Liebe, fühlt mit einem Herzen voller Mitgefühl und handelt aus einem Geist, der nicht umwölkt ist von Schuld, Furcht oder Verurteilung. Das ist der Weg, Geliebte, auf dem ihr eure Wahrheit finden werdet. Das ist der Weg, auf dem eure Welt und eure Realität mit Liebe, Freude und Überfluss überschwemmt werden wird. Das ist der Weg der Meister, der Weg der Wahrheit, der Weg zurück in die Heimat.

Wir ehren euch für eure Tapferkeit. Wir wissen, dass es ein langer und anstrengender Weg war, aber lasst euch sagen, geliebte Freunde, die Zeit eures Leidens geht zu Ende. Die Zeit der Wunder ist in greifbarer Nähe. Jeden Tag beseitigen wir mehr von den beschränkenden Energien zwischen uns, lösen mehr von der Negativität auf, die im Äther herumwirbelt. Wir versichern euch, dass ihr bald eure Bestätigung dafür finden werdet, wessen das kommende großartige Zeitalter gleichen wird. Und ihr werdet ohne den geringsten Zweifel wissen, was für einen wesentlichen Teil ihr gespielt habt. Wir sind miteinander gegangen und haben miteinander kommuniziert, und das ist auch das Geschenk, das euch in der Zukunft erwartet. Mit Liebe und tiefer Dankbarkeit,
ICH BIN Erzengel Michael

14. Lasst das Alte gehen - Schafft Platz für das Neue

Geliebte Meister des Lichts, wir von den Engelsheeren, die spirituelle Hierarchie und all jene von anderen Welten und Dimensionen, die hier sind, um euch in dieser großartigen Zeit des Übergangs zu helfen, wünschen euch zu ehren und zu bewundern für die Wunder, die ihr im vergangenen Erdenjahr (1995) zustande gebracht habt. In der Tat, obwohl es für euch nicht so den Anschein hat, wart ihr über unsere größten Erwartungen hinaus erfolgreich. Durch eure vereinten Anstrengungen beginnt das einst goldene Netz der Erde wiederum im Licht zu schimmern und mit den Frequenzen der vierten Dimension mitzuschwingen.

In den Massen entsteht Bewegung - weit mehr, als wir für möglich hielten, beginnen zu erwachen, fühlen eine innere Unzufriedenheit und werden sich langsam der Anstöße ihrer Seelen bewusst. Und dies ist zum Großteil euren Bemühungen zu verdanken. Euch, die ihr unentwegt die Einflüsse der Christusenergie verankert habt und zu leuchtenden Signalfeuern geworden seid - lebende Beispiele und Lehrer einer neuen Realität, die langsam die Erde und alle Dimensionen durchdringt. Obwohl noch vieles getan werden muss und unser Endziel, die Rückkehr der Erde zu ihrer ursprünglichen Schönheit und ihre Resonanz mit der fünften Dimension, noch einige Jahre entfernt liegt, sind wir sehr ermutigt und viel optimistischer als je zuvor, dass sich diese Vision erfüllen wird.

So bin ich also gekommen, um euch zu gratulieren und euch zu ermutigen zu dem, was die Zukunft für euch, den Jüngern und Dienern des Schöpfers bereit hält. Euch, die ihr unentwegt den Pfad des Lichtes beschritten und die Last der Hilfe für die Erde und die Menschheit in ihrer schmerzvollen Wiedergeburt auf eure Schultern genommen habt. Ich verkünde hiermit, euch wurde eine Befreiung gewährt, und ihr habt jetzt eurer Seele ein goldenes Lichtjuwel von der „Quelle" aufgeprägt, das euch als Aufstiegskandidaten und irdische Repräsentanten der Hierarchie ausweist. Ja, viele von euch sind bereit, ihren Platz in der Organisationsgruppe künftiger Weltführer einzunehmen. Nicht im Zusammenhang mit dem, wie ihr die Weltführer kennt, sondern als Abgesandte mit solaren, galaktischen und kosmischen „Beglaubigungsschreiben" - Friedensdirektoren, Weisheitslehrer,

Überbringer der Hoffnung, Unterstützer, Planer und Heiler, und, langsam aber sicher, als Regierungs- und Unternehmensleiter, Wissenschaftler und „Kreuzritter“ für Freiheit und Gerechtigkeit, und als Erbauer und Vollender des neuen Garten von „E-Don“: Paradies Erde.

Um euch zu helfen, euer neu erworbenes Potential zu nützen und das Beste daraus zu machen, wollen wir uns bemühen, euch ein neues, höheres Bewusstsein eurer Großartigkeit nahe zu bringen. Wir bitten euch, lasst gehen, LASST ALLES GEHEN, was euch nicht mehr länger dienlich ist, erlaubt euch, euch mit diesem wunderbaren Wesen zu verschmelzen, das ihr als euer Höheres Selbst bezeichnet. Es ist Zeit, Geliebte. Die meisten von euch, bei denen meine Botschaften eine Resonanz auslösten, waren wunderbar erfolgreich in der Vollendung der Seelenverschmelzung, oder der Wiedervereinigung des Seelen-Selbst mit dem physischen Körper. Ihr habt den Ego-Wunschkörper unter die Leitung und Kontrolle eurer Seele und ihrer Weisheit gebracht. Und aus diesem Grund sind nun viele von euch in Harmonie, und ja, sogar in Kommunikation (meistens über Intuition- oder durch telepathisches Zusammenspiel) mit ihrem Höheren Selbst. Und, es gibt auch eine große Zahl derer, die jetzt direkten Zugang zu ihrer wundersamen Göttlichen ICH BIN- Gegenwart haben.

Ihr habt die dunkle Nacht der Seele erlebt und seid triumphierend aufgetaucht, ihr habt eure eigene Kreuzigung erlebt und habt alles dem Willen des Schöpfers überlassen. Nun seid ihr bereit für den - oder mitten im - Wiederauferstehungsprozess, dem Anlegen eures Lichtgewandes.

Was versteht ihr unter „gehen lassen?“ Ein Meister zu werden bedeutet, alle Erwartungen fallen zu lassen hinsichtlich dessen, was ein Meister zu sein mit sich bringt – was Spiritualität bedeutet und wie sie sich anfühlt. Hört auf, euch selbst und andere zu beurteilen. Hört auf mit euren mühevollen Versuchen, etwas zu „werden“ - SEID einfach. Ihr müsst nicht vollkommen sein, noch müsst ihr alles wissen. Hört auf, so ernsthaft zu sein. Erinnert euch, haben wir euch nicht gesagt, dass ein Meister zu sein, bedeutet, freudig, glückselig und in Frieden zu sein?

Quält ihr euch noch immer in euren Beziehungen? Warum? Scheut ihr euch davor, eure Wahrheit zu erklären und fest hinter eurem Entschluss zu stehen, Meister eures Schicksals zu werden? Lernt ihr, nur das von euch zu geben, bei dem ihr euch wohlfühlt, und dann nicht mehr zu erbitten oder anzunehmen, als ihr selbst zu geben bereit seid? Habt ihr noch immer Angst vor dem Alleinsein, oder euren Job und eure Sicherheit zu verlieren? Zweifelt ihr noch immer daran, dass ihr mit Erfolg, Macht oder Verantwortlichkeit umgehen könnt? Viele von euch werden in den kommenden Jahren an den Rand des Abgrunds geführt. Es wird euch vorkommen, als sei nur noch Dunkelheit, eine große Leere oder ein sicherer Untergang vor euch, aber in Wirklichkeit wird es euer spirituelles Selbst sein, das euch vorwärts stupst - euch dazu verleitet, eure Flügel auszuprobieren und euch testet, ob ihr bereit seid, euch in die Lüfte zu erheben. Ein Meister zu sein ist nichts für Furchtsame oder solche mit schwachem Herzen, Geliebte.

Wagt es, mutig, standhaft und - wenn notwendig- bestimmend und dennoch sanftmütig, mitfühlend und rücksichtsvoll zu sein. Ja, ihr werdet einen paradoxen Eindruck auf jene um euch machen, bei denen die feineren Frequenzen, die ihr aussendet, keine Resonanz hervorrufen; aber macht euch deswegen keine Sorgen, sie werden es zur Kenntnis nehmen. Ihr könnt keine größere Wahrheit leben als die: „An ihren Taten/Früchten werdet ihr sie erkennen." Sprecht nicht bloß Worte von Liebe, Gerechtigkeit, Harmonie, Frieden und Freude, sondern werdet zu einem lebendigen Beispiel für all das, was diese Göttlichen Attribute mit sich bringen.

Für viele von euch mag es den Anschein erwecken, als ob ihr lange Zeit auf die Enthüllung eurer Lebensaufgabe gewartet habt. Den anderen, die so fleißig gearbeitet haben ohne klar definierte Resultate oder Offenbarungen hinsichtlich dessen, was geplant ist oder was vor ihnen liegt, sei gesagt, dass alles Teil des Prozesses war - des Einweihungsprozesses, des Testprozesses, der Vorbereitungsphase, dem Aussondern und Ausfindigmachen derjenigen, die nicht genug entschlossen, engagiert oder bereit sind, die Verantwortlichkeit zu übernehmen, die mit der Rolle eines Meisters, eines spirituellen Lehrers, eines fortgeschrittenen Krieger des Lichts oder eines in Ausbildung befindlichen Mitglieds der spirituellen Hierarchie einhergeht.

Die Zeit der Auswahl und der Aufgabenzuteilung schreitet nun voran. Viele von euch kennen bereits ihre bestimmten Pflichten und was ihre Berufung nach sich zieht. In wunderbarer Weise werden andere geführt, oder wird es ihnen gezeigt, und zu einigen kommt es als eine große Überraschung. Denn seht, oft sehen sich diejenigen, die das größte Potential und die größten Talente anzubieten haben, als die Geringsten an, die am meisten unwürdig sind. Eines der großen Hindernisse, die ein höherer Eingeweihter überwinden muss, ist der Mangel an Selbstliebe und die Akzeptanz seines Wertes. Wir sprechen nicht von Selbstverherrlichung, sondern von scharfsinniger und bescheidener Anerkennung der Eigenschaften und Fähigkeiten, die erworben und ins eigene Sein integriert wurden. Ihr müsst nach dem verlangen, was ihr seid und wessen ihr fähig seid, um die Realität der Meisterschaft zu erschaffen, wenn sie einmal verdient wurde.

Für diejenigen von euch, die das Gefühl haben, noch nicht in den Rahmen des soeben erklärten zu passen, geben wir diese Ermutigung und Ermahnung: Die Zeit, wie ihr sie kennt, beschleunigt, bzw. komprimiert sich sehr rasch. Wir wissen, dass ihr euch alle der Intensität bewusst seid, die ihr in eurem Alltagsleben erfahrt: der Frustration und Unsicherheit, die Tag für Tag zunimmt. Die Realität eures Daseins verändert sich, ob ihr dem nun zustimmt oder ob ihr es anerkennt oder nicht. Ihr könnt euch nicht mehr länger ziellos dahin bewegen oder die Wahl eures Schicksals hinauszögern oder aufschieben. Entweder ihr setzt euren Pfad auf der Abwärtsspirale der dreidimensionalen Existenz fort (denn sie wird sich – und das ist nicht ein Prophezeiung, sondern eine feststehende Tatsache - verschlechtern und chaotischer werden in jenen Bereichen, die mit diesen niederen Frequenzen mitschwingen), oder ihr wählt den Pfad des Lichts und beginnt den Aufstieg mit denjenigen, die den Weg für euch geöffnet und geebnet haben.

Dies alles besagt, dass ihr beginnen werdet, eure Herzen und Sinne den wundersamen Möglichkeiten zu öffnen, die euch auf tausenderlei Arten jeden Tag geboten werden. Ihr werdet zu hoffen beginnen und zu träumen wagen. Ihr werdet dem Beispiel jener folgen, die bereit sind, eure Körper zu heilen, eure Emotionen zu besänftigen und eurem Geist zu erlauben, sich von den alten Begrenzungen und Hemmnissen zu befreien. Schmerzt es, euch selbst zu erlauben, euren Geist für eine neue Vision zu öffnen, die Wahrheit zu testen und das für euch selbst zu bestätigen, was andere geschaffen und für euch manifestiert haben, damit ihr es sehen könnt? Es funktioniert, meine geliebten furchtsamen Seelen. Wunder ereignen sich jeden Tag für diejenigen, die ihr Geburtsrecht gefordert und gelernt haben, die universalen Gesetze der Manifestation in Harmonie mit dem Geist(Spirit) anzuwenden. Sie warten und sind bereit, euch zu helfen und sanft zu führen. Ihr seid gesegnet, denn ihr müsst euch nicht allein durch unerforschtes Gebiet durchkämpfen. Der Weg wurde geöffnet und es gibt Fußspuren des Lichts für euch, denen ihr folgen könnt.

Neue Technologien, Modalitäten und wissenschaftliche Daten wurden hervorgebracht und getestet, oder werden getestet und verfeinert, um euch zu helfen bei der Reinigung und Heilung eures Körpers, beim Freisetzen von eingeklemmten, negativen Energien, die ihr so lange mit euch herumgetragen habt, beim Aufheben von Vereinbarungen, welche euch nicht mehr länger dienen, und bei der Einverleibung der höheren Frequenzen, die euch in eure Ganzheit führen. Warum zögert ihr? Es ist das größte Geschenk, das der Menschheit seit Beginn des Lebens auf diesem Planeten angeboten wurde.

Wir haben euch gesagt, dass die Erde sich in einer Evolutionsspirale aufwärts bewegt, und sie wird diesen Weg fortsetzen mit oder ohne euch. Wir möchten euch nicht erschrecken oder beunruhigen, aber die erste Dekade des nächsten Jahrhunderts ist eine Zeit der Entscheidung. Wo wollt ihr sein, wenn die Erde in ihre glänzende Vollkommenheit und Glorie als ein leuchtender Stern aufbricht? Alle Schöpfung wird unerbittlich zurückgezogen auf den Pfad des Lichts, hinaus aus der Dichte und Trennung in die Einheit und Harmonie mit den majestätischen höheren Reichen. Eure Erde mag nur als ein unbedeutendes winziges Fragment der Schöpfung erscheinen, aber irrt euch nicht, sie ist ein kostbarer, wesentlicher Teil des Ganzen, genauso wie auch ihr. Ihr seid eine Kostbarkeit des Universums, Funken des Göttlichen Schöpfers, und ihr werdet über alle Maßen geliebt.
ICH BIN Erzengel Michael.

15. Die Illusion der Angst

Geliebte Meister, wollt ihr mit mir für eine Weile innehalten und Inventur machen über eure jüngsten Leistungen und welche davon euch als eine Niederlage oder Misserfolg erscheinen? Ich möchte, dass ihr genauer hinseht und zu einem besseren Verständnis darüber gelangt, um was es sich beim Einweihungs- und Aufstiegsprozess handelt. Ihr erhaltet ein klareres Bild über die Funktion der kosmischen Gesetze und über die Herrlichkeit und Komplexität eures Universums, wenn sich der Schleier des Vergessens hebt und ihr beginnt, die Weisheit eures Höheren Selbst' und eures höheren Geistes anzuzapfen. Aber ihr habt noch Zweifel und seid verwirrt, wenn ihr mit einigen eurer alten Ängste und Emotionen konfrontiert werdet.

Die ganze Menschheit, ohne Ausnahme, macht sprunghafte Fortschritte – ja sogar diejenigen, die anscheinend feststecken oder verstrickt sind in einer Opferrolle, im karmischen Gesetz von Ursache und Wirkung, dem Drama von gut und schlecht, oder im Dualitäts-Polaritätsbewusstsein. Tief im Innern eines jeden fühlenden Wesens ist eine Unzufriedenheit, eine Sehnsucht, ein Gefühl, dass eine Veränderung stattfinden muss, dass sie nicht in den alten schmerzvollen Mustern des Daseins weitermachen können. Ihr seid Zeuge, wie einige die Wahl treffen, ihr physisches Gefäß zu verlassen, zurückzukehren in die Spiritform, um auf eine leichtere, sanftere Zeit zu warten, um dann wieder zur Erde zurückzukehren und die Reise des physischen Ausdrucks fortzusetzen. Andere werden mutig, wenn sie sich in das Unbekannte hinauswagen und herausfinden, dass wir dort auf sie warten, um ihnen zu helfen, und so beginnen sie zu hoffen und zu träumen, während sie die Kontrolle über ihr Schicksal in die Hand nehmen.

Geradeso wie ihr alle negativen Erinnerungen und Energien in eurer physisch/ätherischen, mentalen und emotionalen Struktur anerkennen, reinigen und loslassen müsst, so ist es auch mit eurer Mutter Erde. Dies ist die Quelle des „Vernichtungsprozesses", vor dem ihr euch alle so sehr fürchtet, aber er muss nicht so katastrophal sein, wie er prophezeit und euch zu glauben auferlegt wurde. Wahr ist, dass all das, was nicht in Harmonie mit den höheren Frequenzmustern ist, umgewandelt, transformiert oder erhöht werden muss, aber dies kann zustande gebracht werden durch die Bewusstwerdung der inneren Glaubenssätze, die nicht mit dem Christus-Bewusstsein in Einklang sind. Ja, eure Mutter Erde bemüht sich, geradeso wie ihr, ihr Christus-Bewusstsein zu erlangen- ebenso wie alles, was je erschaffen wurde. Um das zu erreichen, entlässt sie auch viele Kernerinnerungen, die von den Massen (dem Massenbewusstsein) in ihr aurisches Feld platziert wurden, und das ist etwas, womit viele von euch ihre Schwierigkeiten haben. Ihr seid noch nicht fähig, zwischen euren eigenen Kernproblemen und jenen zu unterscheiden, die von verschiedenen Rassen, Kulturen und Religionen herangebracht und projiziert wurden, die ihren Ursprung in vielen vergangenen Zeitaltern haben.

Wenn ihr beginnt, einen flüchtigen Blick in das „Einheitsbewusstsein" zu werfen oder es anzuzapfen, welches große Wunder, Freude und ein Gefühl des nicht mehr länger Alleinseins mit sich bringt, dann öffnet sich auch ein Tor für euch, das euch Zugang zu diesen uralten Erinnerungen an Angst, Versagen, Verrat und Schande verschafft, das auch andere in ihrem Aurafeld herumtragen. Ihr empfangt nicht nur die positiven Energien, Geliebte. Teil eurer Aufgabe ist, der ganzen Menschheit zu helfen, sich ihrer selbstbegrenzenden Glaubensansichten und negativen, destruktiven Gedankenformen und Handlungen bewusst zu werden. Das ist der Grund, weshalb es anscheinend so viel sinnlose Gewalt gibt, warum so viele in Wut und Schmerz handgreiflich werden. Die Welt der Form scheint jene zu verletzen und zu vernichten, die ihren eigenen Schöpfungen nicht ins Auge sehen können und nicht anerkennen wollen, dass sie selbst, in der Tat, ihre eigene höllische Welt voller Angst und Leiden kreiert haben. Sie beschuldigen jedermann und alles, nur nicht sich selbst, denn ohne der Seele oder dem Höheren Selbst zu erlauben, im Heilungsprozess zu helfen, ist die Konfrontation eben zu schmerzvoll, und der Ego-Wunschkörper wird sogar noch stärker und übernimmt noch mehr die Kontrolle über den Denkprozess und die Verhaltensmuster.

Deswegen ziehen wir all die „Stillstände" heraus, so könnte man sagen, um denjenigen von euch zu helfen, welche die Vorhut bilden, den Weg öffnen oder den Pfad treten für die anderen, die nachfolgen. Der Prozess muss klar und eindeutig sein, er muss einfach und nicht so kompliziert sein wie die alten Weisheitslehren, welche nur für einige wenige Auserwählte bestimmt waren. Diejenigen von euch, die Lehrer und „Wegweiser" sind, hatten oder erleben all die Emotionen, Ängste und

Rückschläge, mit denen die Menschheit im Allgemeinen konfrontiert ist. Viele von euch brachten das große Opfer und stimmten zu, viele Prüfungen zu bestehen oder zu erleben, die nicht eurem eigenen Tun entsprangen, sondern einer Ansammlung der Erinnerungs-/Energiemuster von anderen Teilen eurer ausgedehnten Wesenheit. Mit anderen Worten, viele von euch kamen mit Energien, die aus vielen Facetten oder Ausdrücken zusammengesetzt waren, die ihr als Seele nicht direkt erfahren habt, aber bei welchen ihr zugestimmt habt, dass sie in euer Energie/Aurafeld platziert wurden, damit ihr diese Mängel ausgleichen und überwinden könnt. Also, ihr Lieben, verurteilt nicht schöne erwachte Seelen, die anscheinend viel mehr als nur ihren Teil an Ungemach zu tragen hatten. Ehrt sie, eifert ihnen nach, denn sie ebnen den Weg für euch.

Und so bitten wir euch, beobachtet die auftauchenden Muster von Angst und Zweifel, die euch von eurem Aufstieg auf die nächste Ebene der Erleuchtung zurückhalten. Jede Ebene hat ihre eigenen Tests, Prüfungen und Fallen, und viele von euch behindern ihren Fortschritt, weil sie nicht ihre alten, tiefsitzenden Energien loslassen können. Viele sind noch immer in ihrem „Kampf um Macht" gefangen, einerseits schaffen und vollbringen sie große tugendhafte Taten, andererseits versuchen sie noch immer, ihre Wahrheiten und ihre Denkweise anderen aufzuzwingen. Viele von denjenigen, die noch immer das Gefühl haben, sie müssten dienen und Opfer bringen um spirituell zu wachsen, ziehen ihren Vorteil von denjenigen, die nicht gelernt haben, dass man das, was man ungerechterweise anderen wegnimmt, letztlich nur sich selber wegnimmt. Viele sind noch immer in Beziehungen gefangen gehalten, die behindernd und schmerzvoll sind, statt unterstützend und fördernd für Wachstum und Erweiterung. Sie scheuen sich, aus dem Status quo auszusteigen und Verantwortung für ihr eigenes spirituelles Wachstum und Wohlbefinden zu übernehmen. Ah, so viele fürchten sich, mit ihren Albträumen, ihren schlimmen Träumen konfrontiert zu werden, denn sie könnten zur Erkenntnis gelangen, dass es ihre eigenen Schöpfungen sind und dass sie für ihre Transformation verantwortlich sind. Stagnation und ein Gefühl von Sinnlosigkeit sind die Formel für Tod, Geliebte: Tod der Emotionen, Tod der mentalen Wachsamkeit, der Hoffnungen und Träume, und letztendlich, Tod des physischen Körpers.

Was sind im Augenblick eure größten Ängste, Geliebte? Welche Hindernisse halten euch davon ab, die nächste Türe zu höherem Bewusstsein und zur Meisterschaft zu öffnen? Bevor ihr das Geschenk des Ersten Strahls des Göttlichen Willens annehmen und handhaben könnt, müsst ihr euren Ängsten und Dämonen gegenübertreten und sie besiegen. Wir haben uns in den vergangenen Monaten bemüht, euch die Werkzeuge und die Weisheit zu geben, um dies zu bewerkstelligen, aber letztlich ist es allein eure Aufgabe. Die kommenden Jahre sind entscheidend, das haben wir euch schon gesagt, aber es ist wichtig, dass ihr euch dessen bewusst werdet, wie schnell dieser Prozess der Evolution, oder des Aufstiegs der Menschheit, voranschreitet. Wenn ihr auf der Spur bleibt und Schritt haltet mit der Frequenzbeschleunigung eures Planeten und mit denjenigen, die auf ihrem Rückweg in die Heimat nach den Sternen greifen, dann müsst ihr mit euch selbst, euren Ängsten und eurem Gefühl der Getrenntheit von Spirit ins reine kommen.

Erlaubt mir, euch ein Geschenk zu geben, eine Übung, die euch helfen wird, die beschränkenden Mauern eurer Ängste und Zweifel zu durchbrechen und die alten Muster loszulassen, die euch nicht mehr länger dienen. Wir möchten euch einschärfen, wie schädlich diese Energien der Angst sind und wie einfach es ist, diese Energien, die euch abhalten, die Geschenke der Meisterschaft zu fordern, zu durchstoßen.

Stellt euch vor einen Spiegel, oder nehmt einen Spiegel in die Hand und starrt in diesen Spiegel während ihr eure Gedanken auf das richtet, was euch am meisten ängstigt. Geradeso wie ich euch lehrte, euren Körper mit Licht zu füllen, so bitte ich euch jetzt, eurer Angst/Furcht zu erlauben, das schlimmste Szenario, das ihr euch vorstellen könnt und das mit Angst zu tun hat, zu erschaffen. Fühlt, wie es euren Körper zu durchdringen beginnt, fühlt es besonders in eurem Herzen und im Solarplexus-Zentrum, während ihr mit eurem Bewusstsein durch den ganzen Körper geht und die Einengungen fühlt, den Stress, die lähmende Energie, die hereinkriecht und euer ganzes Wesen durchdringt. Nun blickt in eure eigenen Augen, seht die Qual, studiert euren Gesichtsaudruck, wie er sich verändert und altert. Fühlt den sich aufbauenden Druck bis ihr wisst, dass ihr ihn nicht länger ertragen könnt. Nun, geliebte Meister, hebt euer Bewusstsein hinaus über euer Kronenchakra und zieht das Licht eures Göttlichen

Selbst' herein, dieses wundersamen Wesens, das immer wartet und bereit ist, euch in jeder Prüfung, in jedem Test hilfreich beizustehen. Ruft nach eurer ICH BIN- Gegenwart, sie möge euch mit Liebe und den heilenden Schwingungen der violetten Flamme erfüllen, und werdet euch mit allen Sinnen bewusst, wie dieses wundersame Geschenk hereinströmt und euch umhüllt. Könnt ihr an dieser Furcht/Angst festhalten oder löst sie sich in Nichts auf, wenn dieses magische Elixier euer Wesen durchdringt?

Schaut wieder in den Spiegel, seht wie sanft eure Augen blicken und wie jugendlich euer Antlitz ist. Fühlt die Ausdehnung in eurem Herzen und die Befreiung von Stress und Anspannung in eurem Körper und euren Muskeln. Angst kann nicht sein wo Liebe und Licht ist. Atmet das Geschenk des Lebens ein, atmet tief aus der Essenz der Schöpfung, die auch angeboten wird. Wenn ihr in Furcht seid, schneidet ihr euch ab vom Strom der universellen Lebenssubstanz. Dies mag euch als eine drastische Übung erscheinen, aber in Wahrheit ist sie ein großes Geschenk, denn viele von euch können keine Fortschritte machen, ehe sie sich selbst im Spiegel betrachten und ihren Ängsten gestatten, auf sie zurück reflektiert zu werden. Es wird euch bewusst werden, dass die Angst nicht von „da draußen“ kommt, sondern im Innern ihren Ursprung hat.

Immer mehr von euch werden sich ihrer Aufgaben bewusst und erkennen, wie wichtig sie sind. Fürchtet euch nicht, mutig voranzuschreiten. Ihr heilt und löst nicht nur die negativen Muster der Menschheit auf, sondern es stehen euch, indem ihr voranschreitet, auch die Weisheit und der Wissensreichtum all der vielen Leben und Erfahrungen eurer Seelengefährten zur Verfügung. Das ist das Wunder des Einheitsbewusstseins. Habt ihr noch nicht bemerkt, wie viele Lehrer und Botschafter fast identische Informationen überbringen, und wie viele von euch die gleichen Höhen und Tiefen erleben und die gleichen Gedankenimpulse erfahren? Viele von euch gingen zu Versammlungen, wo sie ein tiefes Gefühl des Heimkommens empfanden, des Wiederverbundenseins mit einer lang verlorenen Familie oder mit Freunden. Ebenso fühlen sich viele von euch nicht mehr länger in Harmonie mit ihrer physischen Familie, und haben anscheinend auch nicht mehr länger etwas gemeinsam mit ihren langjährigen Freunden. Urteilt nicht; werdet zum Beobachter – erlaubt eurem Höheren Selbst, euch mit der Weisheit auszustatten, die ihr benötigt, um jede Situation oder jedes Hindernis zu bewältigen und zu überwinden.

Wenn ihr euch in das Nichturteilen begebt und gewillt seid, das beste Ergebnis in allen Situationen zuzulassen, werdet ihr euch von den Fesseln der Furcht befreien, und das Leben wird zu einer ständigen Quelle der Wunder, der Freude und Danksagung. Fordert die Geschenke, die euch angeboten wurden, ihr Kostbaren, ihr habt sie euch verdient. Geht durch den Nebel der Furcht in das Licht des heraufdämmernden Zeitalters. Geht mutig mit federndem Schritt voran, mit einem Lächeln auf euren Lippen und Freude in eurem Herzen - die Nachfolgenden beobachten euch, meine tapferen Krieger, zögert jetzt nicht. Weist sie an, so wie wir euch angewiesen haben; nehmt ihre Hände und unterstützt sie, geradeso, wie wir es für euch getan haben. Sagt ihnen, dass ihr nicht ihre Aufgaben oder Lasten übernehmen könnt, aber dass sie von eurer Weisheit und Erfahrung profitieren können. Ihr müsst keine Ansprüche stellen oder Feststellungen treffen, welche Ebene ihr erreicht habt, ihr müsst nicht versuchen, zu beeindrucken oder zu herrschen, denn ihr wisst in eurem Herzen wer ihr seid, und das ist genug.

Ich und alle geliebten Lichtwesen vom ganzen Omniversum bewundern euch, ihr lieben tapferen Herzen, und wir sind nahe zur Hand, euch zu helfen, geradeso wie ihr denjenigen helft, die euren Fußspuren folgen. ICH BIN Erzengel Michael.

16. Die Mächtigen ICH BIN - Affirmationen

Wir müssen auf unsere Göttlichkeit sehen durch Gott, „Die Mächtige ICH BIN Gegenwart“ für alles Gute. Durch die Anwendung unserer eigenen magischen ICH BIN Gegenwart, ziehen wir all die Liebe, Weisheit und Macht der aktiven Christusenergie an uns, verschmelzen mit unserem eigenen Höheren Selbst und unserem Christus-Bewusstsein. Wacht über eure Gedanken und über das was ihr sagt, besonders wenn ihr sagt „ICH BIN,“ weil ihr damit die Macht Gottes anruft. Wenn ihr sagt und fühlt ICH BIN, löst ihr den Strom neutraler, primärer, kosmischer Lebenskraft-Energie aus. In positiver Weise angewandt, löst ihr damit die Energie aus, mit der ihr Liebe, Frieden, Schönheit, Harmonie, Gesundheit und Überfluss verwirklicht. In negativer Weise angewandt, schließt ihr die Türe im Angesicht dieser mächtigen Energie, was sich dann in Form von Mangel, Frustration, Angst und Trübsal auswirkt, und dadurch diesen negativen Einflüssen gestattet, euer Leben zu beherrschen.

Sprecht oft alle Verfügungen, die in die Umstände des Augenblicks passen, bis sie so fest in euren Geist, in euer Herz und eure Seele eingepflanzt sind, dass sie automatisch zur rechten Zeit zu euch kommen. Ihr müsst lernen, die Intensität und Macht eurer Worte zu fühlen, wenn ihr die Affirmationen rezitiert. Die Emotionen und Gefühle hinter den Gedanken sind sehr wichtig.

- ***ICH BIN die Macht, die perfekte Gesundheit, Überfluss, Freude, Frieden und Vollkommenheit in meinem Leben erschafft. Ich habe die Kraft, die Vollkommenheit in mir selbst, überall und in jedermann um mich zu erkennen.***
- ***Die Mächtige ICH BIN Gegenwart Gottes wohnt in mir, und ich erschaffe nur das Gute in mir und für mich, meine geliebten Angehörigen und für meine Welt.***
- ***ICH BIN schlank, ICH BIN in Form, ICH BIN gesund, ICH BIN liebevoll, ICH BIN weise, ICH BIN reich. ICH BIN Gottes perfekte Energie in Aktion.***

Wenn du beginnst, eine tiefe Hingabe und Liebe zu fühlen, und diese Emotionen in positiven Worten und Taten zum Ausdruck bringst, dann erzeugst du einen elektromagnetischen Lichtring um dich. Dann beginnst du, diese Liebe für die anderen zu erbringen, und keine Macht, außer Göttlicher Liebe, kann dieses Kraftfeld durchdringen. Wage es, diese Energie in Aktion zu erfahren, und sei still gegenüber jenen, die nicht bereit sind, zu hören. Du wirst dich selbst emporgehoben fühlen in eine transzendente Strahlung, wo alle Dinge möglich sind.

- ICH BIN die mächtige verzehrende Flamme, die jetzt und für immer alle vergangenen und gegenwärtigen Irrtümer, ihre Ursache und Wirkung, und all die unerwünschten Schöpfungen verzehrt, für die mein äußeres Wesen, in dieser oder jedweder anderen Realität, verantwortlich ist. ICH BIN die mächtige kosmische Energie, die - jetzt - jede Zelle meines Geistes und Körpers durchströmt, erfüllt und erneuert.
- *ICH BIN ein Meister meiner Welt. ICH BIN die siegreiche Intelligenz, die sie regiert. Ich sende in meine Welt die mächtige, strahlende, intelligente Energie Gottes. Ich befehle ihr, nur Vollkommenheit zu erschaffen und die Fülle Gottes an mich zu ziehen und sie in meinen Händen und für meinen Gebrauch sichtbar zu machen.*
- *Der mächtige, magische Schutzkreis meiner ICH BIN Gegenwart, der mich umgibt, ist unüberwindbar und schützt mich vor allen Gedanken und Elementen der Zwietracht, die in mich einzudringen versuchen. ICH BIN die Vollkommenheit meiner Welt, die sich selbst erhält.*
- *ICH BIN die sichtbare Gegenwart meiner innig geliebten aufgestiegenen Meister, deren Erscheinung und Beistand ich mir wünsche.*
- *Göttliche Gegenwart, lass Deine Strahlen durch diesen Geist und Körper fließen, heilend, vervollkommnend, stärkend, und lenke immer alle meine Gedanken und Handlungen durch meine eigene ICH BIN Gegenwart.*
- *Als ein individualisierter Funke des mächtigen Gott-Geistes, BIN ICH überall gegenwärtig. Wenn mein Bewusstsein diese Ausdehnung in das Einheitsbewusstsein annimmt, weiß ich, dass seine Energie überall in Aktion tritt, sowohl in den Zellen meines Körpers und den der anderen um mich, als auch in der Welt.*
- *Das reine Liebeslicht Gottes strömt hervor und erfüllt mich über meine ICH BIN Gegenwart. Die mächtige ICH BIN Gegenwart, die ich repräsentiere, transformiert, heilt und schützt mich und meine lieben Angehörigen zu jeder Zeit.*
- *ICH BIN die perfekte Gesundheit, die sich jetzt in jedem Organ und Körperteil manifestiert. Mein Lichtkörper strahlt hinaus in die Welt der Formen.*

- ***Ich übergebe diese Situation meiner ICH BIN Gegenwart, und das Ergebnis ist vollkommen*** *(wenn etwas schief geht oder jemand dir Schwierigkeiten bereitet).* ***Meine perfekte Gegenwart hält die Kontrolle über diese Situation und löst alle Uneinigkeit und Negativität im Sinne eines besten Ergebnisses auf.***
- ***Die mächtige ICH BIN Gegenwart Gottes ist die einzige Gegenwart, die in meiner Welt agiert und auf sie einwirkt.***
- ***Sage oft: ICH BIN die verzehrende Kraft und Gegenwart in jedem kleinen bisschen Angst und Zweifel in meiner Außenwelt. Ich treffe immer die richtige Wahl und tue stets das Richtige.***

Beständige fest entschlossene Anerkennung deiner ICH BIN GEGENWART wird dich über alles hinwegbringen und dir helfen, absolut sichere Leistungen zu erzielen; aber du musst sie oft genug anwenden, um die negativen Gedankenmuster, die du deinem Unterbewusstsein eingeflößt hast, zu löschen. Je öfter du sie benutzt, desto mehr Energie fügst du ihr hinzu, desto schneller wirst du beginnen, all die wunderbaren Geschenke von Gottes Universum in deinem Leben zu manifestieren.

- ***ICH BIN im Herzen Gottes und bringe Ideen und Leistungen hervor, welche nie zuvor auf der Erde hervorgebracht wurden. ICH BIN ermächtigt durch mein Christus-Bewusstsein, und lasse niemanden und nichts in meinen Willen für rechtes Handeln eingreifen***
- ***ICH BIN ein Kind Gottes und lasse mich nur von dem beeindrucken, was rein, gut und voller Liebe ist. Durch meine ICH BIN Gegenwart habe ich die Kraft, jene, die ich liebe, zu führen, zu beschützen und zu ernähren. ICH BIN vollkommene Liebe in Aktion, und werde mit meiner Umwelt umsichtig und urteilsfrei umgehen. Möge mein Gott-Selbst durchscheinen.***

Mögen die Strahlen eurer ICH BIN GEGENWART für alle sichtbar hervorscheinen.

Liebe und Segenswünsche, Ronna

17. Ihr verändert eure Form in eine neue Realität

Geliebte Meister des Lichts, ein neuer Tag dämmert auf eurer Erde herauf, eine Ära, die seit vielen vergangenen Zeitenaltern prophezeit und vorhergesagt wurde. Die holographischen Bilder, die eure Realität geformt haben, verändern sich, und ihr fühlt euch gefährdet und habt nicht mehr länger eine Identität, mit der ihr euch identifizieren könnt, oder vertraute Parameter, die Führung bieten.

Was geschieht, ist folgendes: ihr seid durch den Prozess des Loslösens von all dem gegangen, von dem ihr dachtet, dass es in eurer dreidimensionalen Realität wichtig war. Ihr habt eure Beziehungen, eure Besitztümer aufgegeben, eure Vorstellung von dem, was und wer ihr wart, als ihr euch in die Harmonie und den Einklang mit eurem Höheren Selbst begeben habt, und nach und nach verfeinerte Energien, höhere Frequenzen, neue Informationen und größere Weisheit angenommen habt. Schließlich fühltet ihr euch wohler in eurer vierdimensionalen Realität, da ihr euch durch all die negativen emotionalen Energien hindurchgearbeitet habt, die aus eurem Unterbewusstsein heraufsprudelten, hinausfegten und veraltete Vorstellungen ausräumten. Die pulsierenden und transformierenden Lichtfrequenzen reflektierten sich in den Tiefen eurer Zellstrukturen und lockerten all die durch die Zeitalter angesammelten zusammengepressten Energien, wühlten sie auf und beförderten sie hinaus, damit sie befreit und durch Göttliche Lichtsubstanz ersetzt werden konnten. Als ihr begonnen habt, in einer beschleunigten Schwingung zu vibrieren, begann eure ausgedehntere Wesenheit, euer Seelen Selbst, euer Höheres Selbst, euer Christus Selbst, erneut wieder seinen Wohnsitz in eurem physischen Körper einzunehmen.

Ihr hattet einen ganz neuen Satz an Lebensregeln, eine wunderbare Fülle an aufregenden Informationen und neuer Weisheit, die euch halfen, in dieser neuen Realität, in der ihr euch gefunden habt, zu funktionieren. Freude und Glückseligkeit wurden zur Norm, und nach und nach begannt ihr eure Träume und Visionen zu verwirklichen und mit jenen zusammenzukommen, die ihr sofort als eure Seelenfamilie erkannt habt. Ihr begannt damit, diese neue Vision, diese neue Rolle, die ihr angenommen hattet, hinaus zu projizieren, zu lehren und mitzuteilen, und die Welt begann viel strahlender auszusehen.

Nun plötzlich scheint es, als ob ihr einen Schritt zurückgetreten seid. Viele von euch haben plötzlich dramatische Krankheiten manifestiert, die ihr nicht versteht. Hindernisse liegen euch im Weg, die euch in eurem Fortschritt - von dem ihr dachtet, dass er euer Auftrag, euer Geschenk an die Menschheit ist - behindern. Viele von euch können nicht mehr länger Trost in der Meditation finden oder sich nach oben oder nach innen wenden, um das liebevolle Gefühl der Einheit mit den Wesen des Lichts zu finden. Ihr fühlt eine Leere, ihr habt das Gefühl eines Verlustes, oder zumindest ein Gefühl der Unwirklichkeit.

Lasst euch versichern, Geliebte, es ist alles Teil des Prozesses. Dies sind Zeiten einer großen Beschleunigung. Wir durchtränken euch mit der größten Menge an Christuslicht oder Göttlicher Substanz des Schöpfers, die euer physisches Gefäß fassen kann. Damit haben wir euch aufgerüttelt und vorangetrieben auf dem Pfad der Einweihung, oder hinauf in den Aufstiegsprozess, wie immer ihr es bezeichnen wollt. Und so, jedes Mal wenn ihr euer Bewusstsein erhöht oder die höheren Frequenzen anzapft und sie in jeden Teil eures Wesens integriert, ob nun physisch, emotional, mental oder ätherisch, durchdringen sie die äußersten Tiefen eures Seins und lösen jedwede negativen Energien, die in einer niedrigeren Frequenz schwingen.

Viele dieser Energien wurden während jener uralten Erlebnisse eurer frühesten physischen Inkarnationen auf der Erde in eure ätherischen und emotionalen Körper eingeprägt. Sie sind in der Tat sehr stark und haben euch seither in jeder Lebenszeit beeinflusst, indem sie negative Energien hinzufügten und verstärkten, bis sie euch in Knechtschaft hielten und damit Schmerz und Leid erschufen.

Dies sind die Energien, die euch davon abhielten, die vollkommene Gesundheit zu haben, die ihr euch wünscht, den starken attraktiven Körper zu haben, von dem ihr träumt, sowie den Überfluss, die Energie, die Beziehungen und so fort... Nun, seht ihr, um euch zu helfen und euch vor einer „Überwältigung" zu bewahren, stellte euch euer Höheres Selbst in eine - wie man sie bezeichnen könnte - „Nullzone," oder in eine Periode der „Nichtzeit." Das sind Begriffe, die gegenwärtig mit dem Photonengürtel in Verbindung stehen und gültige Konzepte darstellen, aber sie können ebenso gut auf euch persönlich angewendet werden.

Aufgrund der Abnahme des planetaren Magnetfeldes verlangsamt sich die Rotation der Erde, während sich zur gleichen Zeit ihre Schwingungsfrequenz (ihr Herzschlag) erhöht. Jedes menschliche Lebewesen auf der Erde wird von dieser Veränderung beeinflusst, und ebenso jedes andere Leben, das auf diesem Planeten existiert. Zumindest versucht jedes Lebewesen sich an diese neuen Frequenzen anzupassen, um auf die Erde abgestimmt zu sein, da die alten Frequenzen nicht länger erträglich sind.

Diejenigen von euch, welche die „Wegweiser," die „Lichtkrieger" sind, haben diese Grundfrequenzen weit überschritten und agieren in einer viel höheren Schwingungsrate. Eure Realität liegt im Zentrum des ätherischen Körpers der Erde, der sich auf die mittlere Ebene der vierten Dimension hinbewegt hat. Aber euer geliebter Planet befindet sich in einem rapiden Fortschritt, und daher muss auch eure Realität ihren Wandel fortsetzen. All das, von dem ihr dachtet es sei eure Wahrheit, euer neuer funktionaler Weg des Daseins, eure neue Identität, schmilzt rasch dahin. Ein neues holographisches Bild taucht auf, und in eurer Unsicherheit fragt ihr euch, wo ihr in dieses neue Schema hineinpasst und was ihr jetzt tun sollt. WER SEID IHR?

Nochmals, ihr Kostbaren, lasst euch sagen, entspannt euch, lasst los und erkennt, dass auch dies bloß ein Teil der nie endenden Spirale ist. Nicht länger ist es euch gestattet zu stagnieren, oder auch nur auf einer gewissen Ebene länger stehen zu bleiben - die Zeit und der Prozess der Umwandlung schreitet allzu rasch voran. Eure Sprache verändert sich, eure Gedankenformen unterscheiden sich. Die alten Bereiche eures Gehirns, die eure Vergangenheit beinhalten, werden fortschreitend verfeinert oder aufgelöst, so dass es den Anschein nimmt, als wäre alles frühere Geschehen, sogar das des vergangenen Jahres, nur ein vager Traum. Neue Bereiche eures Gehirns werden aktiviert und ihr müsst lernen, auf eine ganz neue Weise zu denken. Lichtpakete an Informationen, holographische Bilder von großer Bedeutung und heilige geometrische Muster werden in euer Bewusstsein treten, und ihr müsst lernen, wie ihr diese entschlüsselt. Es mag euch vorkommen, als ob jene, an denen vorbei ihr weit vorausschreitet, euch nicht länger verstehen, oder ihr könnt nicht die Worte der alten banalen Konversationsmuster finden. Ihr werdet auch finden, dass ihr es nicht mehr nötig habt, jeden Gedanken verbal zum Ausdruck zu bringen, da ihr beginnt, die Gedanken und Energien der anderen auf telepathischem Weg aufzunehmen. Ihr werdet keine Worte brauchen und ihr werdet nicht leicht zu täuschen sein. Ihr werdet mit spiritueller Integrität eure Wahrheit sprechen und nicht länger die Spiele der Vergangenheit spielen.

Wenn ihr eure verfeinerten spirituellen Lichtgewänder anlegt, geht sanft mit euch selbst um. Ihr mögt euch zeitweise sehr verletzbar und ungeschützt fühlen; ihr mögt das Gefühl haben, als ob ihr einen wichtigen Teil von euch selbst verliert, und das ist wahr. Aber es ist ein Teil, der euch nicht länger dienlich ist, obwohl ihr euch mit dem Herumtragen dieses alten Gepäcks wohl gefühlt habt. Es ist Zeit, all das loszulassen, was ihr nicht mitnehmen könnt, wenn ihr euch zurück in eure vollkommene Lichtform begebt.

Ihr seid in ein wunderschönes, vollkommenes ätherisch/physisches Gefäß herabgestiegen, in einen Göttlichen Körper, der vom Schöpfergeist für euch hervorgebracht wurde. Erlaubt uns, euch ein Gleichnis dessen zu geben, was vor diesen Äonen stattfand und was jetzt geschieht. Stellt euch vor ihr seid ein Taucher, der im Begriff ist, auf den Grund des Ozeans hinabzutauchen. Ihr könnt aber nur auf der Oberfläche schwimmen, es sei denn, ihr befestigt Anker oder Gewichte an euch, damit ihr hinabtauchen und auf dem Grunde des Ozeans spazieren könnt, oder ihr habt Antriebsmittel, die euch in die Tiefe befördern. Das Gleiche gilt für eure Spirit(Geist)-Wesenheit. Ich musstet Dichte annehmen, um in die physische Ebene hinabzusteigen. Und ihr nahmt viel mehr Dichte an, als ursprünglich geplant war, und habt es damit viel schwieriger gemacht, wieder an die Oberfläche - in die höheren Dimensionen - aufzutauchen.

Also seht euch selbst die Anker und Gewichte abwerfen, die euch in den Tiefen festhalten, in den Sümpfen, dem Nebel und der Illusion der niederen Dimensionen. Erlaubt euch selbst, die Schichten und Lasten, in denen ihr festsitzt oder verankert seid, abzuwerfen. Erlaubt euch selbst, wieder in die verfeinerten Höhen aufzusteigen. Seid ihr euch dessen bewusst, dass diejenigen, die ihre Schwingungsfrequenz über die der Erde hinaus erweitert haben, tatsächlich eurem geliebten Planeten helfen, auf der Spirale höher emporzusteigen? Das ist Teil eurer Mission, Geliebte: euren Brüdern und Schwestern zu helfen, aber auch der Lichtstrom zu sein, der immer stärker und schwungvoller wird, das Massenbewusstsein anhebt, das goldene ätherische Netz eurer Mutter Erde reinigt, so dass auch sie wieder ihre Göttliche Position im großen Drama der Evolution einfordern kann.

Wir bitten euch dringend, haftet nicht an irgendeiner Seinsweise, irgendeiner Modalität, irgendeiner Philosophie, die zu engstirnig gegliedert ist, trefft nicht irgendwelche Abkommen, die anderen Macht über euch verleihen. Urteilsvermögen, Urteilsvermögen, Urteilsvermögen – ich kann es nicht genug hervorheben, denn so schnell eine scheinbare Wahrheit auftaucht und ihr sie in euer Glaubenssystem aufnehmt, so schnell mag eine höhere Wahrheit oder ein neues Konzept an ihre Stelle treten. Zurückblickend, könnt ihr nicht sehen, dass vieles vom dem Wissen, das ihr jetzt als eure absolute Wahrheit akzeptiert, vor fünf Jahren - oder sogar vor einem Jahr - noch jenseits eurer wildesten Vorstellungen lag? Seid euch dessen bewusst, dass das, worüber ihr euch heute so sicher seid, sich ganz gewiss morgen oder nächste Woche verändern wird.

Das ist der Grund, Geliebte, warum ihr euch so verletzbar fühlt. Ihr befindet euch in einer **Formveränderung**, und ebenso eure Wirklichkeit. Ihr steht in der Mitte eines andauernden Traumes, der sich mit beschleunigter Geschwindigkeit fortsetzt. Wenn ihr den Fixierungen aus der Vergangenheit und den antiquierten Energien erlaubt, aufzusteigen, umgewandelt oder aufgelöst zu werden, und wenn ihr nicht versucht, an den alten Mustern und Gedankenformen festzuhalten, werdet ihr euch nicht so sehr gestresst und außer Kontrolle fühlen. Ihr müsst zugeben, dass dies nicht eine Zeit der Langeweile oder Stagnation ist, es ist in der Tat das, wonach ihr euch seit jener lang vergangenen Zeit gesehnt habt, als euer herrliches Spirit- Selbst sich in die einschränkenden Grenzen einer physischen Struktur begeben hat.

Erwacht jeden Tag in freudiger Vorahnung, mit großer Erwartung, erlaubt jedem Tag, sich in seiner Vollkommenheit zu entfalten, euch mit neuen Freuden zu beschenken und euch von den Fesseln der

Vergangenheit zu befreien. Wie wir immer und immer wieder betont haben: seid im JETZT, damit konzentriert ihr euch auf das, was im Augenblick geschieht. Jeder Moment, jeder Gedanke und jedes Ereignis ist von enormer Wichtigkeit, denn die Schätze einer neuen Weisheit, neuer Einsichten, neuer Energien logischen Denkens und neuer Talente, ergießen sich in einem erstaunlichen Ausmaß, und ihr müsst offen sein, sie zu empfangen. Mit jedem neuen Impuls einer höheren Schwingung, beginnt sich ein Teil eurer Realität aufzulösen, da sich die Muster von Zeit zu Zeit immer wiederholen.

Ich könnt nicht versagen. Ihr könnt euch nur selbst zurückhalten und Unbehagen erschaffen, wenn ihr euch abmüht und in der alten Dichte untergetaucht bleibt. Nehmt diese höchst kostbaren Geschenke an, die euch angeboten werden. Werdet zu euren eigenen heiligen Zeugen, während ihr diese Informationen und Erfahrungen, die in euer Bewusstsein treten, sammelt, sortiert, befreit und verfeinert. Bleibt nicht stecken oder verhaftet an irgendeinem fixierten Muster oder einer Modalität, wenn ihr stufenweise auftaucht aus dem Kokon physischer Menschlichkeit in die kristalline Form spiritueller Menschlichkeit. Erlaubt euch selbst, auf dem Kamm der mächtigen Transformationswellen zu reiten. Es gibt nichts zu fürchten, ihr Kostbaren, aber sehr viel zu gewinnen. Fühlt die Wärme unseres heiligen Atems, wenn er eure Wangen streichelt, und fühlt die Aura der Liebe, mit der wir euch umgeben. Wir sind ganz nahe; streckt die Hand aus und berührt uns - wir werden reagieren. Ihr seid nicht allein, ihr seid nie allein gewesen.
ICH BIN Erzengel Michael.

18. Die Wellen der Liebe

Die Wellen der Liebe umspülen uns,
stürzend, reinigend,
die rauen Kanten glättend
bis wir ein herrlich glänzender Stein
voller Schönheit und Vollkommenheit sind.
Wir werden hin und hergeworfen,
herumgerollt,
bis wir uns freimachen,
schwimmend emporsteigen,
auf dem Wellenkamm zu reiten.
Ein aufregender, berauschender Ritt,
endlich für immer frei
von den reißenden Zeiten des Lebens,
frei, sich zu den Sternen zu erheben
und die Wonnen der Ewigkeit zu erleben.

Ronna Herman

19. Auftrag zur Veränderung

Seid gegrüßt, geliebte Meister! Ich möchte euch für die kommenden Monate und für das neue Jahrtausend einen Auftrag erteilen. Gebt acht, denn es sind die entscheidendsten und wichtigsten Jahre, die ihr je auf diesem Planeten Erde erleben werdet. Ich habe euch gesagt, dass dies Jahre der Integration, der Integrität und des Überschreitens der Illusionen der dritten Dimension sind. Überwacht ihr das, was ihr integriert, was ihr in euer Bewusstsein aufnehmt? Was immer es ist, es wird sich vergrößern zum Guten oder zum Schlechten.

Viele von euch kommen gut voran auf dem Weg zur Meisterschaft, fließen im Strom der viert/fünf-dimensionalen Energie und nützen ihre Kreativität auf eine Art und Weise, die sie nie für möglich gehalten haben. Ihr reißt alte Barrieren und Strukturen nieder, die euch in einer begrenzten, einschränkenden Realität festhielten. Ihr habt ein besseres Verständnis für euch selbst und für andere, wenn ihr im Tanz interaktiver Resonanz dahingleitet und Weisheit und Bewusstheit sammelt in Bezug auf das, was in oder nicht in Balance ist. Manche von euch sind sogar verblüfft über das, was euch jetzt über den Spiegelungsprozess präsentiert wird. Euer Spiegelbild wächst nachgebend, liebevoll, sanftmütig und duldsam.

Auf mentaler Ebene wird euer Bewusstsein mit neuen Ideen und Konzepten „bombardiert." Am Anfang noch unklar, aber nach und nach sich festigend, da ihr eure gesteigerte logische Denkfähigkeit nützt, um die Formeln und Erfindungen der Zukunft zu enthüllen und zu entschlüsseln. Wenn ihr euch die fünften und sechsten Dimensionen erschließt, werdet ihr euch an die Blaupause der Schöpfung zu erinnern beginnen: Wie ihr mitgeholfen habt, die Struktur der Erde zu entwickeln, wie man an einem reinen Gedanken solange festhält, bis er sich verwirklicht. Während ihr euch durch und jenseits von Zeit und Raum bewegt, werdet ihr beginnen, geometrische Formen zu sehen, funkelnde Kristalle, glänzende neue Farben.

Als Teil dieses Prozesses muss sich die Form eures Körpers verändern; er kann nicht in einem statischen Zustand verharren oder zurückgelassen werden. Geradeso wie ihr vor vielen Zeitaltern euren physischen Körper durch euer begrenztes, furchtbezogenes Denken in die Dichtheit transformiert habt, so werdet ihr jetzt euer physisches Gefäß wieder zurück transformieren in seine natürliche Form: Einen funkelnden Lichtkörper, gesund, vibrierend, vollständig und immer jugendlich.

Irrt euch nicht; es gibt jene unter euch, die in ihren Träumen und Meditationen Zugang zur sechsten und sogar zur siebten Dimension haben, in sehr seltenen Gelegenheiten auch zur achten und neunten. Ihr begabt euch in den Schwingungsbereich eurer Überseele, der Monadischen Ebene und jener Dimensionen, wo die spirituelle Hierarchie und die Engel wohnen. In eurem ätherischen Körper wurdet ihr in das galaktische Zentrum und in das Herz der Großen Zentralsonne mitgenommen, um einen Segen und das Geschenk der Inspiration zu empfangen, aber auch eine Infusion von Liebe/Licht, um euer Erwachen zu beschleunigen.

Es ist die Zeit der Abrechnung, ihr Lieben. Durch die Vielzahl an Boten auf der Erde werden viele Zeichen und Omen überbracht - von ungewöhnlichen astrologischen Konfigurationen und von Besuchern aus den inneren und äußeren Räumen. Ungeachtet dessen, was ihr über die Kometen denkt, was oder wer sie sind oder nicht sind, wisst dies: die Energie der Schöpfungsquelle dieses Universums wird in vielen Formen und in immer größeren Mengen über die Erde ergossen. Das sind Energien, welche die Lichtpakete an Information, die in eurer Gehirnstruktur und im Bewusstsein der Erde „begraben“ sind, explosiv entzünden. Aber der Schlüssel zur Erschließung und Anwendung dieser Informationen ist Liebe, Integrität, Wahrheit und ein Gefühl der Einheit mit Allem was ist.

Diejenigen, welche die universellen Gesetze der Manifestation für ihre eigenen habgierigen Zwecke, für Herrschaft und Zerstörung anwendeten, werden finden, dass ihre Methoden nicht mehr länger wirksam sind. Sie werden feststellen, dass ihre Imperien zerbröckeln und ihre gehorteten Reichtümer dahinschmelzen. Ihre Lektionen sind hart und bitter, aber auch ihnen wird die Gelegenheit gegeben, ihre Ausrichtung zu ändern - von einer strikt materiellen Sichtweise zu einer spirituell inspirierten Anschauung.

Da gibt es jene unter euch, die sich spirituelle Er-Leuchtung und Einstimmung wünschen, erhoffen und verlangen, und immer denken:

„Morgen könnte ich mit dem Meditieren beginnen oder die Lektionen üben, die ich gelernt habe. Bald werde ich damit anfangen, die kreativen Fähigkeiten zu nützen, die am Rande meines Bewusstseins schweben, aber heute bin ich zu beschäftigt."

Die Zeit läuft, Geliebte. Ihr müsst entweder die Aufstiegswelle zu höherem Bewusstsein besteigen, oder ihr bleibt zurück und wartet auf die nächste Evolutionsspirale - was bedeutet, ihr bleibt weiter an das Rad von Karma gebunden, gefangen in den Begrenzungen, der Furcht und Sinnlosigkeit der dritten Dimension.

Es ist eine Zeit der Wunder, der Erregung und der Belohnung, meine Geliebten. Es ist nicht eine Zeit des Opfers, der Abgrenzung oder Beschränkung. Ganz im Gegenteil; was euch geboten wird, ist die Meisterung des Lebens, ist Überfluss, Freude, Frieden und Harmonie. Alles das, was aufzugeben ihr gebeten werdet, wird euch ersetzt durch so kostbare, lohnende Geschenke, dass ihr euch wundern werdet, warum ihr je gezögert habt.

In manchen Zonen eurer Erde wird es bald Frühling, eine Zeit neuen Lebens, ein Aufbrechen von neuer Energie, die sich in einer wundersamen Vielfalt von Formen manifestiert. In anderen Gebieten eurer Erde kommt eine Zeit der Ruhe und des Schlafes, wenn der kalte Griff des Winters sich festklammert. Ihr wart im kalten Griff der Furcht und Illusion, meine kostbaren Freunde. Es ist Zeit für euch, in den Frühling des Geistes (Spirit) und des neuen Lebens aufzubrechen und zu erlauben, dass das Geschenk der verfeinerten Energie aus der Macht Gottes, in eurer Struktur und eurem Bewusstsein seinen Wohnsitz nimmt. Ihr werdet für immer transformiert sein.

Viele von euch sind oder werden sich der Wichtigkeit eines Ereignisses bewusst, das als WESAK bezeichnet wird. Es ist die Zeit des Vollmondes im astrologischen Zeichen Stier. Das Wort WESAK ist von Silben und Energien abgeleitet, die als eine Klangkombination von den höheren Dimensionen hervorgebracht wurden. Meditiert über dieses Wort, benützt es als ein Mantra und seht, was in eurem Bewusstsein emporsteigt. Es ist eine Zeit der Schenkung, gegeben vom Kosmischen Christus, den buddhistischen Mächten und der "Gesalbten"(Christed) Wesenheiten der höchsten Dimensionen dieses Universums.

Ungeachtet dessen, wer ihr im physischen seid, ihr alle habt eine Gelegenheit, an diesem ehrfurchtsvollen Geschenk teilzuhaben, den Segen der Christusenergie zu empfangen über eine Liebe/Licht Infusion, die von der „Quelle" in euer Bewusstsein einströmt. Der nächste Schritt für euch - so ihr gewillt seid - wird sein, dass ihr diese Samen der Christusenergie über andere ausstreut, so dass auch sie gesegnet werden. Es ist eine Zeit der Geburt des Christkindes in euch, eine Zeit, eurer Seele, dem (solaren)Herzen zu erlauben, in seine volle Macht und Bewusstheit aufzubrechen. Euer Vater/Mutter-Schöpfer wünscht eine Wiedervereinigung des Spirit mit euch - eine seiner vielen kostbaren Schöpfungen. Ihr seid zu weit von eurer Heimat weggewandert und wart zu lange fort, ihr Kostbaren. Es wird euch nun eine Gelegenheit geboten, nach Hause zurückzukehren, in das Herz der Vollkommenheit, wo eine Wohnung für euch reserviert wurde.

Also ist euer Auftrag folgender: fokussiert euch auf das, was in eurem Innern als die wichtigste Frage eures Lebens aufsteigt. Sucht nach Bestätigung aus eurem Herzzentrum und von eurer ICH BIN Gegenwart. Widmet euch der Vollendung dessen, was ihr mit all eurer Energie -physisch/mental/emotional und spirituell - wünscht, bis ihr seine Verwirklichung erreicht habt. Fangt klein an, falls ihr Zweifel habt, bis ihr geübt werdet im Gebrauch eurer latenten Fähigkeiten als Mitschöpfer. Wischt eure Zweifel beiseite, und hört nicht auf die Kritiken oder Ermahnungen anderer. Folgt eurer inneren Führung; ihr werdet nicht fehlgeleitet, Geliebte.

Dies ist die Zeit, eure Wahrheit zu suchen, wieder die Kontrolle und Herrschaft über eure Welt zu übernehmen, euch zu erinnern, dass ihr Repräsentanten des Schöpfers auf einer wichtigen Mission seid, genannt „Operation Planet Erde." Akzeptiert eure Macht als Meister der Mitschöpfung. Akzeptiert und aktiviert die Geschenke, mit denen ihr ausgestattet wurdet und die in eurem Inneren schlummern.

Ich habe euch gesagt, dass der „Erste Strahl des Göttlichen Willens" wieder aktiviert und auf die Erde und ihre Bewohner gerichtet wurde. Diejenigen, die das Recht erworben haben, diese große Energie anzuwenden, werden finden, dass ihre Manifestationsfähigkeit sich vervielfacht und zehnfach vergrößert hat. Sie aktiviert eure Entscheidungsfreudigkeit und euren Willen, schöpferisch tätig zu sein;

sie erhöht euer Verlangen und eure Fähigkeit zur Konzentration. Es ist jener Strahl, der neue Ideen aus dem Herzen der Schöpfung hervorbringt und gebiert. Seine Qualitäten sind Wahrheit und Vertrauen, und er gewährt Schutz, wenn ihr seine Energie korrekt und weise anwendet.

Der Erste Strahl im Verein mit dem Siebten Strahl sind die Energien, die euch helfen werden, die Brücke in das Neue Zeitalter (New Age) zu bauen. Der Siebte Strahl wird die vorherrschende Schwingung auf der Erde für die nächsten zweitausend Jahre sein. Jedoch braucht er die katalytische Energie des Ersten Strahls, um den Reinigungs- und Transformationsprozess zu aktivieren, der jetzt notwendig ist. Der Siebte Strahl, vereint mit dem Ersten Strahl, verleiht euch die Fähigkeit, Energie zu aktivieren, umzuwandeln, zu transformieren, zu reinigen und sogar zu ätherisieren (Substanz zurückzuführen in neutrale universelle Energie, um neu qualifiziert oder gereinigt zu werden.) Gebt euch selbst ein schönes Geschenk und ein machtvolles Werkzeug: beginnt das Göttliche Schwert zu schwingen, Symbol der Energie des Ersten Strahls, umringt euch damit und benützt ständig das Geschenk der Violetten Flamme. Mit diesen Werkzeugen könnt ihr die Qualität/Schwingungen der Energie in euch selbst und der Welt um euch verändern.

Ihr müsst jetzt damit beginnen, ganz gleich wie gering euer Bemühen sein mag, und wir werden euch in jeder nur möglichen Weise hilfreich beistehen, damit ihr erkennen könnt, dass ihr die Fähigkeit habt, Wunder zu vollbringen.

Da ist ein Traum von Größe, Schönheit, Großzügigkeit und Vollkommenheit, den die Winde der Umwandlung herein wehen. Wollt ihr Teil dieses wunderschönen Traumes sein, oder wollt ihr im Albtraum der Illusion zurückbleiben? Ihr habt die Wahl, Geliebte.

Wir bemühen uns auf jede mögliche Weise euch wissen zu lassen, dass wir euch zur Verfügung stehen, dass wir in jedem Augenblick des Tages und der Nacht hier bei euch sind. Ruft uns, wir werden auf wundersame Weise antworten.

Ich umgebe und umhülle euch mit einem Aurafeld der Liebe und des Schutzes. Ich bin immer mit euch.
ICH BIN Erzengel Michael.

20. Botschaft von Ronna

Meine teuersten Freunde:
Ich möchte euch ein Erlebnis mitteilen, das ich Anfang März 1996 hatte. Es schien, als eine von uns einen Durchbruch zu einer neuen Bewusstseinsebene hatte, dass viele andere die gleiche Realitätsverschiebung erlebten. Obwohl ich seit einiger Zeit nicht mehr die Notwendigkeit verspürte, zu all den Workshops und Seminaren zu gehen, wie in der Vergangenheit, wurde ich doch zu einem 5-Tage-Seminar in San Diego geführt, betitelt „Erinnerung an das Solare Herz", veranstaltet von Drunvalo Melchizedek und sechs anderen schönen, weisen Lichtarbeitern. Zum Abschluss fand eine Zeremonie statt, in welcher wir mit einem kleinen Rosenquarz, als Symbol der Aktivierung des Solaren Herzens, beschenkt wurden. Als Drunvalo den Stein in meine Hand legte und mich umarmte, hatte ich das Gefühl, als ob mein Herz in Millionen Kristallsplitter zersprang, zusammen mit der Zertrümmerung des holographischen Bildes meiner Realität. Ich fühlte mich anders, irgendwie losgelöst und ein wenig ungeschützt. Ich brauchte einige Tage, um mich an diese verfeinerte Energieinfusion, die ich empfangen hatte, anzupassen.

Lord Michael spricht oft die Probleme und Situationen an, die ich und andere mir Nahestehende erleben, und diese vorhergehende Botschaft war ein Resultat auf mein Erlebnis. Alles was er sagte, traf auf mich zu, und ich erhob mich auf eine neue Ebene erweiterten Bewusstseins. Ich wurde dafür vorgesehen, Erzengel Michael beim Wesak-Fest am Mt.Shasta am 5.Mai dieses Jahres zu channeln, und mir wurde bewusst, dass meine geliebte Freundin Barbara Zimmerman und ich dazu auserwählt waren, die Samen der Liebe, Weisheit und die verfeinerte Lichtkörper-Energieinfusion, die wir auf dem Seminar „Erinnerung an das Solare Herz" erhalten hatten, zu dieser Wesak-Feier mitzunehmen.

Fast 1.300 Leute, die mindestens 12 Länder repräsentierten, nahmen an diesem Wesak-Fest teil. Es war eine Zeit großer Erwartung, Freude und Festlichkeit. Joshua Stone und die vielen inspirierten Moderatoren vollführten ihre Aufgabe hervorragend, hoben uns auf neue Bewusstseinsebenen und brachten durch all die herrlichen Lichtwesen die Weisheit und die Geschenke der Christusenergie hervor. Ich bin sicher, dass – obgleich viele zu dieser Zeit sich dessen nicht bewusst waren – jeder von uns genau das erhielt, was wir benötigten, um die Aktivierung unseres Lichtkörpers zu beschleunigen, sodass wir uns auf eine neue Ebene der Meisterschaft begeben konnten.

Ich hatte einen Verkaufsstand zum Verkauf meiner Bücher „ON WINGS OF LIGHT" (Auf Flügeln des Lichts) und zum Verteilen von Flugzetteln; daher war mir die glückliche Gelegenheit gegeben, so viele der teilnehmenden schönen Seelen kennen zu lernen und mich mit ihnen zu unterhalten. Wenn ich mich in das Aurafeld einer jeden Person begab und sie umarmte, schien es mir, als ob eines der zersplitterten Fragmente meines Herzens wieder seine Essenz annahm und sich wieder im Zentrum meines Wesens niederließ. Es war solch ein vollkommenes, Ehrfurcht gebietendes Gefühl der Einheit, Wiedererkennung und Liebe. Manchmal lachten, manchmal weinten wir zusammen – es war freudvoll, ergreifend und wunderbar.

Als ich am Podium stand und sprach und Lord Michael's Energie sich im Raum verbreitete, war sie viel kräftiger als ich es je zuvor erlebt hatte, und ich weiß, dass es nicht eine Person im Raum gab, die nicht seine Gegenwart fühlte oder das Geschenk seiner liebevollen Essenz erhielt. Ich war durch dieses Erlebnis von tiefster Demut erfüllt und fühlte mich wahrlich gesegnet. Es wurde uns gesagt, dass die Erde und die Menschheit auf eine neue Bewusstseinsebene emporgehoben und mit einer verfeinerten Energie infiltriert wurden, was sich in den kommenden Jahren auswirken wird. Es ist in der Tat eine Zeit der Wunder, und wir alle haben darin eine wesentliche Rolle zu spielen.

Es ist ein höchst wundersamer Augenblick, wenn wir wirklich die „EINHEIT" von allem fühlen. Willkommen in meinem Herzen, liebe kostbare Brüder und Schwestern.
Im Licht, Ronna

21. Übernehmt die Kontrolle über euer Schicksal

Geliebte Meister des Lichts, es ist jetzt an der Zeit für euch, über alle Dinge Inventur zu machen, um euren Fortschritt festzustellen, um etwaige neue Konzepte zu überprüfen, die nicht eurem höchsten Zweck oder der Steigerung eures spirituellen Wohlbefindens dienen. Viele von euch sind zu sehr vom Wissen, den Ritualen, Methoden oder Lehren anderer abhängig geworden. Beantwortet diese Fragen aus eurem Herz/Seelen-Zentrum, wenn ihr wollt: Glaubt ihr, dass die von anderen gechannelten Informationen eine höhere Weisheit beinhalten als eure eigene? Beglaubigt oder bestätigt ihr alle von außen kommenden Informationen in eurem Herz/Seelen-Zentrum? Sucht ihr ständig nach einer neuen Methode, einem neuen Kraut, einem neuen Elixier oder Apparat, um euer Lichtfrequenz zu beschleunigen oder euer spirituelles Bewusstsein ohne eure Beteiligung „kurzzuschließen" - mit anderen Worten, eine magische Lösung?

Habt ihr vergessen, dass die allopathische Medizin eine wichtige Heilungsart ist, zusammen mit der Verantwortung für euer Wohlbefinden, eure Ganzheit, zusammen mit den wunderbaren homöopathischen Heilmitteln und der Fülle der zur Verfügung stehenden Geist/Körper-Techniken? Es gibt Zeiten, in denen eure physisches Wesen in einen kritischen Zustand gerät, der drastische Eingriffe notwendig macht. Ihr befindet euch noch immer in einem physischen Gefäß, in einer dichten materiellen Welt, und manches, das Jahre brauchte, um sich in eurer Struktur bis zu einem lebensbedrohenden Punkt zu manifestieren, muss ganz offensiv angegangen und korrigiert werden.

Wir betonen ganz besonders das Urteilsvermögen, aber wir sehen, dass ihr ein umfassenderes Verständnis dafür braucht, was Urteilsvermögen bedeutet. Die Menschheit befand sich Tausende von Jahren in einem - wie man es nennen könnte - „Herdenzustand". Und das ist ein Zustand, der schwer zu brechen ist. Es ist leichter, den populären Glaubensansichten der Masse oder Trends zu folgen. Es ist aber viel schwieriger, eure eigenen Entscheidungen zu treffen und durch Versuch und Irrtum zu beginnen, eurer Intuition zu vertrauen, selbst wenn dadurch radikale Maßnahmen getroffen werden müssen, die nicht in die Norm passen. Es ist leichter, außerhalb von euch nach einer schnellen

Lösung zu suchen, wobei ihr dann nicht beteiligt seid und keine Verantwortung für eure Handlungen übernehmen müsst. Es ist leichter und bequemer, jemand anderem die Schuld zuzuschieben. Wie schnell schließt ihr euch einer erfolgversprechenden Sache an, die euch neue, Wunder versprechende Konzepte bietet. Leider gibt es viele in der spirituellen Gemeinschaft, die mehr als willig sind, von eurer Leichtgläubigkeit und Verwundbarkeit zu profitieren. „An ihren Taten werdet ihr sie erkennen," aber manchmal kommt diese Erkenntnis nach der Tat - zu spät. Ihr müsst zuerst von innen heraus bewerten, bevor ihr eure Entscheidungen trefft.

Ich möchte hier nicht zu hart klingen oder behaupten, dass ihr keine großen Fortschritte macht, wo doch in der Tat das Gegenteil der Fall ist. Ihr macht spektakuläre Fortschritte und erzielt ein bedeutsames Wachstum. Aber viele von euch haben in ihrem Übergangsprozess einen kritischen Punkt erreicht. Ihr saust auf eurem Einweihungspfad dahin, und neues Wissen strömt jeden Tag hervor. Obwohl euch viele Richtlinien und Theorien zur Auswahl zur Verfügung stehen, seid ihr doch immer noch einzelne menschliche Geistwesen, deren Pfade und Prüfungen unterschiedlich sind, deren Wahrnehmung der Realität völlig einmalig ist. Deshalb kann das, was bei anderen Wunder bewirkt, bei euch völlig wirkungslos sein. Was der eine als eine todsichere Methode für Heilung, Ausgleich, Einstimmung oder Wiedergutmachung bejaht, mag für euch völlig falsch sein, ja sogar schädlich. Lebt ihr nach den Werten von irgendjemand anderem, oder nach euren eigenen? Seid ihr im Begriff, eure eigenen Verhaltensmuster zu gestalten und eure eigene spirituelle Wahrheit zu projizieren, oder ein Klon von irgendjemand anderem zu sein? Ihr seid einer von einer Gattung, das sagen wir euch immer und immer wieder. Der Schöpfer sandte euch aus, eine höchst kostbare Aufgabe zu erfüllen; sie ist in eurer Seele als Göttliche Blaupause kodiert. Seid ihr dabei, eurer Blaupause oder der eines anderen zu folgen, und damit die eure unmanifestiert und unvollständig zu lassen?

Ihr seid euer eigener Arzt, aber eure Fähigkeiten und Einsichten stecken immer noch in den Kinderschuhen. Viele von euch treffen vorbeugende Maßnahmen, indem sie naturbelassene, lebendige Nahrung zu sich nehmen, die möglichst rein und unverfälscht ist. Ihr schenkt eurem Körper mehr Aufmerksamkeit, hört auf ihn und wisst, dass sowohl eure

Gedanken als auch eure Handlungen einen starken Einfluss auf euer Wohlbefinden haben. Ihr strebt nach der Balance zwischen Körper/Geist und Spirit (höherer Geist), aber ihr seid noch immer dem Stress von Familie und Arbeitsplatz, oder den Myriaden Verantwortlichkeiten ausgesetzt. Ihr müsst noch immer dort leben, wo die Luft euer System erstickt und behindert, und oft euer Wasser und eure Nahrung verunreinigt ist. Langsam verändern sich diese Dinge, aber in der Zwischenzeit müsst ihr sachlich bleiben. Ihr könnt euch nicht aus eurer physischen Realität zurückziehen, ihr könnt nicht euren Verantwortungen entfliehen oder sie ignorieren. Dies ist eine der schwierigsten Facetten eures Aufstiegsprozesses.

Ihr hattet einen Schimmer oder eine Erinnerung an die Vollkommenheit, von der ihr herkamt. Ihr seid jetzt häufiger in der Lage, dieses wunderbare Gefühl der Glückseligkeit zu erleben, und wie es sich anfühlt, frei von allen körperlichen Beschränkungen zu sein. Ihr werdet immer unzufriedener mit eurem weltlichen Leben und den beständigen Unruhen, die es mit sich bringt. Selbst die Erwartungen und Erleichterungen, die ihr üblicherweise aus euren Freizeitaktivitäten zieht, scheinen euch nicht länger zu befriedigen. Viele von euch haben den starken Wunsch, ihren Job und ihr Besitztümer hinzuschmeißen, die immer mehr gleichsam zu Fesseln oder zu einem Gefängnis wurden. Dies ist aber nicht der Weg eines Meisters, ihr Lieben. Ihr schreitet voran, indem ihr nach und nach eure Wahrnehmung verändert und eure Verantwortungen akzeptiert. Ihr fokussiert euch auf das Gute, das Positive in jeder Situation, Person oder Lebenslage. Ihr strahlt Liebe und Harmonie aus, ob ihr nun in einer Gruppe mit geistigen Brüdern und Schwestern seid, die bedingungslose Liebe und Freude ausstrahlen, oder in einer Situation, in der Chaos, Angst, Ablehnung, Eifersucht oder Machtkämpfe vorherrschen. Es ist leicht ein Meister zu sein, wenn man auf einer Bergspitze in der Klarheit der Natur sitzt, aber es ist viel wichtiger, in den alltäglichen Lebenssituationen Ausgeglichenheit und Harmonie zu bewahren. Diejenigen, die bei euch Unbehagen und Leiden verursachen, sind eure besten Lehrmeister. Sie spiegeln euch das wieder, was aus eurem tiefsten Innern emporsteigt, um geheilt zu werden. Wenn ihr eure Wahrnehmung verändert und anfangt, in allen Situationen die reine Christusliebe auszustrahlen, werden sich die anderen um euch verändern oder allmählich aus eurem Leben zurückziehen. Ihr werdet dann die Lektionen, die sie euch boten, gelernt haben; deshalb werden sie nicht länger eure Realität beeinflussen. Je harmonischer eure Verbindung mit dem höheren Geist (Spirit) wird, desto harmonischer wird eure Welt - ungeachtet des um euch herumwirbelnden Chaos.

Alles das, was ich beschrieben habe, ist Teil des Mutationsprozesses, des Aufstiegsprozesses, der für eure Erde und die Menschheit im Gange ist. Es ist nicht ein stetig fortschreitender Prozess, sondern ein Aufruhr an Energie und Information, und danach eine Zeit der Assimilation, Integration und Manifestation. Viele dieser Empfindungen scheinen jetzt deutlicher hervorzutreten, und ihr mögt das Gefühl haben, als ob ihr zu Zeiten einen großen Sprung in das Unbekannte, oder einen Schritt nach rückwärts getan habt - in die Ungewissheit und in ein Gefühl gesteigerter Verwundbarkeit. Aber jetzt solltet ihr schon ein wenig an die Ebbe und Flut der verstärkten, beschleunigten Frequenzen gewöhnt sein; doch wenn ihr auf die nächste Bewusstseinsebene gedrängt werdet, dann wird das einen Alarm von unterschiedlichen Graden in euren physischen, mentalen und emotionalen Körpern auslösen.

Wie ich euch schon erklärte, wurde in den Monaten November, Dezember und Mai die Erde und die Menschheit mit einer besonders Energiewelle überflutet. Im Laufe der Zeit werden diese Energiewellen immer häufiger auftreten und größere und höhere Lichtschwingungen hereinbringen. Diese strahlende, kristalline Substanz der Schöpfung drang in euren innersten Kern und auch in den innersten Kern der Erde ein. Stellt euch einen starken elektrischen Strom vor, der euer Chakrasystem durchdringt, und alle darin liegenden Atome, Zellen und Energien, die nicht mit diesem Strom harmonieren, hinausschwemmt. Da dieser Strom durch euren ganzen physischen Körper, euer ätherisches Gewebe und eure emotionalen und mentalen Körpern schwingt, sammelt und trägt er die „dunklen" Atome oder zusammengepressten Energien mit sich, die nicht mit dieser höheren Frequenz harmonisieren oder sich ihr anpassen können. Nun stellt euch euer aurisches Feld vor und seht die Deformierungen, die entstehen, wenn diese Energien in eure Aura eindringen, sie verzerren und verschleiern, und möglicherweise vorübergehend den Verlust der Verbindung zu euren Führern, Lehrern und spirituellen Helfern verursachen.

Dies ist der Grund, warum ihr euch oft unausgeglichen, leer, teilweise in und teilweise außerhalb eures Körpers fühlt. Es ist wichtig, dass ihr euch Zeit zur Assimilation nehmt, nachdem ihr eine Einweihung erfahren oder euch mit einer neuen Schwingungsebene verbunden habt. Ihr mögt das Bedürfnis haben, euch in die Einsamkeit zurückzuziehen oder eine Zeit draußen in der Natur zu verbringen, Abstand zu nehmen vom Lesen, Forschen oder sogar vom Meditieren, um euch die Zeit zu nehmen, euer erhöhtes Bewusstseinsgefühl zu integrieren und euch daran zu gewöhnen.

Viele sprechen über die kristalline Energie, die jetzt in eurer Erde, in den „Ley-Linien" und im Gitternetzsystem aktiviert wird. Viele werden zu verschiedenen Gegenden der Erde geführt, um diese gewaltigen Energien zu unterstützen und zu aktivieren. In der Vergangenheit haben wir in Heilmeditationen und Visualisierungen die Vorstellung von einer diamantenen Kristallpyramide benutzt, und andere brachten Informationen über große Energieaktivierungen rund um die Erde. Erlaubt mir, euch ein wenig Einblick zu geben über das, was jetzt geschieht. Nicht nur ihr werdet mit den umwandelnden höheren Strahlen und der verfeinerten Energie von Gott/Göttin infiltriert, auch die Erde unterliegt gleichfalls einem inneren Aktivierungsprozess.

Zu der Zeit, als euer schöner Planet Erde geformt wurde, gab es herrliche, fühlende Wesen, die von einem weit entfernten Universum kamen. Sie waren damit einverstanden, ein großes Opfer zu bringen, und wurden daher mit der Göttlichen Blaupause für die Entwicklung der Erde und ihren schlussendlichen Aufstieg kodiert. Sie wurden dann tief in der Erde an strategischen Gitterpunkten installiert. Sie widerhallten die Frequenzen und Informationen vom Kosmos zur Erde und wieder zurück, und sie speicherten in ihrem Wesen riesige Mengen an Information und Energie.

Beim endgültigen Untergang der großen Zivilisation, genannt Atlantis, bei dem die Erde in ihre Dichte versank und durch den „Nicht-Überschreiten-Ring" von den höheren Reichen abgeschnitten wurde, wurden viele dieser großen Kristalle stillgelegt und aufgegeben. Ihr kennt diejenigen, die aktiv geblieben sind: die großen Pyramiden; der atlantische Ozean rund um Bimini, Tibet, Titicacasee, Peru, Palenque, Jerusalem/Mt.Sinai, und die großen Tetons, um nur ein paar zu nennen.

Nun, einige dieser Energiezentren (die auch Portale sind) sind so dicht geworden und mit Negativität verstopft, dass sie zum Brennpunkt vieler Konflikte auf eurer Erde wurden, vor allem in Afrika, Ägypten und im mittleren Osten. Andere blieben strahlende Energiezentren, die Tausende Lichtkrieger zu ihren Kraftfeldern hinzogen, sodass ihre innere Blaupause aktiviert werden konnte. Und diejenigen, die von ihrem Spirit (höheren Geist) geführt wurden - zuzeiten durch einen inneren Ruf, dem sie sich nicht verweigern konnten - begaben sich zu diesen heiligen „Wirbeln", um bei der Heilung und Reinigung dieser kristallinen Strukturen zu helfen, sodass sie wieder rein und kraftvoll die Botschaften der Elohim und der Engelreiche ausstrahlen, und auch die heilenden Schwingungen zum Mittelpunkt und zur Oberfläche der Erde bringen konnten.

Und so seht ihr also, ihr erfahrt die beschleunigten Frequenzen aus dem Kosmos, und werdet auch von den sich verändernden Mustern im Inneren der Erde betroffen, da sie nun beginnt, sich auf ihre perfekte Blaupause einzustimmen und darin zu schwingen. Wie ihr wisst, beginnt Heilung von innen heraus, strahlt nach außen und gewinnt an Stärke und Einfluss, wenn die Ganzheit aufgenommen und aufrecht erhalten wird.

Ich sprach vor einiger Zeit über die wunderschönen Kristallpyramiden, die im Ätherischen geformt werden, und ich bat euch, mit ihrer Visualisierung zu beginnen und sie in euren Meditationen anzuwenden, damit ihr sie schneller im Physischen manifestieren könnt.

Und nun bitte ich euch, falls ihr dazu bereit seid, bringt aus eurer Göttlichen ICH BIN - Gegenwart eine diamantene Kristallpyramide hervor, die mit Millionen kleinerer Kristallpyramiden gefüllt ist. Stellt euch vor, wie diese euer ganzes Wesen umfassen und die leeren Stellen ausfüllen, welche die dunklen Atome, die ihr ständig freigebt, hinterließen. Seht sie zu jenen Bereichen wandern, die Symptome von Leid und Unbehagen erzeugen. Platziert sie in all euren Chakren, Drüsen und Organen. Seht, wie Milliarden von ihnen durch euren Blutstrom fließen und euren Körper bis in die tiefsten Zellebenen mit reinem kristallinen Licht füllen. Diese schönen, kraftvollen Kristalle tragen die Kodes eurer Abstammung, eures Erbes und eures Schicksals. Sie tragen die Kraft, den Willen, die Freude - all die Attribute, die ihr euch einverleiben möchtet. Ihr könnt sie euch mit den umwandelnden Energien der fünf höheren Strahlen energetisiert vorstellen, oder mit irgendeiner Strahlungsebene, mit der ihr euch gerade verbindet.

Diese Kristallpyramiden werden für euer Wachstum einen großen Auftrieb bringen, als auch für die Transformation der Erde. Überall auf der Welt - und speziell in der westlichen Hemisphäre - werden diese großen kristallinen Energien reaktiviert und „auf Touren gebracht." Dies wird die Heilung und den Aufstieg der Erde und der Menschheit in Ungezwungenheit und Gnade steigern und beschleunigen.

Ihr müsst ein brennendes Verlangen haben, eure Wahrheit zu finden, Geliebte. Und dann müsst ihr diese Wahrheit mit jeder Faser eures Seins leben. Ihr müsst auf Gerechtigkeit bestehen, Gerechtigkeit für euch selbst und für die ganze Menschheit; und wisst, dass sie mit euch beginnt. Ihr müsst in einem Geist der Zusammenarbeit und nicht des Wettbewerbs leben, anderen hilfreich zur Seite stehen, ihre Talente und ihre Wahrheit bestätigen und ihnen erlauben, euch zu helfen, anzuerkennen und euch Glauben zu schenken. Ein Gefühl persönlicher Verantwortlichkeit wird die Grundlage für einen neuen Prototyp von Gemeinschaften sein, wo alle ihren Beitrag leisten und ihren Nutzen ziehen und so dem gemeinsamen Wohle dienen. **„DEIN WILLE GESCHEHE ZUM HÖCHSTEN WOHLE ALLER"** soll zu eurem Credo und Motto werden.

Eure spirituelle Stärke und Weisheit wird geprüft, meine geliebten Krieger. Ihr steht am Scheideweg: Wollt ihr ein Anführer oder ein Mitläufer sein? Wollt ihr euch mit einem flüchtigen Blick auf das Neue Zeitalter zufrieden geben oder darauf bestehen, euch in der vollen Strahlung des Paradieses zu sonnen? Wir haben keinen Zweifel, wie eure Antwort sein wird.

Ich umgebe und umhülle euch mit einer kristallenen Aura der Liebe und des Schutzes. ICH BIN immer bei euch.
ICH BIN Erzengel Michael

22. „Seelen Gespräch" - Kreative Sprache Anwendung der universellen Manifestationsgesetze

DENKE ES - FÜHLE ES – SAGE ES – TU ES

Worte, die euer Unterbewusstsein versteht und die euch erlauben, mit Hilfe eures Wachbewusstseins und eures Unterbewusstseins, die universelle Energie der Schöpfung zu erschließen.

Gedanken, Worte, Gefühle und Handlungen sind alles Energieformen.

*ICH BIN = GOTT BEWUSSTSEIN * OM oder AUM * Heilige Töne der Schöpfung.*

„Am Anfang war das Wort, und das Wort war bei Gott, und Gott war das Wort."

*ICH LIEBE = DIE NAHRUNG UND FREQUENZ DER SCHÖPFUNG **

Reine Liebe erschafft Vollkommenheit.

Das Gegenteil von Liebe ist Angst (alle negativen Gefühle entstammen der Angst).

*ICH WILL = ENTSCHLOSSENHEIT * BESTIMMTHEIT * ENERGIE*
Das Bewusstsein lenken.

Selbst-Sabotage = Zweifel, Schwanken, Unschlüssigkeit.

*ICH WÄHLE = WAHL * AUSWAHL * BESCHLUSS * VORZUG*

Anwendung des freien Willens

Selbst-Sabotage = Ablehnung, Verweigerung, anderen gestatten, für uns zu wählen.

*ICH ERSCHAFFE = ENTWICKLUNG * FORMUNG * ERZEUGUNG * ERFINDUNG * ENTSTEHUNG.*

Selbst-Sabotage = Zerstören, Niederreißen.

*ICH HABE = EIGENTUM * BESITZ * KONTROLLE * FESTHALTEN*

Selbst-Sabotage = Begehren, Brauchen, Wünschen, Hoffen.
*ICH KANN = IMSTANDE SEIN * LEISTUNGSFÄHIGKEIT * MACHT*
Selbst-Sabotage = Ich möchte, ich versuche.

*ICH VERLANGE = STREBEN * VISION * MOTIVATION * DRANG*
Selbst-Sabotage = Undifferenziertheit, Apathie, Unbekümmertheit.

*ICH GENIESSE = FREUDE * WERTSCHÄTZUNG * GESCHMACK * VERGNÜGEN*
Selbst-Sabotage = Abneigung, Missvergnügen, Unzufriedenheit.

Ronna Herman

23. Umarmt eure Gegner und eure Unvollkommenheiten mit dem Christus-Licht

(Botschaft vom August 1996)

Geliebte Meister des Lichts, lasst uns über einige Geschehnisse sprechen, die unter der Menschheit Schockwellen, Schmerz, Zweifel und Verwirrung verursachten und eine große Wirkung auf das Massenbewusstsein rund um die Welt ausübten. Ihr mögt nicht erkennen, wie die Menschen in aller Welt von dem beeindruckt werden, was in den Vereinigten Staaten passiert. Jene von euch, die in diesem großen Land wohnen, werden mit Neid, Bewunderung und Neugier betrachtet, aber auch mit Verachtung, Bitterkeit und Hass. Was immer von großem Ausmaß innerhalb eurer Grenzen geschieht, hat Auswirkungen auf die ganze Welt, entweder in positiver oder in negativer Weise.

Vor allem das sinnlose Bombenattentat in eurer City of Atlanta während der Olympischen Spiele. Es liegt eine große Symbolik in den Olympiaden, und obwohl sie sehr kommerziell wurden, bewirken sie doch einen gewaltigen Anstieg an Hoffung und Inspiration, und spornen zu großen Leistungen und mutigen Taten an. Sie repräsentieren das Zusammenkommen von allen Ländern und Rassen, den Geist des Wettkampfes und zugleich den Geist der Kameradschaft und Einheit; und sie bieten die Erregung bei der Beobachtung eurer Athleten jeglichen Alters, wie sie ihre größten Anstrengungen erbringen. Ob sie nun im Kreis der Sieger anerkannt werden oder nicht, es gibt keine Verlierer bei diesem Ereignis.

Lasst euch diese begeisterten, energiegeladenen jungen Menschen ein Beispiel sein für eure spirituellen Übungen und Anstrengungen. Nehmt euch die größte Mühe, arbeitet und bemüht euch ohne Unterlass, habt euer Ziel vor Augen und lasst euch von niemandem und nichts behindern. Diese jungen Menschen wissen, wie man unter dem großen Druck des Augenblicks und trotz der vielen Ablenkungen fokussiert und voller Energie bleibt. Sogar wenn ein verhängnisvoller Irrtum passiert, der sie aus dem Rennen wirft, verstärken sie ihre Entschlossenheit, halten ihren Kopf hoch und setzen ihren Lauf, über ihr Missgeschick hinaus, fort. Bitte erkennt, ihr Geliebten, es gab keine Versager oder Verlierer unter diesen, die daran teilnahmen. Sie alle waren Gewinner. Einige zeigten große Integrität und Ehre, einige große Tapferkeit und Zähigkeit, und andere zeigten Freundlichkeit und Wärme jenen gegenüber, von denen sie besiegt wurden. Diese Spiele sind ein Mikrokosmos der Prüfungen und Tests eures alltäglichen Lebens. Ihr werdet nur dann zu einem Verlierer, wenn ihr nichts versucht, oder den Kampf aufgebt.

Wir haben euch gesagt, dass es einen großen Aufruhr an Energie gab, der sich von den höheren Dimensionen auf die Erde herab ausbreitete. Ihr wisst, dass er sich auf euch auswirkte und Verformung, Unausgeglichenheit und Frustration in eurer persönlichen Realität erzeugte. Wir möchten, dass ihr erkennen mögt, dass er eure Mutter Erde und das Massenbewusstsein gleichermaßen beeinflusst, nur stark vergrößert. Seht, wie große Wirbel uralter Erinnerung - Wirbelwinden gleichend, sich von den niederen Astralebenen - die Mutter Erde umgeben - und vom Massenbewusstsein lösen. Glaubt ihr, es war ein Zufall, dass eine Bombe in Atlanta explodierte, oder dass ein Flugzeug über dem Atlantik explodierte?

Wie ihr wisst, war der Untergang von Atlantis ein großes kataklysmisches Geschehen, das eure Erde in die Dichte der dritten Dimension gerüttelt hat. Sie strengt sich an und bemüht sich zu entwickeln und wieder auf ihren richtigen Platz im Sonnensystem zurückzukehren. Wie wir euch schon sagten, hat sich der ätherische Körper der Erde bereits auf die mittlere Ebene der vierten Dimension begeben, und der physische Körper der Erde versucht, nachzufolgen. Geradeso wie ihr alle alten aufgeprägten Erinnerungen und Energien aufrührt, wenn ihr eine höhere Frequenz in euch aufnehmt, so ist es auch mit der Erde. Eingegraben in ihr Gedächtnis und die Astralebenen sind all die Unausgeglichenheiten: die Raserei und Leidenschaft – die zerstörenden Kräfte der Gewalt und Angst, die Machtkämpfe und das Chaos, alles, was je auf diesem Planeten geschah. Diese werden freigelassen, um geheilt zu werden, da die Erde in ihre Verfeinerung und in ihr höheres Bewusstsein aufsteigt.

Geradeso wie <u>ihr</u> die Veränderungen in eurer physischen Struktur erfahren müsst, so ist es auch mit der Erde. Ihr müsst Liebe, die umwandelnde Violette Flamme und die veredelnden Energien der höheren Strahlen auf diesen durcheinandergebrachten Mahlstrom negativer Erinnerungen fokussieren, um sie umzuwandeln und zu verfeinern. Haben wir euch nicht gesagt, wie sehr ihr benötigt werdet; wie wichtig es ist, dass ihr zu einer machtvollen, verankerten Säule des Lichts werdet, Ausgeglichenheit und Harmonie ausstrahlend hinab durch und rund um die Erde?

Beobachtet, wie immer mehr Gewaltszenen sich in jenen Schlüsselzonen rund um die Welt abspielen, wo es so viel Hass, Krieg und Blutvergießen gab. Diese Brutstätten uralter Negativität müssen verfeinert und umgewandelt werden. Viele von euch, leben deshalb in und um diese Gebiete, weil sie die kataklysmischen Ereignisse miterlebt haben und sich auf einer Seelenebene an all das erinnern, was vor und während der Zerstörung stattgefunden hat. Ihr seid zurückgekehrt mit dem Gelöbnis, zu helfen, die begangenen horrenden Fehler zu korrigieren, fest entschlossen, die Unausgewogenheiten und die Erinnerung an das Versagen zu heilen und sicherzustellen, dass dies nie wieder geschieht.

Wir möchten euch auch über die Tatsache in Kenntnis setzen, dass viele schöne aber fehlgeleitete Seelen da sind, die an den großen Machtkämpfen und Untaten teilgenommen hatten, die schließlich zur Zerstörung von Atlantis führten. Sie sind zurückgekehrt mit den gleichen negativen Energien in ihrem Aurafeld, und sind fest entschlossen, in einer verzweifelten Anstrengung ihre Kontrolle über so viele Seelen als möglich wieder zu gewinnen. Viele von ihnen sind die „Bummlerseelen“, die von anderen Sternsystemen kamen und die Samen von Hass, Gier und Furcht mit sich tragen mit der Absicht, zu herrschen und zu erobern.

Ihr alle werdet früher oder später mit diesen machtvollen Wesen konfrontiert sein, aber ihr werdet ihnen nicht erlauben, einen Sieg zu erringen. Verurteilt sie nicht, beteiligt euch nicht an den Machtkämpfen oder trachtet sie (die Wesen) zu verändern oder zu beherrschen. Es ist einfach, meine geliebten Krieger: steht fest in eurer Integrität, tragt eure spirituelle Rüstung und projiziert Liebe auf sie zurück, wenn sie euch verurteilen, kritisieren oder versuchen, euch zu verleumden. Sie werden keinen Erfolg haben, aber sie werden eine gewaltige Prüfung darstellen, eine, in welcher ihr Farbe bekennen und euren Willen, eure Macht und Autorität mit Liebe und Mitgefühlt projizieren, und an ihnen vorbei euren Marsch zum Siege fortsetzen müsst. Sie können und werden nicht obsiegen - nicht zu dieser Zeit.

Die gleiche Situation kann auf den sinnlosen Bombenanschlag auf das Flugzeug über dem Atlantik angewendet werden. Erlaubt ihnen nicht, euch zu sagen, das dies kein Gewaltakt war, denn es war in der Tat einer. Wir sagen euch, dass all diese schönen Seelen, deren Leben endete, keinen Schmerz fühlten, und dass sie sofort in ihren schönen Lichtkörpern an einen weit freudvolleren und friedlicheren Ort als eure Erde transportiert wurden. Ihr Tod war nicht umsonst. Ihr könnt das größere Bild nicht sehen, aber jeder einzelne dieser Gewaltakte verstärkt die Entschlossenheit der Menschheit und erregt einen Aufschrei der Empörung über die Brutalität der Menschen gegen sich selbst. Die Menschheit beginnt ein Gewissen zu erlangen, und ihr macht Überfälle, selbst wenn eure Bemühungen zeitweise irregeleitet sind.

Die gleichen Regeln lassen sich auf den Mittleren Osten und andere Gegenden eurer Welt anwenden, die ihr als „heiße Flecken" bezeichnet. Die uralten Hologramme, Erinnerungen, Szenarien und Gedankenformen tauchen wieder auf, sodass sie jetzt ein für allemal korrigiert und geheilt werden können.

Es ist Zeit, eure Vergangenheit neu zu strukturieren und vorwärts zu schreiten in eure strahlende neue Zukunft. Denjenigen, die darauf bestehen, in diesen destruktiven Modalitäten festzustecken, wird es nicht erlaubt sein, ihren Weg weiter mit dem Planeten Erde auf seiner Reise zurück in die Freude und Schönheit höherer Reiche fortzusetzen.

Viele von euch sind ein wenig verwirrt hinsichtlich der Energien - speziell der Strahlen, die euch jetzt zugänglich sind - die ihren Weg herab zur Erde wölben. Seit Tausenden Jahren wurdet ihr von den Harmonien der „Sieben" beeinflusst: Sieben Chakren (Energiezentren), sieben Strahlen (Aspekte und Attribute des Schöpfers, übertragen und projiziert durch die Erzengel und Chohans), und sieben Ebenen und Dimensionen. Da ihr euch in die Verfeinerung und in ein erweitertes

Bewusstsein begeben habt (zusammen mit der Erde), habt ihr Zugang zu höheren Bewusstseinsebenen und Resonanzen gewonnen. Dies gestattet euch, fünf der höheren Strahlen zu integrieren, Zugang zu höheren Dimensionen zu erlangen, und höhere und mehr verfeinerte Chakren in eurem Kraftfeld zu aktivieren, wobei ihr auf eurer Reise zurück in das Kosmische Bewusstsein beginnen werdet, in den Harmonien der „Zwölf" zu schwingen.

Wir werden euch einen differenzierteren Standpunkt über die Bedeutung dieser höheren Strahlen geben und welche Wirkung sie auf euch haben. Es gibt verschiedene Theorien und Beschreibungen hinsichtlich der Attribute, Farben und Bedeutung dieser fünf höheren Strahlen. Alle sind innerhalb eines lockeren Rahmens gültig. Alle bestehen sowohl aus einer exoterischen oder materiellen Verfeinerung und Farbe, als auch aus einer spirituellen Verfeinerung und Farbe. Die Farben mancher Strahlen haben sich im Laufe der Zeitalter verändert, bedingt durch das, was zu einer bestimmten Zeit benötigt oder nicht benötigt wurde. Alle höheren Strahlen haben eine Lumineszenz, oder ein Irisieren, aufgrund der Infusion von reinem Christus-Licht von der Quelle. Diese höheren Strahlen sind viel stärker und wirksamer. In ihnen sind galaktische und kosmische Energien und eine Intelligenz verankert, und sie transformieren Charakteristika, die seit Beginn des dritten, großen Goldenen Zeitalters nicht zur Verfügung standen. Ihr müsst sie euch erwerben, Geliebte, und danach weise anwenden. Geradeso, wie das zu frühe - oder in einem zu großen Ausmaß geübte - Erwecken der Kundalini (spirituelle Energie) Beschwerden und Chaos erzeugt, so ist es auch mit diesen höheren Strahlen. Diese verfeinerten Energien aktivieren alle Unausgewogenheiten in euch, die an die Oberfläche eures Bewusstseins kommen müssen, um richtiggestellt und harmonisiert zu werden.

Ja, in diesen großen Strahlen sind Energien, welche die Seelenverschmelzung, die Verschmelzung mit eurem Höheren Selbst und schließlich mit eurer Göttlichen ICH BIN- Gegenwart erleichtern. Aber bevor dies vollbracht werden kann, müssen all die Negativität und die eingeprägten Energien freigesetzt werden, die nicht in Resonanz stehen mit diesen verfeinerten Infusionen des Christus-Lichtes. Ja, Geliebte, das ist es, was sie sind: Prismen des Christus-Lichtes, ursprünglich ausgesandt vom Schöpfer, herab durch die Elohim,

Erzengel und großen Wesenheiten des Lichtes, als Geschenke für eure Führung und als Infusionen von Liebesenergie, um euch auf eurer Reise hinaus in den Kosmos beizustehen.

Seid nicht besorgt wegen der Einbringung der richtigen Farbe. Obwohl es ein wunderbares Gefühl ist, die Feinheiten der verschiedenen Strahlen zu spüren, wenn sie durch den Körper pulsieren und ihr auf sie eingestimmt werdet. Hier gibt es keinen richtigen oder falschen Weg. Konzentriert euch statt dessen auf die Freisetzung der eingeprägten Energien und Erinnerungen aus eurem Innern. Ihr werdet nie fehlgehen, wenn ihr die Violette Flamme benützt, um die unausgewogenen Energien in euren vier niederen Körpern umzuwandeln und dann die freien Stellen mit reiner, goldweißer kristalliner Lichtsubstanz zu füllen.

Wir benutzen oft die Farben der fünf höheren Strahlen im Aktivierungs- und Heilungsprozess. Diese sind machtvolle, wunderbare Energien, aber wir möchten nicht, dass ihr in Ritualen stecken bleibt und den Zweck eurer Bemühungen vergesst. Ihr begebt euch auf eine andere Bewusstseinsebene, macht sozusagen einen riesigen Schritt vorwärts. Viele von euch werden hinauskatapultiert in die Öffentlichkeitsarena, während andere noch darum ringen, mit ihren inneren und äußeren Realitätsbildern zurechtzukommen. Geduld ist, wie immer, ein wichtiger Faktor, und gerade dann, wenn ihr glaubt, ein klares Bild von dem zu haben, was vor sich geht, macht eure Realität eine weitere schockierende Veränderung. Es ist schwierig, selbstzufrieden zu bleiben, denn es gibt nicht mehr länger einen Status quo. Ihr lebt mehrere Lebenszeiten in vielfachen Dimensionen, während ihr zur gleichen Zeit parallele Leben und Realitäten integriert und viele alte Bruchstücke von Realitätsbildern entfernt. Ist es da ein Wunder, dass ihr manchmal überlastet seid oder das Gefühl habt, nicht mehr länger zu wissen, wer ihr seid?

Eine „Seelenernte" findet jetzt statt, es ist die Zeit der Entscheidung. Alle müssen sich entscheiden, ob sie mit der Erde – die sich in höhere Dimensionen empor schraubt - voranschreiten wollen, oder ob sie die Erde verlassen und zu einer späteren Zeit zurückkehren wollen, oder ob sie sich lieber auf einen anderen Planeten der dritten Dimension begeben wollen, um dort ihre Lektionen im physischen Ausdruck zu beenden. Viele Seelen werden, als Teil ihres Vertrages und ihrer Göttlichen Aufgabe, die Wahl treffen, die irdische Ebene zu verlassen, und viele andere schöne Seelen werden Positionen der Autorität und Macht einnehmen oder sich darauf vorbereiten. Sie werden sich unaufdringlich verhalten, möglicherweise im Hintergrund bleiben bis ihre Zeit gekommen ist, hervorzutreten und sich bekannt zu machen. Sie werden dynamisch und kraftvoll sein, mit einer neuen Vision für die Menschheit – einer, die allen Menschen dienen und die Grundlage für das kommende neue Zeitalter bilden wird.

Blickt zurück über die letzten vergangenen Jahre. Was habt ihr erreicht? Wie habt ihr euch verändert? Was ist geschehen? Ihr seid nicht mehr die gleiche Person, ungeachtet dessen, wie ihr euch selbst seht. Ihr werdet eure Metamorphose mit einer sich ständig beschleunigenden Geschwindigkeitsrate fortsetzen, da euch ein atemberaubendes neues Bewusstsein, Visionen und Geschenke zuerkannt werden. Alles was ihr zu tun habt, ihr Kostbaren, ist zu erlauben, euch hinzugeben an eure Göttliche ICH BIN- Gegenwart und zum höchsten Wohle aller, so dass ihr in die perfekte Übereinstimmung mit eurer Göttlichen Blaupause/Mission gebracht werden könnt. Ihr übergebt nicht euren freien Willen, ihr bringt ihn nur in Harmonie mit dem Großen Plan des Schöpfers, der Vater-Mutter-Gottheit. Eure Erleuchtung und eure Rückkehr in die Vollkommenheit sind der Lohn, der euch erwartet, meine Geliebten.

Ich umgebe und hülle euch ein in mein schützendes Aurafeld der Liebe und des Lichtes. Ihr werdet unermesslich geliebt.
ICH BIN Erzengel Michael.

24. Erweitert eure Horizonte

Geliebte Meister, viele von euch leiden unter den schlimmen Auswirkungen der Elemente, und die Härten und Extreme der Natur werden überall verspürt. Eure physischen Gefäße scheinen in Aufruhr zu sein und ihr fühlt euch schwach und verletzbar, oder zumindest unbehaglich. Es gibt viel Gerede über den Eintritt in den Photonengürtel, über Massenlandungen und Besucher aus dem Weltraum. Ich möchte aber gerne, dass ihr euch - wenn ihr wollt - für den Augenblick auf euren „Inneren Raum" konzentriert.

Eure Erde hat sich in eine höhere Oktave verlagert, oder einen Torweg durchschritten, der zur nächsten Bewusstseinsebene führt. Man könnte sagen, dass die Erde selbst, als auch jedes lebende, fühlende Wesen an einer Art molekularer Grippe leidet - an einem Einströmen fremder Substanzen in eure Körper - höhere Energiemuster, die nicht mit euren Schwingungsfrequenzen, wie ihr sie jetzt innehabt, verträglich sind.

Ja, ganz gleich, welche Bewusstseinsebene ihr erreicht habt, ihr werdet mit höheren Frequenzen bombardiert - ihr werdet gewissermaßen gewaltsam gefüttert - so dass alle unverträglichen Energien in euch aufgerührt werden, damit sie befreit werden können. Wir haben das schon oft gesagt, aber es ist unbedingt notwendig, dass ihr es ein für alle Mal „kapiert". Ihr könnt nicht länger im Status quo verharren. Die vergangenen Jahre waren Jahre des Übergangs, des Aufbaues der Grundlage, des Ausmessens der Pflichten und Verantwortlichkeiten, der Vorbereitung für das große Debüt der neuen spirituellen Führung und der nächsten Runde der Weltereignisse.

Spirituelles Erwachen ist nicht länger der Fokus von nur wenigen. Die Menschheit als Ganzes wird aufgewühlt, und die innere Göttliche Unzufriedenheit erreicht einen Fiebergrad, der nicht länger übergangen werden kann. Es ist überall ersichtlich - sogar diejenigen, die sich sträuben und vor den neuen Paradigmen fürchten, fühlen eine unwiderstehliche Faszination für Informationen über Engel, Paranormales, Leben-nach-dem-Tod, und außerkörperliche Erlebnisse. Jede neue Philosophie, Religion oder Glaubenssystem konzentriert sich zunächst auf das Radikale, Extreme und Sensationelle, bis es sich nach und nach auf eine bequeme, akzeptabel Norm einpendelt.

Ihr habt hart und fleißig gearbeitet, meine tapferen Krieger, und ich weiß, es erweckt den Anschein, dass ihr voranschreiten und einen flüchtigen Blick auf die Schönheit und den Frieden der Zukunft werfen könnt, nur um wieder in das Chaos der Gegenwart zurückgeschleudert zu werden. Das ist der Grund, warum ich euch bitte, dass ihr euch auf euren „Inneren Raum" zu konzentriert, wenn das Weiterkommen rauer wird. Ich bitte euch, sucht das Auge des Wirbelsturms - diesen ruhigen, vollkommenen Ort in eurem Herz/Seelen-Zentrum. Zieht all die Liebe der Schöpfung an, die euer Herz fassen kann - füllt euer Wesen mit der Essenz des vollkommenen Friedens, der Schönheit und Harmonie.

Nun bitte ich euch, projiziert euer Bewusstsein nach außen, weg von euch selbst und eurem kleinen Bild der Wirklichkeit. Nehmt eine erweiterte Wahrnehmung an: stellt euch vor, falls euch dies hilft, dass ihr von einem günstigen Aussichtspunkt euer Leben und das der anderen um euch überblicken könnt, dass ihr die Möglichkeit habt, das ganze Panorama von dem zu überschauen, was von Augenblick zu Augenblick geschieht. Blickt zurück über euer Jahr, über mehrere Jahre, macht eine Inventur. Habt ihr nicht große Fortschritte gemacht? Seid ihr nicht eine viel weisere, mitfühlendere und erleuchtetere Person geworden? Könnt ihr nicht die Vollkommenheit oder zumindest die Gerechtigkeit in dem erkennen, was in der Vergangenheit geschehen ist? Seid ihr nicht stärker und weiser geworden für die Prüfungen und Tests auf eurem Weg? Betrachtet die euch Nahestehenden: sind sie vorangekommen und haben sie ihr Bewusstsein erweitert, oder stecken sie noch in der Tretmühle der Trägheit, ängstlich mit einem tunnelartigen Blick auf ihr Leben schauend?

Ihr betrachtet alles vom Brennpunkt des „Ich," als wäret ihr das Zentrum des Universums. Lasst uns den Brennpunkt verschieben, wenn ihr wollt. Beginnt damit, euch eine Zeit lang durch die Augen derer zu sehen, mit denen ihr Umgang pflegt. Seid in dieser Analyse so objektiv und ehrlich wie ihr nur könnt, es wird zu eurem Vorteil sein. Hört ihr den anderen um euch zu, hört ihr ehrlich zu, was sie sagen, oder wartet ihr nur darauf, eure nächste Sache anzubringen? Oder seid ihr ein „Nichtteilnehmer," erlaubt anderen, euch von deren Gedanken, Meinungen und Urteilen lenken zu lassen, so dass ihr die längste Zeit den Anschein erweckt, als wäret ihr eine „Nichtwesenheit?" Bietet ihr Ermutigung und Unterstützung, wann immer es euch möglich ist, oder seid ihr zu sehr in euer alltägliches Lebensdrama eingehüllt, um ein freundliches Wort oder eine zärtliche Berührung für andere bereit zu haben?

Fügt ihr einen Funken in die Atmosphäre, an die euch Umgebenden, in Konzentration auf das Positive, Freudvolle und Schöne des Augenblicks? Oder verstärkt ihr das Negative, tragt zur Unausgewogenheit, zu Konflikt oder Zwietracht um euch herum bei? Macht keinen Fehler; jeder Gedanke, jede Handlung verstärkt und vergrößert die dazu gehörige Resonanzebene, und ihr seid letztendlich der Empfänger dieser vergrößerten Energie. Ihr seid diejenigen, welche die Resultate erfahren und erleben müssen, zusammen mit jenen um euch, die ebenfalls empfänglich für diese Frequenzen sind.

Bitte, ihr Lieben, es ist so wichtig wie nie zuvor, dass ihr das beobachtet, was ihr erschafft, und dass ihr erkennt, welchen Einfluss ihr auf die euch umgebende Welt habt. Streckt ihr noch immer die Hand aus und versucht, den flüchtigen Traum vom Morgen zu erfassen, der euch Glück und Zufriedenheit bringen wird, jenen Traum, mit dem ihr von euren Medien und Marketing-Vordenkern gefüttert wurdet? Viele von euch machen mit ihrer und ihrer Kinder Erbschaft bankrott, wenn sie diesen flüchtigen Träumen nachjagen, wo doch in Wirklichkeit all das, was ihr euch wünscht, die ganze Zeit innerhalb eurer Reichweit liegt. Schaut um euch, könnt ihr nicht sehen? Besitztümer allein sind nur Dinge - Dinge, von welchen ihr glaubt, dass sie eine Aussage darüber geben, wer ihr seid: Wie wichtig, wie erfolgreich, wie mächtig ihr seid. Aber ihr betrügt niemand anderen, als euch selbst.

Dieser „Innere Raum" enthält alle Reichtümer, die ihr sucht. Ihr müsst erkennen, dass aus diesem Raum alle Reichtümer der Schöpfung entspringen, aber der erste von diesen (Reichtümern) muss die Liebe sein. Aus dieser Quelle entspringen all die Wunder, die ihr euch je wünschen könnt: Liebe für euch selbst und für alle anderen; eine Begeisterung und Leidenschaft für das Leben; ein Sinn für Mitgefühl und Toleranz, für Eintracht oder Einheit; eine Vision der Zukunft. Aber euer Fokus muss auf die Vollkommenheit des Augenblicks und die unentwegte Hingabe auf eure Aufgabe oder Bestimmung gerichtet sein, wissend, dass ihr ein unschätzbarer Teil des Ganzen seid, nicht größer oder kleiner als irgendein anderer. Ein fehlendes oder verdrehtes Teil dieses Puzzles bedeutet, dass das perfekte Bild nicht zustande gebracht werden kann.

Interessanterweise, wenn ihr beginnt, euch selbst vom Standpunkt eines anderen aus wahrzunehmen, beginnt ihr, euch selbst durch den Spiegel des Lebens reflektiert zu sehen. Durch die Jahre hindurch habt ihr unbewusst eure eigene Vorstellung der Realität in die Welt hinaus projiziert, und jetzt, mit eurem neuen Bewusstsein, beginnt ihr das zu sehen, was ihr mit euren Anschauungen und Glaubensansichten bearbeitet habt. Ihr werdet zu der Erkenntnis kommen, wenn ihr ganz ehrlich zu euch selbst seid, dass das, was euch von anderen zurückprojiziert wird, nur das ist, was ihr in der Vergangenheit nach außen projiziert habt.

Während dieses Prozesses, ihr Lieben, versucht nicht, irgendetwas als gut oder schlecht anzusehen oder zu beurteilen, seht es, wie es wirklich ist: eine Sache ausgewogener oder unausgewogener Energie. Konzentriert euch auf das, was in eurem Leben ausgeglichen und harmonisch ist, und seht, ob ihr nicht diese Energie auf die unausgeglichenen Bereiche ausdehnen könnt. Viele kleine Ego-Probleme halten euch in Situationen gefangen, die leicht gelöst werden könnten, wenn ihr euch von dem Bedürfnis des Rechtbehaltens oder der Selbstgerechtigkeit befreien könntet. Ist das den Schmerz und die Disharmonie wert?

In diesem Panoramablick über euer Leben, könnt ihr da einen sich entfaltenden Plan erkennen, einen Pfad, der vor euch auftaucht? Werdet ihr zart angestoßen, euch hinaus zu begeben aus dieser Zone der Bequemlichkeit oder aus diesen Situationen, die euch nicht länger dienlich sind? Viele von euch werden finden, dass gewisse Bereiche eures Lebens nicht länger tolerierbar sind, und dass ihr nicht länger Veränderungen verweigern könnt, die ihr zu ignorieren versucht habt. Es ist eine Zeit der Ernte, ihr Lieben, eine Zeit der Trennung des Weizens von der „Spreu.“ Dies ist auf alle Bereiche eures Lebens und das eurer Erde gleichermaßen anwendbar, und es wird sich fortsetzen, erweitern und vergrößern im weiteren Verlauf der Zeit. Dies ist das Chaos, das ihr erlebt, wenn ihr dem Prozess Widerstand leistet, oder es ist die Freude, die ihr fühlt, wenn ihr euch erlaubt, „mit dem Strom zu schwimmen.“

Die Wetterkapriolen, die ihr erlebt, werden im Verlauf der nächsten Jahre sogar noch extremer und radikaler werden, wenn sich die Erde an die neuen Frequenzmuster anpasst. Wie vorhergesagt wurde, gibt es Wüstenregionen, in denen ein neues Wachstum zu erblühen beginnt, das sich schließlich zu üppigen subtropischen Gärten von großer Schönheit entwickeln wird. Viele der Nahrungsmittel produzierenden Gebiete der Welt sind in Bedrängnis, bald zu schlafendem Land oder Brachland zu werden, da das Land nach Ruhe sucht und sich regenerieren möchte. Die Wanderung der Menschheit hat bereits begonnen, und die Völker der Erde werden sich im Laufe der Zeit immer mehr vermischen, sowohl in Rassen, Farben und Religionen. Wenn ihr von Kataklysmen oder Tragödien hört, ob nun in eurer Gegend oder rund um die Welt, seht ihr dann nur die negativen Aspekte und fühlt euch hilflos, ärgerlich oder aufgebracht, oder könnt ihr beginnen, die höheren, erweiterten Perspektiven anzunehmen? Es ist alles Teil des großen Schemas der Dinge, und aus allem Ungemach erwachsen Wunder und ein gutes Schicksal für diejenigen, die weitblickend sind. Bietet Hilfe an auf jede Weise, die euch möglich ist, aber ebenso wichtig ist, Energie der Liebe und Gedanken des Wohlbefindens, des Friedens und der Freude an diejenigen zu senden, die in Not sind.

Viele von euch werden am Rande kataklysmischer Ereignisse platziert sein, nicht direkt darin involviert, aber nahe genug, so dass ihr eure machtvolle liebende Gegenwart als eine stabilisierende Kraft einsetzen und beispielgebend sein könnt für diejenigen, die Führung und positive Stärkung benötigen. Ist es nicht wunderbar, wie meistens Tragödien das Beste in jenen hervorrufen, die darin verwickelt sind? Charaktereigenschaften, Fähigkeiten und Talente kommen zum Vorschein, die ansonsten nie zutage treten würden.

Ich werde euch nicht sagen, dass die kommenden Jahre das friedliche Paradies sein werden, nach dem ihr euch sehnt. Nein. Jetzt noch nicht, ihr Geliebten. Aber ich will euch versprechen, dass, wenn ihr euch mit mir in dieser erweiterten Sichtweise des Lebens und der Welt verbindet, es dann für euch viel leichter und aufregender sein wird, und ihr ein größeres Verständnis für das Wirken des Universellen Geistes haben werdet. Je weniger ihr die Dinge als negativ oder schlecht betrachtet – je mehr ihr alles, was immer geschieht, als Teil des Prozesses, als etwas,

was erfahren oder gelernt werden muss, anseht, desto näher seid ihr der Betrachtungsweise des Lebens auf Erden durch unsere Augen.

Ihr beginnt die große Liebe zu fühlen, die ich für jeden von euch empfinde. Ihr kommt zu der Erkenntnis, dass ICH immer bei euch BIN; aber wollt ihr mir erlauben, dass ich eine aktivere Rolle in eurem Leben spiele - euch auf eurer Reise führe, helfe und unterstütze? Ich werde mich mit euch in diesem „Heiligen Inneren Raum" verbinden, wenn ihr das wünscht. Alles was ihr tun müsst, ist, darum zu bitten.
ICH BIN Erzengel Michael.

25. Rückforderung Eurer Seelenmacht

Geliebte Meister, Ich grüße euch an diesem herrlichen Tag und sende euch durch diese Übermittlerin große Wellen liebevoller Energie und Worte der Ermutigung, um euch in diesen wundersamen Zeiten der Umwandlung beizustehen.

Viele von euch denken: „Für mich scheinen sie nicht so wundersam. Was mache ich falsch? Ich bin nicht würdig genug, weiter zu gehen, einen Grad zu erlangen und erleuchtet zu werden, wie Du es versprochen hast. Werde ich zurückgelassen? Warum scheint meine Welt so chaotisch, so voller Aufruhr? Wo ist der Friede und die Freude, von denen Du sagst, sie stünden unmittelbar bevor?"

Lasst mich euren Geist erleichtern und euch helfen, den Prozess zu verstehen. Ihr werdet nicht versagen. Ihr seid exakt dort, wo ihr sein sollt - ihr seid vollkommen auf dem richtigen Weg – ihr habt all die Hilfe, die ihr braucht, und all die Antworten auf eure Probleme, wenn ihr nur eurem Seelen-Selbst erlaubt, die Macht und Kontrolle über eure Ego-Selbst zu übernehmen.

Furcht/Angst ist euer größter Feind, ihr Lieben: Angst vor Versagen, die Angst, unwürdig zu sein, die Angst, nicht geliebt oder anerkannt zu werden, die Angst vor der dunklen Seite und der Negativität, von der ihr glaubt, dass sie die Welt regiert, und die Angst vor dem Unbekannten. Angst ist die Abwesenheit von Weisheit und Liebe zu sich selbst. Durch Angst und Einschüchterung wurdet ihr Jahrtausende lang kontrolliert und versklavt. Es ist Zeit, wieder eure Souveränität und Herrschaft über euer Schicksal zu übernehmen. Ihr mögt wünschen, träumen, hoffen und euch alles das vorstellen, was ihr wollt, aber wenn ihr nicht beginnt, eure SEELENMACHT zurückzufordern, indem ihr die Gaben, die euch vom Schöpfer und durch eure Göttliche ICH BIN-Gegenwart angeboten werden, annehmt, wird nichts von euren Träumen und Sehnsüchten in Erfüllung gehen.

Erinnert euch an das, was wir euch immer und immer wieder gesagt haben: Stellt euch mental eure größten Träume, Hoffnungen und Wünsche vor; fügt die Erregung eurer Emotionen hinzu, so, als ob eure Visionen sich bereits manifestiert haben; übergebt eure Träume an euer

Höheres Selbst für das höchste und beste Ergebnis, und dann handelt so, wie ihr angeleitet werdet. Dies sind die fundamentalen Regeln der Manifestation, und ihr müsst euch sicher sein, dass ihr jeden Teil der Formel einbezieht, um erfolgreich zu sein.

Ich möchte auch gerne euren Geist entlasten und ein anderes populäres Missverständnis aufklären. Viele von euch haben das Gefühl, sie können nicht all die irdischen Freuden der materiellen Welt erleben und genießen und gleichzeitig spirituell sein oder „aufsteigen." Nichts könnte weiter von der Wahrheit entfernt sein. Ihr kamt im Geist (Spirit) als Mitschöpfer der Erde. Dann habt ihr einen physischen Körper entworfen und angenommen, damit ihr all die Sinneseindrücke der physischen Welt erleben konntet. Ihr habt mitgeholfen, einen höchst wundersamen Körper zu erschaffen, der die Fähigkeit hat, tausend verschiedene Gefühle zu registrieren und zu erleben. Nun versucht ihr, entweder euch das Vergnügen körperlicher Sinneseindrücke zu verweigern, oder ihr werdet total versklavt und süchtig nach den Vergnügungen des Fleisches.

Der Mittelweg oder das Maßhalten ist die Antwort, ihr Lieben, und eure Auffassung oder Überzeugung über das, was richtig oder falsch ist. Ihr habt gehört - und das ist wahr, dass die Erde eine Schule ist, und dass ihr hier seid, um die Lektionen über die Materielle Ebene zu lernen. Erwartet ihr von einem kleinen Volksschüler, dass er das gleiche kann oder weiß, was ein Schüler der Oberstufe oder ein Hochschulstudent weiß? Betrachtet ihr den kleine Schüler als geringer oder minderwertiger als einen Studenten von höheren Graden? Sicher nicht. Erwartungsvoll behandelt ihr ihn mit Geduld, Güte und Toleranz, wissend, dass sein Bewusstsein und seine Erfahrung sich mit der Zeit erweitern und wachsen wird.

Das Gleiche gilt für die Angelegenheiten des Spirit. Niemand von euch, die ihr in Resonanz zu meinen Botschaften steht, ist Novize oder Anfänger im Spiel des Lebens auf der Erde. Ihr steht nur auf verschiedenen Stufen und Ebenen des Bewusstseins. Ihr müsst jede Stufe und Facette des Lebens auf der Erde durchlaufen und erleben, und ihr sollt nicht euch selbst noch andere nach irgendwelchen starren Formeln oder Regeln beurteilen.

Ihr habt die Freiheit des Spirit in vielen vergangenen Zeitaltern erlebt, in Übereinstimmung mit der Natur und eurer Mutter Erde – habt vom Land gelebt, jagend und sammelnd für euren Lebensunterhalt und euer Obdach. Ihr habt in erbärmlicher Armut und in üppigem Prunk gelebt, aber viele von euch haben in ihrem Bewusstsein nicht die Wirklichkeit erkannt, dass nämlich all die Schönheit, Freizügigkeit und Fülle des Universums euer ist, wenn ihr darum bittet und sie annehmt. Das Geheimnis dabei ist, dass ihr euch würdig fühlen und eure Geschenke und Gaben leicht in euren Händen halten müsst, ihnen erlauben müsst, fortzufließen, sodass sie beständig wieder ergänzt werden können. So, meine Lieben, urteilt nicht über diejenigen, die anscheinend „alles haben," oder über diejenigen, denen sogar ihr magerer Besitz immer und immer wieder weggenommen wird. Sie erfahren bloß die entgegengesetzte Seite der gleichen Lektion.

Ihr werdet schließlich alles bekommen, wenn ihr euch aller Geschenke Gottes für würdig fühlt, aber gewillt seid, alles und jedes, zum höchsten und besten Wohle aller, dem Göttlich Plan zu überlassen. Könnt ihr nicht die absolute Wahrheit akzeptieren: Euer Vater/Mutter-Gott wünscht nur das wunderbarste, vollkommenste Leben für euch, das mit Schönheit, Friede und Liebe erfüllt ist?

Also baut euer kleines Paradies, meine Geliebten. Erschafft eure Version des Himmels auf Erden, teilt sie mit und zeigt anderen, wie ihr es gemacht habt. Erlaubt ihnen, den Frieden und die Schönheit eurer Schöpfung zu erfahren, damit sie wissen, dass es möglich ist. Und dann helft ihnen, das Gleiche zu tun: baut es, genießt es, teilt es mit und gebt es weiter. Das ist die Art und Weise, wie eure Erde sich nach und nach zurückverwandeln wird in den schönen Garten von E-Don.

Wir haben oft über euren Körper gesprochen und eure Liebe/Hass-Beziehung zu eurem physischen Gefäß. Tief eingegraben in eurem Gedächtnis ist das Bild von der Schönheit und Vollkommenheit der Form, die ihr erfuhrt, als ihr zum ersten Mal auf der Erde wart. Viele von euch sind davon besessen, diese Vollkommenheit wieder zu erlangen, und euer Selbstbild und das Gefühl des Selbstwertes sind gebunden an diese Vorstellung, eine jugendliche, vollkommene Form zu haben. Ihr seid nicht euer Körper, er ist nur einer der vielen Gefäße, die zu erfahren ihr ausgewählt habt, und er wird zu Staub zurückkehren, wenn sich euer

Spirit losgelöst wieder zurück in die höheren Dimensionen begibt. Ihr werdet einen anderen Körper wählen, wenn ihr wieder in die Erdenschule zurückkehrt, und er wird vermutlich sehr verschieden sein, so dass ihr eine Vielfalt an Formen erfahren könnt. Viele wunderbare alte Seelen bewohnen verkrüppelte, deformierte Körper (die sie vor ihrer Inkarnation auswählten, um eine bestimmte Lektion zu lernen). Es gibt viele, die wunderschöne, fast perfekte Körper haben, aber im Geiste seicht und fehlgeleitet sind - auch sie erleben eine andersgeartete Ausdrucksfacette.

Ich sage euch, ihr habt die Lektionen gewählt, die ihr in diesem Leben erfahrt. Ihr wähltet den Körper und die Unvollkommenheiten, welche ihr manifestiert habt, damit ihr sie überwinden oder das in Harmonie bringen könnt, was in eurem Aurafeld unausgeglichen ist. Ihr tragt die Erinnerung an all eure Erfolge und Fehlschläge kodiert in eurem ätherischen Körper, und dort werden sie bleiben bis ihr sie, durch bewusstes Wahrnehmen und Wünschen, zurückbringt in die Harmonie und Ausgeglichenheit mit Spirit.

Ihr blickt mit Neid auf diejenigen, von denen ihr euch einbildet, sie seien weiter fortgeschritten oder mehr erleuchtet als ihr, aber sie sind nicht besser als ihr, Geliebte. Es wird immer solche geben, die auf dem Weg ein wenig voraus sind, aber gleichwohl auch solche, die hinter euch nachfolgen. Ihr könnt überaus glücklich sein in dieser Zeit des großen Wandels, denn viele wundersame Lichtwesen haben gewählt, hier auf der Erde zu sein, um die Menschheit zu führen und zu unterstützen. Sie sind überdies hier, um das auszugleichen und zu harmonisieren, was korrigiert werden muss, sodass auch sie auf dem Aufstiegspfad voranschreiten können. Sie sind eure Vorbilder und Lehrer und sind hier, um euch den Weg zu ebnen, wenn ihr ihnen das erlauben wollt. Sie haben den gleichen Weg beschritten wie ihr und haben die gleichen Ängste, Zweifel und Qualen durchgemacht, aber sie hatten nicht die Weisheit oder Führung, die euch geboten wird.

Die Zeit ist sehr wichtig, und wir haben jede Anstrengung unternommen, um euch in dieser beschleunigten Metamorphose beizustehen. Es ist unser größter Wunsch, dass so viele von euch wie nur möglich fähig sein mögen, zusammen mit Mutter Erde aus der dritten Dimension, durch die vierte, in die fünfte Dimension hinüberzuwechseln. Aber das bedeutet nicht, dass ihr auf eure irdischen Erfahrungen oder Lektionen verzichten oder ihnen den Rücken zukehren müsst. Macht es euch zum Ziel, eure emotionale Natur auszugleichen, indem ihr die Berg-und-Tal-Bahn eurer Emotionen, die ihr alltäglich erlebt, eliminiert. Seid Beobachter und erlaubt eurem Höheren Selbst, euch zu helfen, indem es die Balance und Harmonie des Spirit in euer Leben bringt.

Beginnt Geisteskontrolle zu üben, oder den Prozess der Kontrolle und Beobachtung eurer Gedanken. Beseitigt den Ärger und die Sorgen, die bei den meisten von euch das Denken beherrschen. Benützt Affirmationen, um mit dem Prozess der Neuprogrammierung eures Unterbewusstseins zu beginnen, und diszipliniert eure Gedankenprozesse, bis es zu einer automatischen Gewohnheit wird.

Erlaubt euch selbst, jeden Tag etwas Freudvolles zu erleben. Beschenkt euch selbst, egal wie klein oder einfach es sein mag. Bestaunt eine schöne Wolkenformation oder lauscht einer sanften leisen Musik. Nehmt ein warmes wohlriechendes Bad und beruhigt euren Körper mit duftendem Öl. Lest einen inspirierenden Text oder greift mit eurem Bewusstsein nach oben und berührt einen Engel. Behandelt euch als den kostbaren Besitz, der ihr seid. Erlaubt der vornehmen Anmut eures Spirit hervorzutreten, wenn auch nur für einen Augenblick. Das Wunder und die Schönheit dessen, der ihr wirklich seid, mag euch überraschen. Wir wissen und sehen es; warum könnt ihr es nicht?

Seht bitte die Wunder und Schönheiten eurer Welt, und nehmt an allem teil, was sie zu bieten hat. Malt euch eure Träume aus, manifestiert sie, erlebt sie in vollem Ausmaß und teilt sie mit anderen. Genießt eure Beziehungen, indem ihr euch selbst so sehr liebt, dass eure Liebe hinausschwingt und alle anderen um euch umgibt und einhüllt. Erfreut euch an eurer Einmaligkeit und erlaubt anderen, das Gleiche zu tun. Wisst, dass ihr niemanden besitzen könnt, ihr könnt nur Liebe verteilen.

Wenn etwas geschieht, das schmerzlich oder stressig ist, dann sagt zu euch selbst: „Das ist eine Prüfung, und ich werde sie bestehen." Seht nur ein positives Ergebnis und wisst, dass ihr die Kraft und Energie der Engel hinter und neben euch habt. Ihr seid in kurzer Zeit so weit gekommen, meine tapferen Krieger. Verzweifelt nicht und gebt nicht auf. Nehmt jeden Augenblick, wie er kommt - vervollkommnet diesen Augenblick und lebt ihn nach bestem Wissen. Dieser perfekte Augenblick wird dann zu einer perfekten Minute, welche zu einem perfekten Tag wird, bis ihr bald darauf beginnt, die Glückseligkeit und Freude der Harmonie mit Spirit zu erfahren. Das ist es, um was es sich beim „Aufstieg" handelt: ein Gedanke, eine Tat, ein Ausdruck der Liebe und Harmonie zu gleicher Zeit. Ich habe über den Ersten Göttlichen Strahl von Wille und Macht gesprochen, und wie er nach und nach wieder durch diejenigen in die Erde eingeführt wird, die bereit und fähig sind, dieses wundersame Geschenk zum Wohle aller anzuwenden. Es ist nicht von Bedeutung, auf welcher Ebene ihr euch gegenwärtig zum Ausdruck bringt oder eure Erfahrungen sammelt. Ihr müsst wieder eure SEELEN(SOLARE)MACHT annehmen. Dies ist der Anfang der Wiedereingliederung der Tugenden und Attribute, die euch gegeben wurden, bevor ihr auf die Erde kamt - viele davon habt ihr aus Furcht abgegeben, oder sie wurden euch wegen Missbrauchs entzogen. Noch einmal, ihr müsst zu Kriegern des Lichts werden, die Verantwortungen und Gaben annehmen, die ihr braucht, um eure Aufgaben zu erfüllen.

Wir beobachten sorgfältig euren Fortschritt im Umwandlungsprozess, und so schnell wie ihr euch selbst in Harmonie bringt in jedwedem Bereich eurer Bemühungen, beginnen wir, zu euren Stärken, Talenten und eurer Macht beizutragen, oder sie zu erhöhen. Wir sind in diesem großen Experiment vereint, Geliebte. Eure Triumphe sind unsere, aber wir sehen eure Fehlschläge nicht so, wie ihr sie seht; wir sehen sie als Schritte auf dem Weg zum Erfolg. Bitte wisst, ihr schönen Freunde, ihr werdet nicht verurteilt. Ihr werdet nicht bestraft, ihr werdet auch nicht versagen.

Ich segne euch und liebe euch aus meinem tiefsten Sein. Bitte, wollt ihr euch nicht selbst in gleicher Weise lieben?
ICH BIN Erzengel Michael

26. Ihr entwickelt euch in einen Zustand des „Seins"

Geliebte Meister des Lichts, nehmt euch bitte einen Augenblick Zeit für eine Bestandsaufnahme darüber, für wen ihr euch haltet, und für eine objektive Beobachtung der Welt, die ihr um euch errichtet habt. Ist es eine Realität, die den Anschein erweckt, als ob ihr von ihr kontrolliert werdet, statt dass ihr sie kontrolliert? Ist es eine Welt, auf die ihr reagiert statt agiert, in der eure physischen Sinne und Wünsche vorherrschen und Priorität einnehmen, und wo ihr anscheinend von den Launen des Schicksals herumgeworfen werdet? Wenn ihr eine dieser Fragen bejahen müsst, ist es dann ein Wunder, dass ihr euch so frustriert und unzufrieden fühlt?

Niemand und nichts kann sich dem Einfluss oder dem Druck der Göttlichen Energie entziehen, die aus dem Herzzentrum der Galaxis hervorströmt. Ihr könnt euch nicht vor ihr verstecken. Ihr könnt sie nicht ignorieren - sie ist zu kraftvoll und durchdringend geworden. Diejenigen, die dieses Geschenk ignorieren, werden feststellen, dass sich ihre negativen Gedanken und Emotionen vergrößert und intensiviert haben - fast so, als ob sie diese Energien nach innen auf sich selbst richten. Selbstzerstörerische Impulse sind jetzt unter den Menschen der Welt mehr verbreitet, wie ihr gewiss schon beobachtet habt. Der Grund dafür ist, dass alle angeregt werden, eine Entscheidung zu treffen: diesen kosmischen Einfluss als ein Geschenk zu akzeptieren und damit zu arbeiten, zu beginnen, den eingeprägten negativen Energien in ihrem Wesen zu erlauben, aktiviert, aufgerührt und zurück in die neutrale Lichtsubstanz befreit zu werden.

Freier Wille war noch nie so gültig wie jetzt. Denn bei denjenigen, die nicht mit diesen Impulsen oder Energien in positiver Weise arbeiten wollen, oder sie ignorieren, wird alle Negativität in ihren physischen, mentalen, emotionalen und ätherischen Körpern aufgewühlt, aber statt sie zu befreien und umzuwandeln, werden sie im Inneren wie im Äußeren Chaos erleben. Das wird sich als Krankheit, als rätselhafte Symptome, die nicht diagnostiziert werden können, als Depression, großer Ärger, Frustration und, in extremen Fällen, als Gewaltakte manifestieren, die durch diese Energien hervorgebracht und entweder nach außen gegen andere, oder nach innen gegen sich selbst gerichtet werden.

Ich sprach kürzlich über die feindlichen Energien, auf die sich heute so viele konzentrieren. Um dies ein bisschen ausführlicher zu erklären, wisst, dass solche Situationen in eure Aufmerksamkeit gebracht werden, damit ihr alle negativen Erinnerungen oder Einprägungen aus eurem Inneren loslassen könnt, die mit diesen niederen Schwingungen in Resonanz stehen. Wenn ihr plötzlich, scheinbar wie aus heiterem Himmel, vor einer Situation steht, in welcher jemand versucht, euch zu beherrschen oder zu kontrollieren, oder jemand in eurem Leben scheinbar sein Verhalten plötzlich radikal verändert hat, betrachtet es als ein Geschenk. Viele von euch werden sagen: „Was habe ich getan, dass ich das an mich gezogen habe?" Und ihr werdet Gefühle der Angst oder Schuld aufkommen lassen.

Erlaubt mir, euren Geist zu erleichtern, Geliebte. Wenn ihr wollt, werdet zum Beobachter, wenn irgendeine dieser Situationen in euer Bewusstsein tritt. Wenn ihr nicht eine defensive oder feindliche Haltung einnehmt; wenn ihr fest in eurer Integrität steht und eure spirituelle Wahrheit sprecht, wie ihr sie ohne Kritik oder dem Bedürfnis, im Gegenzug zu herrschen oder zu kontrollieren wahrnehmt; wenn ihr euch auf das Christus-Zentrum dieser Person (ungeachtet wie schwach) und nicht auf ihre negativen Attribute konzentriert; und wenn ihr ihre Ansichten zulasst, aber sie nicht als die euren annehmt, und einfach über das Ereignis hinweggeht und nicht erlaubt, dass es euch in irgendeiner Weise beeindruckt - dann habt ihr die Prüfung bestanden.

Seid Selbst-bestimmt, nicht aggressiv; lernt Grenzen zu setzen für euch selbst und für andere. Werdet auf Liebe fokussiert und mitfühlend, aber erlaubt anderen nicht, euch zu beherrschen, zu kontrollieren oder zu schwächen. Diese feindlichen Dramen stellen sich selbst dar, so dass ihr, ein für allemal, nachdrücklich die Kontrolle über euer eigenes Schicksal übernehmen werdet, ohne gegen das Schicksal oder Selbsterwachen anderer zu verstoßen. Jedoch, wenn ihr in das Drama verfangen werdet und glaubt, reagieren zu müssen, indem ihr die alte Haltung der Selbstverteidigung annehmt, oder die Notwendigkeit verspürt, eine Gegenoffensive zu starten, dann werdet ihr wissen, dass noch immer aktive Energien in eurem Wesen sind, die herausgesucht und umgewandelt werden müssen. Als ein spiritueller Krieger werdet ihr seelendiszipliniert, selbstsicher und ohne Täuschung sein.

Viele von euch, die Kontakt zu anderen auf dem Weg haben, sei es durch Beratung oder in Interessensgemeinschaft, werden sich des gegenwärtigen Geschehens bewusst. Wellen des Bewusstseins spülen ständig über eure Erde - spezifische Energiefrequenzen (nicht bloß wahllose Einflüsse) werden über die vielen Strahlen und Unterstrahlen auf euch projiziert, welche zielgerichtete Energiekombinationen mit sich tragen, die mit vielen Bewusstseinsebenen zu tun haben, sowohl mental wie emotional. Wenn ein Fokus auf einen bestimmten Strahl oder Strahlenkombination gerichtet ist, erzeugt dies einen sehr einzigartigen Zufluss, für den jeder von euch empfänglich ist. Ihr werdet beeinflusst und reagiert auf diese speziellen Energieinfusionen in Übereinstimmung mit eurer Ebene der Harmonie oder Disharmonie.

Das ist der Grund, warum anscheinend so viele von euch zur gleichen Zeit die gleichen Situationen, die gleichen emotionalen Energien, den gleichen Bewusstseinszustand oder Tumult erleben. Diejenigen von euch, die in Harmonie mit anderen leben, empfangen die wohltuenden Energien der Ausgeglichenheit und Freude, die aufgenommen und in den ätherischen Körper der Erde hinausprojiziert werden. Diejenigen, die auf die Infusionen negativ reagieren, projizieren sie auch nach außen, aber in die astralen Ebenen, wo sie verstärkt und von anderen mit ähnlichen Schwingungsfrequenzen aufgenommen werden. Könnt ihr erkennen, warum jetzt eine große Trennung geschieht zwischen denjenigen, die dem Licht und vereinten Bewusstsein zustreben und denjenigen, die immer mehr und mehr in die schmerzhafte Illusion von Trennung, Angst, Schuld und Leid verstrickt werden?

Sehr bald werde ich mehr über die Anwendung des Ersten Göttlichen Strahles von Wille, Macht und Wahrheit sprechen - dem Strahl der ersten Ursache - dem Willen, zu erschaffen. Jedoch jetzt, zu dieser Zeit, bitte ich euch, konzentriert euch auf die Freisetzung aller restlichen Energien aus eurem Inneren, die euch vom Empfang dieses Göttlichen Geschenks zurückhalten. Geliebte, bitte trennt euch von dem Bedürfnis, andere zu kontrollieren oder zu beherrschen, sei es durch Überredung oder durch aggressivere Mittel. Eure Wahrheit ist allein die eure, und ihr müsst ein für allemal das Bedürfnis loslassen, andere verändern zu wollen, sie so zu beeinflussen oder „neu" zu machen, dass sie in das Bild eurer Realität passen.

Paradoxerweise, während dies eine große Zeit des Zusammenkommens ist, eine Zeit des Einheits-Bewusstseins, eine Zeit der Erinnerung an die „Einheit“, ist es auch eine sehr private, individuelle Zeit der Transformation, des Wachstums und der Rückforderung all der Myriaden Teile eures Selbst'. Es ist wichtiger denn je zuvor, dass ihr, mit Hilfe eures Göttlichen Selbst, die Vergebung und Lösung aller durch euch und gegen euch in der Vergangenheit begangenen Verletzungen und Übertretungen sucht. Es ist ganz einfach ein Sich-Nach-Innen-Wenden und dem Göttlichen Selbst zu erlauben, heilende Energien zu jeder Seite zu senden, während ihr alle Energien, die ihr ausgesendet habt, zurückfordert, und alle Abkommen aufhebt, die ihr (in der Vergangenheit, Gegenwart und Zukunft) gemacht habt.

Es ist Zeit, alle Fragmente eures Seelen-Selbst zurückzufordern, und ebenso ist es Zeit, euch selbst und allen anderen zu vergeben. Ihr seid nicht böse oder schlimm, ihr Lieben (und ihr seid es nie gewesen), ihr habt bloß die Vollkommenheit eures eigenen Göttlichen Selbst unterschritten (was die wahre Interpretation von „Sünde“ ist.) Gab es nicht Tage, an denen ihr fühltet, dass mit der Welt alles in Ordnung ist, und ihr mit euch selbst und euren Leistungen höchst zufrieden wart? Lasst dieses Gefühl wieder lebendig werden und macht es zur Norm statt zur Ausnahme. Wenn ihr euch auf das fokussiert, was an euch „richtig“ ist, und ebenso auf das, was an anderen richtig, liebenswert und wertvoll ist, werdet ihr eure Aufmerksamkeit von dem, was schlecht, böse oder begrenzend ist, abwälzen, und damit das Positive statt dem Negativen bekräftigen.

Es ist wahr, irrt euch nicht, Energien der Liebe, Hingabe, Freude, Wahrheit und Dankbarkeit sind Nahrung für die Engel und Lichtwesen. Energien von Hass, Furcht, Schuld, Kontrolle, Verzweiflung, Rache und Vorherrschaft sind Nahrung für die negativen Kräfte auf der Erde und darüber hinaus. Welchen verhelft ihr zur Manifestation, meine kostbaren Freunde?

Ich bitte euch, ihr Lieben, erlaubt uns von den höheren Reichen, mit euch, während dieser Zeiten des großen Übergangs, intensivst zusammenzuarbeiten. Seid empfänglich für unsere Anstöße und erlaubt eurem bewussten Geist, die Visionen, die wir auf euch zu projizieren versuchen, anzunehmen. Es ist unerlässlich, dass ihr jene Energien aus eurem Kraftfeld loslasst, die euch festgesteckt halten, die euch zurückhalten vom Voranschreiten auf die nächste Bewusstseinsebene. Ist euer Ego wichtiger als eure Göttlichkeit? Ist es der Stolz, der euch zurückhält, euch selbst zu begegnen und euch mit jenen Bereichen zu konfrontieren, die der Korrektur bedürfen? Vergleicht ihr euch noch immer mit anderen - fühlt ihr euch schuldig oder unzulänglich, wenn ihr zurückbleibt, oder fühlt ihr euch überlegen oder selbstgefällig, wenn ihr weiter fortgeschritten seid?

Ihr Kostbaren, wahre Meister brauchen nicht ihre Meisterschaft vor anderen zu demonstrieren, sie leben sie. Sie brauchen nicht ihre Bewusstseinsebene in Worten zu beschreiben, sie strahlen sie aus. Sie gehen liebevoll und ruhig ihrer Mission und ihrer Arbeit nach, hinterlassen Liebe, Wissen und Worte der Ermächtigung. Oh, sie können sehr sichtbar sein, wenn das ihre Aufgabe ist, aber sie sind immer bescheiden, geduldig, tolerant und stets bereit, Worte der Liebe und Ermutigung zu spenden, wo immer sie gehen. An ihren Taten werdet ihr sie erkennen. Durch ihre Handlungen demonstrieren sie ihre Macht und Reinheit.

Auch ihr seid Lehrer, wisst ihr. Ja, in der Tat, jeder von euch. Jeden Tag lehrt ihr durch euer Beispiel, durch eure Handlungen und durch jedes eurer Worte. Ihr lehrt indem ihr lernt, ihr empfangt indem ihr gebt - ihr braucht nicht zu warten, bis ihr bereit oder vollkommen seid. Jetzt und jederzeit müsst ihr eure spirituelle Wahrheit und Wachheit leben, zu jeder Gelegenheit. Jeder Tag ist eine Lektion, eine Zeit der Prüfung, vielleicht subtil, vielleicht mit Nachdruck, aber wenn ihr eingestimmt werdet auf den Spirit und zu dem werdet, was wir eine „lebendige Meditation" nennen, werdet ihr immer die Beobachter sein, immer alles unter Kontrolle haben. Ihr sammelt die Weisheit aus einer Situation, ohne von Ursache und Wirkung eingefangen zu werden. Ihr handelt nicht aus einem Impuls oder re-agiert auf eine Situation; ihr erschafft das beste Ergebnis für euch selbst und die anderen. Ihr sprecht ruhig mit Urteilsvermögen, und ihr haltet euch an euren eigenen Rat, wenn es angebracht ist, ohne eine Situation aufrecht zu erhalten, die eurer Aufmerksamkeit nicht wert ist.

Seid kühn genug, die gegenwärtigen Grenzen zu überschreiten, hinaus in die Fülle von Spirit und Meisterschaft. Die nächsten 10 Jahre werden

Jahre der Wunder für diejenigen sein, die vorbereitet sind, bereit, von einem Fokus der Ermächtigung, der Liebe und des selbstlosen Dienens aus zu funktionieren und tätig zu sein. Jetzt ist eine Zeit des „Werdens," ihr Lieben, sodass ihr bald bereit sein werdet, in jenen Zustand des SEINS einzutreten, wo ihr als Meister schwingen, leben und funktionieren werdet. Ihr werdet euren Fokus abwenden von euch selbst, denn ihr werdet die Fülle und Strahlung des wahren Geistes sein, beständig ergänzt und versorgt mit allen gesegneten Dingen. Das ist euer Ziel, meine geliebten Krieger, damit wir wieder zusammenarbeiten, wie wir es in der Vergangenheit taten, den Garten von E-Don - den Himmel auf Erden neu erschaffen, wo wir miteinander kommunizieren und die Früchte unserer Arbeit genießen werden.

Ich umhülle euch mit einem aurischen Feld der Liebe und des Schutzes.
ICH BIN Erzengel Michael.

27. Beendigungen und Anfänge

Geliebte Meister, bitte nehmt euch einen Augenblick Zeit, euren Geist zu beruhigen, und findet eine stille Ecke oder geht in eure Heiligtümer, so dass wir in unserem Beisammensein nicht gestört werden. Ich schätze die Zeit unseres Zusammenseins geradeso wie ihr, denn ich fühle, dass auch ihr sie schätzt, und ich wünsche mir, dass ich so real für euch werde, dass ihr das Gefühl habt, wir sitzen zusammen, kommunizieren, wirken aufeinander ein, bringen gegenseitig unsere großen Gefühle der Liebe zum Ausdruck, schwelgen in der beglückenden Wiedervereinigung des Spirit, die auf allen Ebenen des Bewusstseins stattfindet.

Eine neue Ära tritt am Horizont in Erscheinung, und viele wichtige Zeitzyklen und vorhergesagte Ereignisse erreichen ihren Höhepunkt. Ihr beginnt nur jetzt zu begreifen, wie massiv und gewaltig, wie allumfassend diese spiralenförmige Aufwärtsbewegung des Kosmos und all ihrer Folgen ist. Wir haben diesem Experiment auf dem Planeten Erde erlaubt, in diesen vielen Äonen seinen eigenen Verlauf zu nehmen, haben der Menschheit durch das Geschenk des freien Willens erlaubt, verheerend zu wirken und Verwüstung auf die Erde und all ihre Bewohner zu bringen, aber nun ist die Zeit der Fürsprache gekommen. Es ist eine Göttliche Regelung und unverzichtbar, wenn ihr euch dem Marsch aller Schöpfung anschließt, die nun mit ihrer Aufwärtsreise zurück zur Vollkommenheit beginnt.

Viele haben über das zweite Kommen Christi gesprochen, und wir haben euch schon vordem die wahre Bedeutung dieses Begriffs erklärt: es ist die Strahlung oder Projektion der reinen Liebe/Lichtschwingung vom Herzen des Höchsten Schöpfers. Durch die Zeitalter herab gab es viele wundersame Wesen, die auf die Erde kamen und eine große Menge dieses Göttlichen Lichtes brachten, um der Menschheit den Weg zu zeigen und„Leuchttürme" und Beispiel für sie zu sein. Nun seid ihr an der Reihe, Christus-Wesen zu werden. Das zweite Kommen wird euer großes Ereignis sein, eure Wendung zur Rückforderung eurer Göttlichkeit.

Viele von euch haben das erlebt, was man als den Kreuzigungsprozess bezeichnen könnte, die dunkle Nacht der Seele, als ihr euch schmerzlich und mühevoll von all dem getrennt habt, was euch in der dreidimensionalen Illusion gefangen hielt. Doch all das, dem ihr unterworfen und das ihr auf eurer Reise zur Erleuchtung erfahren habt, war - das müsst ihr zugeben nur ein kleines Opfer im Vergleich zu dem, was einige eurer geliebten Avatare zu erleben hatten. Ihr braucht nicht auf einem Kreuz zu hängen, aber ihr werdet eine Säule und ein Kreuz des Lichtes in euren Körper integrieren, das euch zurück transformiert in eure strahlende Vollkommenheit. Ihr braucht nicht an Händen und Füßen durchnagelt zu werden, aber wenn ihr bereit und willens seid, werde ich eure Hände und Füße mit diamantkristallenen Lichtpyramiden durchbohren, sodass ihr, wo immer ihr geht, eure Fußabdrücke des Lichts hinterlasst, und was immer ihr berührt, von heilendem Christuslicht durchdrungen sein wird. Erlaubt dem Licht der Göttlichen Liebe aus euren Augen zu strahlen, Geliebte, und sprecht immer Worte der Wahrheit und des Mitgefühls. Werdet stark in eurer Integrität, meisterhaft in eurer Weisheit und dynamisch in eurem Handeln. Dies sind die Charakteristiken und Eigenschaften eines Christus-Wesens. Eure Last wird leicht, wenn ihr erlaubt, dass euch der Mantel des höheren Geistes(Spirit) jeden Augenblick eines jeden Tages umhüllt und leitet. Ihr werdet weit-schauend, ermächtigt und euch jeder Entscheidung und Handlung sicher sein, denn ihr werdet inspiriert und gelenkt sein von eurer magischen ICH BIN- Gegenwart.

Viel Angst und Wut wird gegenwärtig in der Menschheit auf allen Ebenen aufgewühlt. Die Dunkelheit innerhalb der Menschheit befindet sich im Todeskampf und will nicht weichen oder so leicht aufgeben. Zumindest muss die Säuberung von all dem, was nicht mit den höheren Schwingungen der vierten Dimension harmoniert, durch Umwandlung oder Befreiung vorgenommen werden. Jede Drehung der Spirale, welche die Frequenzen der Erde beschleunigt, übt immer mehr und mehr Druck auf diejenigen aus, die nicht bereit sind, sich mit den zusammengepressten Energien in ihrem Innern, die nach Umwandlung und Integration schreien, zu befassen oder sie anzuerkennen. Durch die Annahme eures irdischen Fleischgewandes habt ihr uns vieles gelehrt, ihr Lieben. Es ist leicht zu erschaffen, wenn man in der Spirit-Form ist, während wir jetzt sehen, wie schwierig es ist, einen reinen Fokus beizubehalten und die kosmische Energie der Manifestation durch all die Statik und Ausdünstung herab in die dritten oder sogar vierten Dimensionen zu ziehen, um Harmonie und Vollkommenheit zu erschaffen. Ihr habt uns viel über Emotionen gelehrt: wir erleben und schwingen mit zu den Emotionen reiner Liebe, aber wir kennen nicht den Schmerz, der den Emotionalkörper in den unteren Dichten anfällt und erfüllt, wenn ihr außer Balance seid. Wir wissen, dass ihr von jenen beeinflusst, übertölpelt und irregeführt wurdet, von denen ihr dachtet, sie wären Götter, oder zumindest wohlwollende Wesen, und wir fühlen die Angst, die viele von euch haben, dass so etwas wieder passieren könnte. Lasst euch versichern, meine geliebten treuen Krieger, es wird nicht so sein. Jene Zeiten sind vorbei; deshalb sagen wir euch, es ist Zeit für uns, dass wir uns einsetzen für das Schicksal eures geliebten Planeten und euch helfen, den Rückweg auf dem Pfad der Integration und Erleuchtung anzutreten. Erlaubt mir, euch eine neue Vision zu geben, einen größeren Zugang zu eurem Göttlichen Selbst und einen wirksameren Weg, um euch bei der Erschaffung eures kühnen, neuen Paradieses beizustehen. Diesmal wird es ein anderes Paradies sein, ihr Lieben. Es war höchst wundersam in den Anfängen dieses Garten E-Don, aber ihr wart unschuldig und naiv, neu im physischen Ausdruck. Noch einmal, es wird ein ursprüngliches und schönes Paradies sein, aber ihr werdet weise, reife Veteranen sein, ebenbürtige Partner, die Entscheidungen treffen über die Zukunft der gesamten Menschheit, aktive Teilnehmer an der Evolution des Planeten Erde.

Wir haben euch eine Vision darüber gegeben, wie ihr von eurer Göttlichen ICH BIN - Gegenwart einen großen Strahl weißen Lichts, oder einen Licht-Laserstrahl herab bringen könnt, und auch eine Diamant-Kristallpyramide, gefüllt mit den Energien der fünf höheren Strahlen, zu eurer Unterstützung im Transformationsprozess. Dies half auch bei der Klärung des Pfades oder der Verbindung zwischen euch, eurem Höheren Selbst und eurem Göttlichen Selbst, so dass ihr freier interagieren und leichter kommunizieren könnt, da ihr mehr an Weisheit und Macht von eurem ausgedehnteren Wesen heranzieht und euch einverleibt. Nun möchte ich gerne diese Verbindung noch stärker und realer machen.

Statt euch vorzustellen, wie die Energien von eurem Göttlichen Selbst herabkommen und ihr euch mit ihnen verbindet, möchte ich, dass ihr euch vorstellt, wie die Essenz dessen, wer ihr seid, sich aus eurem Körper erhebt und den Lichtpfad hinaufsteigt, um sich mit eurem Göttlichen Selbst zu verbinden. Steigt hinein in die Totalität dieser wundersamen Energie, nicht bloß in eine kleine Projektion davon; seht euch selbst badend in der Strahlung und Herrlichkeit dessen, wer ihr wirklich seid. Nachdem ihr das Gefühl und die Wirksamkeit dieser Handlung erlebt habt, könnt ihr damit beginnen, dieses Kraftwerk an Energie zu nutzen, euch in allen Bemühungen zu helfen und euch behilflich zu sein bei der Annahme eures rechtmäßigen Erbes als Meister der Mitschöpfung. Stellt jede Situation, oder alles was ihr erschaffen, umwandeln oder ausgleichen wollt, in die diamantene Kristallpyramide, dann fühlt, wie ihr euch den Lichtpfad hinaufbegebt, um euch mit eurem Göttlichen Selbst zu vereinigen. Nun seht eine große Fontaine sprühenden Goldstaubs - die umwandelnde Energie des Zwölften Strahls, die das Geschenk des Christus-Bewusstseins vom Vater/Mutter-Schöpfer des Universums hervorbringt - ausströmen von eurem Göttlichen Selbst, als auch vom innersten Kern eures Wesens. Seht jedermann, der mit der Situation in Verbindung steht, in einem Kreis rund um die Pyramide - in welcher das Problem eingeschlossen ist - und seht, wie diese heilige, umwandelnde Energie jede Person und jedes Problem durchdringt und alles in die Balance und in Harmonie bringt. Wo immer es einen Schimmer an Hoffnung gibt, er wird sich ausdehnen und wachsen; wo immer es ein Wünschen oder Sehnen nach Liebe gibt, es wird sich vergrößern; wo immer es das kleinste Verlangen nach Einheit und Auflösung gibt, es wird gefördert und zur Erfüllung gebracht werden. Aber denkt daran, euer Wunsch muss sein, dass das Ergebnis zum höchsten Wohle aller und in Harmonie mit eurer Göttlichen Blaupause oder Mission sei. Indem ihr euch mit den Kräften eures Göttlichen Selbst verbindet, braucht ihr euch nicht länger hinzugeben, ihr werdet selbst zu diesen Kräften. Dies ist der nächste Schritt, ihr Lieben. Seid ihr bereit, diese ehrfurchtgebietende Macht anzunehmen? Alles was ihr tun müsst, ist, daran zu glauben, es zu wagen, und dann euer Geburtsrecht zu fordern.

Geliebte, ihr nähert euch einer Zeit der beschleunigten Aktivierung, der erhöhten und erweiterten Sinne, der Rückforderung eurer Souveränität und Übernahme der Herrschaft und Kontrolle über euer Schicksal. Wir haben euch sorgsam beobachtet, um zu sehen, ob ihr bereit seid, die Energie der Ersten Ursache für das Erschaffen neu zu integrieren: die Zielstrebigkeit zu haben, die klare Vision und den Wunsch, diese dynamische Energie zum Wohle aller zu benützen. Manche nennen diese Energie den Königsstrahl, den Strahl der Souveränität. Und es ist in der Tat der Strahl der Herrscher, Führer, spirituellen Krieger und derjenigen, die bereit sind, an die Spitze zu treten. Es ist die Energie der Vitalität, der Initiative und der Tat, und sie wird in dieser Zeit gebraucht, um die alten, antiquierten Methoden aufzulösen und Platz zu schaffen für neue. Was initiiert wird, ist die Integration der feurigen, leuchtend roten Energie reiner Schöpfung, Göttlichen Willens und Göttlicher Macht, gemäßigt durch die Stärke und den Druck von blauem Stahl, mit einem Kern von reinem Weiß, welcher die Reinheit, Wahrheit und Ehre repräsentiert. Sie wird magentafarbig sein und in die Körper derjenigen hineinlodern, die für dieses dynamische Geschenk bereit sind; sie wird tapfere Herzen und mutige Lichtkrieger erschaffen, die vorangehen in der Wiedervereinigung und Transformation dieser Erde, zurück in ihren souveränen Zustand: eine friedliche Erde, Spirit gleichend in menschlicher Form - alles gleichwertig und heilig.

Prüft eure Herzen und Absichten. Seid ihr bereit, wieder die Verantwortung und Macht dieses ehrfurchtgebietenden Geschenks zu übernehmen? Ihr habt es höchst dramatisch und wirkungsvoll in jenen ersten großen Goldenen Zeitaltern angewendet, bis die Menschheit ihr Bewusstsein auf die Ego-Befriedigung und den Wunsch, zu erobern und zu herrschen verlagerte. Es ist ein zweischneidiges Schwert, Geliebte. Wenn ihr dieses Geschenk annehmt, müsst ihr es weise benützen, oder es wird sich gegen euch wenden und euren Untergang hervorrufen. Nie wieder wird es der Menschheit gestattet sein, diesen Strahl für selbstsüchtige Zwecke zu benutzen. Wenn ihr gewillt seid, diesen nächsten riesigen Sprung zu machen, werden wir an eurer Seite sein und euch den Weg ebnen.

Wir segnen euch für eure Treue, und ehren euch für eure Tapferkeit. Ihr werdet sehr geliebt.
ICH BIN Erzengel Michael.

28. Es ist Zeit für Toleranz und Vergebung

Geliebte Meister des Lichts, es findet eine große Wiedervereinigung auf eurer Erde statt. Könnt ihr den Wandel nicht fühlen? Das, was sich vor so langer Zeit getrennt und in Prismen von Licht und Energie aufgesplittert hat, um die große Vielfalt physischer Manifestation zu erfahren, vereinigt sich wieder, kommt wieder zusammen. Ihr, jene Prismen des Lichts, als auch jede lebende, fühlende Sache in diesem Sonnensystem und dieser Galaxis, sucht jetzt erneut die Verbindung mit den Myriaden Teilen von euch selbst, um in die Ganzheit zurückzukehren. Es ist eine Zeit der Vereinigung, nicht der Trennung; eine Zeit, das zu läutern und zu verfeinern, was eure Einzigartigkeit ausmacht; eine Zeit, eure perfekte Göttliche Blaupause zurückzugewinnen.

Ihr unterscheidet euch jetzt von damals, als ihr euch zum ersten Mal mit eurem physischen Körper verbunden habt. Ihr habt viel Erfahrung gewonnen, viele Narben aus Kämpfen davongetragen, und ihr habt Fehler und Unvollkommenheiten angenommen, die eure Fähigkeit, Mitschöpfer in Harmonie und Schönheit zu sein, verminderten. Es ist Zeit, die Mängel und Unvollkommenheiten zu heilen, die Erinnerungen an erlittene Schmerzen und Leiden loszulassen und euren Sieg zu beanspruchen. Nur ihr könnt den Entschluss treffen, ob ihr euch dem Marsch zur Vereinigung und Integration der Menschheit mit ihrem Höheren Geist (Spirit) anschließen wollt - sie wird sich mit oder ohne euch in einem immer schneller werdenden Tempo fortsetzen.

In immer mehr und mehr von euch tauchen jetzt Erinnerungen und Visionen auf, die eure Phantasie fesseln und eure Seele aufwühlen. Erinnerungen, wie es am Anfang war, Visionen über euren Ursprung, über eure Heimat draußen in der Unbegrenztheit; eine Sehnsucht oder ein Bewusstwerden dessen, was ihr verloren habt, und ein intensiver Wunsch nach Wiedereingliederung in die Ganzheit und in die volle Bewusstheit.

Seid ihr fähig, einen Fremden anzuschauen und das Gefühl einer Kameradschaft, einer Gemeinsamkeit zu haben, ungeachtet der Farbe, Rasse, Religion oder kultureller Unterschiede? Seid ihr toleranter, geduldiger und mitfühlender mit den euch Umgebenden, fühlt ihr deren

Schönheit statt ihrer Mängel? Rund um die Welt beginnen die Menschen in anderer Weise wahrzunehmen; Hoffnung brandet auf und überschattet die Frustration und das Gefühl von Sinnlosigkeit.

Das verdünnte Christus-Licht der Großen Zentralsonne beginnt einen beachtlichen Einfluss auf die Menschen der Erde auszuüben. Es ist eine Zeit der Toleranz und Vergebung. Es ist Zeit, euch von allen vergangenen schmerzvollen Erinnerungen, Ressentiments und Verurteilungen zu befreien, die euch in einer Zeitkapsel dreidimensionaler Illusion gefangen hielten.

Erlaubt nicht, euch in selbstgerechter Empörung davon abzuhalten, negative Energien, die andere auf euch projiziert haben, mit Liebe zurückzusenden. Lasst nicht zu, dass euch Schuldgefühle, Scham oder das Bedürfnis nach Selbstbestrafung davon abhalten, euch selbst für alle vergangenen Verletzungen, Missetaten oder Fehler zu vergeben. Sich selbst zu vergeben, ist immer die schwierigste Aufgabe.

Viele plötzliche, dramatische Ereignisse finden für jeden von euch statt. Manchmal verändern diese überraschenden Ereignisse den weiteren Verlauf eures Lebens, oder sie verändern tiefgreifend eure Realitätswahrnehmung. Schaut euch um, ihr Lieben; die Veränderung der Zeiten liegt an euch. Segnet, hegt und unterstützt die gesegneten Seelen, die es wählten, den vergänglichen physischen Körper hinter sich lassend, in das Reich der wahren Wirklichkeit hinüberzuwechseln. Sie sind für euch nur dann verloren, wenn ihr euch durch irregeleitete Zweifel und Glaubensansichten oder Kummer von ihnen abtrennt. Die Brücke zwischen den Welten ist zugänglicher geworden, und der Schleier zwischen den Dimensionen wird rapid dünner.

Diejenigen, die noch immer in einem Zustand der Furcht fungieren, oder diejenigen, die von ihren niederen Instinkten beherrscht und kontrolliert werden, versuchen verzweifelt, ihren Status quo aufrecht zu erhalten - versuchen vergeblich, ihre anerkannten Herrschaftsbereiche zu schützen. Die alten Regeln gelten nicht länger. Und die alten Handlungsmethoden sind nicht länger wirksam. Das, was auf Gier und selbstsüchtigen Interessen aufgebaut ist, und das, was die universellen Gesetze missbraucht, wird in Staub zerfallen. Ihr braucht nicht an der gewaltsamen Herbeiführung ihres Untergangs teilzunehmen; die

Energien des neuen Bewusstseins der Erde und der Menschheit als Ganzes werden diese Aufgabe nachhaltig erfüllen. Eure Verpflichtung, geliebte Krieger, besteht darin, eure eigene Wahrheit mit Integrität, Einsicht und Verstand zu leben.

Mit größter Befriedigung sehen wir, dass einige eurer Religionsgemeinschaften zusammenkommen, um spirituelle Philosophien und Konzepte zu erörtern, ohne diejenigen zu beschuldigen, zu tadeln oder lächerlich zu machen, die gegenteilige Ansichten haben. Es schleicht sich eine Toleranz in die Köpfe jener ein, die vor kurzem noch starre und unbeugsame spirituelle Führer waren. Begrenzende Dogmen und Aberglauben werden aufgelöst, und ein verbreiterter Standpunkt wird akzeptiert.

Euch, als spirituellen Repräsentanten des Schöpfers, muss erlaubt sein, für euch selbst zu entscheiden, was eure Wahrheit ist. Es muss euch gestattet sein, selbst zu bestimmen, wie ihr Gott verehren und euer Verwalteramt ausüben wollt. Diejenigen, die danach trachten, euch durch Angst und Schuld in ihrer Gewalt zu halten, verlieren ihre Wirksamkeit, und das zurecht. Der Schöpfer manifestiert sich durch Freiheit, Freude, Liebe und Schönheit. Der Schöpfer hat euch keine Leiden, Begrenzungen und Schmerzen auferlegt, ihr selbst habt das getan.

Es ist Zeit, die wirkliche Arbeit in Angriff zu nehmen, meine geliebten Krieger. Ihr seid erregt und aufgewühlt worden durch das Wissen, dass in dieser Lebenszeit der Aufstieg ein Geschenk und eine Möglichkeit für alle ist. Ihr seid ermutigt und inspiriert worden durch die Vision der Meisterschaft – den Zugriff auf die Universellen Gesetze der Manifestation und die Erschaffung eines Paradieses hier auf Erden. Ihr fühlt euch wohl bei der Vorstellung, dass wir real sind und miteinander interagieren können, dass ihr Zugang habt zu immer höheren Dimensionen, während ihr weiterhin im physischen Körper bleibt. Nun ist es Zeit, die Geschenke, für die ihr so fleißig gearbeitet habt, auch anzuwenden. Es wird euch nicht gestattet, euch zurückzulehnen und euch auf euren Lorbeeren auszuruhen oder euch in einem halb aufgestiegenen Zustand niederzulassen. Die Zeit für zielloses Herumbewegen oder Schwanken ist vorüber. Ihr habt eurem Spirit-Selbst die Oberherrschaft übergeben, und es wird euch führen, euch anstupsen oder stoßen, aber schlussendlich werdet ihr euch vorwärts bewegen. Warum nicht einfach uns erlauben, euch zu helfen, den Übergang mit Leichtigkeit und Würde zu bewerkstelligen, ihr Lieben?

Der Grund, warum Toleranz, Vergebung und Mitgefühl jetzt so wichtig ist, ist der, dass wir bemüht sind, der Erde mehr kraftvolle höhere Schöpfungsenergien einzuflößen. Es ist Zeit, nochmals den Ersten Strahl des Göttlichen Willens herabzubringen, des Willens, zu erschaffen und die Herrschaft zu übernehmen. Diese Göttliche Energie wird benötigt, um die Herrschaft über die Erde für diejenigen zu fordern, die im Licht wandeln, die den Weg liebevollen Erschaffens zum Wohle aller gehen und nicht den der Gier und Unterdrückung. Diejenigen, die fähig sind, diese großartige Energie der „Ersten Ursache" zu handhaben, werden die neuen Führer der Welt sein: die Visionäre, die Wächter und die Diener. Sie werden diejenigen sein, die führen, bauen, erschaffen und mit Liebe und Mitgefühl dienen, immer in Harmonie und Übereinstimung mit dem Göttlichen Willen. So wird es sein, wenn die Trennungslinien und Grenzen schwinden, wenn kulturelle und spirituelle Unterschiede ehrend anerkannt und nicht verachtet oder verdammt werden, wenn alle Menschen und alles Leben auf der Erde als ein Geschenk der Schöpfung geschätzt wird, kostbar in den Augen aller.

Viele von euch werden sich dessen bewusst, dass sich eure Umgebung, euer Lebensbereich verändert. Die Energien verlagern und verfeinern sich - eine Säuberung findet statt. Jene wunderschönen ätherischen Städte und Lichtgemeinden, von denen wir vor langem gesprochen haben, werden immer mehr und mehr zu einer Realität. Klar, ihr könnt die Schönheit und Weite dessen, was für die Zukunft der Menschheit auf Erden vorbereitet wird, nicht sehen, aber ihr beginnt einen Unterschied zu fühlen und wahrzunehmen.

Immer mehr von euch werden so geführt, dass sie verschiedene Orte und Energien rund um die Erde erleben können. Eure Welt wird in vielerlei Hinsicht immer kleiner, ihr Lieben. Nehmt die Gelegenheit wahr, so viele Kulturen und Lebensstile wie nur möglich kennen zu lernen. Verbindet euch mit der Erde und ihrer Geschichte, heilt und läutert die Vergangenheit mit eurer Liebe und eurem Mitgefühl. Je mehr ihr über die Erde und ihre Bewohner lernt, desto mehr werdet ihr eine Gemeinsamkeit erkennen, eine Einigkeit und Einheit. Jeder Bereich schwingt in seiner eigenen einmaligen Frequenz, hat seine eigenen Erinnerungen, Geschenke und Lernstunden anzubieten.

Es gibt Gegenden in aller Welt, die nicht sehr von Negativität beeinflusst wurden, oder die sich nicht so weit aus der Harmonie mit den 'Devischen' und Elementaren Königreichen entfernt haben. Diese Gebiete liegen über die ganze Welt verstreut und sind erkennbar an der ursprünglichen Schönheit der Natur und an der Einheit und Toleranz im Zusammenleben der Menschen. Es gibt Plätze auf eurer Erde, wo viele Kulturen nachbarlich zusammenleben, zusammen arbeiten und nebeneinander beten. Ihr werdet diese Gebiete an der Schönheit der Natur erkennen, am Nichtvorhandensein von Schranken und Begrenzungen, an der gegenseitigen Verträglichkeit und dem Sinn für Kameradschaft unter ihren Bewohnern.

Furcht und Gier errichten Zäune, Barrieren und Abgrenzungen, - Strukturen, die dahin führen, sich als Gefangene zu fühlen. Liebe hebt alle Schranken auf, erweitert den Horizont und erlaubt, dass Freiheit und Eintracht vorherrschen.

In Vorbereitung auf die große Infusion von feuriger Energie, die euch in den kommenden Jahren zur Verfügung stehen wird, bitte ich euch, macht eine gemeinsame Anstrengung, eure mentalen, emotionalen und physischen Körper zu reinigen und zu harmonisieren. Initiiert so was wie einen Exorzismus, wenn ihr wollt, indem ihr euch erlaubt, mit den verfeinerten Energien der fünf höheren Strahlen durchdrungen zu werden, wobei etwaige zusammengepressten Energien, die mit eurem neu ermächtigten Zustand nicht verträglich sind, aufgewühlt und freigegeben werden. Viele von euch haben anderen vergeben und haben ihre Vergangenheit bewältigt, aber ihr hegt noch immer Gefühle des Zweifels - ein Gefühl, nicht mehr der alten Welt anzugehören – und ihr fühlt euch noch nicht wohl oder findet keinen Platz in der neuen Welt, die ihr erschafft. Erlaubt diesen gesegneten Energien, euren Körper in seinen äußersten Tiefen zu durchdringen, heilend, harmonisierend, ausgleichend und euch einstimmend auf die höheren Visionen von Morgen. Seht einen kristallinen Schauer funkelnder Diamantpyramiden euren Körper völlig durchdringen, bis in die tiefsten Zellebenen hinab. Dann seht, wie sich ein sprühender Schauer goldener Energie aus der höchsten Quelle des Universums ergießt und euch wieder mit dieser

Quelle verbindet, aus der ihr einst gekommen seid. Dies ist der Weg nach Hause, Geliebte.

Macht eine Inventur eurer Welt; was ist noch unausgeglichen? Lenkt eure Aufmerksamkeit liebevoll auf diese Bereiche, nicht in Gegenwehr, sondern fokussiert eine gewisse Einstimmung und Verfeinerung auf das, was ihr zu verändern wünscht, und dabei führt und fördert ihr euch selbst in sanfter Weise zu eurer Vollkommenheit.

Es ist eine Zeit des Handelns, ihr Lieben. Für viele von euch erreicht diese Zeit der Vorbereitung ihren Höhepunkt. Ihr werdet hinausgestupst in die große Arena des Lebens als Vorbilder, Lehrer, Führer, in der Tat als Wegweiser des Lichts.

Wir ermutigen euch, dort zu beginnen, wo ihr seid, getreue Krieger, lehrt, lebt, bringt eure neue Weisheit zum Ausdruck, eure reaktivierte, wiedergewonnene Göttlichkeit. Ihr seid werdende Meister, ihr werft eure Verkleidungen ab und nehmt eure wahre Identität und euer rechtmäßiges Erbe an. Die Erde und was darüber hinausgeht ist nun euer Herrschaftsbereich. Die Barrieren und Grenzen zwischen den Dimensionen und Räumen sind aufgehoben. Legt euren Anspruch auf das neue Königreich vor, meine Geliebten. Lasst uns zusammen regieren zum Rume unseres Vater/Mutter -Schöpfers.
ICH BIN Erzengel Michael.

29. Wir befinden uns in der Mitte eines „Kosmischen Augenblicks“

Geliebte Meister, wir alle befinden uns in der Mitte eines „Kosmischen Augenblicks,“ einer höchst kraftvollen und wundersamen Zeit der Veränderung. Beginnend im eurem Jahr 1995 wurde der Beschluss gefasst, dass eure Erde einen größeren Anteil an kosmischer Energie aufnehmen könnte, ohne dass es all zuviel Zerstörung und Verwüstung in der Struktur eures Mutterplaneten verursachen würde. Nach gründlicher Überlegung wurde entschieden, dass es schon genügend erwachte Lichtarbeiter und Menschen insgesamt gab, die ihr Bewusstsein soweit erhöht hatten, dass wir vorsichtig mit einer beschleunigten Einstrahlung universeller Lichtsubstanz – oder verdünnter kosmischer Energie von der Schöpferquelle - beginnen könnten.

Seit dieser Zeit hat die Beschleunigung stetig zugenommen und wird fortschreitend über die nächste Dekade und darüber hinaus noch weiter zunehmen. Jetzt werden in der Erde und in der physischen Struktur der ganzen Menschheit, die Lichtenergie-Informationspakete, die Schlüssel und Codes, die hier vor Äonen verankert wurden, aktiviert. Sie wurden dort in Erwartung der gegenwärtigen Zeit platziert, in der ihr euren Abstiegsprozess in die physische Ebene umkehren, und eure Rückreise in die Reiche des Spirit beginnen werdet.

Es ist von größter Wichtigkeit, dass sich so viele wie möglich über das bewusst werden, was in dieser sehr entscheidenden Zeit, sowohl in eurer physischen Struktur als auch in der Erde vor sich geht. Es ist unerlässlich, dass diesem vitalen Strom Göttlicher Energie, welcher der Menschheit und dem Planeten geschenkt wurde, erlaubt wird, durch euch und durch die 'Leylinien-Struktur' eurer Erde zu fließen. Während er durch euren physischen Körper fließt, aktiviert er die schlafenden Codierungen und Lichtpakete in euren Zellstrukturen. In jedem von euch befinden sich auch Schlüssel und Codes, die benötigt werden, um die kristallinen Strukturen in eurer Erde zu aktivieren, zu reinigen und in Gang zu setzen. Diese Portale oder Tore öffnen das Chakrasystem der Erde, so könnte man sagen, und indem sie aktiviert werden, wird auch das Erwachen eurer Erde in großem Maße beschleunigt. Sie wird in einer für euch alle spürbaren Weise zu dröhnen beginnen, wenn sie sich zu regen und aus ihrer Dichte zu erheben beginnt, zurück in das Licht der Erleuchtung und in ihren wahren Zustand - die fünfte Dimension.

Wenn diese großen Energiequellen zu schwingen beginnen und wieder ihre Signale aussenden, wird die gesamte Macht der universellen Lebenskraft die Frequenzen ausstrahlen, die notwendig sind, um die geometrischen Codes und Impulse zu aktivieren, die für die nächste Evolutionsstufe für euch, euren Planeten, euer Sonnensystem und die Galaxis benötigt werden.

Darum ist es so entscheidend, dass ihr euer physisches Gefäß reinigt, sodass die Frequenzen, die ihr in die Erde übertragt, und später dann zurück in die höheren Dimensionen, nicht verunreinigt, sondern verfeinert sind und mit höchster Integrität schwingen. Was geschieht, ist vergleichsweise der Anschluss der Menschheit und der Erde an eine neue höher schwingende Kraftquelle. Um euch an diese Quelle anzupassen und sie anzuzapfen, müsst ihr euch auf sie einstimmen und mit ihr verträglich sein. Ihr funktioniert als Leiter und Umformer dieser dynamischen Energie, und erlaubt euch selbst, Energieübermittler für Mutter Erde zu sein. Sie wiederum, aktiviert ihre eigenen Energiequellen (die großen Kristallstrukturen in ihrem Körper), und wenn diese großen Wesen wieder zu ihrem vollen Bewusstsein erwachen, beginnen sie pulsierende neue Frequenzen auszusenden - reinigende, erhebende, heilende Energien durch das ganze System der Erde und an die Menschheit. Man kann sagen, ihr werdet von außen und von innen in „Schwung" gebracht.

Darum ist es so wichtig, dass ihr euren physischen Körper für diesen neuen Energiezustrom vorbereitet und empfänglich macht, speziell für den Ersten Göttlichen Strahl von Wille und Macht und den siebten Strahl der Umwandlung und Transformation. Indem ihr dies tut, werdet ihr zu Katalysatoren für das Entzünden dieser Kraftzentren. Mit euren sanftmütigen, liebevollen Herzen werdet ihr lindern und heilen; mit eurer Weisheit werdet ihr führen und leiten; mit eurer Macht werdet ihr fest in eurer Integrität bleiben, und ihr werdet nicht eher aufhören, bis eure Aufgabe erfüllt ist.

Ihr befindet euch in der Mitte von dem, was man Armageddon, Apokalypse oder Aufstiegsprozess nennt. Was viele prophezeit und erhofft haben, wird nicht eintreten: ihr werdet nicht von der Erde abgeholt, heraus aus dem Chaos, das ihr auf eurem gesegneten Planeten verursacht habt. Jeder von euch wird gezwungen sein, seinen eigenen Illusionen zu begegnen, der Realität, die ihr geformt, und mit der ihr eure eigene spezielle Version von Himmel oder Hölle auf Erden geschaffen habt. All das, was ihr für eure Wahrheit hieltet, all die Urteile über gut oder schlecht, richtig oder falsch, heilig oder böse, tauchen in euren täglichen Situationen und Umständen auf, sodass ihr, ein für allemal, in ein neues, erweitertes Bewusstsein eintreten könnt - das eines Meisters. Bitte hört zu und gebt Acht, meine Lieben: Es gibt viele Schattierungen und viele Wege der Wahrheit, aber nur ein Ziel - zurück in das Bewusstsein der Einheit mit den Wesen des Lichts und mit dem Schöpfer-Gott.

Alte Gewohnheiten und Gedankenmuster aus dem Unterbewusstsein zu entfernen, ist keine leichte Sache. Die Klärung der Vergangenheit umfasst mehr als nur die Erinnerungen des gegenwärtigen Lebens, sie bedeutet die Ausbalancierung und Harmonisierung aller Erfahrungen seit der ersten Inkarnation auf der physischen Ebene. Diese Erinnerungen sind alle in eurem Aurafeld aufgezeichnet und erzeugen Frieden und Freude, oder Angst und Disharmonie. Die Klärung bedeutet die Ausbalancierung und Harmonisierung von all dem, was auf einer disharmonischen Energieebene schwingt; sie bedeutet, zu einem Verständnis von - und in Frieden mit - allen Facetten eurer Existenz zu kommen. Wenn ihr einmal diesen Punkt erreicht habt, sind die unausgeglichenen Energien für immer umgewandelt und ihr werdet sie nicht wieder erfahren müssen.

Die gute Nachricht ist, dass der Aufstiegsprozess verfeinert und für alle leichter zugänglich gemacht wurde. Seid ihr erst einmal gewillt, auf die Anstöße eurer Seele zu hören und den neuen Frequenzen zu erlauben, in das System eurer vier niederen Körper einzudringen, werdet ihr objektiver und empfänglicher für die neuen Gedankenmuster. Dann wird es für euch viel leichter, alte Muster von Furcht, Schuld und Begrenzung loszulassen, in welchen euch das Ego gefangen hielt.
In der Vergangenheit hatte euer Höheres Selbst Schwierigkeiten, eure Aufmerksamkeit auf sich zu lenken, um euch helfend beistehen zu können. Gewöhnlich musste es euch einen Schock versetzen, und das war meistens keine angenehme Erfahrung. Jene Zeiten sind vorbei, ihr

Lieben. Es wird zunehmend schwieriger für euch, die „Stupser" eurer Seele oder eures Höheren Selbst zu ignorieren, wenn der Schleier des Vergessens entfernt wird und ihr euch wieder zu erinnern beginnt, oder zumindest ein Gefühl „Göttlicher innerer Unzufriedenheit" aufkommt.

Alle Facetten eures Wesens stehen in Resonanz zu den stattfindenden Veränderungen. Euer Emotionalkörper kann das Chaos und die Disharmonie nicht länger ertragen, die er einst tolerierte, als er betäubt und von seinem inneren Gewahrsein getrennt war. Euer Mentalkörper mag noch weiterhin ringend an veralteten, scheinbar sicheren Glaubenssystemen hängen, aber er wird mit zu viel neuen Informationen bombardiert, welche entweder die alten Paradigmen für ungültig erklären oder erschüttern, oder euch zu einer erweiterten Sichtweise führen, wo ihr die Ereignisse eures Lebens anders zu sehen beginnt. Ihr fürchtet euch nicht länger vor der Veränderung - ihr beginnt „mit dem Strom zu schwimmen."

Auch euer Körper ist in diesen Kampf verwickelt. Er funktioniert innerhalb der Zwänge und Begrenzungen von Tausenden Jahren negativer Einflüsse, welche sich als Leid, Schmerz, Krankheit und Tod manifestieren. Auch er verlangt nach den heilenden Lichtfrequenzen, und nichts kann das Eindringen dieser Göttlichen lebensspendenden Substanz in alles und jeden auf Erden aufhalten. Schmerz und Frustration kommen zu denjenigen, die Widerstand leisten, die sich fürchten und nicht bereit sind, die Vergangenheit oder ihre dreidimensionale Realität loszulassen. Sie werden weiterhin ständig bombardiert, bis sie sich entscheiden, das Geschenk des Aufstiegs in das bewusste Gewahrsein anzunehmen, oder ihr Spirit-Selbst wird sich darum kümmern, dass sie hinübergehen in ein anderes Reich und einen anderen Planeten der Illusion, wo sie ihre Reise zur Erleuchtung fortsetzen können. Die nächsten Jahre sind die Jahre der Entscheidung, meine Lieben. Wie werdet ihr wählen?

Nun, bevor ich euch verlasse, möchte ich noch eine wichtige Frage klären. Viele von euch stimmen sich ein und richten ihren Fokus auf die Engelreiche und im Besonderen auf die Erzengel, als die Retter und Erlöser der Welt. Geliebte, bitte seid euch dessen bewusst, dies ist ein vereintes gemeinsames Bemühen. Wir arbeiten in Harmonie mit allen großen Wesen dieses Universums. Von vielen habt ihr gehört oder seid mit ihnen vertraut, aber es gibt viel mehr Göttliche Wesen, von denen ihr nichts wisst. Geradeso wie ihr alle gebraucht werdet, unabhängig von eurer Bewusstseinsebene, so ist es auch mit den Höheren Reichen. Jedes Wesen im ganzen Omniversum spielt eine wesentliche Rolle in diesem großen Drama, das sich, mit der Erde als einem wichtigen Brennpunkt, so schnell entfaltet.

Wir von den Engelreichen fungieren in unserer Befugnis als ein Übergangsteam, so könnte man sagen. Wir sind die Boten des Schöpfers. Und in Zeiten eines großen Übergangs, werden wir als Vorhut ausgesandt, um euch die Gedanken des Gott-Geistes in einer Weise zu übermitteln, die ihr verstehen könnt, in einer Weise, die für jede Rasse, Religion und Kultur annehmbar ist. Wir hatten immer eine innige Verbindung mit der Menschheit, aber ihr wart in einem Schlummer und konntet euch nicht leicht mit unseren verfeinerten Frequenzen verbinden. Wir haben euch immer geholfen und beschützt in jeder nur möglichen uns zur Verfügung stehenden Weise, soweit sie innerhalb der Gesetze des freien Willens zulässig war; aber wegen der Dichte eurer Erde und eures eigenen aurischen Feldes, wart ihr euch fast nie unserer Gegenwart bewusst.

Und so, Geliebte, ruft uns, und wir werden antworten, aber bewahrt oder verstärkt auch eure Beziehung mit wen auch immer an Avataren, Christuswesen oder aufgestiegenen Meistern, mit denen ihr euch identifizieren und in Resonanz stehen könnt. Wir wissen, dass wir alle eine wesentliche Rolle zu spielen haben in diesem großen Plan, und wir arbeiten immer in Harmonie und Übereinstimmung miteinander, daher bemühen wir uns, euch dies zu lehren.

Habt keine Angst vor der Zukunft, meine tapferen Krieger, widersetzt euch nicht den Veränderungen, die euch bevorstehen. Wisst, dass das, was geschieht, nur zu eurem Besten ist und euch befreien wird von den Fesseln der Versklavung hinein das Reich aller Möglichkeiten. Es ist Zeit für euch, ihr Lichtkrieger und Verfechter der Wahrheit, hervorzutreten, – euren Stand einzunehmen und anerkannt zu werden als Göttliche Verwalter und Beschützer der Erde und als Heiler und Wegweiser für die Menschheit.

Wir bitten, dass ihr euch an euer Erbe erinnert, dass ihr die Macht und Vollkommenheit eures Geistes und eurer physischen Form zurückverlangt, die ihr zum Ausdruck gebracht und manifestiert habt, als ihr zum erstenmal auf die Erde kamt. Es ist euer natürlicher Zustand, meine geliebten Getreuen.

ES IST ZEIT - GEWINNT IHN ZURÜCK!
ICH BIN Erzengel Michael.

30. Nehmt euer Schwert der Macht und Verantwortlichkeit an

Geliebte Meister des Lichts, ich begrüße die Gelegenheit, mich wieder mit eurem Bewusstsein zu verbinden, eure Herzen und Seelen mit Liebe und Inspiration zu füllen und euch über das in Kenntnis zu setzen, was sich seit unserem letzten Treffen ereignet hat. Mein Wunsch ist, dass ihr zu fühlen und zu wissen beginnt, dass ich durch diese Botschaften wirklich bei euch bin, dass ich mich, mit eurer Erlaubnis, mit eurem höheren Selbst verbinde und meine Energie mit der euren verschmelze, auf welcher Ebene immer ihr euch anzupassen fähig seid.

Meine geliebte Botschafterin ist gerade von einem Abenteuer in die fünfte und sogar noch höheren Dimensionen zurückgekehrt, einem höchst heiligen Erlebnis und gesegneten Ereignis, genannt das WESAK Festival (April 1997), am Mt.Shasta in Kalifornien. Es war eine Zeit der Harmonie, der Freude und der Vermengung von Energien, und eine Zeit großer Transformation auf der tiefsten, innersten Seelenebene. Es war eine Zeit, in der viele Schichten negativer Energie aufgelöst wurden; Energien, die in vergangenen Zeiten um euer Herz platziert wurden, um eure emotionalen und physischen Körper vor den Schmerzen und Leiden der dritten Dimension zu schützen und abzuschirmen. Die Schleusentore eures Emotionalkörpers brachen auf, als diese Energien aufgelöst wurden und es der kostbaren Gabe des Heiligen Geistes wieder erlaubt wurde, Wohnung in eurer Herz/Seelenkammer zu nehmen.

Sternensaat-Repräsentanten aus aller Welt nahmen daran teil, und diese gesegneten Wesen trugen die Saat eines neuen Bewusstseins mit sich, als sie nach Hause zurückkehrten. Und irrt euch nicht, diejenigen von euch, die bei sich Daheim oder im Zusammensein mit anderen diese wunderbare Energie von „da oben" anzapften, wurden ebenfalls mit einer Infusion dieser verfeinerten Christusenergie beschenkt. Ihr wart auf eine höhere dimensionale Ebene eingestimmt, wo es weder Zeit- noch Raumbeschränkungen gibt - alle waren in eine Einheit mit SPIRIT gebracht. Alle kommunizierten mit den Meistern und empfingen den Segen des Schöpfers. In der Tat wurde die Erde bis in ihren innersten Kern umhüllt von einer herrlichen Decke Göttlicher Lichtsubstanz, und jeder war gesegnet und anerkannt.

Ich habe meine Botschafterin ermutigt, ihre Odyssee zu erzählen, ihre Reise und ihre Erlebnisse auf dem Pfad des Erwachens. Es ist wichtig, dass ihr euch alle bewusst werdet, dass diejenigen, die ins Rampenlicht oder in die öffentliche Arena gestoßen werden, nicht anders sind als ihr. Ja, sie sind außergewöhnlich, einzigartig und gesegnet, aber das seid auch ihr, jeder einzelne von euch. Sie alle hatten ihre Prüfungen und Einweihungstests zu bestehen und wanderten durch die dunkle Nacht der Seele in das Licht der Erleuchtung. Die eine Eigenschaft, die sie alle gemeinsam haben, ist ihre Beharrlichkeit - ungeachtet, wie schmerzlich ihre Erfahrungen und die Gefühle der Einsamkeit waren, oder wie düster die Zukunft zu sein schien, **sie gaben nie auf**. Sie hielten durch und überwanden sich, bis sie triumphierend in die Einheit und Harmonie mit Spirit eintraten und ihren Göttlichen Auftrag annahmen.

Viele von euch haben ein höheres Bewusstsein integriert. Ihr nehmt neue Weisheit an und verspürt ein Gefühl der Harmonie in eurem innersten Selbst. Jedoch habt ihr noch immer Zweifel und haltet euch zurück, eure Erkenntnisse mit anderen zu teilen, aus Furcht, dass ihr damit Aufhebens von euch selbst macht, oder dass ihr euch lächerlich macht, wenn ihr eure Erfahrungen weitergebt. Es gibt ein universelles Gesetz, das besagt, ihr müsst nicht nur ein Beispiel eures erleuchteten Zustands sein, sondern ihr müsst auch die Weisheit und das Verständnis, das ihr gesammelt habt, weitergeben, damit ihr auf die nächste Ebene aufsteigen könnt. Ihr seid ein Student auf dem Pfad der Einweihung, ihr seid ein Praktikant der spirituellen Meisterschaft und Mitschöpfung, und ihr seid auch ein Lehrer, der eine Botschaft zu überbringen hat.

Ich möchte jetzt ein anderes Thema für eure Betrachtung ansprechen, und das ist eine Aufklärung darüber, wie man die höheren segensreichen Energien des Spirit integriert, und wie man die niederen negativen Energien aufhebt, die zu befreien und zu transformieren ihr euch bemüht. In eurer dreidimensionalen Realität ist es Brauch, dass man den ausübenden Künstlern, Rednern oder Entertainern, durch Applaus Ehre und Anerkennung für ihre Darbietungen zahlt. Das trifft auch für spirituelle Versammlungen zu, sogar nach einer bewegenden Meditation oder dem großen Einströmen von Energie aus den höheren Dimensionen. Händeklatschen oder laute Klangausbrüche sind sehr wirksam im Auflösen und Befreien negativer Energie, aber sie zerstreuen auch den Fluss hoher Energieinfusionen und leiten diese ab. Es würde viel günstiger sein, wenn ihr die Arme hebt mit den Handflächen nach vorne, und Liebe und Dankbarkeit zu den Vortragenden sendet, dabei ein Einströmen spiritueller Energie durch euer Herzzentrum ausstrahlt, welche sich dann verstärkt und durch den ganzen Raum zirkuliert, zum Nutzen und Wohle aller Anwesenden.

Viele Gedankenformen, Gewohnheiten, kulturelle Tabus, konditionierte Reaktionen und angenommene Verhaltensmuster werden modifiziert und verändert. Viele Praktiken der alten Realität werden rückblickend als barbarisch angesehen und als das erkannt, was sie sind: Lehren, um die unerleuchteten Massen zu kontrollieren, zu beherrschen, zu versklaven und zu besiegen.

Wir bitten euch, seid mutig, innovativ, und tretet hinter dem Schild der Mittelmäßigkeit hervor - seid Pioniere, die es wagen, anders zu sein. Dies ist eine der vielen Facetten und Phasen im Prozess der Annahme und Ausübung eurer Macht, ihr Lieben. Es ist leicht, den Massen zu folgen, an den Strukturen populärer und akzeptierter Glaubensvorstellungen festzuhalten - den Begrenzungen und Regeln, die von jenen aufgestellt wurden, die in den vergangenen Zeitaltern die Kontrolle ausgeübt haben. Ihre Herrschaft geht zu Ende; ihre Macht schwindet dahin; der Tag ihrer Vorherrschaft neigt sich dem Ende zu.

Daher ist es unerlässlich, dass es Meister des Lichts gibt, Krieger des Spirit, die bereit sind, eine führende Rolle und die Oberherrschaft zu übernehmen, - solche, die bereit und willens sind, zu führen und zu lenken, den Fokus auf die neue Vision gerichtet zu halten, den neuen Plan für Himmel und Erde, und zu sehen, dass er sich zum höchsten Wohle aller manifestiert. Ihr alle habt eine wesentliche Rolle zu spielen. Ihr werdet nicht länger fähig sein, eure Autorität aufzugeben oder kleinlaut Folge zu leisten, wohin euch andere führen. Ihr müsst aktiv Anteil nehmen und die Rolle spielen, die euch von eurem Göttlichen Selbst zugewiesen wurde, um das zu bewerkstelligen, was euer Geschenk und Beitrag zum Ganzen sein wird.

Denkt daran, meine tapferen Krieger, ihr müsst euch mit dem Mantel der Unbesiegbarkeit umhüllen, ihr müsst eure Entschlusskraft stärken und euer Bewusstsein erheben über die Widerhaken, Samen des

Zweifels und die Kritik, der ihr ausgesetzt sein werdet. Wenn die Massen in Bewegung geraten und die Kluft zwischen den drei-, vier-, und fünf- dimensionalen Bewusstseinsebenen sich erweitert, werden die Energien des Widerstandes, der Abneigung und Rebellion, von jenen ausgespieen werden, die noch immer fest in den Fängen einer dreidimensionalen Realität sind. Sie werden wegen der stattfindenden Veränderungen große Ängste ausstehen. Sie werden es übel nehmen, aus der Zone ihrer Bequemlichkeit hinausgestoßen zu werden, selbst wenn diese eine Realität der Begrenzung und des Leidens ist. Sie werden versuchen, euch zu verleumden und in Misskredit zu bringen, aber ihr dürft nicht schwanken. Ihr müsst fest in eurer Integrität stehen, nicht urteilen, sondern liebende Energie zu allen ausstrahlen und die Haltung eines Meisters einnehmen, indem ihr sie segnet und weiter fortschreitet zu fruchtbareren Feldern.

Ihr müsst nicht versuchen, ihre Geisteshaltung zu ändern, sondern sie durch euer Beispiel zu lehren. Sprecht eure Wahrheit auf ihrer Verständnisebene und sagt ihnen, dass es viele Wege zurück zur Einheit mit dem Schöpfer gibt. Seid sanftmütig (aber stark in eurer Überzeugung), mitfühlend (aber lasst euch nicht einfangen von ihrem Drama oder ihrer kleinen Leidensgeschichte), und bleibt in eurer Freude und in eurem Enthusiasmus, sodass sie sich zu wundern beginnen, warum ihr so anders seid. In der Tat, sie werden es bemerken und sich darüber wundern, und eines Tages werden sie auf euch hören, denn ihr habt den Samen der Verwandlung in ihr aurisches Feld und in ihre Herzen gesät. Dieser Samen wird nicht abgelehnt - er wird gedeihen und eines Tages hervorbrechen und in eine Göttliche Unzufriedenheit erblühen, die sie auf den Pfad der Anhängerschaft stupsen wird.

Und so, geliebte Meister, möchte ich euch heute mit einer größeren Infusion des mächtigen Ersten Strahls von Göttlicher Macht, Wille und Autorität beschenken, in Vorbereitung auf die Herausforderungen der kommenden Tage. Jetzt ist die Zeit, - sie hat schon begonnen - von der ihr geträumt, sie ersehnt, und auf die ihr euch von der tiefsten Ebene eures Wesens vorbereitet habt. Ihr braucht nicht mehr länger zu glauben, zu hoffen und zu wünschen, denn der Beweis für die Evolution der Menschheit in einen höheren Bewusstseinszustand, ist auf einer gewissen Ebene in jedem und allem auf eurer Erde ersichtlich.

Ihr lernt eure Lektionen gut, meine lieben Freunde, und ihr macht gute Fortschritte im Einspannen eures Ego-Selbst und seiner Angleichung an euer Höheres Selbst. Ihr bemüht euch, eure Gedanken und Emotionen zu beherrschen. Ihr habt gelernt, dass reine Liebe ihren Ursprung in der Quelle des Herzens hat, und dass sie zuerst das eigene Selbst umfassen muss, bevor sie als ein gesegnetes Geschenk an andere ausgestrahlt werden kann. Ihr macht große Fortschritte in der Erlangung von Urteilslosigkeit und Objektivität, da ihr den Ereignissen und Interaktionen mit anderen erlaubt, euch zu umfließen, und ihr die Weisheit begreift, die aus jedem Augenblick zu gewinnen ist. Ihr beginnt, die heitere Ruhe und Magie der höheren Dimensionen zu spüren, während ihr euch in die verschiedenen Ebenen und Frequenzen des Bewusstseins ein- und ausfädelt.

Ja, es gibt noch viele Lektionen zu lernen, - und die wird es immer geben - aber ihr habt nun den Einblick, die Gerechtigkeit und Vollkommenheit in diesem Tanz und Drama des Lebens, das ihr tagtäglich erlebt, zu erkennen. Ihr seid darauf vorbereitet, einen riesigen Sprung vorwärts zu machen, Geliebte. Für euch ist jetzt die Zeit gekommen, euren angemessenen Platz in diesem großen Ereignis einzunehmen: **dem Aufstieg der Erde und der Menschheit.** Euer Lichtquotient flammt auf, und wenn er sich mit den anderen er**leuchtet**en Wesen verbindet, gewinnt er an Stärke und Schwungkraft, durchdringt und durchzieht das golden-ätherische Gewebe eures Heimatplaneten. Ihr alle steigt die nächste Sprosse der Leiter empor in eine Führungsposition, während die Menschheit zu erwachen beginnt und den Pfad der Einweihung beschreitet.

Ich fühle den Zweifel und die Unschlüssigkeit in einigen von euch, da euer Ego Blockaden der Angst und Unzulänglichkeit in euren Verstand wirft. „Was kann ich tun? Wie kann ich dienen? Was habe ich anzubieten?" So höre ich diese kleine Ego-Stimme in eurem Innern flüstern. Ich sage euch, ihr könnt nicht zaghaft oder furchtsam im Geiste (Spirit) sein, denn der nächste Schritt auf eurem Weg zu voller Meisterschaft ist die Annahme der Herrschaft über die Welt, ist das mutige und entschlossene Voranschreiten und Zurückgewinnen eures Göttlichen Erbes. Es wartet auf euch, meine tapferen Krieger, aber ihr müsst von der universellen Lichtsubstanz die Energie anziehen, die ihr braucht, um eure wundersame neue Welt zu formen und zu erschaffen, da ihr zu Beschleunigern und Lenkern eurer Zukunft werdet. Ihr müsst eure Vision durchtränken mit erregten Gefühlen und Wagemut. Ihr müsst kühn und mutig sein, wenn ihr gegen den Trend der Allgemeinheit angeht und euch hinausbewegt uns dem niederhaltenden Würgegriff des Massenbewusstseins. Ihr müsst Worte sprechen, die mit den Schwingungen des Erfolgs in Resonanz stehen, und ihr müsst in Haltung und Handlung den triumphierenden Gewinner zum Ausdruck bringen. Ihr müsst wagen, alles zu riskieren, da ihr euch damit beweist, dass, wenn ihr in Harmonie mit Spirit seid, was immer ihr in liebevoller Absicht reichlich gebt, euch zehnfach vergolten wird.

Nun, mehr denn je, liegen euch die Werkzeuge der Manifestation zur Hand. Steigt heraus aus dem Bereich eurer Bequemlichkeit und befreit euch von allem, was euch nicht länger dienlich ist. Ihr alle wisst, wo dies zutrifft – es starrt euch seit Monaten, ja sogar seit Jahren ins Gesicht und wird immer unerträglicher, bis ihr endlich nachgebt und euch von dem befreit, was euch zurückhält.

Ihr Lieben, ich biete euch das an, was euch vor so langer Zeit entzogen wurde, das, wonach ihr euch aus eurem tiefsten Innern sehnt, was eure Verbindung mit den Energien des Ersten Göttlichen Schöpfungsstrahls von Wille, Macht, Wahrheit und Tapferkeit wieder herstellt. Der Schleier des Vergessens wird schnell gehoben, und es ist unser Wunsch, dass ihr, so schnell wie möglich, jene Strahlenkrone wiedergewinnt, die in eurer großen Freiheitsstatue so schön symbolisiert ist. Indem ihr jeden der Aspekte und Attribute der sieben großen Strahlen integriert und entfacht, und dann fortschreitet und euren Anspruch auf die fünf höheren Strahlen der Erleuchtung, die zu euch erweitert werden, geltend macht, wird diese flammende Krone wieder von eurer Stirne lodern, und ihr werdet für immer als Göttliche Wesen anerkannt werden, als Krieger in meinen Legionen des Lichts.

Ich werde verehrt als ein Beschützer der Unschuldigen und als Träger der Wahrheit des Schöpfers. Wollt ihr euch nicht mir anschließen als Fahnenträger dieser fortgeschrittenen Phase des Ausdrucks und des Lernens auf dem Planeten Erde, da ihr euch darauf vorbereitet, in die Reiche des höheren Bewusstseins zurückzukehren und euer Göttliches Geburtsrecht wieder zu erlangen? Streckt euch nach außen, wie auch

nach innen, Geliebte. Wir warten darauf, all die Liebe und die Geschenke des Schöpfers über euch auszugießen, die ihr aufnehmen könnt.
ICH BIN Erzengel Michael.

31. Das Saatgut der Erinnerung

Geliebte Meister, lasst uns unsere Lektionen in Geistes- und Herzensveredelung fortsetzen, und begebt euch mit eurem Bewusstsein über die lineare Raum/Zeitrealität hinaus in einen erweiterten, jedoch inneren Weg des Selbstausdrucks und der Ansicht euerer Alltagswelt. Zuallererst konzentriert euch auf euer Herzzentrum und fühlt eine Wärme aufsteigen, wenn ihr den Funken der Schöpfung, der darin wohnt, entzündet und aktiviert. Fühlt die Liebe, die euren physischen Körper durchstrahlt und erfüllt. Dies ist die Nahrung und Essenz, die eure körperliche Form revitalisieren und vervollkommnen wird, und sie wird der Katalysator für die Wunder sein, die eure Welt verwandeln werden, Geliebte.

Ich sprach von den Saatkristallen und davon, wie viele von euch diese Juwelen der Schöpfung in ihre ätherischen Körper implantiert hatten, bevor ihr durch die Dimensionen hinabgeschickt wurdet, um euch an dem Spiel des spirituell-physischen Ausdrucks auf dem Planeten Erde zu beteiligen. Diese Saatkristalle trugen die Schlüssel und Codes, die Energien, die Erinnerungen und das Wissen über eure besondere Aufgabe und die Rolle, die ihr zu spielen hattet. Mutig seid ihr hinausgereist in die Leere, - das große Jenseits -scheinbar losgelöst und abgetrennt von eurem wundersamen Selbst, sodass ihr euch auf eure eigene einzigartige Weise zum Ausdruck bringen und schöpferisch tätig sein konntet. Es war eine Reise der Freude und Wunder, der Schmerzen und Leiden, großartiger Erfolge und verheerender Fehlschläge, aber diese Zeiten gehen jetzt zu Ende, sie haben ihren Höhepunkt erreicht.

Die Zeit des Lebens in der Getrenntheit (obgleich umgeben von Vielen), des sich selbst von anderen getrennt Sehens, wird ersetzt durch ein Einheitsbewusstsein, ein Zusammenkommen, ein Verschmelzen und Vermischen von Energien, Kräften und Weisheit. Haltet für eine Weile inne und fühlt die Kraft und Liebe, die durch und um euren Körper fließt, sich ausdehnt in den Raum und tief hinab in die Erde. Nun verlegt euren Fokus auf eure Stirn, oder das dritte Auge, und fühlt oder stellt euch vor, wie ein Lichtstrahl in den mittleren Teil eures Gehirns eindringt. Benützt all eure Sinne während ihr euch mit eurem Bewusstsein in das Zentrum eurer Gehirnstruktur begebt. Ihr mögt einen leichten Metallgeschmack auf der Zunge haben, oder ein zartes Aroma mag eure Geruchsempfänger reizen; ihr könnt eine Ausdehnung in eurem Kopf fühlen, als ob ein subtiler Druck ihn von innen heraus ausdehnt. Geht mit eurer Wahrnehmung in diesen Innenraum, seht, ob ihr euren Schädel von innen her erfühlen könnt - strengt euch nicht an, es gibt hier keinen richtigen oder falschen Weg, dies auszuführen. Lasst zu, dass diese Verlagerung ganz natürlich vor sich geht, als ob ihr jetzt ein kleiner konzentrierter Funke seid, der in einem ausgedehnten Ozean des Bewusstseins schwebt. Werdet euch der heiteren Gemütsruhe und des Gefühls der Freiheit bewusst, die damit einhergeht, und wie die Begrenzungen eurer Körperstruktur scheinbar wegfallen. Fühlt die Energie von eurem Körper ausstrahlen, wie sie eure Aura reinigt und erweitert, harmonisiert und ins Gleichgewicht bringt. Verweilt einige Augenblicke, - oder länger, wenn ihr wollt - um diese neue Verbindung mit dem SELBST zu erleben und zu bestätigen.

Wenn ihr zur Fortsetzung bereit seid, gleitet mit eurem Bewusstsein durch eure ganze Gehirnstruktur, bis ihr einen leichten Druck fühlt; sondiert sanft diese Stelle, und wenn ihr eine Empfindung in eurem Herzzentrum wahrnehmt (einen zarten Druck oder eine emotionale Reaktion), gebt euch die Erlaubnis, in diesen Raum einzutreten. Ihr verbindet euch mit einem Lichtpaket oder Juwel der Weisheit, einer Codierung heiliger Geometrie oder einer Formel, welche die Schlüssel oder Codes zu eurer Meisterschaft und eurer Mission enthält.

Wenn ihr dieses „Kraftwerk" der Weisheit anzapft, erhöht und beschleunigt sich die Umwandlung eurer Molekularstruktur und eurer Fähigkeit, die negativen Energien im Innern umzuwandeln und auszugleichen. Darüber hinaus beginnt ihr, ähnlich einem Funkfeuer, hohe Frequenzschwingungen auszusenden, welche diejenigen anziehen, die ebenfalls beginnen, diese verfeinerten Frequenzen anzunehmen und zu integrieren. Ihr agiert füreinander als ein Katalysator, wenn ihr die Freigabe dieser Erweiterung an Wissen, Energie und Licht erhöht und beschleunigt. Darin liegen die Erinnerungen an euren Ursprung, an eure Fähigkeiten und Talente, und an eure gesegnete Mission. Darin liegt die Blaupause und die Formel für die wundersame Zukunft eures Planeten und der Menschheit, und eure besondere Rolle in diesem großen Plan.

Wie durch ein Wunder werdet ihr beginnen, euch wieder mit Gruppen und Seelen zu vereinen, von denen ihr vor Äonen getrennt wurdet. Mit der Wiedererlangung des Gefühls der Einheit und Ganzheit, wird das Gefühl des Alleinseins verschwinden. Ihr werdet zu den Talenten und Gaben der euch Umgebenden die eurigen hinzufügen und ergänzen, so wie sie eure Fähigkeiten und eure Weisheit stärken und erhöhen werden. Während ihr zusammenkommt zu Arbeit, Spiel und zur Erfüllung eurer Aufgabe, werdet ihr gegenseitig die Schlüssel und Codes in eurem Innern auslösen und aktivieren. Jeder von euch trägt sein geläutertes Wissen und seine Erfahrung bei, während ihr euch gegenseitig helft, eure wundersamen Lichtkörper zu heilen, zu reinigen und zu integrieren, und eure Meisterschaft anzunehmen. Ihr werdet dann zur nächsten Integrationsebene geführt, da ihr euch dessen bewusst werdet, dass ein wichtiger Teil eurer Mission darin besteht, eurem Planeten zu helfen, die Schlüssel, Codes und „Energiekraftwerke“, die sich in seinem Körper befinden, zu aktivieren.

Wie ich euch kürzlich erklärte, wurden zu der Zeit, als eure Mutter Erde geformt wurde, große kristalline, fühlende Wesenheiten tief in ihrer Struktur platziert (einschließlich eines großartigen Kristallkerns), in welchen die Göttliche Blaupause für den Planeten und die ganze Menschheit vom Anbeginn bis zum Ende der Zeit codiert wurden. Nun, ich habe euch erklärt, wie viele dieser großen Energiezentren stillgelegt wurden, als die Erde und die Menschheit in die Dichte herabsanken. Nur wenige Hauptzentren blieben übrig, um Licht und Information zu und von den höheren Reichen auszustrahlen. Diese Zentren wurden im Laufe der Zeit verunreinigt, verdichtet und verzerrt, sie erzeugten Städte der Dunkelheit anstatt Städte des Lichts. In den vergangenen ca. 20 Jahren haben wir, mit eurer Hilfe als „Verankerer“ und Überträger des Lichts, nach und nach Fortschritte in der Reinigung und Heilung dieser „Leuchttürme“ in der Erde erzielt, welche ihrerseits geholfen haben, die Ley-Linien und das ätherische Netz eures Planeten zu reinigen, auszugleichen und zu verfeinern.

Es ist Zeit für den nächsten Schritt in diesem großen Plan der Transformation. Es ist Zeit, all die schlafenden Machtstrukturen in der Erde zu aktivieren, welche die Schlüssel und Codes, die Informationen und Formeln für den Aufstieg eures Planeten und für all diejenigen beherbergen, die fähig sind, sich auf seine beschleunigte Resonanz einzustimmen und ihn auf dieser „Reise des Zeitalters“ zu begleiten. Wir sind in einer Zeit beschleunigten Wachstums, einer Erweiterung des

Bewusstseins und einer Einstimmung auf die verfeinerte Weisheit der Wahrheit des Schöpfers. Geradeso wie ihr euch auf die Heilung und Ausbalancierung eurer körperlichen Struktur und auf die Aktivierung und Harmonisierung eures Chakrasystems fokussiert habt, so ist es jetzt unerlässlich, dass ihr eurem gesegneten Planeten helft, dasselbe zu tun. Eure Erde und euer Sonnensystem kommen allmählich in die Ausrichtung mit dem Herzzentrum eurer Galaxis und mit der Großen Zentralsonne. Ihr aktiviert und reinigt euer eigenes Seelen-(Solar)Herz, in Vorbereitung auf das Erblühen und Hervorbrechen eurer eigenen Sohn/Tochterschaft. Die Welt, wie ihr sie kennt, hat euch durch die Zeitalter hindurch unterstützt und ernährt. Nun seid ihr an der Reihe, sie in ihrer Zeit der Wiedergeburt und Erneuerung zu unterstützen und ihr helfend beizustehen. Eure Aufmerksamkeit und euer Fokus wird zu unterschiedlichen Teilen der Erde hingezogen werden. Ihr werdet einen Ruf und eine Sehnsucht verspüren, zu spezifischen Orten zurückzukehren, wo eure Erinnerungen begraben sind, und wo ein entscheidender Funke Göttlicher Energie, den ihr in euch tragt, euch - wenn ihr mit anderen gleicher Schwingung verbunden seid - bei der Aktivierung oder Heilung des kollektiven Bewusstseins helfen wird. Ihr werdet die heiligen Codes entschlüsseln, welche diese großen Strukturen entfachen und nähren werden, die seit so vielen Zeitaltern schlafend lagen, und die nun wieder beginnen werden, die Instruktionen und Anweisungen von eurem Vater/Mutter-Schöpfer in der Großen Zentralsonne zu empfangen und zu übermitteln.

Es ist Zeit, die uralten Erinnerungen an Schmerz, Versagen, Verzicht, Unterdrückung und Verrat aus euren Erlebnissen in Lemuria und Atlantis zu heilen. Vergebt euch selbst für den Missbrauch der Geschenke der Macht, der Fülle und des Mitschöpfertums. Es ist für euch eine längst vergangene Zeit, um euch daran zu erinnern, dass ihr zur Erde kamt, um die physische Ebene der Dualität zu manifestieren und zu erfahren. Seid ihr euch dessen bewusst, dass ihr, indem ihr eure Vergangenheit heilt und erkennt, dass ihr nicht für eure Irrtümer und fehlgeleiteten Energien verurteilt werdet, ihr damit die alten Frequenzen (Erinnerungen) der Menschheit und eurer Erde läutert, ausgleicht und heilt? In Wahrheit braucht ihr nicht euch selbst oder irgend jemand anders zu vergeben, oder um Vergebung zu bitten, denn es gibt nichts zu vergeben. Aber indem ihr es in eurem gegenwärtigen Bewusstseinzustand tut, hilft es euch, mit dem Prozess der

Harmonisierung eures Bewusstseins zu beginnen. Die meisten von euch sind noch nicht bereit, zu sehen und zu akzeptieren, dass es nichts gibt, was ihr je getan habt oder tun könnt, das der Schöpfer als „böse" oder „übel" beurteilt. Es ist richtig, ihr wart dem Gesetz von Ursache und Wirkung, dem Karma unterworfen, aber ihr wurdet nie verurteilt oder als irgend weniger denn vollkommen angesehen.

Es ist Zeit, diese Vollkommenheit zu akzeptieren, ihr Lieben, und aufzuhören, euch selbst zu bestrafen. Es liegt eine gesteigerte Betonung auf dem „Zusammenkommen", um ein Kraftfeld kosmischer Umwandlungsenergie zu erzeugen, wenn ihr beginnt, die vereinte konzentrierte „Sonnen-Energie" (die Energie des Ersten Strahls) zu projizieren, die ihr in eurem Innern aufbaut. Eine dieser Zeiten wird der zehnte Jahrestag jenes Ereignisses sein, das ihr als die „Harmonische Konvergenz" bezeichnet habt, die sich im August 1987 ereignete, als die Sonne begann, sich auf das Zentrum der Milchstrasse auszurichten, oder dem galaktischen Äquator, und die Impulse von der Großen Zentralsonne begannen, sich über die Erde und die Menschheit zu ergießen. Ihr alle seid euch dessen wohl bewusst, was seither durchgesickert ist, meine geliebten Krieger, aber wenn ihr denkt, es seien seither wunderbare Veränderung geschehen, so lasst euch sagen, ihr habt noch gar nichts gesehen.

Ebenso wie viele geliebte Wesen den Zug und das dringende Verlangen fühlten, zu verschiedenen sakralen Stätten zu reisen, heiligen (und nicht so heiligen) Orten, so fühlen immer mehr von euch den Göttlichen Aufruf und die Göttliche Unzufriedenheit, entweder fremdartige und wundersame Orte auf eurer Erde zu besuchen, oder sich dort niederzulassen.

Der Feuerring, wo sich viele eurer schlafenden und aktiven Vulkane rund um die Welt befinden, enthält große Vorräte an Weisheit und transformierender Energie. Unter jedem dieser Vulkane befindet sich eine der großen Kristallstrukturen, von denen wir sprachen. In der Vergangenheit, sobald sich die negativen Energien zu einem unerträglichen Pegel auftürmten, spieen diese großartigen Energiewirbel, unter der Leitung der Großen Devas, ihr Feuer und ihre Frustration hervor, nicht um zu verletzen oder zu zerstören, sondern um euch bewusst zu machen, dass sich der Druck auf ein unerträgliches

Maß erhöht hatte, und es daher eine Entlüftung oder Befreiung geben musste. Es ist jetzt Zeit für euch, dass ihr euch mit den Devischen und Elementaren Königreichen verbindet, euch in der heiligen Absicht mit ihnen vereint, die negativen, eingezwängten Energien zu reinigen und zu befreien, sie zu aktivieren und mit den Göttlichen Wesen zu harmonisieren, deren Aufgabe es war, die Weisheit und Resonanz des Schöpfers in der Erde zu verankern und aufrecht zu erhalten.

Ihr habt treu und fleißig gearbeitet, diesen heiligen Ort, genannt Mt.Shasta, zu aktivieren und zu heilen, sodass er jetzt in einem höchst wundersamen Licht schwingt. Wir bitten euch, jetzt auch die anderen großen „Kraftwerke" rund um die Erde zu heilen, solche, wie den majestätischen Mt. Haleakala auf Maui, Hawaii, ein Überrest der großen Zivilisation von Lemuria. Ich bitte euch, konzentriert euch (oder reist, falls ihr von Spirit aufgerufen werdet) während der Vollmondzeit im Feuerzeichen Löwe, zu diesen heiligen Ort, wo ich, einmal mehr, den Ersten Strahl von Göttlichem Willen und Macht aktivieren werde, und, mit eurer Hilfe, die großen Kristallwesen, die seit Tausenden Jahren schlummerten, wieder erwecken werde. Ihr werdet in den Krater eure gereinigte Absicht eingießen und helfen, die uralten Erinnerungen an Trennung und Versagen zu heilen, und ihr werdet mit einer Einstimmung und Aktivierung von profunden Ausmaßen belohnt werden. Ihr habt die Schlüssel, um die Energie in der Erde aufzuschließen und umzuleiten. Sie ihrerseits hält die Schlüssel zu eurer Entfaltung als mitschöpferische Meister, um euch zu helfen, zu eurer vollen Partnerschaft zurückzukehren, als geehrte Abgesandte des Allerhöchsten, ausgesandt zu einem sehr speziellen Auftrag an einen Ort, genannt "Der Garten von E-Don".

Es gibt viele sakrale Stätten und heilige Orte, die euch rufen, ihr Lieben. Bringt der Name Shamballa oder Camelot eine Saite der Sehnsucht in euch zum Erklingen? Sie sind nicht nur Mythen, sondern große ätherische Städte vergangener Tage. Jeder von euch muss sich einstimmen und jenem „kosmischen Ruf" von innen lauschen – dem, was in eurem tiefsten innersten Wesen eine Resonanz hervorruft. Erlaubt niemandem für euch Entscheidungen zu treffen oder euch zu nötigen. Macht keine Reise aus einem Schuldgefühl heraus oder aus Furcht, dass ihr zurück oder ausgeschlossen bleibt. Euer Spirit- Selbst wird euch eine klare Botschaft geben, die nicht verleugnet werden kann, wann es richtig und Teil eurer Göttlichen Aufgabe ist. Deshalb gab ich euch die neue Meditation zu Beginn dieser Botschaft.

Wenn ihr euch nach innen begebt und euch mit eurem innersten Selbst verbindet, wird euch vollkommene Führung zuteil. Erinnerungen werden aufwallen und ihr werdet solch eine Göttliche Unzufriedenheit fühlen, solch eine Sehnsucht, dass ihr nicht fähig sein werdet, diese Impulse abzulehnen. Und, wenn ihr euch entschließt, den Anstößen des Spirit zu folgen, werdet ihr mit Leichtigkeit und Bereitwilligkeit die Wege und Mittel manifestieren, um eure Aufgabe zu erfüllen. Beginnt, euer Göttliches Geburtsrecht zu fordern, meine tapferen Krieger. Erkennt, dass nichts zu schwierig oder unmöglich ist, wenn ihr euch der Macht und der Ressourcen des Spirit bedient.

Ihr Lieben, lasst uns in diesem heiligen Tanz der Mitschöpfung zusammen vorangehen.
ICH BIN Erzengel Michael.

32. Die Prinzipien spiritueller Macht

Geliebte Meister, ich habe euch letzthin eine - wie man sagen könnte - „erweiterte" Information gegeben, um eure Vorstellungskraft auszudehnen und euer Bewusstsein zu erweitern, sodass ihr allmählich einiges von der Weite und Komplexität eurer Welt, des Sonnensystems und des Universums in euch aufnehmen könnt. Zur Zeit bin ich mir bewusst, dass viele von euch mit manchen Konzepten, die euch angeboten wurden, unzufrieden sind und das Gefühl haben, dass sie nicht in den Rahmen dessen passen, was ihr gerne als eure Wirklichkeit akzeptieren möchtet. Das ist alles richtig so, und wir ehren euch für euer Urteilsvermögen. Viele der vermeintlich „neuen Wahrheiten", die euch auf verschiedenen Wegen übermittelt wurden, sind tatsächlich erweiterte Konzepte der Wahrheit des Schöpfers, die über das hinausgehen, was die Menschheit zu akzeptieren und zu integrieren bereit ist. Als Rasse werdet ihr jetzt erwachsen (und wir sprechen hier von der menschlichen Rasse.). Teil des Entwicklungsweges zum integrierten spirituellen Menschen ist, zu erlauben, die alten verzerrten, begrenzten Glaubensvorstellungen durch Ideen und Theorien zu ersetzen, die man ihrer Natur nach für revolutionär ansieht und die meist im Gegensatz zu dem stehen, was ihr in der Vergangenheit als eure Wahrheit akzeptiert habt.

Wir beobachten, wie ihr über einige der Ideen, die wir euch vorgelegt haben, nachdenkt, und wir fühlen euer Unbehagen, da einige dieser Konzepte alte Erinnerungen aufrühren: Angst, Schuld, Frustration, Ärger und ein Gefühl der Sinnlosigkeit. Haben wir euch nicht gesagt, dass die Zeit gekommen ist, alle überholten Ideen und Wahrnehmungen loszulassen, sodass ihr, wieder einmal, eure Meisterschaft annehmen könnt? Aber zuerst müsst ihr an die Möglichkeit glauben, dass ihr in der Tat Meister seid, nicht bloß Schachfiguren des Schicksals in einer nie endenden Tretmühle, die nirgendwo hinführt.

Es ist Zeit für euch, verantwortliche, selbstbewusste, spirituelle Erwachsene zu werden (anders gesagt, es ist Zeit, eure Meisterschaft zu erlangen), denn einige von euch wissen noch nicht, was das bedeutet oder nach sich zieht. Es ist nicht länger gestattet, eurer Zukunft oder eurem geistigen Wachstum zu entsagen und die Verantwortung auf jemanden zu übertragen, von dem ihr glaubt, er sei weiser oder machtvoller, oder hätte auf irgendeine Weise „Verbindung" zu höheren Reichen erleuchteter Wahrheit. Geliebte, wir bieten euch ein Geschenk von großem Wert an: die Weisheit, die seit so langer Zeit verloren, verzerrt und vor euch verborgen war; das Wissen und die Weisheit, die nur jenen wenigen Auserwählten zugänglich war, die für fortgeschritten und verantwortungsvoll genug erachtet wurden, um diese zu verstehen und rechten Gebrauch davon zu machen.

Ich habe dies schon vordem viele Male gesagt, aber es bedarf der Wiederholung, denn dies sind entscheidende Zeiten in eurem Erleuchtungsprozess: akzeptiert nichts, was ich oder irgendjemand euch präsentiert, ohne es zuerst durch euer Herz-Seelen-Zentrum auf seine Gültigkeit hin zu überprüfen. Wenn es eine liebevolle, ermächtigende oder erweiternde Information ist, im Gegensatz zu einer begrenzenden, kontrollierenden oder auf Angst basierenden, dann bitte bewahrt eine offene, objektive Geisteshaltung. Wenn sie in euch nicht die Resonanz der Wahrheit hervorruft, dann legt sie beiseite, aber verwerft sie nicht. Bittet um Bestätigung, wenn es eure Wahrheit ist. Eure Beschützer, Lehrer und euer Höheres Selbst werden das übernehmen. Ihr werdet auf mannigfaltige Weise Informationen erhalten, die diese besagten Informationen erhärten oder für ungültig erklären, so dass ihr keinen Zweifel darüber haben werdet, ob sie eure Wahrheit sind oder nicht. Auf diese Weise werdet ich nach und nach euer Bewusstsein zu jenen Reichen, Realitäten und Möglichkeiten erweitern, die weit über eure kühnsten Vorstellungen hinausgehen.

Meine treuen Freunde, bitte wisst, dass das neue Bewusstsein und Wissen, das in den vergangenen zwanzig oder dreißig Jahren erweckt wurde, nur der Anfang, sozusagen eine Fibel dessen ist, was noch kommen wird. Also beschenkt euch bitte selbst, indem ihr hinausgreift in das Unbekannte, das jenseits der Grenzen eurer Sicherheit liegt, denn die Wände eurer Realität zerbröckeln. Das, was ihr für sicher gehalten und worauf ihr euch verlassen habt, löst sich langsam in Rauch auf. Selbst eure feinsten, höchsten und weisesten Wahrheiten werden durch ein noch feineres, fortgeschritteneres Wissen von galaktischer und universeller Bedeutung ersetzt oder modifiziert werden.

Die alten Glaubenssätze, die im Massenbewusstsein so fest verwurzelt sind, und die alten Arbeitsmethoden sind nicht länger akzeptabel. Es braucht nicht länger Lebenszeiten oder Jahre für die harmonischen oder disharmonischen Energien, die ihr in den Äther hinausgewirbelt habt, damit sie gleiche Energien einsammeln und danach als Bestätigung eurer Glaubensstruktur zurückkehren. Eure Schöpfungen vergrößern und materialisieren sich viel schneller, sodass ihr ein für allemal zu der Erkenntnis gelangen könnt, das ihr, und nur ihr allein, der Schöpfer eurer äußeren und inneren Welt seid. IHR seid verantwortlich für eure Hölle oder euren Himmel auf Erden - ihr und nur ihr allein. Euch wurden alle Werkzeuge, alle Geschenke zu eurer beliebigen Anwendung überreicht, wie sie in den Universellen Gesetzen des Schöpfers in Auftrag gegeben und festgelegt wurden. Euch wurde das kostbare Geschenk des freien Willens mit den Worten übergeben: „Schreitet voran und erschafft mit euren eigenen mentalen und emotionalen Fähigkeiten ein Paradies auf der materiellen Ebene, so dass wir diese neue Schöpfung miteinander erleben und uns daran erfreuen können - ICH durch euch." Das zu akzeptieren, ist für viele liebe Seelen ein schwieriges und beängstigendes Konzept. Es ist leichter, die Schuld für das, was euch widerfährt, auf andere, auf das Schicksal oder Gott zu schieben, sodass man nicht selbst die Verantwortung dafür übernehmen muss. Sogar wenn Leute Glück haben oder mit einem anscheinend unverdienten Preis oder unverhofften Gewinn beschenkt werden, ist es üblich zu sagen oder zu glauben: „sie hatten eine Glückssträhne," oder, „sie haben eben Glück gehabt." Sie könnten sich nicht an dem Geschenk erfreuen, ganz egal was es sein mag, hätten sie nicht die gleiche Energie in ihrem Aurafeld. Zu Zeiten oder in manchen Leben, streuten diese Personen, die viel Glück erfuhren, die Samen aus, die wuchsen und immer größer wurden, bis die Energie zurückkehrte und sie schließlich ihre Belohnung in Empfang nehmen konnten. Der Grund dafür, warum ihr jetzt so schnell beschenkt oder „bestraft" werdet, ist der, dass erstens eure Zeit/Raum-Realität komprimiert wurde, und zweitens, dass ihr das volle Ausmaß von Ursache und Wirkung in seiner Wirksamkeit zu erkennen beginnt.

Lasst uns jetzt über die Angst sprechen. Obwohl wir darüber schon viel in der Vergangenheit gesprochen haben, ist sie noch immer in einem gewissen Ausmaß eine beherrschende Kraft in den meisten eurer Leben. Ich möchte über die Angst sprechen zusammen mit dem, was wir als die **PRINZIPIEN DER MACHT** bezeichnen. Wenn wir über die Annahme eurer Macht sprechen, bekommen viele von euch sofort Angst oder sträuben sich dagegen. Es tauchen Erinnerungen auf, in denen ihr besiegt, niedergeschlagen oder sogar getötet wurdet von jemanden, der stärker war als ihr, Erinnerungen, in denen ihr eure Macht missbraucht oder all das, was euch lieb und teuer war verloren habt durch jemanden, der euch überwältigte.

Die Macht, die ich euch über den Ersten Strahl anbiete, ist die MACHT DER LIEBE, die MACHT, eure schöne neue Welt zu erschaffen und zu manifestieren, und die MACHT und Herrschaft über die niederen Frequenzen, die euch kontrolliert und gefesselt hielten in einem illusionären Gefängnis eures eigenen Gewebes. MACHT, in ihrer wahren Form angewendet, ist die Fähigkeit, mit Vitalität oder Stärke zu handeln. In ihr geht es darum, die eigene Wahrheit mit Autorität und Glaubwürdigkeit zu leben und mit Mut und Integrität auszusprechen. Sie bedeutet, die Verantwortung für eure eigenen Handlungen zu übernehmen und euren Einfluss zum höchsten Wohle aller auszuüben, und dies immer. Sie bedeutet, die MACHT der Sanftheit anzuwenden und nicht ängstlich zu sein, euch zu erlauben, die MACHT anderer zu erfahren; mit Dankbarkeit das anzunehmen, was andere euch anzubieten haben, wo deren Macht oder Fähigkeiten stärker oder fortgeschrittener sind als eure oder die eurige vermehren und anerkennen. Es ist nicht ein Wettkampf, um zu sehen, wer der Stärkere ist, oder wer die **ÜBERMACHT** über den anderen gewinnt. Es ist eine Gelegenheit für euch, das Geschenk der Ersten Ursache der Schöpfung, die **universelle MACHT** des Göttlichen Willens, in Harmonie mit dem Willen unseres Vater/Mutter-Gottes, zu integrieren und anzuwenden.

Ehrt euch gegenseitig, Geliebte. Ehrt die Glaubensansichten und Wahrheiten, die euch von anderen dargeboten werden, selbst wenn sie nicht voll in Resonanz stehen zu dem, was ihr als eure Wahrheit erkennt. Erlaubt ihnen, an eurer Seite zu gehen und euch einen anderen Standpunkt oder eine andere Facette der Wahrheit zu zeigen. Kritisiert oder urteilt nicht, das tut nur jemand, der in Angst ist. Seid mutig genug, anderen zu erlauben, anders oder einmalig zu sein, und seid willens, die Weisheit von ihrer Stärke und Weisheit anzunehmen, denn sie sind sich sicher, dass sie euch etwas anzubieten haben, wenn ihr empfänglich und offen für Veränderungen bleibt.

Bitte lernt die Kunst der Verhandlung und sanften Überredung, statt der Nötigung und Gewaltanwendung, wenn die Zeit kommt, sich auf eine neue Bemühung einzulassen, oder im Umgang mit denjenigen, mit denen tagtäglich zu leben und zu arbeiten ihr gewählt habt. Es ist Zeit für alle Rassen, Religionen, Kulturen, Altersgruppen und Geschlechter, in Harmonie und Frieden zusammen zu leben, dabei die Einzigartigkeit und Verschiedenheit des Selbstausdrucks gegenseitig zu ehren und zu feiern. Von anderen zu fordern, euren Regeln und Glaubensansichten zu folgen, entstammt der Angst - der Angst, sich als falsch, machtlos, oder unwert zu erweisen. Das, was ihr zu fest im Griff haltet oder zu beherrschen versucht, wird euch letztlich verloren gehen. Von Liebe durchtränkte Macht ist furchtlos und bedeutet Freiheit zu SEIN, sich auf eigenen Weise auszudrücken und zu erschaffen, und anderen das gleiche Göttliche Recht einzuräumen.

Um das Geschenk der Macht, das euch angeboten wurde, wirklich aufrichtig zu nutzen, müsst ihr euch zuerst einmal von der Angst lösen und von dem Bedürfnis, irgendjemand andern zu kontrollieren oder zu beherrschen. Ich bitte euch, wenn ihr dazu bereit seid, denkt im kommenden Monat über die Bedeutung von MACHT in Verbindung mit folgenden Worten nach:

MACHT DES AUSDRUCKS - Seid ihr bereit, frei und furchtlos eure Glaubensansichten und Wünsche anderen gegenüber auszudrücken?

MACHT DER VERKÖRPERUNG - Seid ihr bereit, euch euren schönen Lichtkörper vorzustellen, mit ihm zu arbeiten und ihn zu manifestieren, sodass sich für euch völlige Gesundheit, Vitalität, Jugendlichkeit und Wohlbefinden ergibt?

MACHT DER KOMMUNIKATION - Die Worte, die ihr sprecht, senden Energien aus, die eure Wünsche erschaffen, oder eure Bemühungen sabotieren und euch schwächen.

MACHT DER INSPIRATION - Inspiration ist der erste Schritt in der Anwendungsformel der

MACHT DER MANIFESTATION - Die Energie der inspirierten Gedanken öffnet den Weg zur Einstimmung mit eurem höheren Geist, sodass ihr die Quelle kosmischen Wissens anzapfen könnt, in der alle Dinge bekannt sind.

MACHT DR EINSICHT – Seid ihr bereit, die Verantwortung für euer neuentdecktes Wissen und Macht zu übernehmen, zu wissen, wann ihr reden und wann ihr schweigen sollt, und anderen zu gestatten, ihre eigene Wahrheit in ihrem eigenen Zeitrahmen zu finden? Diejenigen, die wahre Meister sind, wissen, dass sie nur für ihr eigenes spirituelles Wachstum und Wohlbefinden verantwortlich sind, und der beste Weg, andere zu belehren, liegt in der Vorbildfunktion.

MACHT DES GLEICHGEWICHTS–Leben auf dem mittleren Pfad, der auch von einigen als der schmale Pfad bezeichnet wird. Mäßigung in allen Dingen, aber all die Schönheit, Freigebigkeit und Fülle der Schöpfung in Anspruch nehmen und sich daran erfreuen. Alle Facetten eures Seins ausgleichen und integrieren, sodass ihr in Harmonie und Frieden schwingt und strahlt.

Und letztendlich, die **MACHT DER TRANSZENDENZ** - Das ist das Endresultat der Erlangung und Harmonisierung all der anderen Facetten der Macht, ihr Lieben. Es ist an der Zeit, euch über die Begrenzungen der dritten Dimension hinaus zu bewegen, eure alten begrenzenden, kontrollierenden Glaubensstrukturen loszulassen und zu transzendieren, auf die Ebene der Meisterschaft vorzustoßen und all die Geschenke zu fordern, die durch Göttliche Zuteilung euer sind – ihr habt es bloß vergessen.

Was bedeutet das, ein **ERMÄCHTIGTER** Meister, Pionier, oder Wegweiser zu sein? Es bedeutet, einen Pfad zu beschreiten, vor dem sich andere schwachen oder ängstlichen Herzens fürchten. Es bedeutet, die Gipfel zu besteigen und eure Belohnung als erleuchtetes spirituell-menschliches Wesen zu fordern, hinauszuspringen in unerforschtes Territorium, wissend, dass ihr die Fähigkeit und die erforderlichen Mittel habt, um in jeder von euch gewählten Bemühung erfolgreich zu sein. Es bedeutet, euer Ego zu meistern und eure Wünsche in Harmonie mit eurer Göttlichen Aufgabe zu bringen – welche zu Frieden, Glück und Schönheit führt, was ihr alle ersehnt. All das hilft euch, die **MACHT DER TRANSFORMATION** zu erschließen, welche euch anmutig und leicht durch den jetzt fortschreitenden Prozess führt, der euch die Tore zu den höheren Dimensionen der Erleuchtung und des Einheitsbewusstseins öffnet.

Also, meine tapferen Krieger, wollt ihr etwas Zeit opfern, um über diese **PRINZIPIEN DER MACHT,** die ich jetzt kurz umrissen habe, nachzudenken, zu meditieren und sie zu integrieren? Es ist unbedingt notwendig, dass ihr euch darüber im Klaren seid, welche Verantwortungen ihr mit der Inanspruchnahme des Geschenks des Ersten Strahls der Göttlichen Macht übernehmt. Entscheidend ist, dass ihr von dieser Energie richtigen Gebrauch macht, sie für euer höchstes reinstes Gut und zum Wohle aller anwendet. Der nächste Schritt wird sein, eurer Mutter Erde und der ganzen Menschheit zu helfen, dieses Geschenk wieder zu erlangen. Durch den bestimmten Fokus und die **MACHT** von euch, den Wenigen, die mutig, tapfer und hingebungsvoll genug waren, führend auf diesem Weg voranzugehen, wird dieses wunderbare Geschenk die Erde und alle Lebewesen durchdringen und transformieren.

Ich verlasse euch mit einer letzten Bitte: bitte konzentriert euch auch auf die Worte **„FREUDIGER AUSDRUCK“,** und was sie für euch bedeuten. Eines der Geheimnisse der Meisterschaft und der Forderung nach Leichtigkeit und Anmut in diesem höchst wichtigen Prozess ist, an ihn heranzugehen und ihn als ein freudiges Erlebnis anzusehen, nicht als eine Plackerei oder „schwerwiegende“ Aufgabe, die „ertragen“ und bewältigt werden muss. **GOTT IST FREUDE, GOTT IST EKSTASE, GOTT IST VERZÜCKUNG.** Wenn ihr nach Freude verlangt und sie zum Ausdruck bringt, benützt ihr eines der **MÄCHTIGSTEN** Werkzeuge der Schöpfung.

Ihr habt die Täler der Verzweiflung durchquert. Ihr seid den Pfad von Kummer und Leid gegangen. Ihr habt die dunkle Nacht der Seele erfahren. Nun ist die Zeit gekommen, die Wohltaten und den Lohn für all eure Prüfungen zu fordern und zu ernten. Nehmt eure **MACHT** in Anspruch, ihr tapferen Krieger, und mit Freude, Entschlossenheit und der Vision eines bald zu manifestierenden Paradieses, werden wir zusammen in den Morgen einer glänzenden Zukunft voranschreiten. Ich liebe und unterstütze eure Bemühungen mit aller **MACHT** meines Seins.

ICH BIN Erzengel Michael.

33. Mission der Liebe – Mission der Meisterschaft

Geliebte Meister, Solare Herzen, Sternensaat wundersamen Lichts, Söhne und Töchter des Allerhöchsten, ich möchte euch etwas Einsicht geben in das, was am 16., 17. und 18. August 1997 rund um die Welt bekannt geworden ist: die Feier des 10. Jahrestages dessen, was als die „Harmonische Konvergenz“ bezeichnet wurde. Mehr, als wir je für möglich hielten, antworteten auf den Ruf (viele von euch waren sich nicht einmal voll bewusst, was sie taten), wodurch es uns ermöglicht wurde, einen maximalen Zustrom kosmischer Energie von der Großen Zentralsonne durch euch und in und rund um die Erde auszustrahlen, welche dann herabstieg und sich in der Menschheit und in allen lebenden Geschöpfen insgesamt verbreitete. Es war notwendig, eure Zustimmung zu haben, und es war auch notwendig, dass ihr zu reinen Gefäßen und Umformern dieses Geschenks wurdet, damit es euer vielschichtiges Körpersystem nicht verletzen und auch nicht verzerrt oder verunreinigt werden konnte. Deshalb haben wird uns so bemüht, euch verstehen zu helfen, wie entscheidend diese Zeit auf eurem Planeten ist. Und wir haben in diesen vergangenen Monaten alles in unserer Macht liegende getan, euch zu helfen, eure vier niederen Körper in einem höchstmöglichen Grad zu reinigen und zu harmonisieren. Ihr könnt euch nicht vorstellen, ihr Kostbaren, wie viel liebevolle Energie, Hilfe und Aufmerksamkeit auf euch und euren gesegneten Planeten in diesem letzten Jahrzehnt des Jahrhunderts fokussiert wurde.

Diejenigen von euch, die angezogen wurden, an der Veranstaltung auf dem heiligen Ort, der jetzt Maui genannt wird, teilzunehmen, antworteten einem Ruf aus der Tiefe ihres Bewusstseins, einer Sehnsucht, zurückzukehren zu dem wundersamen Ort, den ihr einst Heimat genannt habt, einem Ort, bei dessen Erschaffung ihr mitgeholfen habt und wo viele von euch ihre physische Reise vor so vielen Äonen begannen. Der Drang war so groß, ihr konntet euch nicht verweigern. Und als ihr euch dann verpflichtet habt, schienen die Hindernisse dahinzuschwinden, während Spirit euch half, euch mit eurer spirituellen Familie in diesem heiligen Streben wieder zu vereinen. Das Gleiche geschah an vielen anderen Orten in aller Welt, wo Gruppen über Gruppen zusammenkamen, ihren speziellen Teil dieser Mission zu erfüllen. Ihr alle empfingt ein Geschenk aus dem Herzzentrum eurer Vater/Mutter-Gottheit, das euch half, den Schleier des Vergessens zu entfernen, euch zu erinnern, wer ihr seid, und den Erwachensprozess der Erde und all ihrer Bewohner zu beschleunigen. Ein neues Weltbewusstsein ist im Entstehen, eine innere Unzufriedenheit breitet sich aus, da immer mehr Menschen auf den Pfad der Bewusstwerdung gestoßen werden.

Dieses bedeutsame Ereignis wurde im ganzen Universum gefeiert, während wir beobachteten, wie ihr durch den Torweg des höheren Bewusstseins schrittet, das flammende Schwert des Willens und der Macht der Ersten Ursache entgegennahmt und euch bereit erklärtet, dieses wundersame Geschenk zum Wohle aller zu benutzen. Was ihr initiiert habt, meine Getreuen, ist eine Herzensverbindung unter euch selbst und mit jenen von uns, die in den höheren Reichen wohnen. Dies ist eine Herzensverbindung, die sich rund um die Welt ausbreiten wird, wenn immer mehr und mehr Gesegnete erwachen und mit dem Prozess der Einstimmung auf ihre wahre Natur oder ihr Höheres Selbst beginnen, und ihr alle eure Herz/Seelenverbindung mit der Göttlichen Quelle durch euer eigenes Christusbewusstsein wieder herstellt. Ihr habt begonnen mit dem Prozess der Errichtung eines Liebe/Licht-Netzes oder -Mandala, welches weiter wächst und sich ausbreitet, bis es die Erde völlig umschließt und uns dadurch erlaubt, den Aufstiegsprozess für euch und euren Planeten zu beschleunigen, welcher schließlich in euer Sonnensystem, eure Galaxis und darüber hinaus ausstrahlen wird.

Unsere Verbindungen mit euch werden beträchtlich verstärkt, je mehr von den Frequenzverzerrungen harmonisiert oder entfernt werden. Habt ihr nicht das Gefühl, dass ihr mehr auf uns und unsere Gegenwart eingestimmt seid, ihr Lieben? Wir von den höheren Reichen „überleuchten" euch mit den Göttlichen Aspekten und Attributen des Schöpfers, da ihr euch zurückbegebt in die Harmonie mit uns. Ihr mögt fliegende Hitze in eurem Körper verspüren, oder Energiewellen, die euch durchfluten; oder es mögen Wellen großer Freude oder sogar Traurigkeit über euch hinwegspülen, wenn ihr euch an die höheren Frequenzebenen angleicht. Euer Herz mag sich so voll mit Liebe fühlen, dass es beinahe schmerzvoll ist, als ob euer Körper diese exquisiten Gefühle, die euer Wesen durchdringen, nicht ertragen kann. Scheint es nicht so, als ob eure Wahrnehmung mehr fokussiert ist, und betrachtet ihr nicht eure Welt mit größerer Klarheit? Kommt es euch nicht vor, als ob ihr mehr Kontrolle über euer Schicksal habt? Und lasst ihr nicht die

Zweifel los und begebt euch in die Gewissheit, dass ihr „im Fluss“ seid, dass alles in Ordnung ist mit der Welt, wenn ihr die Ereignisse von einer höheren, breiteren Perspektive aus betrachtet? Ihr legt den Mantel der Meisterschaft an, liebe Herzen; ihr steigt auf, indem ihr Spirit erlaubt, herabzusteigen und die Herrschaft in eurem physischen Körper zu übernehmen.

Während dieser vergangenen Jahre, haben wir uns durch diese Botschaften und die Zusammenkünfte, an denen teilzunehmen wir euch ermutigt haben, bemüht, euch erkennen zu helfen, dass der Reinigungsprozess nicht kompliziert oder schmerzvoll sein muss. Es ist entscheidend, das ihr alle restlichen eingezwängten Energien in euren physisch/ätherischen, emotionalen und mentalen Körpern verarbeitet und freisetzt, indem ihr euer körperliches Chakrasystem (die sieben Chakren oder Energiewirbel, mit welchen ihr höchst vertraut seid) ausgleicht und harmonisiert. Durch die Anwendung des heiligen Atems, durch tönen, visualisieren und durch eure feste Absicht wird der Prozess sehr beschleunigt, wobei ihr eurer ICH BIN- Gegenwart erlaubt, auch die vielen kleineren Chakren in eurem Körper zu aktivieren und mit dem Prozess der Einstimmung auf die fünf höheren Chakren des Galaktischen Bewusstseins zu beginnen. Dies baut wiederum euren kristallinen Lichtkörper auf, da ihr immer mehr und mehr von eurem Göttlichen Selbst integriert.

Schlussendlich, ihr Lieben, werdet ihr zu viel mehr dieser hochfrequenten Energiezentren Zutritt haben und sie in euch aufnehmen, welche euch zu einem Universalbewusstsein anheben werden. Aber für die gegenwärtige Zeit ist es unerlässlich, dass ihr euer Höheres Selbst fest im Physischen verankert und lernt, wie ihr als ein Meister fungiert; wie ihr eine Strahlung des Friedens, der Liebe und des Überflusses als euer Geschenk für die Menschheit und die Erde miterschafft und manifestiert; wie ihr euch auf die Schönheit und Harmonie rund um euch fokussiert, weg von der Negativität und dem Chaos, so dass ihr keine Energie oder Nahrung dem gebt, was nicht mit der Göttlichen Blaupause für die Erde und die Menschheit vereinbar ist. Es ist alles Teil des Fokussiertseins auf das JETZT, jeweils einen Schritt nach dem andern zu tun. Ihr Lieben, ihr seid die Vorbilder, die Prototypen der neu entstehenden spirituell eingestimmten Menschheit. Ihr erleuchtet den Pfad für die anderen, die euch nachfolgen. Ihr seid die

Lehrer, die Führer, die Wegweiser für jene, die jetzt erwachen. Welchem Zweck sollte es euch dienen, auf dem Pfad so weit voranzuschreiten, dass niemand eine Verbindung mit euch aufnehmen kann, oder wenn ihr außerhalb der Reichweite und des Verständnisses derjenigen seid, denen ihr hilfreich beistehen sollt?

Ja, da sind diejenigen unter euch, die nahe dran sind, weit und jenseits über alle Norm hinauszugehen, die den Traum der vollen Verbindung mit dem Göttlichen Selbst verwirklichen und aufsteigen können in die höheren Reiche jenseits der Illusion und des Leidens der Menschheit auf der Erde. Und ja, wir erkennen, dass dieser Zug und Wunsch sehr stark ist, und wenn das eure Wahl ist, dann sei es so. Es gibt keine falsche Wahl. Aber erinnert euch, Geliebte, ihr werdet gebraucht. Ihr habt versprochen, beim Erwachen eurer Brüder und Schwestern zu helfen; zu lehren, zu führen und diejenigen zu nähren, die in diesen höchst entscheidenden Zeiten den Pfad hinter euch beschreiten. Deshalb ist es so wichtig, dass ihr den Prozess nicht zu kompliziert erscheinen lasst, zu schwer zu verstehen oder auszuführen. Jene, die eurer Führung folgen, brauchen nicht die vielschichtigen Konzepte, die ihr integriert habt, zu kennen oder zu verstehen, noch brauchen sie die Bewusstseinsebene zu erreichen, die ihr erzielt habt.

Denkt daran, viele von euch sind darauf vorbereitet, die aufgestiegenen Meister der Zukunft zu sein, sofern ihr eure Verpflichtung anerkennt und diese Verantwortung übernehmt. Ja, da sind die wenigen, die aufsteigen und ihre physischen Körper mit sich nehmen werden, und andere, die plötzlich die Welt verlassen werden, sobald ihre spezielle Aufgabe erfüllt ist. Ihr alle habt von den drei Aufstiegswellen gehört, und viele haben sich einfangen lassen von diesem Drama und haben all ihre Absicht darauf konzentriert, Teilnehmer der ersten, der zweiten, etc., Welle zu sein, und ziemlich oft wurde das Ego in diesen Wunschprozess involviert, unter jenen der ersten Welle zu sein. Aber derzeit erleben die meisten von euch, die prädestiniert sind, ein Teil dieses Planes zu sein, ihren Aufstiegsprozess im ätherischen Körper und wissen sehr wohl, wer sie sind. Ihr bewahrt euer Schweigen und nehmt liebevoll eure Aufgabe wahr, Diener der Menschheit zu sein, führend, lenkend, lehrend und sanft die Wege für die Nachfolgenden öffnend. Es ist noch nicht die Zeit, auch seid ihr noch nicht dafür bereit, euren Körper-Lichtkörper völlig zu materialisieren und zu dematerialisieren.

Hängt euch noch nicht an euer letztes Ziel, Geliebte, richtet euren Fokus auf die Aufgabe des Augenblicks.

Die Menschheit insgesamt braucht nur ihr Herzzentrum zu öffnen und ihrem Seelen-Selbst zu erlauben, mit dem Prozess der Einstimung ihres physischen Gefäßes auf die Resonanz der vierten Dimension zu beginnen. Die Menschheit wird dann fähig sein, zusammen mit der Erde mit Leichtigkeit und Anmut in die fünfte Dimension aufzusteigen, wenn dieser sehr wichtige Zeitpunkt gekommen ist. Die meisten von euch, welche die Dringlichkeit fühlten und über die vergangenen Jahre auf den Weckruf geantwortet haben, sind diejenigen, auf welche die Verantwortung fallen wird. Ihr seid es, welche die gesegneten Wesen dieser Erde unterweisen, belehren und in das aufkommende Goldene Zeitalter führen werden. Und wenn eure Mission vollendet ist, werdet ihr das Zepter der Verantwortung an jene weiterreichen, denen ihr geholfen habt, ihre Meisterschaft zu verwirklichen, während ihr vorwärts schreitet auf die nächste Ebene der Wahrheit und Bestrebung.

Ihr habt große Prüfungen und Widerwärtigkeiten erlitten und überstanden. Ihr seid triumphierend aus dem Tal der dunklen Nacht der Seele (richtiger wäre es, sie als die dunkle Nacht des Ego zu bezeichnen) hervorgegangen. Ihr habt vieles aufgegeben und losgelassen und kommt nun zu der Erkenntnis, dass all das, was ihr erlebt habt, ein Teil des Prozesses war, und dass die Geschenke des Spirit bei weitem alles überwiegen, was ihr in der Vergangenheit erfahren habt.

Wir haben euch den Stab/das Schwert der Göttlichen Macht überreicht, geliebte Meister, an jene von euch, die den Test der Liebe bestanden haben: die Liebe zu sich selbst, die Liebe zur Menschheit, die Liebe zu eurer kostbaren Erde und aller Schöpfung; an jene von euch, welche die Fähigkeit besitzen, ihren Anteil an der Göttlichen Blaupause abzurufen, hervorzubringen und in Harmonie mit ihrer Göttlichen Aufgabe zu sein. Während des Einweihungsprozesses, den viele von euch erfuhren, wart ihr durchtränkt mit dem größten Zustrom Göttlicher Energie von der Schöpferquelle, seit ihr euer fleischliches Gewand angelegt habt - die größte Menge, die ihr aufnehmen konntet und dennoch ausgeglichen im Physischen zu sein..

Ihr geht nun in die nächste Phase der Erleuchtung, meine tapferen Krieger. Ihr habt wahrlich den Titel „Krieger des Lichts“ in meinen mächtigen Legionen verdient. Ich entbiete euch meinen tiefsten Dank, geliebte Erhabene, und mein Herz schwillt an in Liebe für euch. Ich bin immer mit euch.
ICH BIN Erzengel Michael.

34. Botschaft von Ronna

Geliebte Freunde:

Meine Reise nach Hawaii und die intensiven drei Tage auf Maui überstiegen meine wildesten Erwartungen. Ich hatte drei Abende mit Buchsignierungen und eine Mini-Lesung in „Borders Bookstore," zwei in Honolulu und eine in Maui. Sie alle zogen eine Menschenmenge an und alle verfügbaren Bücher wurden verkauft, zusätzlich gab es noch eine Menge Bestellungen. Die Manager waren alle freudig überrascht, ebenso auch ich. Das Gleiche geschah hier in Reno, als ich in „Waldenbooks & Barnes & Noble" erschien. Ein Manager sagte: „Wir hatten nicht so eine Reaktion, als wir einen Bestseller-Autor hier hatten." Gewiss verbreitete Erzengel Michael sein Licht. Die Leute sind so hungrig nach Antworten und Führung. Es war wunderbar zu sehen, wie entzückt und aufmerksam sie waren. Ich konnte ihre Gefühle der Frustration spüren und ihren tiefen Wunsch, all das zu verstehen, was in ihrer inneren und äußeren Welt vor sich geht. Die Massen sind wahrlich aufgewühlt und es ist eine wunderbare Zeit der Veränderung.

Sharon Huffman, die Vermittlerin der Maui-Veranstaltung, arrangierte für mich einen Auftritt im Channel 9 TV, der KGMB-CBS Frühnachrichten. Es waren vier Minuten dafür geplant. Ich fühle mich nicht unbehaglich bei TV-Auftritten, da ich schon oft im Radio und Fernsehen war, aber ich war ein wenig bange, ob ich in vier Minuten eine vielsagende Information übermitteln könnte. Wie so oft, bat ich Lord Michael, die Zeit für mich etwas auszudehnen, sie „perfekt" zu machen. Der Name der Koordinatorin war Angela – eine schöne, süße junge Frau. Sie war so aufgeregt und sprach über ihre Engel-Erlebnisse bis zu den letzten wenigen Sekunden vor unserem Auftritt. Sie folgte überhaupt nicht ihrem Skript. Statt dessen stellte sie mir wundervolle Fragen, die es mir ermöglichten, einige Schlüsselpunkte anzusprechen über die sich rasch verändernden Zeiten in der Welt, über die innere Unzufriedenheit, die viele Menschen fühlen, und über meine Erlebnisse als Kanal für Erzengel Michael. Wir waren für ungefähr sieben Minuten auf Sendung, hatten dann eine Pause und gingen dann für weitere sieben oder acht Minuten wieder vor die Kamera. Die ganze Crew war heiter und lachte als wir fertig waren, und zum Abschluss gab es „Ronna-Umarmungen" für die ganze Runde. Es war wunderbar – Erzengel Michael hatte zuverlässig seine Magie vorgeführt.

Das Seminar in Maui war absolut göttlich. Das Aston Wailea ist ein wunderschöner Urlaubskomplex mit allen luxuriösen Annehmlichkeiten – ein unübertreffliches paradiesisches Szenario. Wir hatten für unsere Zusammenkünfte einen luxuriösen Tanzsaal, und ein hübsches privates Esszimmer für unser tägliches Mittagessen. Da waren Leute aus aller Welt, und was für schöne Seelen – wir alle machten eine Herzensverbindung, die nie mehr getrennt werden wird. Der Trip zum Haleakala Krater war seine Reise wert. Wir gingen auf die höchste Bergspitze, wo wir den Vollmond auf der einen Seite und den Sonnenaufgang auf der anderen Seite sehen konnten. Als wir uns in einer Runde zusammenscharten (insgesamt 150 Personen), führte uns Erzengel Michael durch eine Zeremonie und gab uns eine Infusion Göttlicher Energie vom Schöpfer, die wir gewiss nie vergessen werden. Wir alle wussten ohne jeden Zweifel, dass wir mitgeholfen hatten, die heilige Energie im Krater zu aktivieren, und dass wir die schmerzvollen Erinnerungen aus uralter Vergangenheit geheilt und umgewandelt hatten. Es gab nur eine sanfte Brise (üblicherweise ist es hier so kalt und stürmisch, dass es zu ungemütlich ist, länger auf dem Berg zu verweilen), wir badeten uns in der Herrlichkeit dieses Geschehens, und die Sonnenstrahlen wärmten und segneten uns, so wie wir alle dastanden mit tränenüberströmten Augen. Wir wollten gar nicht weggehen, während wir uns umarmten und unsere besonderen Erlebnisse miteinander teilten.

Als ich nach Hause zurückkehrte, erhielt ich ein großes und schönes Geschenk von einer lieben Seelenschwester, Maxine Appleman aus Boulder, Colorado. Sie sandte mir ein Foto, das sie während der Sonnenaufgangsveranstaltung am Haleakala aufgenommen hatte, während ich Erzengel Michael channelte. Es bietet einen Überblick über den Krater mit den Bergen und Wolken im Hintergrund und drei Personen der Gruppe im Vordergrund, die Richtung Sonnenaufgang schauen. Symbolischerweise sehen sie aus wie ein Mann, eine Frau und ein Kind, und um ihre Köpfe ist ein weißer Lichthof. Der Mann trug eine blaue Jacke mit zwei roten und einem weißen Streifen darauf – die Farben von Erzengel Michael's Flammenschwert. Ein Viertel der linken Bildseite wird bedeckt von einem glänzenden länglichen Lichtstrahl, der mit schönen, strahlend flammenden Farben herabströmt. Maxine's Intuition sagte ihr, dass es unser geliebter Lord Michael war. Und als ich ihn fragte, bestätigte er, dass er diesen leuchtenden Aspekt seiner selbst hinunter in den Krater projizierte, als ein Geschenk und einen physischen Beweis, dass er wirklich bei uns war. Ohne Zweifel waren er und viele Lichtwesen an dieser wundersamen Veranstaltung bei uns. Wir alle fühlten uns emporgehoben in die verfeinerten Dimensionen, wo die Engel wohnen – wir erschufen ein Wunder und wir waren alle über alle Maßen gesegnet.

Wo immer ihr wart, oder mit was immer ihr beschäftigt wart, wisst, dass auch ihr die gesegnete Infusion von der Göttlichen Quelle empfangen habt. Wir leben nun in einer Zeit beschleunigter Bewusstseinsexpansion und ihr werdet feststellen, dass die Manifestation eurer Gedanken und Wünsche viel rascher bewerkstelligt wird. Ein glückliches, freudvolles Erschaffen, liebe Freunde! Wir sind wirklich AUF UNSEREM WEG.
Ich liebe euch alle so sehr, Ronna

P.S. Maxine gab mir freundlicherweise das Negativ von diesem Foto und sagte mir, ich könne davon auf jede Weise Gebrauch machen. Seither habe ich Hunderte Kopien in alle Welt versandt Jeder, der eine berührt, fühlt ein „Engelkribbeln" auf seiner Haut. Danke, Maxine, dass du deiner Intuition folgtest und auf den Auslöser drücktest, als Spirit dich anregte, dies zu tun.

(Das Bild ist am rückwärtigen Umschlagdeckel dieses Buches abgedruckt.)

35. Schönheit der Form - Schönheit des Geistes

Botschaft vom September 1997

Geliebte Meister, vieles ist geschehen, seit wir das letzte Mal zusammenkamen, verwirrende, beunruhigende und schmerzvolle Ereignisse. Erlaubt mir, euch eine erweiterte Sichtweise anzubieten und euch zu einem größeren Verständnis zu führen, damit ihr wisst, dass alles in Göttlicher Ordnung ist. Das bedeutet nicht, dass diese Ereignisse göttlich geplant waren, sondern es bedeutet, dass die kostbaren Seelen, die darin involviert waren, zugestimmt haben, in dieser wichtigen Zeit die „Vehikel" für ein größeres Verständnis und Bewusstsein zu sein.

Ich spreche im Besonderen über den gewaltsamen Tod der schönen Seele, genannt Prinzessin Diana, und über den Übergang der geliebten Heiligmäßigen, genannt Mutter Teresa. Diese beiden kostbaren Seelen waren Aspekte oder Fragmente der gleichen großen Überseele, die zur Erde kam, um der Menschheit zwei wichtige Lektionen aus völlig entgegengesetzter Perspektive zu lehren. Prinzessin Diana, geboren in die Elite einer adeligen, privilegierten Klasse, war begnadet mit Macht, Reichtum und einem unvergleichlichen Status. Aber was diese Seele am meisten ersehnte, war Liebe und Akzeptanz. Sie beging viele Irrtümer in ihren Beurteilungen, aber ihre liebende Natur und ihr starker Geist setzten sich durch und sie überwand die Selbstbezogenheit der Vergangenheit und reichte ihre Hand denjenigen, die in Not waren - um Hoffnung zu geben, wo keine vorhanden war. Sie überschritt die Grenzen und Tabus, um die Unberührbaren zu berühren, die Hilflosen und Daniederliegenden zu umarmen, ihnen das Geschenk der Liebe und Schönheit zu geben, wenn auch nur für einen Augenblick.

Sie vollführte ihre Aufgabe, indem sie der Welt zeigte, dass Reichtum, Macht, Titel und Verherrlichung körperlicher Schönheit nichts bedeuten ohne Liebe oder ein Gefühl des Selbstwertes. In den Herzen der Menschheit wird sie für immer jung bleiben - ein Symbol der Liebenswürdigkeit, Anmut und Schönheit des Geistes.

Die Bewundernswerte, genannt Mutter Teresa, wählte ein Leben des Opfers und der Buße, lehnte allen physischen Komfort, Reichtum und

Status ab. Sie wurde zu einer lebendigen Märtyrerin, schonungslos den Notleidenden dienend, unter völliger Vernachlässigung ihrer eigenen Gesundheit und ihres Wohlbefindens. Sie hatte keine Schönheit des Gesichts oder der Form, aber die Strahlung aus ihrem Innern war höchst wundersam anzusehen. Auch sie hinterließ ein Vermächtnis der Hoffnung, der Inspiration und des Mutes, das für immer im Gedächtnis der Menschheit haften wird.

Seht ihr nicht das übertriebene Bild, das jede dieser beiden lieben Seelen wählte, um es der Welt zur genauen Prüfung zu präsentieren? Die entgegengesetzten Enden des Spektrums: Diana, eine Zeit lang völlig vertieft in ihre physische Erscheinung bis zum Punkt der Selbstzerstörung und sogar des Wunsches, zu sterben, während sie umgeben war von allem Überfluss und der Verehrung der Massen. Doch was sie sich ersehnte, war ein Gefühl der Liebe und Wertschätzung von denjenigen, die ihr nahe standen, welches in Wirklichkeit einem Mangel an Selbstliebe und Akzeptanz entsprang.

Mutter Teresa war das lebendige Beispiel des alten Glaubenssystems der Selbstaufopferung, der Zurückweisung der Geschenke physischer Annehmlichkeiten und Freuden in der materiellen Welt, aus einem Gefühl der Pflicht und Hingabe. Sie ist ein Beispiel für die Glaubensansicht, dass man, um spirituell zu sein und zu dienen, all dem den Rücken zukehren muss, was die Welt an Freuden und Überfluss zu bieten hat.

Könnt ihr nicht sehen, was hier passiert ist, ihr Lieben? Der Übergang dieser beiden schönen Seelen so nahe zusammen gibt euch die Gelegenheit, eure Ansichten und Glaubenssätze hinsichtlich Dienen und Opfer zu überprüfen: äußere Schönheit gegen innere Schönheit, und dass Überfluss und Macht, ohne die Liebe zu sich selbst und von anderen, bedeutungslos sind. Sie spielten ihre Rollen sehr gut und hinterließen ein Vermächtnis von großer Wichtigkeit.

Diese beiden gesegneten Seelen haben der Menschheit sogar ein noch größeres Geschenk hinterlassen. Wir haben euch gesagt, dass diese Zeit entscheidend ist: während die Erde fortschreitet und sich in höhere Frequenzen empor schraubt, ist es für die Menschheit im Großen unerlässlich, dass sie erwacht und gleichfalls voranschreitet. Alles, was für diejenigen benötigt wird, die noch im Schlummer liegen, ist, ihren Geist zu öffnen und ihren Seelen-Selbst' zu erlauben, zu beginnen, wieder Wohnsitz in ihren Herzzentren einzunehmen. Dies wird den Prozess einleiten, um ihr Bewusstsein genügend weit zu erhöhen und ihnen zu gestatten, die Reise zu höherer Evolution zusammen mit Mutter Erde fortzusetzen.

Noch nie in der Geschichte eurer Erde, seit dem Untergang von Lemuria und Atlantis, hat es einen so großen Erguss an Emotionen von so vielen Menschen zu gleicher Zeit gegeben. Seht ihr nicht die Perfektion in diesem Szenario? Gerade eben vor wenigen Wochen kamen viele von euch zusammen, um für die Menschheit die alten Erinnerungen der Vergangenheit, durch Einbringung wundersamer verfeinerter Frequenzen von Christus-Licht, zu heilen. Als sich dieses Geschenk in einem goldenen Lichtgewebe um die ganze Erde ausbreitete, wurde es durch euch der ganzen Menschheit zur Verfügung gestellt. Aber wie können wir es erlangen, um es anzunehmen? Wer sonst konnte solch einen großen Erguss altruistischer Liebe und emotionaler Befreiung verursachen, als diese zwei geliebten Seelen? Wer sonst könnte die Weltbevölkerung dazu bringen, sich vereint auf ihre Herzzentren zu fokussieren, und in ihren Schmerzen und Sorgen viele der uralten feststeckenden Energien in ihrem Innern freizusetzen und Platz zu machen für die heilenden Energien der Göttlichen Liebe.

In der Tat, ein Wunder wurde bewirkt, ihr Lieben, und das Bewusstsein der Menschheit wurde auf eine Ebene angehoben, die nicht für möglich gehalten wurde. Trauert nicht um diese beiden kostbaren Seelen, denn sie sonnen sich in der Herrlichkeit der Wiedervereinigung mit uns, ihren Brüdern und Schwestern in den höheren Reichen. Sie genießen den Lohn ihres süßen Erfolges, denn sie sind sich bewusst, dass sie wahrlich ihre Aufgabe erfüllt haben.

Es gibt da andere Ereignisse, die immer häufiger vorkommen und Ursache zu Besorgnis geben. Erlaubt mir euch zu helfen, ein größeres Verständnis über das zu erlangen, was da vor sich geht. Immer mehr Bevölkerungsteile werden krank durch verseuchte oder verunreinigte Nahrung, und die Bakterien werden aggressiver und mutieren in alarmierender Geschwindigkeit. Man glaubt, dass die Schuld daran in der Verarbeitung und Behandlung der Nahrung liegt, und das ist teilweise wahr, aber seid euch dessen bewusst, dass dies nicht das Hauptproblem ist. Nahrungsverarbeitung, speziell die der Fleischprodukte, ist besser als sie je war. Unter der Bevölkerung gibt es ein größeres Bewusstsein hinsichtlich richtiger Hygiene und Ernährung, und dennoch treten häufiger Krankheiten auf aufgrund verdorbener Nahrung.

Wendet euch nach innen, liebe Freunde und seht, ob das nicht mit eurer neuen, erweiterten Wahrheit in Resonanz steht. Wenn ihr auf die dreidimensionale Realität eingestimmt seid und euer Körper in dieser Frequenz funktioniert, dann ist da eine Dichte, eine Grobkörnigkeit, ein Mangel an Sensitivität, könnte man sagen. Geradeso wie Tiere meistens angefaulte gekochte Nahrung fressen können ohne daran zu erkranken, so kann der menschliche Körper in seiner niedrigeren Natur eine Verträglichkeit entwickeln gegen Keime, Bakterien und Nahrung, die viele Verunreinigungen enthält. Jedoch, mit der Erhöhung eurer Schwingungsrate und der Reinigung eures Aurafeldes beginnt ihr eure Körperfrequenz anzuheben, ihr werdet sensitiver für alle Arten von Negativität. Ihr werdet sensitiver für eure Umgebung, für eure und die Gedanken anderer, aber auch für höher- und niederfrequente Muster. Seid ihr euch nicht bewusst, dass auch die Nahrung ihre Frequenzmuster hat?

Wir haben euch gesagt, dass ihr mit eurem Fortschreiten auf dem Pfad der spirituellen Evolution – und wenn ihr auf die „Stupser" eures Spirit hört – auf natürliche leichte Weise mit dem Prozess der Ausschließung gewisser Nahrungsmittel und Getränke beginnen werdet, und ebenso mit Gewohnheiten gröberer Natur. Wenn ihr auf euren Körper und eure treuen Körper-Elementare hört, werdet ihr wissen, was für euren sich entwickelnden Köper/Geist richtig und dienlich ist. Wenn sich ein Gefühl des Wohlbefindens einstellt und ihr euch größerer Gesundheit und Vitalität erfreut als je zuvor, werdet ihr nicht das Gefühl haben, dass euch in irgendeiner Hinsicht etwas entzogen wurde.

Diejenigen von euch, die diesen Prozess durchgemacht haben und erfolgreich daraus hervorgegangen sind, kennen die Wahrheit meiner Worte. Aber diejenigen von euch, die noch widerstreben und nicht auf die „Stupser" ihrer Seele hören wollen, werden immer häufiger und dramatischer unter den Konsequenzen zu leiden haben. Das ist nicht eine leere Drohung, meine Freunde, es ist die sich entwickelnde Wahrheit hinsichtlich euer Verantwortlichkeit gegenüber euch selbst und eurem keimenden Bewusstsein. Die Menschheit wird nicht mehr länger fähig sein, die Tatsache zu ignorieren, dass sich die Welt verändert, dass sich die Menschheit entwickelt und dass die alten Wege des Daseins, Denkens und Lebens viel Schmerz und Leid verursachen werden. Ihr werdet nicht bestraft, noch werdet ihr von den Launen des Schicksals herumgestoßen. Ihr alle seid den gleichen Universalgesetzen unterworfen, und diese Gesetze sind auf jeder neuen Bewusstseinsebene - oder wenn ihr euch eine exklusivere dimensionale Ausdrucksform erschließt - in einem höheren Grad verfeinert und umstrukturiert.

Es ist Zeit für euch alle, euren Lebensstil zu überprüfen, eure Gewohnheiten und Verantwortlichkeiten gegenüber den Tempeln des Geistes, euren physischen Körpern. Oh, was für einen Schaden und welche Zerstörung habt ihr bewirkt an diesem vollkommenen, schönen Gefäß, das ihr bei eurer Ankunft auf dem Planeten Erde zuerst manifestiertet! Viele schöne Seelen, die ihren Körpern irreparablen Schaden zufügten, erkennen, dass es keine Chance gibt, diesen Schaden ungeschehen zu machen, und wählen daher, ihre physischen Körper zu verlassen und zurückzugehen in ihre Geistform. Sie müssen zu einer späteren Zeit wiederkehren, wenn sie bereit sind, das gesegnete Geschenk, das ihnen gegeben wurde, zu ehren und zu ernähren: die Gelegenheit, die Schönheit und Fülle irdischen Lebens in Harmonie mit Spirit zu erleben und sich daran zu erfreuen.

Findet eure Wahrheit und kreiert euren eigenen Weg, ihr Geliebten und Getreuen, indem ihr auf die inneren Anstöße und auf die Intelligenz eures Körpers hört, was zu jeder gegebenen Zeit richtig und angebracht ist. Esst nicht, weil die Uhr sagt, dass es dafür Zeit ist - hört auf die innere Botschaft eures Körpers. Lasst euch nicht verführen durch die verlockenden Anzeigen und die große Auswahl und Vielschichtigkeit an Nahrung, die euch zur Verfügung steht. Esst einfach, rein und mäßig. Schlemmerei und Übermaß auf jedem Gebiet ist reinste Selbstzerstörung und führt zu Schmerz und Unbehagen im physischen Körper, zu Mangel an Sensibilität für die Weisheit eurer Seele und eures Geistes, und ist ein sicherer Weg, den Prozess der Entwicklung zu verzögern.

Wie könnt ihr euch auf die höheren Frequenzen und Schwingungen einstimmen, die jetzt für euch abrufbar sind, wenn euer Körper durchdrungen ist von Giften, schwerer Nahrung, alkoholischen Getränken oder Drogen, und sich abmüht, sich zu reinigen und Ausgeglichenheit zu schaffen? Geradeso wie ihr euch dessen bewusst werdet, dass ihr nach innen gehen müsst, um Frieden und Erfüllung zu finden, Liebe und Selbstakzeptanz zu erzielen, so ist es mit den Begierden des Ego-Körpers. Irrt euch nicht, diese sind die Quelle ständigen Verlangens nach Befriedigung, nach einem „Gefühl der Zufriedenstellung," sind ein andauerndes Bedürfnis nach äußerer Anregung, die einem das falsche Gefühl des Friedens und der Zufriedenheit gibt - ganz gleich, wie flüchtig es ist.

Erlaubt uns euch zu helfen, Frieden und Harmonie in eurem Innern zu gewinnen, die sich nicht vermindern, sondern nur wachsen und mit der Zeit immer exquisiter werden wird, liebe Herzen. Wenn ihr, nur ein einziges Mal, die Glückseligkeit und Freude des Abgestimmtseins von Körper/Seele/Geist erlebt, werdet ihr für immer nach dieser Einheit und Harmonie streben, und alles von äußerlicher Natur wird eine geringere Rolle in eurem Leben spielen.

Wir sind uns dessen bewusst, dass die Stärke und Macht der Gewohnheiten, vergangene Umstände und Glaubensansichten, schwer zu brechen und loszulassen sind, und deshalb bringen wir euch so viele neue (alte) Weisheiten, Werkzeuge und Mittel, damit ihr anmutig und würdevoll voranschreiten könnt, heraus aus den alten Strukturen und Zwängen der Vergangenheit. Wie wir euch oft gesagt haben, ist es unerlässlich, dass ihr immer auf das „Geschehen des Jetzt" fokussiert bleibt, was euch in der Einstimmung mit Körper und Geist hält, da alle Facetten eures Wesens sich bemühen, euch Hilfe und Weisheit zu geben, um alle Prüfungen und alles Ungemach zu überwinden. Jedes Mal, wenn ihr die höhere Wahl trefft, stärkt ihr eure spirituelle Entschlossenheit und es wird immer leichter, den Pfad zu erleuchteterem Bewusstsein zu gehen.

Ach, meine lieben Freunde, die Geschenke, die wir euch anbieten, gehen weit über die Vergnügungen des Augenblicks hinaus, die ihr im Physischen gewinnen könnt. Wir verlangen nicht, dass ihr auf die Vergnügungen, die euch die irdische Verkörperung bietet, verzichten sollt - deshalb habt ihr euch ja inkarniert. Wir bitten euch, Spirit zu gestatten, Führer und Lenker eurer Wünsche und Handlungen zu sein, und ihr werdet mehr Frieden, Freude und Zufriedenheit finden, als ihr es je für möglich hieltet.

In der Tat, dieser vergangene Monat eurer Zeit, wird mit einem besonderen Kennzeichen in die Geschichte eurer Erde eingehen. Das Bewusstsein der Menschheit und der Erde wurde auf eine neue Ebene angehoben, und diese Synergie und Macht herzlicher Liebe und Hingabe findet im ganzen Universum ihren Widerhall. In der Tat, ihr habt Wunder geschaffen, meine getreuen Lichtträger. Wisst, dass ich immer als euer Führer und Beschützen bei euch bin.
ICH BIN Erzengel Michael.

36. Die Prüfungen und Geschenke der Meisterschaft

Geliebte Meister, da ihr noch in den Konzepten von Raum und Zeit fungiert und von ihnen beeinflusst werdet, lasst uns zurückblicken, was sich in den letzten paar Jahren aus eurer Perspektive gesehen ereignet hat, und dann werden wir euch sagen, was von unserer Warte aus gesehen stattfindet. Wir in den höheren Reichen treffen uns fortlaufend, um das zu analysieren, was auf der Erde stattfindet und um die Bewusstseinsebene der Menschheit festzustellen, sowohl individuell als auch in ihrer Gesamtheit. Natürlich sehen wir euch ganz anders und messen euren Fortschritt durch die Lichtfrequenzebenen, die Energiemuster und das spirituelle Bewusstsein, statt durch Ereignisse, materielle Leistungen oder physische Richtlinien. Ihr werdet euch der Zeit weniger bewusst, wenn ihr euch in die Harmonie mit Spirit begebt. Die Zeit wird in den Gehirnen der Menschen als Zyklen oder als Ereignisfolge registriert. Der Raum wird ebenfalls anders gesehen als in den höheren Reichen; wir sehen ihn als Teil eines ewigen Ganzen, den unmanifestierten Körper des Ur-Schöpfers.

Viele von euch haben hervorragende Schritte in ihrer Weiterentwicklung gemacht, da ihr euch auf die Ebene der Meisterschaft begebt, was euch erlaubt, die frei fließende kosmische Energie anzuzapfen und damit eure Träume und Sehnsüchte zu erschaffen und zu manifestieren. Für viele ist es Zeit, aufrichtig ihr Urteilsvermögen zu testen, da sie beginnen, wieder den Stab der Macht zu schwingen und die Kontrolle über ihr Schicksal zu übernehmen. Gebt acht ihr Lieben, dass ihr mit dem Gewinn von Macht, Einfluss und erweitertem Wissen nicht in die Fänge dessen geratet, was man den „Glamour“ der vierten Dimension nennt.

Psychische Fähigkeiten zu haben, bedeutet nicht notwendigerweise, dass eine Person spirituell bewusst ist. Diese Gaben oder Fähigkeiten sind Teil eures natürlichen Geburtsrechtes; ihr habt nur vergessen, wie man sie benutzt, und so sind sie über die Zeitalter hinweg verkümmert. Spirituelle Einsicht und Einstimmung auf euer Höheres Selbst, statt auf den Begierdenkörper des Ego, ist unerlässlich bevor ihr beginnt, die kosmischen Schätze der Manifestation anzuzapfen.

Eine Fülle an Wissen wird euch nun zuteil, das euch für viele Zeitalter nicht zur Verfügung stand, ein Reichtum an Informationen, viele davon eingegeben und richtig übermittelt, und viele davon unabsichtlich verzerrt, da verschiedene Botschafter den höheren Sinn spiritueller Wahrheit zu entziffern versuchen und diese Information in eure Sprache und euer Verständnis herabbringen. Und unglücklicherweise sind manche Informationen, die auf verschiedene Weise in den Massen verbreitet werden, völlig unrichtig und schädlich für euer spirituelles Wachstum. Deshalb wiederholen wir immer und immer wieder, ihr Lieben, macht Gebrauch von eurem Urteilsvermögen. Akzeptiert Fakten und Theorien nur, nachdem ihr sie geprüft und als eure Wahrheit erkannt habt. Euer Überwachungssystem ist fest an seiner Stelle, und das ist euer Herz/Thymus-Zentrum. Für einen Jünger des Lichts ist es unbedingt notwendig, dass er ein Meister seines eigenen Schicksals wird.

Wissen ist nicht Weisheit, aber Weisheit ist Macht. Indem ihr eure spirituellen Muskeln spielen lasst und sie in Harmonie mit eurem Göttlichen Selbst benutzt, schreitet ihr wahrlich in diese verfeinerte Dimension, wo ihr der Architekt und Planer eurer Realität und all dessen seid, was sie mit einschließt: Die mentalen, physischen, emotionalen und materiellen Aspekte eurer unmittelbaren Umgebung. Es hat auch eine dynamische Auswirkung auf den Fortschritt der Menschheit und der Erde, wenn eure verfeinerte, ermächtigte Energie sich mit der anderer vereint und beginnt, sich zu vergrößern und die negativen Gedankenmuster und Beschränkungen der dritten Dimension zu überwinden.

Macht eine mentale Inventur, meine tapferen Freunde, blickt zurück auf eure Leistungen und legt eure „Spirituelle Straßenkarte“ für die kommenden wichtigen Jahre auf. Es war eine lange und beschwerliche Reise, aber der Gipfel der Erleuchtung ist in Sicht. Viele von euch sind bis zum Rand angefüllt mit Wissen und dem Wunsch zu dienen, jedoch mangelt es ihnen an Vertrauen und Zuversicht, hinauszutreten und ihre neuen Wahrheiten zu verkünden, denn sie fürchten verurteilt oder wegen ihres „Andersseins“ lächerlich gemacht zu werden.

Andere haben mit dem Dienen begonnen und erschaffen viel Gutes und üben einen wertvollen Einfluss auf das Massenbewusstsein aus, aber sind immer noch verfangen in ihrem Bedürfnis nach Macht oder Kontrolle, wodurch sie ihre Wirksamkeit verringern. Sie werden sich für eine gewisse Zeit durchsetzen, aber die sie Umgebenden werden bald erkennen, dass nicht alles in Harmonie ist, und werden sich zurückziehen. Ihr Lieben, ihr müsst in totaler Integrität denken, handeln und leben. Je mehr ihr mit eurem Höheren Selbst übereinstimmt und in Harmonie seid, desto schwieriger wird es, euch zu betrügen, und desto weniger leichtgläubig werdet ihr.

Ein weiterer Fallstrick auf dem Aufstiegspfad ist die Ungeduld. Wenn ihr euch erinnert, von wo ihr gekommen seid, dass die Erde nicht eure wirkliche Heimat ist, dass ihr eigentlich wundersame, großartige Geschöpfe Gottes seid, hier, um einen Auftrag zu erfüllen, dann beginnt ihr euch nach all dem zu sehnen, was ihr aufgegeben habt, um diese materielle Ebene zu erfahren. Seid geduldig, Geliebte; es ist wichtig, dass ihr jede Ebene des physischen Ausdrucks erlebt, euch hindurcharbeitet, die Frequenzmuster ausgleicht und harmonisiert, wenn ihr die Weisheit aus dem erlangt, was ihr manifestiert habt, ganz gleich, wie unvollkommen es sein mag. Beginnt mit einer inneren Bestandsaufnahme: Startet mit euerm physischen Körper; ist er in größerer Harmonie und in besserer Kondition als vor einem Jahr? Seid ihr besser eingestimmt auf euren Körper und reagiert er auf eure neuen Gedankenmuster? Ihr könnt nicht an einem Tag Gedanken der Liebe und Harmonie aussenden und dann euer „Selbst“ missbrauchen oder vergessen, dass in euch eine großartige Schöpfung des Geistes wohnt, bereit, jedem eurer Gedanken und Wünsche zu folgen. Aber ihr müsst klare Signale und Gedanken aussenden, und wenn ihr über intuitive Stupser eine Antwort bekommt, diese auch voll und ganz befolgen, oder, wenn ihr nicht darauf hört, später starke Schmerzen erdulden. Wichtiger als jede Diät oder Bewegungskur ist die Kur eurer Gedanken. Sendet Gedanken der Unzufriedenheit, der Ablehnung, Gefühle der Unwürdigkeit, oder fokussiert euch auf körperliche Mängel, und all das wird sich manifestieren. **ES IST DAS GESETZ.** Einer der ersten großen Tests auf dem Weg zur Meisterschaft ist die bedingungslose Liebe zu allem was ihr erschaffen habt, das Anheben eurer Sicht auf die Vollkommenheit, die euch zur Verfügung steht, statt auf das, was ihr vor euch seht. Seht diese Mängel als Unausgeglichenheiten, nicht als etwas, was man hassen, fürchten oder bekämpfen muss. Das ist keine leichte Aufgabe, aber irgendwo müsst ihr anfangen, und das, worauf ich euren

Fokus richtet, ist das, dem ihr Energie gebt. Also, warum nicht den Fokus auf die großartige Möglichkeit richten, dass ihr die Schönheit und Vollkommenheit wiederlangen könnt, die euer Geburtsrecht ist?

Haben sich eure Beziehungen verbessert? Habt ihr Mut gefasst, eure Wahrheit zu sprechen und eure Macht zu fordern? Seid ihr mutig, anders zu sein und eurem neuen geläuterten Ich zu erlauben, voranzuschreiten? Habt ihr euer Ego zur Seite gestellt, während ihr euch bemüht, die Energien zwischen euch und denjenigen, mit denen ihr zusammen lebt, liebt und interagiert, auszugleichen und zu harmonisieren? Wie ihr lernt, ist es ein subtiler Tanz zwischen der Zurechtlegung eines neue Spielplans, der Festlegung neuer Grenzen, und doch anderen zu erlauben, ihre Wahrheiten und Funktionen zu leben, was immer für eine Bewusstseinsebene sie erreicht haben. Die Gefahr der Selbstgerechtigkeit ist groß, wenn ihr in spiritueller Weisheit an den anderen um euch vorüberzieht. Nochmals, ihr Lieben, nehmt einen höheren Standpunkt ein und erlaubt der Liebe, eure Handlungen und Interaktionen mit anderen zu mäßigen. Ihr müsst ein lebendiges Vorbild „funktionierender Alltagswelt" sein, wenn andere von euch lernen und die neuen Wahrheiten, die ihr ihnen anbietet, annehmen sollen.

Seid ihr sicherer in eurer Welt? Hat euer Überfluss oder das Gefühl für Überfluss zugenommen? Während das Ende des Jahrhunderts herannaht, nehmen auch die Vorhersagen über Untergang und Dunkelheit, Katastrophen und Kataklysmen zu. Dies sind einige der verzerrten und destruktiven Gedankenformen, die hervorgebracht werden und sich nur dann verwirklichen können, wenn ihr ihnen Energie verleiht. Ein wichtiger Teil eurer Mission ist, euch die ursprüngliche, perfekte Blaupause für die Erde und die Menschheit vorzustellen und anzuzapfen - eure erhöhten Manifestationsenergien auf die Rückgewinnung des Himmels auf Erden – den Garten E-Don, zu fokussieren.

Ja, eine Reinigung findet statt. Die Erde strebt danach, sich zu reinigen und ihre Ganzheit wieder zu erlangen, und dies hat zur Folge, das gewisse Gebiete und Leute Verwüstung, Schmerz und Leid erfahren werden. Sie werden nicht bestraft, ihr Lieben, **ES IST DAS GESETZ.** Denjenigen, die nicht willens oder nicht fähig sind, sich neu festzulegen und mit den zunehmenden Frequenzen in Harmonie zu treten, wird die Entscheidung aus ihren Händen genommen werden, während die Zeit für die Erde und die Menschheit immer näher heranrückt, sich in den nächsten Ausdrucksbereich zu begeben. Es ist der Wunsch des Schöpfers und all derjenigen, die euch voran helfen, dass diese Erfahrung so anmutig, würdevoll und schmerzlos wie möglich sei, aber die Menschheit hat nach wie vor ihren freien Willen, und wir können nur innerhalb der Parameter des universalen Gesetzes tätig sein. Das größte Geschenk des Dienens, das ihr anbieten könnt, ist, die gesegnete violette Flamme der Umwandlung in all jene Gebiete eurer Erde zu senden, in denen Not und Verzweiflung herrscht, und zu den geliebten Menschen, die mitten in den Machtkämpfen und in der Gier ihrer Führer gefangen sind.

Indem ihr das Wissen wieder erlangt und integriert, dass ihr zu all der Schönheit, Großzügigkeit und Üppigkeit der Schöpfung berechtigt seid, werdet ihr beginnen, Überfluss zu manifestieren. Und hier nochmals, wie werdet ihr diesen Überfluss nutzen? Ihr seid verantwortlich für das, was euch anvertraut wird. Überfluss kommt in vielen Formen, nicht bloß in materiellem Reichtum, und es ist ein weiteres universelles Gesetz, das ihr das, was ihr benötigt, verwendet, und den Versorgungsfluss nach außen aufrecht haltet, damit er stetig ergänzt werden kann. Auch wenn ihr in eurer Integrität lebt, euch in Harmonie mit Spirit bewegt und eure Versorgung mit allen guten Dingen zu fließen beginnt, werdet ihr immer noch getestet, ihr Lieben. Getestet von denjenigen um euch, die noch immer an Knappheit und Mangel glauben, von denjenigen, die noch immer nicht genug an sich selbst oder ihre Fähigkeiten glauben, dass sie all das, was sie benötigen, durch ihre eigenen Anstrengungen manifestieren können. Euch wird die Gelegenheit geboten, fest in eurer Integrität zu stehen, eure Macht zu fordern und auch das, was euch zusteht. Ein wahrer Krieger des Lichts zu sein, bedeutet, für das einzustehen, was auf allen Ebenen richtig und ehrenwert ist. Dies ist wahrhaftig ein Test für viele von euch, denn durch die Zeitalter herab habt ihr eure Macht und euren Überfluss, ja sogar eure Überzeugungen und eure Ehre an jene abgetreten, welche euch stärker erschienen. Ihr werdet nicht fehlgehen, Geliebte, wenn ihr fest in Harmonie mit Spirit und eurer inneren Führung steht.

Indem ihr das, was für euer Leben wichtig und gültig ist, neu definiert, werdet ihr viele Dinge fahren lassen, die für euch nicht mehr länger von Wichtigkeit sind. Fürchtet nicht die Veränderung, noch haltet an dem fest, was euch nicht dienlich ist. Da ihr aus der Kindheit in das Erwachsensein hineinwachst, entwachst ihr auch vieler Glaubensvorstellungen und Gewohnheiten. Ihr begebt euch nun in eure wahre Identität - die der spirituellen Meisterschaft. Es braucht seine Zeit, um in eurer neuen Identität heimisch zu werden. Also, ihr Kostbaren, geht mit euch selbst sanft um.

Wie ich schon am Anfang feststellte, unterscheidet sich unsere Wahrnehmung eures Fortschritts etwas von der eurigen. Wir sehen das Leuchten und den zunehmenden Glanz des Lichtes, das von der Erde und der Menschheit abstrahlt. Eure Strahlung wird immer großartiger anzusehen, und sie dringt tief in das Herz des Planeten, aber sie durchdringt und umfängt auch die Oberfläche der Erde. Ihr baut eine Honigwabe des Lichts, Geliebte, - eine Verknüpfung der Herzen unter euch, der Sternensaat, die sich allmählich verbindet und verstärkt, bis sie schließlich die Erde mit einem goldenen Lichtgewebe umgeben wird. Ihr seid erfolgreich. Ihr macht einen Unterschied. Mehr als wir gehofft hatten werden in der Lage sein, in die höheren Dimensionen einzutreten und mit den neuen Frequenzen der Erde zu harmonisieren, und das wegen euch - weil ihr euch selbst erlaubt habt, die Instrumente und Vehikel der Veränderung zu sein, die Träger und Stabilisatoren der verfeinerten Lichtinfusionen, die ihr die Last und das Ungemach tragt, um während dieser Zeit der Umwandlung und Transformation die Beschleuniger zu sein.

Zuerst gab ich dieses Geschenk und diesen Auftrag an diejenigen, welche an der Initiierung und Aktivierung des heiligen Haleakala-Krater auf Maui während der Feier zum Jahrestag der Harmonischen Konvergenz im August teilnahmen. Diese Geliebten legten die Grundlage für diesen Prozess, zusammen mit anderen in aller Welt, denen die gleichen Informationen in verschiedener Form gegeben wurden. Es ist jetzt für euch alle an der Zeit, einzusteigen und aktive Teilnehmer an dieser ermächtigenden, gesegneten Zeremonie zu werden, welche die Integration der verfeinerten Frequenzen, die euch und eurem Planeten jetzt zur Verfügung stehen, verbreitern, beschleunigen und erhöhen wird.

Geliebte Söhne und Töchter des Lichts, obgleich ihr verstreut seid über die vier „Ecken" des Globus, werdet ihr euch jetzt wieder verbinden, einer mit dem anderen, und diese Verbindung wird über jedes Zeitmaß hinaus bestehen bleiben. Ihr alle habt vor vielen Äonen ein vertragliches Abkommen getroffen, in dieser kritischen Zeit der Geschichte und Evolution eurer Erde wieder zusammen zu kommen. Ihr alle tragt einen wesentlichen Teil des Göttlichen Plans - auf eure eigene Weise, durch eure spezifischen Anstrengungen, seid ihr diejenigen, welche die Beschleuniger für das Erwachen der Massen sein werden. Ihr, die gesegneten Diener des Lichts, werdet die Träger der neuen Frequenzmuster sein, welche jetzt auf der Erde verankert werden. Ihr seid es, welche die Visionen, Richtlinien, Umwandlungsformeln und die notwendigen Zutaten empfangen werdet, um würdevoll die Veränderung einer dunklen, begrenzten dreidimensionalen Welt in einen strahlenden Stern-Planeten, voll mit Schönheit, Liebe, Lachen und einer erleuchteten Menschheit, zu vollziehen.

Als Teil eurer andauernden Teilnahme an dieser Bemühung bitte ich euch, versammelt euch jeden Monat zur Zeit des Vollmonds auf der ätherischen Ebene. Zur Zeit des Sonnenaufgangs und des Mondaufgangs am Tage des Vollmonds, wo immer ihr seid, bitte ich euch, begebt euch in euren geheiligten Raum und bittet eure Göttliche ICH BIN Gegenwart, die heilenden, umwandelnden Energien des Siebten Strahls auf euch herabzuregnen, und euch mit den fünf höheren Strahlen des Galaktischen Bewusstseins zu aktivieren und zu durchfluten. Es ist wichtig, dass ihr mit der klarsten Absicht und der reinsten Liebe für alle Schöpfung an dieser Zeremonie teilnehmt. Wenn Sonne und Mond den Höchstpunkt am Horizont erreichen und ihre lebensspendenden Strahlen auf Mutter Erde ausgießen, und wenn die großen Lichtstrahlen euch berühren und euer heiliges Chakrasystem durchströmen, bringen sie eine größere Infusion des Göttlichen Strahls der Ersten Ursache des Schöpfers hervor - die Energien, welche die vollkommenen Kodierungen und die Resonanz von Macht, Wille, Mut und Wahrheit überbringen. Die Sonne trägt die männlichen Energien des Schöpfers, und der Mond die Energien der Göttlichen Mutter.

Erlaubt eurem eigenen Göttlichen Selbst, eure Zeremonie zu orchestrieren, aber sie sollte diese Komponenten in sich schließen: Anerkennt und bittet unseren geliebten Vater/Mutter-Schöpfer, all die Engelsheere, die großen Wesenheiten des Lichts, die aufgestiegenen

Meister, die Elohim, und besonders die Elohim-Vorsteher des Königreiches der Elementale, und die ganze Gesellschaft des Himmels und der Erde, sich in dieser großen und vielversprechenden Unternehmung mit uns zu vereinen: DEM AUFSTIEG DES PLANETEN ERDE UND DER MENSCHHEIT.

Wendet euch nach Süden, Westen, Norden und abschließend nach Osten und erlaubt den Strahlen der Sonne und des Mondes, euer Chakrasystem zu durchdringen. Seht eure pranische Lichtröhre erleuchtet von einem Strahl goldenen weißen Lichts aus der Schöpferquelle, und tief eindringend in den kristallinen Kern der Erde. Atmet tief und rhythmisch das Prana des Lebens und fühlt einen sich aufbauenden Energiewirbel in eurem Körper. Zentriert euer Bewusstsein auf euer Herz und fühlt, wie die Liebe zur ganzen Schöpfung euer Wesen zu durchdringen beginnt bis hinab auf die innerste Ebene, während ihr den Wirbel kosmischer Energie in eurem Innern aufbaut. Seht diesen Wirbelwind gefüllt mit der magischen violetten Flamme und einem flammenden Strahl von Magenta, zentriert mit stahlblau und einem leuchtenden weißen Kern - jetzt seid ihr eine Lichtsäule, welche die reine Essenz Kosmischer Lebensenergie ausstrahlt. Geht nun mit eurem Bewusstsein in euer drittes Auge, und danach, wie wir es euch lehrten, richtet euren Fokus auf das Zentrum eures Gehirns. Ihr werdet die Schlüssel und Codes entzünden, die ihr in euch tragt, welche euer Geschenk und euer Beitrag für den Meisterplan sind. Sendet einen Lichtstrahl von eurem Solarplexus und eurem dritten Auge aus und seht in eurer inneren Vorstellung, wie sie ein „V" formen, bis sie vor euch, etwa einen Meter über dem Boden, zusammentreffen. Beobachtet mit eurem geistigen Auge, wie diese Energien sich entzünden und über den ganzen Globus ausbreiten und sich mit jenen eurer spirituellen Brüder und Schwestern verbinden. Haltet diese Vision und euren Fokus aufrecht bis ihr in eurem Herzzentrum hört: *„Es ist getan. Es ist getan."*

Dieses höchste Geschenk ist Euer, ein Geschenk zum Gebrauch und zum Teilen mit der ganzen Menschheit. Und durch eure gemeinsamen Bemühungen wird Schönheit und Harmonie auf eurem gesegneten Planeten entstehen und wachsen, da andere erwachen und das Banner des Lichts aufnehmen. Die Erleuchtung aller Lebensformen und von Mutter Erde hat nun voll begonnen, und ihr, die Träger von

Göttlichem Willen, Wahrheit und Mut, werdet den Weg zum Sieg anführen.

Wendet dieses Geschenk weise an, meine Tapferen. Ihr müsst dieses Geschenk der Macht mit Liebe und Integrität handhaben, zum höchsten Wohle aller, oder es wird sich gegen euch wenden und euren Untergang herbeiführen. Nie wieder wird der Menschheit erlaubt werden, dieses Geschenk zu benutzen, um aus habgierigen oder selbstsüchtigen Zwecken zu herrschen.

Ihr Gesegneten, seid starken Mutes wenn euch Zweifel überkommen oder der Weg nicht klar ist. Wenn ihr geächtet oder verleumdet werdet, wendet euch nach innen und nach oben - wir sind euch nahe, euren Mut zu verstärken, euch Führung und Einsicht zu geben, aber vor allem sind wir hier, um euch über alle Maßen zu lieben.
ICH BIN Erzengel Michael und bringe euch diese Wahrheiten.

37. Ihr seid kosmische Architekten

Geliebte Meister, lasst uns erneut beginnen, da ihr euch in einen Zeitraum begebt, den man als die Brücke zum neuen Zeitalter bezeichnen könnte - die Epoche der Erleuchtung.

Es hat nicht nur der Countdown für den Übergang von einem Zeitalter in ein anderes begonnen, sondern es hat auch der Countdown für das Erwachsenwerden der Menschheit begonnen, für die Annahme der Verantwortlichkeit als mitschöpferische Partner auf dieser Reise auf der kosmischen Schnellstraße zu den Sternen. Dies ist eine Reise, die euch nach Hause zurückführen wird zu einer glorreichen Wiedervereinigung mit euerer wahren Familie.

Wegen des Geschenks des freien Willens, unterlag der Göttliche Plan für die Evolution der Erde und der Menschheit immer einer Veränderung und Neubewertung. Es wurde gestattet, dass er durch die vielen Zeitalter herab seinen eigenen Kurs nehmen konnte, aber diese Zeit kommt nun schnell zu einem Abschluss. Das Konzept der Nichteinmischung nahm seinen Verlauf, soweit es die Erde und die Menschheit betraf. In der Vergangenheit schien die Menschheit ein Bauer im großen Schachspiel der Möglichkeiten zu sein, kontrolliert durch äußere Mächte. Die größere Hierarchie hat nun eine aktive Rolle übernommen, hat neue Regeln festgelegt, und neue schützende Barrieren wurden rund um eurer Sonnensystem und speziell um eure Erde errichtet. Es wurde euch eine goldene Gelegenheit gegeben, ihr Lieben, eine Gelegenheit, die Kontrolle zu übernehmen und die Göttlichen Architekten und Leiter der Neustrukturierung und Renovierung eurer Erde zu sein. Mit der Hilfe des mitschöpferischen Rates von den höheren Reichen, erhieltet ihr Zugang zu unbegrenzten Ressourcen, und wenn ihr darum bittet, steht euch das Fachwissen großer Baumeister zur Verfügung.

Wir bitten euch, kühn voranzuschreiten und die Kontrolle über euer eigenes Schicksal zu übernehmen. Vereint euch mit euren Brüdern und Schwestern – eurer Seelenfamilie - indem ihr die wundersamen Talente zur Verwirklichung bringt, die euch angeboten wurden: die Verschönerung und Heilung eurer Erde, und die Wiedererlangung eures Geburtsrechtes.

Lasst uns nochmals einige der Konzepte besprechen, die wir euch in den vergangenen Jahren gegeben haben, damit sie wieder frisch in eurem Geist sind. Die Erde und die Menschheit befinden sich mitten in einem großen Umwandlungsprozess. Ihr verfolgt den Pfad zurück, auf welchem ihr herabgestiegen seid, als ihr eure dichte physische Form annahmt. Um diesen Rückweg anzutreten, müsst ihr die negativen Muster in eurer physischen Struktur freisetzen, um Platz zu schaffen für die lichteren, höheren Frequenzen. Der Einweihungs- und Aufstiegsprozess ist ein allmähliches Vorankommen im Zugriff auf neue Informationen: das Gewinnen neuer Erkenntnisse, und dann zuzulassen, dass die Weisheit und Wahrheit dieses Wissen an die Stelle der alten, überholten Konzepte und Glaubensansichten tritt. Diese, wiederum, verändern eure Frequenzmuster, welche nach und nach eure Welt, oder das Bild eurer Realität, verändern.

Wie ihr bereits wisst, nennt man dies den Aufbau des Lichtkörpers, was eure vielfachen Körper ergibt und dazu führt, dass sie mit ausgleichenden Energien gefüllt werden, die euch einen Höchstgrad an Gesundheit und Vitalität verschaffen. Auch hilft es euch, schlafende schöpferische Fähigkeiten zu erwecken, die in eurer Gehirnstruktur gespeichert sind. Wir haben euch gesagt, dass in eurem Gehirn Lichtpakete, Schlüssel und Codes vorhanden sind, die nur durch Einstimmung auf die höheren Lichtfrequenzen abgerufen werden können. Das geschieht zur Zeit in großem Umfang, da immer mehr Menschen die Stupser von Spirit zu fühlen beginnen. Der Schleier des Vergessens löst sich auf, wenn ihr eure emotionalen und mentalen Körper in Harmonie bringt. Auch erlangt ihr nach der Fähigkeit, euren höheren Geist anzuzapfen und euch mit den vielen Facetten von euch selbst wieder zu vereinen.

Wir haben euch gebeten, dass ihr durch den Prozess geht, indem ihr alle Abkommen der Vergangenheit, Gegenwart und Zukunft brecht, die euch nicht mehr länger dienlich sind. Dies schließt Vergebung für alle und jeden ein (Vergangenheit, Gegenwart und Zukunft), mit welchen ihr eine karmische Wechselwirkung hattet, oder mit welchen ihr Dramen und Lektionen zu lernen hattet. Taktvolles Vergeben und Vergessen, oder mit anderen Worten, die Schiefertafel sauber wischen, als ob das Geschehnis nie stattfand, das ist sehr wichtig, denn nur dann ist die Energie in eurem Aurafeld völlig umgewandelt. Es spielt keine Rolle, ob die anderen involvierten Teile euch vergeben oder nicht, oder ob sie sich überhaupt dessen bewusst sind, dass ihr ihnen vergeben habt. Jedoch, wenn ihr noch immer in einer engen Beziehung seid, werden sie sicher bemerken, dass sich etwas zwischen euch verändert hat, denn sie werden den Unterschied spüren, da ihr Liebe ausstrahlt und Nichturteilen, statt Ärger oder Abneigung.

Wir haben auch die Wichtigkeit betont, euch die Weisheit eures Körpers und Elementarkörpers zu erschließen. Wenn ihr auf die Signale eingestimmt werdet, die euer physischer Körper übermittelt, wird es dazu führen, dass ihr euch dessen gewahr werdet, was verändert oder hinzugefügt werden muss, um eure Gesundheit aufrecht zu erhalten oder wiederzugewinnen. Ihr werdet vorbeugende Gesundheitspflege praktizieren, statt zu warten, bis euer Körper in große Bedrängnis gerät. Ihr werdet nicht mehr länger die Verantwortlichkeit für eure Gesundheit eurem Doktor oder Heilpraktiker überlassen - ihr geht zu ihnen wegen der Weisheit und dem Wissen, das sie euch bieten können - ihr nehmt ihre Dienste in Anspruch, wenn ihr sie braucht, aber in dem Bewusstsein, dass ihr die Wärter und letztlich die Heiler eures kostbaren physischen Gefäßes seid.

Denkt daran, tief zu atmen, und übt täglich den heiligen Atem, bis er zu einer Gewohnheit wird, ihr Lieben. Tiefes, rhythmisches Atmen, oder das Hereinbringen des goldenen oder weißen Prana des Lebens, ist eines der größten Geschenke, die ihr euch selbst geben könnt. Das goldene Prana ist die Energie der Sonne oder des Feuer-Elements, während das weiße Prana vom Luft-Element abgeleitet wird. Es gibt auch ein Prana, das von der Erde, oder dem Erd-Element abgeleitet wird, und ja, sogar ein Prana vom Wasser-Element. Dies sind lebenswichtige Energien, die für eure Existenz und die effiziente Funktion eures physischen Körpers notwendig sind. Deshalb wird er auch manchmal als der heilige Atem bezeichnet, den er hilft, die negativen Energien im Körper umzuwandeln und zu befreien. Er hilft auch das Chakrasystem auszugleichen und zu verbessern, und reinigt und erweitert das Aurafeld. Konzentriert euch auf eure Atemtechnik, bis es für euch ganz natürlich ist, aus dem Bauch zu atmen, statt flach von der Brust oder vom Zwerchfell zu atmen.

Wenn ihr bewusst tiefes, rhythmisches Atmen praktiziert, wird es euch helfen, leicht in einen veränderten oder meditativen Zustand zu geraten; es befreit auch von Stress und klärt den Geist, da es dem Köper Energie verleiht. Tiefes atmen, mit oder ohne Affirmationen, ist einer besten Wege, eure Energiefelder auszugleichen und zu harmonisieren. Es ist das magische Lebenselixier.

Eure Leben haben sich in den letzten paar Jahren dramatisch verändert, und niemand war davon ausgeschlossen. Diejenigen von euch, die den Pfad der Jüngerschaft beschritten haben, haben viele Veränderungen erfahren und viele Dinge losgelassen, die ihnen nicht mehr länger dienlich waren: Besitztümer, Beziehungen, Glaubensansichten und Gewohnheiten. Es war nicht leicht. Aber indem ihr einen erweiterten Überblick gewinnt, werdet ihr beginnen, die Muster und die Vollkommenheit zu erkennen in dem, was geschieht. Es wird leichter, die Veränderungen zuzulassen, denn ihr erkennt, dass, wenn ihr den Fokus der Liebe beibehaltet und beständig auf euer Höheres Selbst eingestimmt seid, alles in Göttlicher Ordnung ist und das Ergebnis zu eurem höchsten Besten sein wird - IMMER.

Ihr habt gelernt und praktiziert erwartungsvoll die Universellen Gesetze der Manifestation und seid euch dessen bewusst, dass Gedanken und Worte Energieträger sind. Gedanken, Gefühle, Worte und Handlungen sind die Komponenten, die notwendig sind, um das, was ihr euch wünscht, in der physischen Welt zu manifestieren. Deshalb, da ihr im Gebrauch und im Zugriff auf die kosmische Substanz - aus der alle Dinge geformt wurden - immer geübter und erfahrener werdet, seid sorgfältig in der Beobachtung eurer Gedanken, in der Kontrolle eurer Emotionen, und überlegt bewusst eure Worte und Handlungen.

Vielen von euch wurde gesagt, oder ihr erträumt es oder habt die Idee, dass ihr Heiler seid, und viele von euch bestreiten diese Möglichkeit. Glaubt uns, geliebte Lichtträger, es ist wahr. Es gibt viele Wege, um zu heilen, und ihr braucht keinen Ausbildungsgrad, Bescheinigung oder Berechtigungsnachweise irgendeiner Art, um Heilungsenergie zu verbreiten und zu übermitteln. Es ist ganz einfach, dem Strom der reinen kristallinen Lichtsubstanz des Schöpfers zu erlauben, durch euch hindurch und aus eurem Herzzentrum heraus auf andere überzufließen. Er wird sich ausdehnen, vergrößern und euer Aurafeld anreichern, so dass andere gesegnet sind, wenn ihr unter ihnen weilt. Bittet darum, und dann fühlt, wie die diamantkristallenen Energiepyramiden in euren Handflächen wirksam werden. Sie können zu pulsieren oder sich zu erwärmen beginnen, aber selbst wenn sich überhaupt kein Empfinden einstellt, wisst, dass, wenn es euer Wunsch ist, diese machtvolle Energie anzuwenden, um der Menschheit zu helfen, sie sich vergrößern und verstärken wird. Durch ein freundliches Wort, ein Lächeln, eine zarte Berührung, oder indem ihr eure Weisheit und euer Wissen teilt und weitergebt, leistet ihr einen großen Dienst.

Auch werdet ihr feststellen, dass sich der Weg für die Erweiterung eurer Einflusssphäre vor euch öffnen wird und euch mehr Gelegenheiten dargeboten werden, da ihr mehr an Erfahrung und Zuversicht gewinnt. Während ihr die Hindernisse überwindet und die Talente vervollkommnet, die euch angeboten wurden, werdet ihr feststellen, dass sich euer Weg klärt, und ihr werdet ohne jeden Zweifel wissen, dass euch geholfen und dass ihr geführt und unterstützt werdet.

Innerhalb der nächsten paar Jahre wird das „Channeln", wie ihr es jetzt kennt, zu einem ganz normalen Teil eures täglichen Lebens werden. Es wird nicht mehr länger ungewöhnlich, grotesk, oder nur die Gabe einiger Weniger sein, denn alle, welche die vierdimensionale Frequenzebene erreicht haben, werden befähigt sein, sie anzuzapfen und mit ihren Höheren Selbst', ihren Führern, Engelshelfern und ja, sogar mit den aufgestiegenen Meistern zu kommunizieren.

Erlaubt mir, dass ich jetzt einige verwirrende Informationen oder Missverständnisse hinsichtlich der aufgestiegenen Meister und Engelwesen klarstelle. Wisst, dass es mehr menschliche Wesen als je zuvor in physischer Verkörperung gibt, die Aspekte oder Energieträger von kosmischen Wesen der höheren Reiche sind. Manche tragen ein größeres oder kleineres Maß an Energie einer speziellen Wesenheit, aber das ist alles, was sie sind: ein Aspekt oder eine Facette dieses großen Wesens. Mit Ausnahme der großen Avatare, und ihr alle wisst, wer sie sind, kann niemand im physischen Ausdruck der dritten/vierten Dimension die unermessliche Weite oder Gesamtheit eines Erzengels oder irgendeiner anderen kosmischen Wesenheit in sich tragen. Außerdem überleuchten und durchziehen die aufgestiegenen Meister die Aurafelder von vielen ihrer geliebten Nachfolger. Aber, ausgenommen von sehr kurzen Auftritten, wenn es notwendig erscheint, werden sie sich nicht wieder in einem physischen Körper auf dem Planeten Erde inkarnieren.

Wenn die Erde in eine verfeinerte Frequenz aufgestiegen ist wird eine Zeit kommen, wo wir, wieder einmal, für euch sichtbar werden, wie es einst in der Vergangenheit war. Geradeso, wie wir uns mit euch über Gefühle, Energieimpulse und gechannelte Botschaften wiederverbinden, werden wir für euch noch realer werden, wenn ihr eure Hellsichtigkeit - oder die Fähigkeit zu multidimensionaler Schau entwickelt. Dies passiert bereits viel öfter, als ihr wahrnehmen könnt. Es gibt große Zeichen am Himmel in Form von Lichtmustern, Wolkenformationen und unerklärlichen Sichtungen. Manche von euch sehen klarer als andere, geradeso wie manche von euch auch schärfer hören. Dies sind Talente, die ihr in eure physische Verkörperung mitgebracht habt. Sie sind verkümmert oder wurden vergessen, und jetzt ist es an der Zeit, sie wiederzuerlangen. Daran zu glauben, oder euren eigenen Fähigkeiten und der Möglichkeit, dass das, was wir sagen, wahr ist, zu vertrauen, ist der erste Schritt. Ich bitte euch, es euch selbst Schritt für Schritt zu beweisen, jeweils eine Ebene nach der anderen, und beobachtet, wie sich neue Ausblicke und Fähigkeiten vor euch auftun.

Auch wenn wir sagten, dass ihr auf diese Gaben einen Anspruch geltend machen könnt, lasst euch nicht einfangen vom Glamour psychischer Manifestation. Psychische Talente sind nicht notwendigerweise ein Zeichen hoher Spiritualität, insbesondere wenn sie dazu benutzt werden, andere zu beeinflussen oder zu beherrschen. Ursprünglich waren diese Fähigkeiten ein natürlicher Teil eurer physischen Veranlagung und werden es in Zukunft wieder sein. Aber während dieser Übergangszeiten wird eure physische Struktur und eure Berufung bestimmen, welche Fähigkeiten ihr entwickeln werdet und wie schnell sie euch zur Verfügung stehen werden. Diese Talente wurden in der Vergangenheit gröblich missbraucht, und es wird nicht gestattet, dass dies in Zukunft wieder passiert. In der Vergangenheit brauchte ein Eingeweihter viele Jahre, sogar Lebenszeiten, um bloß die grundlegenden psychischen Fähigkeiten zu entwickeln. Seid also geduldig, ihr Lieben, euch ist mehr Hilfe gegeben und größere Gelegenheiten geboten, als je zuvor. Ihr macht großartige Fortschritte und wundersame Geschenke erwarten euch.

Ich möchte nun über eure jungen Menschen sprechen. Diejenigen, die sich während der vergangenen fünfundzwanzig Jahre im Physischen inkarniert haben, sind so weise und fortgeschrittene Wesen. Viele sind die Vorläufer der nächsten Menschenrasse, welche die Erde bevölkern wird, wenn sie in Harmonie und Frieden eintritt. Sie sind mehr auf Spirit eingestimmt und ihnen stehen Fähigkeiten zur Verfügung, nach deren Wiedererlangung ihr strebt. Es hat nicht den Anschein, dass dies so ist, wenn man sieht, was in aller Welt vor sich geht: die sinnlose Gewalt, die Wut und Frustration, die Süchte und Exzesse, in welche diese jungen Menschen verfangen und verfallen sind. Versteht, dass es für sie nicht leicht ist, in dieser Negativität zu leben und zu funktionieren, der sie von Geburt an ausgesetzt waren und die sie ständig umgibt. Sie können sie nicht verstehen, und so ertränken sie ihren Schmerz und ihre sensitive Natur in physischen Empfindungen verschiedenster Art. Sie schlagen um sich in sinnloser Gewalt, wenn der Schmerz untragbar wird. Ihre Sinne sind nicht abgetötet oder stumpf wie jene der älteren Generationen. Ihre mentalen und emotionalen Naturen können nicht die Gewalt, den Hass und die Furcht tolerieren, der sie täglich ausgesetzt sind.

Beschuldigt nicht die Jungen, sie verstärken nur das, was ihnen täglich von den sie umgebenden Erwachsenen präsentiert wird. Wenn sie Respekt lernen sollen, dann müssen sie respektiert werden; wenn sie bedingungslose Liebe und das Leben zu schätzen lernen sollen, dann muss ihnen gelehrt werden, dass sie wertvoll sind, dass sie geliebt werden und dass das Leben ein wundersames Geschenk ist. Wenn man ihnen Verantwortlichkeit lehrt, müssen die anderen um sie Verantwortlichkeit in ihrem Denken und Handeln zum Ausdruck bringen. Sie verstärken und geben auf dramatische Weise die Einstellungen, Konzepte und Glaubensansichten ihrer Eltern, Lehrer und Vorbilder wieder. Sie sind machtvolle, wunderbare Seelen, aber sie werden so lange ihre Selbstzerstörung, oder Schadenszufügung an anderen fortsetzen, bis sie zu ihrer Göttlichen Natur erwachen und es ihnen erlaubt ist, sich mit ihrem Seelen/Höheren Selbst zu verbinden. Ihr werdet dann sehen, wie sie sich vor euren Augen verwandeln und führende Rollen übernehmen, da sie die Aufgaben, die ihr begonnen habt, übernehmen und zu Ende führen werden.

Geliebte Krieger des Lichts, wir betrachten euch als unsere Partner in diesem großartigen kosmischen Ereignis. Ihr seid die Ausführenden und Leiter; wir stellen nur die Ressourcen bereit, könnte man sagen. Aber das Drama bewegt sich rasch auf die nächste Phase zu, wo wir unsere Kräfte sogar noch dramatischer miteinander vereinigen werden. Ihr, in vollem Wissen, dass ihr unsere Abgesandten und geliebten Repräsentanten seid, und dass wir eure liebenden Beschützer und treuen Ratgeber sind. Wir ehren und lieben euch zutiefst.
ICH BIN Erzengel Michael.

38. Die Verschmelzung von Geist und Materie

Geliebte Meister, ich bringe euch Grüße und erfreuliche Nachrichten von den höheren Reichen, um euch in diesen stressvollen Zeiten des Übergangs und der Verwandlung beizustehen. Irrt euch nicht, wir sind dessen sehr gewahr, was jeder von euch erlebt und welche Unsicherheit ihr fühlt, da sich eure Realität umschichtet und verändert. Viele von euch wundern sich, warum keine neuen Informationen mitgeteilt werden, warum alles, was ich oder andere Lichtwesen übermitteln, anscheinend nur Überblicke über das sind, was bereits mitgeteilt wurde. Der Grund ist folgender: ihr seid nicht bereit dafür. Es ist unerlässlich, dass ihr das, was euch gegeben wurde, auch anwendet und integriert, bis es zu einem natürlichen Teil eurer Realität wird. In den ätherischen Sphären, schwebt viel Wissen und neues Bewusstsein, aber ihr müsst danach greifen und es als euer Eigentum fordern, bevor ihr euch auf die nächste Ebene begeben könnt. Ihr müsst es leben und personifizieren.

Ihr, ebenso wie die Menschheit im ganzen und die Erde, steht kurz davor, einen Sprung auf die nächste Ebene der Evolution oder Einweihung zu tun. Ihr habt viel Energie und Wissen von einer höheren Frequenz in eure mentalen, emotionalen und ätherischen Körper integriert, und für viele von euch existiert der Status quo nicht mehr länger. Wir sagten euch, dass diese kommenden Jahre eine Brücke in das „New Age", das neue Zeitalter sein werden, und das ist wahr. Aber gegenwärtig seid ihr sozusagen in einer Warteschleife, in einer Nullzone des Geistes, oder einer Zeit, eher nach innen gerichteter Fokussierung und Anpassung, als nach außen gerichteter Stoßkraft und radikaler Veränderung. Entlang des Weges steht jeder von euch auf unterschiedlicher Stufe, und so werdet ihr, wenn ihr euch umblickt, andere sehen, die euch zur Nacheiferung anregen, oder solche, die euch Einsicht geben können in das, was stattfindet. Die Erweiterung des Bewusstseins ist für jede Seele anders, da jede ihre eigene Göttliche Blaupause und Aufgabe, oder ihren festen Bestandteil am Meisterplan zu erfüllen hat. Ihr mögt euch heute glücklich und im Fluss fühlen und alles scheint in bester Ordnung zu sein, und dennoch verändert sich eure Wahrnehmung schon morgen radikal, denn euer Bewusstsein erweitert sich ständig in ein höheres Gewahrwerden.

Geradeso, wie ihr individuell zur nächsten Ebene fortschreitet, wenn euer Spirit-Selbst den Beschluss fasst, dass ihr dafür bereit seid, so ist es auch auf der Massenebene. Ihr seid mitten in einer intensiven Verschmelzung des Lichtes mit der Dunkelheit der Erde, und einer Verschmelzung von Geist/Spirit mit Materie. Bitte hängt dem Begriff Dunkelheit kein negatives Etikett an, denn er bedeutet nicht das Böse, sondern bezeichnet jene Teile der Erde und jene Seelen, die in einem niedrigeren Grad von Licht und Liebe des Spirit existieren. Die Dunkelheit kann im Licht nicht überleben, und die Menschheit kann nicht überleben oder voranschreiten, ohne das Geschenk der Liebe anzunehmen, das ihr angeboten wird.

Vollkommenheit ist nicht die Frage oder gar das Ziel zu dieser Zeit, ihr Lieben. Ihr habt die irrige Auffassung, dass Dualität und Polarität auf der materiellen Ebene etwas Schlechtes sind, oder dass sie abgelehnt und überwunden werden müssen. Es ist nicht die Polarität oder Dualität, die euch zurückhält, es ist die Unausgeglichenheit. Ihr habt euren Auftrag angenommen, und so wurde euch die Gelegenheit gegeben, die Dualität zu erfahren. Polarität, oder Oppositionsdruck, ist ein Teil dieses Prozesses. Ihr kamt in die körperliche Form ausgeglichen und harmonisch in euren männlichen und weiblichen Naturen und in den mentalen und emotionalen Körpern. Es war eine schöne Verschmelzung von Geist mit Materie, welches der Zustand ist, den zurück zu erobern und wieder zu erlangen ihr erstrebt.

Wir sagen euch immer und immer wieder, dass ihr hier auf Erden seid, um euch des Daseins in der physischen Form zu erfreuen und die Fülle und Wunder der Schöpfung zu genießen, aber es heißt, in allen Ausdrucksfacetten ausgeglichen und in Harmonie zu sein. Deshalb wird der Aufstiegsprozess als der enge oder mittlere Pfad bezeichnet. Ihr könnt nicht irgendeine Komponente oder Facette physischen Ausdrucks übergehen. Ignoriert oder missbraucht ihr euren Körper, beginnt er zu versagen und zu verkümmern. Wenn ihr euren Geist ignoriert, bleibt ihr unwissend oder beginnt zu stagnieren und verliert euer Interesse am Leben. Wenn ihr eure emotionalen Bedürfnisse ignoriert, beginnt ihr euch ungeliebt und einsam zu fühlen. Die Verbindung mit eurem Höheren Selbst und eurem Spirit erlaubt euch, den Göttlichen Strom primärer kosmischer Lebenssubstanz anzuzapfen. Dies ist die Energie, die ihr benützt habt, um eure erste Geist/physische Form zu bauen, und es ist die Energie, die euch helfen wird, euch zu transformieren und die Harmonie des Selbst wiederzuerlangen.

Viele von euch fühlen den unwiderstehlichen Drang, hinaus in die Arena der Öffentlichkeit zu treten und zu beginnen, ihr spirituellen Muskeln spielen zu lassen, und doch fühlt ihr, dass ihr zurückgehalten werdet. Euer Höheres Selbst kennt die richtige und passende Zeit für euch, diesen gewaltigen Schritt hinaus ins Unbekannte zu tun. Mag sein, dass ihr noch nicht genug Grundlagen erarbeitet oder die Wissensebene oder Fachkenntnis erworben habt, die ihr benötigt, um effektiv und erfolgreich zu sein. Vielleicht (und das ist oft der Fall), ist der Pfad durch eure Führer, Lehrer und Engelshelfer vorbereitet. Sie werden den Weg ebnen, oder „für euch einen Platz bereit halten." Nachdem ihr eure Vision festgelegt und eure Verpflichtung übernommen habt und euren Sieg fordert, ist es wichtig, dass ihr Spirit erlaubt, die Führung zu übernehmen und eure Träume zur richtigen und passenden Zeit zu erfüllen. Warten ist im Physischen nicht leicht, besonders wenn das Ego die Kontrolle innehat. Das Ego wächst an Dramen, seien sie positiv oder negativ.

Ihr alle fühlt die Unsicherheit, die mit einer dimensionalen Umschichtung einhergeht. Ihr lernt, in sich verlagernden Energiemustern zu leben, in einer Zeitkompression, oder einem Gefühl, dass die Zeit sich beschleunigt und außer Kontrolle gerät. Bittet um Zeitausdehnung und zieht euren Nutzen daraus. Dies wird euch ein Gefühl der Beruhigung geben, des gemächlicheren und anmutigeren Bewegens durch eure Tage und Nächte. Im „Ereignis des Jetzt" zu stehen, wird euch in diesem Bemühen helfen, denn ihr werdet auf das Geschehen des Augenblicks fokussiert sein. Euer Geist wird nicht vorwärts rasen oder unnötig Zeit an die Vergangenheit verschwenden. Eure Energie wird dazu benützt, um die Wünsche des Augenblicks zu erschaffen, und ihr werdet viel erfolgreicher sein. Haltet einen inneren Fokus der Gelassenheit und Selbstkontrolle aufrecht, statt eines auswärts gerichteten Fokus, der euch durch Ereignisse und die Emotionen anderer unter Kontrolle hält.

Früher haben wir euch vorgeschlagen, dass ihr alle materiellen Besitztümer aufgebt, die euch an eurem spirituellen Wachstum hindern, die euch „besitzen" durch Zeitverbrauch, Instandhaltung oder Spesen.

Jetzt ist es Zeit, die unnötigen Aktivitäten in euren Leben aufzugeben, die euch abhalten, mit Spirit in Harmonie zu kommen. Was ihr Fernsehen nennt, ist eines der größten Zeiträuber, die je erfunden wurden. Es ist gewohnheitsformend und ein heimtückisches Werkzeug der Geisteskontrolle. Es beraubt euch eurer Sinne oder stumpft sie ab, so dass ihr nicht den Wunsch habt oder nicht hören könnt jene kleine innere Stimme des Spirit, die versucht, Kontakt aufzunehmen. Das Wort „RECREATION“ - überprüft es genau - *re-creation* = Entspannung/Wiederherstellung/ Neugestaltung von was? Wie verbringt ihr eure Freizeit? In unnötigen Spielen, die Geist und Sinne betäuben und den Körper physischer Aktivität berauben; oder indem ihr Sachen lest, die euer negatives, furchtbezogenes Bild der Realität verstärken; oder in Aktivitäten, die euch nur Frustration statt Befriedigung verschaffen?

Es ist Zeit, eine Inventur darüber zu machen, wie ihr das Geschenk des Lebens auf Erden verbringt. Ihr habt eine zugeteilte Zeit auf der Erde (bestimmt durch euer Höheres Selbst) und eine spezifische Aufgabe zu erfüllen. Durch die Erlaubnis, sich während dieser höchst wichtigen Zeit auf der Erde zu inkarnieren, wart ihr gesegnet und privilegiert. Jede Seele, die von ihrer Aufgabe zurücktritt, erhöht die Belastung jener Lichtarbeiter, die tapfer das Licht verankern (diejenigen, die leuchtend vorangehen auf dem Pfad, den Weg ebnend für die Nachfolgenden).

Oh, ihr werdet nicht versagen, meine Freunde. Ich werdet schließlich hören und mit Spirit in Harmonie kommen, denn das ist eure endgültige Bestimmung. Aber, wann und nach wie vielen Leiden? Das ist eure Wahl unter dem Gesetz des freien Willens. Man sagt: „Die Zeit wartet auf niemand,“ und wir fügen hinzu, die Evolution der Menschheit und der Erde wird auf niemand warten. Werdet ihr unter den Zurückgelassenen sein?

Es ist wichtig, dass ihr begreift, dass alles sich sehr schnell umschichten und verändern wird, auf jeder Ebene der Schöpfung. Ihr seid gebeten, beweglich und flexibel zu sein, euch sogar vor größeren Veränderungen zurückzuhalten, bis ihr starke innere wie äußere Signale hinsichtlich dessen, was angebracht ist, empfangt. Mit anderen Worten, ihr mögt einen inneren Stupser oder eine Botschaft erhalten, und sie mag sich in eurem Herzzentrum als zutreffend anfühlen. Aber während dieser Zeit der Beschleunigung, bevor ihr etwas unternehmt, schlage ich vor, dass ihr um eine physische Bestätigung bittet, hinsichtlich der Angemessenheit der Aktion, die ihr in Erwägung zieht. Klare Zeichen werden gegeben, aber zu Zeiten werden selbst diese Veränderungen unterworfen sein. Wir wissen, dass dies verwirrend und frustrierend für euch ist, aber bitte seid euch dessen bewusst, dass ihr Sprünge von Jahren und Jahrzehnten macht, anstatt von Minuten und Tagen.

Dies alles hat mit den sich verlagernden dimensionalen Veränderungen zu tun und der Ungewissheit der Zeit. Selbst von unserem Blickwinkel aus mag eine bestimmte Aktion oder Ereigniszeitlinie als zutreffend angesehen werden, nur um durch unerwartete Ereignisse annulliert zu werden. Von unserer Perspektive aus sehen und beurteilen wir die Ereignisse durch die wahrscheinlichen Zukünfte, die das größte Potential oder das stärkste Energie-Kraftfeld tragen, aber jetzt geschehen die Veränderungen dafür zu rasch, um genau zu sein. Das ist der Grund, warum es unmöglich ist, die Zukunft vorauszusagen und warum wir euch sagen, dass ihr denjenigen, die Voraussagen machen, keinen Glauben schenken sollt. Wir sind Partner in diesem Abenteuer, und wir alle kämpfen uns voran in ein unerforschtes Territorium. Wir sind auf einer mitschöpferischen Ausdehnungsebene, die nie zuvor unternommen oder erreicht wurde, meine Tapferen, und ihr seid genau in ihrer Mitte. Es kann eine erregende, berauschende Zeit großer Freude und wundersamer Leistungen sein, wenn ihr einfach „dran bleibt" in Verbindung mit eurer inneren Führung und fokussiert auf den Augenblick. Erlaubt eurer Realität sich umzuschichten und zu wachsen, sich auszuweiten und wenn nötig, ihre Richtung zu verändern, und zieht dadurch euren Vorteil aus jeder Gelegenheit, die Spirit euch auf euren Weg bringt.

Wir bitten euch auch, stimmt euch mehr ein auf die Zyklen der Jahreszeiten, der Tagundnachtgleichen, der Sonnenwenden und der Mondphasen. Wir baten euch, während der Zeit des Vollmonds zu meditieren und Energie herab durch und rund um die Erde auszustrahlen. Jetzt bitten wir euch, kommt in diesen machtvollen Zeiten zusammen und vereint euch zu einem gemeinsamen Zweck: dem der Erhöhung des Bewusstseins der Erde und der Menschheit. Diese Zeiten sind dazu ausgewählt, den Einfluss kosmischer Energie auf die Erde und all ihre Bewohner zu steigern. Wenn immer mehr von euch sich erlauben, mit reiner Liebe und selbstloser Absicht die Empfänger und Umformer für diese verfeinerte Energie zu werden, wird die dynamische Kraft dieser Energie exponentiell anwachsen. Stellt euch vor, wie Tausende, nein, Millionen von allen Ländern, Rassen, Religionen und Farben zu diesen vorgesehenen Zeiten zusammenkommen mit einer gemeinsamen Absicht in Geist und Herz: Heilung der Erde und Wiedererlangung des Göttlichen Geburtsrechtes für alle, die auf ihr wohnen.

Werdet euch auch der Macht der Zahlen bewusst. Mit der Erfindung eurer Digitaluhren ist es jetzt euren Führern und Lehrern möglich, diese als eine Methode der Bestätigung oder Signalisierung zu verwenden, dass sie mit euch sind, oder um euch wissen zu lassen, dass ihr in Harmonie mit Spirit seid. Werft auch einen Blick auf eure polizeilichen Autokennzeichen, da diese euch auch erstaunen und amüsieren werden, wenn gewisse Seriennummern euch auf eine Weise bewusst gemacht werden, die über Zufälligkeit hinausgeht. Ich habe meine Botschafterin angestupst, euch diese Information zukommen zu lassen. Wir benützen alle zur Verfügung stehenden Mittel, um euch wissen zu lassen, dass wir mit euch sind, euch vorwärts helfen in die richtige Richtung.

Es ist eine Dringlichkeit von entscheidender und höchster Wichtigkeit in dieser Einleitungsphase, dass das Wissen, das ihr alle als erwiesen angenommen habt, unter den Massen in Umlauf gesetzt wird, von den niedersten bis zu den höchsten. Es ist Zeit für den Beginn der nächsten Phase des Erwachens in einem großen Maßstab. Nicht der lange, langsame Erwachensprozess, den die meisten von euch über die letzten zwanzig oder fünfundzwanzig Jahre erfahren haben. Es muss und wird eine dynamische, aufrüttelnde, Aufmerksamkeit heischende Sensation sein, dazu bestimmt, die Menschheit aus ihrer Lethargie aufzurütteln, so viele wie möglich dazu zu bringen, inne zu halten und ihre alten Parameter, die alten Wege des Denkens und Seins neu zu bewerten und zu wissen, dass etwas im Gange ist. Es geschieht etwas noch nie da Gewesenes, und es ist Zeit, zu hören, zu lernen und zu handeln. Eure liebende, besänftigende und tröstende Gegenwart und Weisheit wird benötigt und ersehnt wie nie zuvor.

Mehr Facetten eures Projektes „Sternensaat Erde - Missionsgruppe" werden euch bekannt gegeben. Mehr Puzzleteile beginnen ihren Platz zu finden, während ihr beginnt, eine dynamische, kraftvolle, energetische Arbeitsmannschaft aufzustellen, mit all dem Wissen und der notwendigen Erfahrung, um eure und der Erde Göttliche Bestimmung zu erfüllen. Ihr habt auf den Wellen liebevoller Schwingungsenergie den Ruf ausgesandt, und ihr seid im Begriff, mit jenen Teilen von euch selbst wiederverbunden zu werden, von denen ihr befürchtet habt, sie wären für immer verloren gegangen. Dies ist gerade erst der Beginn des „Willkommen Daheim“ - Prozesses, ihr Lieben. Es wird noch viel mehr kommen.

Wisst, dass wir euch so nahe sind wie euer Herzschlag, und dass wir so real sind wie die Luft, die ihr atmet. Wir bewundern euch für euren Mut und loben euch für eure Standhaftigkeit.

Ich, Erzengel Michael, umhülle euch mit meiner Liebe und meinem Schutz, immer.

39. Zahlen

Eines der Phänomene, das sich in diesen Tagen zeigt und uns wissen lässt, dass wir mit Spirit wandeln. Eine Art und Weise, die unsere Führer und Lehrer anwenden, um uns die Energien und die Bedeutung von Zahlen bewusst zu machen, ist das Auftreten von drei oder noch mehr gleichen Zahlen. Ich erwache oft mitten in der Nacht, und es ist 2:22 oder 3:33 oder 4:44 auf meiner Digitaluhr (gelegentlich 5:55) oder, ich blicke auf meine Uhr und lese häufig 11:11, oder hin und wieder 12:12.

Diese Informationen wurden aus verschiedenen Quellen zusammengetragen und Lord Michael hat sie bestätigt.

111 Energiefluss – Erweitert die Ebene, auf der Du gegenwärtig bist.

222 Wiedererwachen und Aufstiegsprozess.

333 Entscheidungszahl – Entweder führt sie dich in eine Phase von 999 =Vollendung, oder im negativen Fall in die 666 Frequenz, die dich zurückwirft in die dritte Dimension.

444 Dies ist eine tatsächliche Auferstehungszahl - Du hast gerade eine wichtige Phase vollendet.

555 Die Erfahrung der Energie oder einer Ebene des Christus-Bewusstseins - Sehr bedeutsam.

666 Materielle Welt - Dreidimensionale Frequenz - Dichte.

777 Symbolisiert die Integration einiger Teile der vier niederen Körper mit höheren spirituellen Frequenzen innerhalb der dreidimensionalen Ebene, oder auf der Ebene, auf welcher du deine physische Realität auf der Erde manifestierst.

888 Symbolisiert die Unendlichkeit - Die geeinte Spirale des Physischen sich vermischend mit dem Spirituellen - Die Bewegung zur Vollendung des Aufstiegsprozesses durch die Energien von 222 und 444.

999 Symbolisiert die drei Ebenen der Dreieinigkeit oder Trinität - Vollendung.

000 Die GROSSE LEERE - Erfahrung einer NULLZONE - Verlagerung oder Bewegung in ein neues Energiefeld.

11:11 Der Beginn auf einer ganz neuen Ebene oder Entwicklungsphase - Eine andere Dimension oder Frequenz der Erfahrung - ÖFFNUNG EINES PORTALWEGES.

12:12 EINE KOSMISCHE VERBINDUNG - Eine Brücke in die Zukunft - Bezeichnet eine Ebene der Vollendung oder ein Fortschreiten in eine neue Ebene des Einweihungsprozesses.

Habt Freude damit. Ich fand oft durch die Zahlen eine Bestätigung für eine getroffene oder zu treffende Entscheidung. Achtet auch auf Auto-Kennzeichen.

40. Die Welle zur Zukunft erfassen

Geliebte, eine neue Welle kosmischer Energie ist schwebend bereit, auf die Erde und die Menschheit herabzustrahlen. Eine Göttliche Ausstrahlung des Lichtes von der Großen Zentralsonne, welches ein Wegbereiter für die Verschiebung der Erde und der Menschheit in die verfeinerten Resonanzen der fünften Dimension ist. Sternentore haben sich geöffnet und wurden aktiviert, die Zugang zu den Dimensionsportalen schaffen, sodass diese Energie direkt zu den entsprechenden Orten fokussiert und hingelenkt werden kann. Wie wir schon früher sagten, sind die Frequenzen zu verfeinert und intensiv, um sie in pauschaler Auswirkung auszustrahlen, wie es zu Beginn eurer Erwachensperiode getan wurde. Ihr mögt überrascht sein zu erfahren, dass der Beschleunigungsprozess schon im späteren Teil des 19. Jahrhunderts eingeleitet wurde.

Als die elektromagnetische, kosmische Energie auf mehr spezifische Gebiete in aller Welt in einem Laserstrahl-Effekt gerichtet wurde, wurden dramatische, positive Resultate erzielt, aber sie bewirkte auch viel Schmerz und Leid. Beispiele dafür sind die Bombardierung des World Trade Centers in New York, die schweren Tumulte in der einst heiligen, schönen Stadt der Engel, Los Angeles, und die verheerenden Bomben in Oklahoma City, aber auch die Gewalt und das Chaos in vielen anderen Gegenden der Welt. Die Lichtfrequenzen trafen auf die Dunkelheit und explodierten in einer dynamischen Art und Weise. Aus dem Chaos und dem Leid entsprang ein neues Gefühl der Einheit, eine Klärung und Reinigung und ein Öffnen der Herzzentren derjenigen, die direkt betroffen waren, wobei ein Welleneffekt entstand, gleich dem eines in einen Teich geworfenen Steines. Die Stimmung und Atmosphäre in Los Angeles und New York City hat sich radikal verändert. Statistiken haben nachgewiesen, dass Gewalt und Kriminalität gesunken sind und dass es in den Straßen viel sicherer geworden ist.

In jenen Bereichen, wo diese gewalttätigen Ausschreitungen stattfinden, werden sich letztlich diverse und getrennte Kulturen zusammenfinden und ein Band neuen Verstehens erschaffen, aber auch ein Überfließen von Liebe und gegenseitiger Unterstützung. Noch ist ein weiter Weg zu gehen, aber viele stimmen darin überein, dass es jetzt in diesen Bereichen eine sicherere, sanftmütigere Aura und ein Gefühl für die

Gemeinsamkeit gibt. Dieses gleiche Szenario findet in aller Welt statt. Manche sind nicht so dramatisch wie andere, und über viele wird nicht berichtet, aber der Wandel zum Besseren schreitet rasch voran. Er ist unvermeidlich.

Es ist der Wunsch des Schöpfers, dass dieser Prozess der evolutionären Transformation mit dem geringsten Ausmaß an Schmerz und Leid für die Menschheit vonstatten geht. Ihr habt lange genug gelitten. Deshalb werden wir in Zukunft, bevor die höheren Lichtfrequenzen auf ein spezielles Gebiet herabgestrahlt werden, diejenigen von euch rekrutieren, die zugestimmt haben und fähig sind, Empfänger und Umformer für diese Energie zu sein. Zuerst führen wir jene Seelen in ein spezielles Gebiet, deren Aufgabe es ist, die dimensionalen Torwege zu öffnen. Dann fokussieren wir uns auf diejenigen, deren Aufgabe es ist, die Samen der Erleuchtung auszusäen und die Lichtfrequenzen hervorzubringen. Ihr werdet diese Energie empfangen und in die Erde übertragen, und ihr werdet dieses Geschenk durch euer Herzzentrum filtern und auf andere auf der ganzen Erde übertragen. Diese Seelen wiederum, werden diese herabgestufte Energie annehmen und auf ihrer Schwingungsebene weitergeben - das Verpflanzen von Lichtsaat könnte man es nennen.

Beobachtet, wie oft erstgereihte Lichtarbeiter -Führer in eine Stadt oder an einen Ort gehen und ihre Botschaft über Workshops oder spirituelle Reisen darbieten, nur um von verschiedenen anderen in schneller Reihe nachgefolgt zu werden. Diese tapferen Seelen haben gewöhnlich keine Kenntnis darüber, dass andere auch an den gleichen Ort geführt wurden; sie folgen nur einem Ruf, dem sie sich nicht verweigern können. Sie alle tragen eine unterschiedliche Resonanz, ein unterschiedliches „Schaltbild", oder was wir als Lichtpakete von Schlüsseln, Codes und Frequenzen bezeichnen, um bei der Reinigung, Klärung und Aktivierung eines speziellen Ortes zu helfen.

Wir haben euch gesagt, dass die nächsten vor euch liegenden Jahre – die nächste Dekade – die Zeit des Übergangs ist, eine Brücke zur nächsten Bewusstseinsebene für die Menschheit und für die Erde; deshalb muss sich dieser Prozess dramatisch beschleunigen. Der Göttliche Plan muss vorankommen und die Zeit ist das Wesentliche; deshalb ist die Eile und das Bedürfnis nach Klärung und Verankerung dieser hohen Frequenzen so entscheidend. In den Gebieten hinauf und hinab an der West- und Ostküste der Vereinigten Staaten waren einst, in jenen glorreichen Zeiten des Goldenen Zeitalters von Atlantis und Lemuria, wundersame, machtvolle Lichtstädte. Die Energien dieser großartigen Bereiche, aber auch jene von vielen anderen wundersamen Orten in aller Welt, wurden von Furcht, Gier und Negativität durchdrungen, als diejenigen, welche die Macht innehatten, begannen, ihre Göttlichen Talente für selbstsüchtige Zwecke zu verwenden.

Viele von euch, die in einer bestimmten Gegend geboren wurden oder zuwanderten, sind dort, weil es Teil eurer Aufgabe ist, die negativen Muster zu heilen und umzuwandeln, sodass der Friede und die Vollkommenheit dieses Ortes wieder hergestellt werden kann. Ihr tragt in eurer Gehirnstruktur eine Erinnerung daran, wie es in diesen alten vergangenen Tagen war, und ebenso eine tiefsitzende Sehnsucht, die Heiligkeit und Schönheit dieser Bereiche, die einst euer Heimatland waren, wiederzuerlangen.

Wie ihr wisst, sind die Energien des Ersten Strahls des Göttlichen Willens wieder als Beschleuniger und Werkzeuge des Umwandlungsprozesses aktiviert worden. Es mag den Anschein erwecken, als ob alles zusammenbricht oder zerstört wird. Aber in Wirklichkeit arbeiten der Erste und der Siebte Strahl jetzt gemeinsam an der Umwandlung und Umformung der alten negativen Energiemuster und entzünden dann dramatische neue Frequenzen in der kristallinen Struktur der Erde und auch in der Menschheit. Auf diese Weise können die Zerstörungen und Verwüstungen auf ein Minimum begrenzt bleiben. Die dynamisch-blaue Energie des Göttlichen Willens des Vater-Schöpfers verschmilzt mit der rosa-strahlenden Energie der Liebe und des Mitgefühls von Mutter-Schöpfer, wobei sie die Göttliche Alchemie der leuchtenden Violetten Flamme des Siebten Strahls formen - die alles überleuchtenden Frequenzen des Neuen Zeitalters.

Stellt euch Folgendes vor: Seelengruppen werden zusammengezogen, die den größten Teil ihrer negativen Energiemuster geklärt und ihre mentalen und emotionalen Körper ausgeglichen haben, so dass sie reine Empfänger und Übermittler dieser hochfrequenten Einflüsse sein können. Sie kommen in reiner, selbstloser Absicht und mit dem Wunsch, Inspiration zu empfangen und der Menschheit zu dienen. Auf verschiedene Weise werden sie durch einen sanften Prozess dazu geführt, alte, verbliebene Energiemuster loszulassen, das höhere Chakrasystem zu integrieren und zu aktivieren, und die Energien und Attribute der fünf höheren Galaktischen Strahlen in sich aufzunehmen. Dies bereitet den Weg für eine Infusion des dynamischen Göttlichen Ersten Strahls von Wille und Macht, welcher benötigt wird, um die schlafenden, kristallinen Energien in der Erdstruktur zu aktivieren. Während diese Energie durch jede Person fließt, aktiviert sie die Schlüssel und Codes in deren Gehirnstruktur, und dies wird dann dem Ganzen hinzugefügt, weil dieses Geschenk in die Erde geatmet und hineingestrahlt wird. Das, wiederum, aktiviert die schlafenden Energien in der kristallinen Struktur tief im Innern der Erde. Da diese Energie entzündet wird, strahlt sie nach oben und beginnt wieder die Schlüssel und Codes der Transformation hervorzubringen, die notwendig sind, um mit dem Prozess der Reinigung und Heilung eines speziellen Bereichs zu beginnen.

Jede Person trägt dann diese Saaten der Umwandlung mit sich. Sie senden oder strahlen nun diese Energie von ihren Herzzentren hinaus auf die Menschheit, ganz gleich wo sie gehen. Und dann nehmen andere, die bereit sind, diese Energie in sich auf und beginnen sie auf andere um sich auszustrahlen, aber auch hinab und rund um die Erde, wo sie sich verstärkt, wächst und ausbreitet, bis sie die Erde umkreist und jedes fühlende Wesen auf irgendeiner Ebene berührt.

Könnt ihr nicht die Schönheit und Vollkommenheit dieses Plans erkennen? Könnt ihr jetzt sehen, wie wichtig euer Teilnahme an dieser Bemühung ist? Wenn ihr sonst nichts tut, Geliebte, stellt euch selbst zu Verfügung oder erklärt eure Bereitschaft, Empfänger und Träger dieses Göttlichen Geschenks zu sein, auf welcher Ebene immer ihr es zu tragen fähig seid. Die Stärke eures Wunsches, der Menschheit zu dienen, und der Grad, in welchem ihr Liebe, Frieden, Harmonie und Nichturteilen ausstrahlt, bestimmt die Ebene und Macht an Energie, die anzunehmen, zu übermitteln und anzuwenden ihr fähig seid. Aber fangt an, ihr Lieben. Beginnt dort wo ihr seid, mit dem, was euch bereits gegeben wurde, und mehr wird euch in immer größer und größeren Portionen hinzugegeben werden.

Dies ist der Auftrag, der von der höchsten Quelle erteilt wurde als nächster Schritt in eurem Erwachen. Deshalb sagen wir, bleibt fokussiert und flexibel und seid bereit, euch zu verändern, auszudehnen und zu wachsen. Ihr begebt euch heraus aus der linearen Zeit/Raum-Realität in ein veränderliches, sich stets erweiterndes Bewusstsein. Seht euch selbst eine Energiewelle besteigen, die euch zwischen den dimensionalen Frequenzen, in welchen ihr bequem schwingt, hin und her schiebt. Nun seht eure Zukunft, nicht als eine gerade Linie, sondern vielmehr als einen Kreis oder ein Oval. Ihr, meine tapferen Krieger, wie ich es früher schon irgendwann einmal gesagt habe, geht zurück durch die Vergangenheit, heilt alle unausgeglichenen Energien für eure Mutter Erde und die Menschheit entlang des Weges, während ihr kühn auf eure glorreiche Zukunft zumarschiert. Die Menschheit im allgemeinen fungiert in den dreidimensionale Frequenzen und in einem linearen Zeit/Raum-Kontinuum, durchwatet die Energien des Massenbewusstseins und bewegt sich langsam auf ihr Ziel zu - aber das ist der alte, überholte Weg.

Ihr wurdet beschenkt mit der solaren Feuerenergie des Schöpfers, dem gesegneten Geschenk des goldenen Strahls des Christus-Bewusstseins, um diese Verbindung mit eurem Vater/Mutter-Gott wieder herzustellen. Diese Energie ergießt sich aus der Großen Zentralsonne herab durch eure eigene magische ICH BIN Gegenwart. Das Geschenk des solaren Feuers wird dann über die fünf Strahlen des Galaktischen Bewusstseins und den Ersten Strahl des Göttlichen Willens gebrochen und auf euer Höheres Selbst projiziert, und bringt so neue Weisheit, Talente und Inspiration hervor. Als Folge davon habt ihr das Geschenk der Feuereinweihung durch Reibung erfahren: Der Feinschliff und die Veredelung eures physischen Gefäßes durch die Seele. All eure Strapazen, Tests, Schmerzen und Beschwerden der vergangenen Jahre, waren die Folge dieses Geschenks des Feuers durch Reibung, das die Schlacken (oder negative, unausgeglichene Energien) in euren physisch/ätherischen, emotionalen und mentalen Körpern verbrannte.

Ihr werdet feingeschliffen und poliert zu dem herrlichen, glänzenden Lichtwesen das ihr wart, als ihr zum ersten Mal das physische Gewand anlegtet. Es ist keine Bestrafung, Geliebte. So dürft ihr es nicht sehen, vielmehr ist es ein wundersames Geschenk. Indem ihr lernt, euch das Feuer des Geistes nutzbar zu machen, werdet ihr wieder zu den dynamischen, machtvollen Mitschöpfern, die ihr einst wart, denn ihr werdet in Harmonie mit Spirit und eurer Göttlichen Blaupause fungieren. Darum sage ich, dass viele von euch bereit sind, den goldenen Kreis des Feuers zu betreten. Ihr werdet aufsteigen, dahinströmen, euch ausweiten und erglühen, da ihr die „Welle zur Zukunft erfasst."

Diese nächsten Jahre eurer Erdenzeit sind entscheidend im Hervorbringen und Verankern dieser Göttlichen Energie in der Erde und in ihrer Bereitstellung für so viele Seelen wie nur möglich. Jedes Jahr senden die Sonnen- und Mondfinsternisse symbolisch eine Botschaft an die Menschheit, dass die Strahlung des Geistes nicht zurückgehalten werden kann, dass das Licht über die Finsternis triumphiert. Und während ihr das Äquinoktium (Tagundnachtgleiche) im Frühling und im Herbst erlebt, den Tag, an dem das große solare Wesen eurer Erde gleichmäßig zwischen der nördlichen und der südlichen Hemisphäre positioniert ist (oder wenn die Sonne den Himmelsäquator der Erde kreuzt), seid euch bitte bewusst, dass dies für die Erde und die Menschheit eine Gelegenheit ist, eine beschleunigte Infusion von solarer Feuerenergie von der höchsten Quelle zu erfahren. Es finden viele himmlische Ausrichtungen statt, die Zeichen und Omen darstellen, oder eine andere Weise, um euch zu sagen, dass eine „Schnellstraße" zum Kosmos gebildet wird; eine Brücke, Geliebte, die euch rascher auf eurem Weg in das glorreiche Neue Zeitalter voranbringt, wo ihr eure multidimensionale Natur zum Ausdruck bringen und Liebe, Frieden, Freude und Harmonie ausstrahlen werdet.

Verpflichtet euch jetzt, liebe Freunde, ein Leuchtturm zu sein, ein Turm, bereit, dieses wundersame Geschenk des Geistes zu empfangen und auszusenden. Ihr werdet damit nicht nur der Erde und der Menschheit einen großen Dienst erweisen, sondern es wird euch auch helfen, euch auf eure spirituell/emotionale Natur einzustimmen, und mental wird es euch helfen, die Wissenschaft der Spiritualität zu verstehen, während ihr euer spirituell/menschliches Gefäß vervollkommnet.

Ich möchte gerne, dass ihr in den kommenden Monaten euren Fokus auf diese drei Worte richtet: KREATIVITÄT, VERPFLICHTUNG, VERANTWORTLICHKEIT. Meditiert über diese Worte. Was bedeuten sie für euch und wie können diese Worte euch helfen, mehr ermächtigt und eingestimmt mit Spirit zu werden? Dies sind Worte, die ein Meister sehr ernst nimmt, und das solltet auch ihr. Wenn schöpferische Inspiration aus eurem Innern hervorbricht, was werdet ihr damit anfangen? Wünschen, träumen und hoffen bedeutet nichts, wenn ihr nicht zur Tat schreitet. Ihr seid verpflichtet, die Geschenke, die euch angeboten werden, auch zu benutzen. Ihr und nur ihr allein seid verantwortlich für eure Taten auf der neuen Bewusstseinsebene, die ihr erreicht habt. Euch sind Geschenke über alle Maße angeboten. Wie werdet ihr sie nutzen, und seid ihr bereit, euren Auftrag anzunehmen, ein Leuchtturm für das Neue Zeitalter zu sein? Wir erwarten eure Antworten, ihr Lieben.

Während ihr euch auf das GOLDENE VERSPRECHEN der Zukunft hinbewegt, wisst, dass ich euch immer nahe bin, euch zu helfen, euren rechtmäßigen Platz in der Hierarchie des Lichts wieder einzunehmen.
ICH BIN Erzengel Michael.

41. Die Rückkehr zum Einheitsbewusstsein

Geliebte Meister, zu keiner Zeit während der Geschichte des Lebens auf dem Planeten Erde war es wichtiger, in jedem Augenblick nach Klarheit und Harmonie zu streben. Jeder Gedanke, jede Emotion, jedes Wort und jede Tat wird vergrößert in den Äther ausgestoßen, der eure Zukunft und die Zukunft eurer Welt entstehen lässt. Ihr habt darum gebeten, dass es euch erlaubt sein möge, wieder Mitschöpfer mit uns zusammen zu sein, wieder die Macht zu haben, die ungeformte kosmische Lebenssubstanz anzuzapfen, und dieser Wunsch wurde euch gewährt. Nun, was werdet ihr mit dieser Gabe tun? Wie mit jedem Geschenk oder Talent, es braucht seine Zeit und Übung zur Vervollkommnung. Auf einer gewissen Ebene bemüht ihr euch alle, dieses Wissen anzuzapfen und ihr sucht nach den Werkzeugen, die ihr benötigt, um aus den alten Paradigmen, den Beschränkungen und Konflikten der dritten Dimension herauszukommen und einzutreten in die sich stets erweiternde Realität, in der alles möglich und erreichbar ist.

Es ist Zeit für euch, dass ihr damit beginnt, euch selbst in einem anderen Licht zu sehen. Wer seid ihr? Mit welchem Titel oder welcher Rolle identifiziert ihr euch? Mit welchen Worten würdet ihr beschreiben, wer und was ihr seid? Identifiziert ihr euch mit eurem Arbeitstitel, eurem Familiennamen oder als eine Erweiterung von jemand anderem: einer Frau, Mutter, eines Sohnes oder Ehemannes? Ja, ihr könnt alles von dem sein, aber es ist nicht das, was ihr seid, meine Geliebten. Euer wahre Identität ist so viel größer als ihr euch vorstellen könnt, und wenn ihr euch so sehen könntet, wie ihr wirklich seid, dann würdet ihr wahrlich erstaunt sein. Ihr seid eine Projektion und ein Repräsentant eines höchst wundersamen Wesens. Ihr wurdet auf die Erde gesandt mit vielen anderen Fragmenten eures Göttlichen Selbst', um eure besondere Aufgabe zu erfahren, zu lernen und zu erfüllen, und um eure gewählten schöpferischen Talente und euer Wissen – welches einzigartig das eure ist - beizutragen, und damit der Weisheit des Ganzen hinzuzufügen.

Es ist Zeit, dass ihr damit aufhört, euch selbst zu verurteilen aufgrund der Maßstäbe, die andere durch die Zeitalter herab eingeführt haben. Ihr seid nicht das, was die Erziehung aus euch gemacht hat, oder der Titel, den ihr vor oder nach eurem Namen tragen dürft. Ihr seid nicht eure Familienabstammung, noch sollt ihr euch als isoliert oder an eine bestimmte Rasse, Glaubensgemeinschaft oder Geschlecht gebunden sehen. Ihr habt viele Lebenszeiten erfahren, viele Rollen gespielt in vielen Verkleidungen und Persönlichkeiten. Es ist interessant für uns zu sehen, wie diejenigen, die noch in ihren Illusionen feststecken, so vehement andere verurteilen, wo sie doch in den gleichen Dramen die gleichen Rollen gespielt haben. Sie verurteilen ihr eigenen Ängste und Schwächen, die auf sie zurückgespiegelt werden.

Das alte begrenzte Bild, das ihr von euch selbst habt, oder das andere von euch haben, ist nicht das, wer ihr seid. Wir haben euch oftmals dargelegt, dass ihr Göttliche Wesen seid, die eine menschliche Erfahrung durchmachen. Ihr seid nicht hier, um auf der physischen Ebene Vollkommenheit zu erstreben - das ist unmöglich zu erzielen. Es ist da Ego, das immer Vergleiche zieht und nie zufrieden ist mit den Dingen, so wie sie sind. Es ist ein Gefühl des Unwürdigseins, das euch immer nach neuer Anerkennung streben lässt, nach mehr oder besser zu sein als die anderen um euch. Wir sagen nicht, dass ihr euch nicht bemühen sollt, das Beste aus euch herauszuholen, und dass ihr nicht die Vorteile von all den Gelegenheiten nützen sollt, die euch geboten werden. Wir bitten euch nur, seht euch selbst, so wie ihr seid, als vollkommen an, ganz gleich wie eure Erfahrungsebene, euer Status, eure Lebensbedingungen oder eure Stellung sein mag.

Ebenso wie ich euch über die Lebenserfahrungen aufklärte, die ihr wähltet, bevor ihre euch wieder zurück in die physische Form begabt, ist es wichtig, dass ihr beginnt, einen Überblick oder ein größeres Bild dessen zu gewinnen, wer ihr seid. Ihr habt zusammen mit euren Führern, Lehrern und euer Göttlichen ICH BIN- Gegenwart das beschlossen, was für euch nötig war, um in einen Zustand der Ausgeglichenheit und Harmonie zurückzukehren, in jene Beeiche, die ihr vernachlässigt oder gemieden hattet. Ihr kamt mit einem besonderen Anteil an Talent, Bewusstsein und Erleuchtung von eurem Göttlichen Selbst, mit einer Aufgabe, die in Übereinstimmung mit eurem Gesamtlebensplan auszuführen war. Das Drama, das ihr mit anderen zu spielen hattet, wurde sorgfältig geplant und arrangiert, so dass ihr die beste Gelegenheit haben würdet, Erfahrungen zu sammeln und durch die Blockaden und Begrenzungen hindurch in ein größeres Bewusstsein einzutreten. Der alte Weg ist die Beurteilung von euch selbst und anderen nach Maßstäben, die von denjenigen erstellt wurden, welche die

Macht und Kontrolle ausüben, oder von den populären Glaubensansichten des Massenbewusstseins. Es ist Zeit, aufzuhören, mit dem Verstand oder Intellekt zu urteilen, und damit zu beginnen, andere durch einen Filter der Liebe und des Mitgefühls zu betrachten.

Ein spirituelles Leben zu führen heißt nicht, alle Freuden der Welt aufzugeben, sich selbst zu martern oder ein Leben der Aufopferung für andere zu führen. Ihr seid auf der Erde um FREUDE zum Ausdruck zu bringen, um all die Wunder und Schönheiten der physischen Ebene zu erfahren. Ihr kamt, um das volle Potential eurer Gott-Essenz auszudrücken, ganz gleich auf welcher Ausdrucksebene - von der kleinsten bis zur größten. Ihr kamt, um eine spezielle Facette der Gott-Wesenheit zu verkörpern, und jeder Ausdruck ist dem Schöpfer genauso kostbar wie ein anderer. Wenn ihr euer Wahrnehmungsvermögen verändern wollt und aufhört, euch selbst und eure Lebensbedingungen zu verurteilen und statt dessen beginnt, euren Fokus auf die euch gebotenen Gelegenheiten und die Freude der Herausforderungen richtet, werdet ihr euch die Formel der spirituellen Meisterschaft erschließen.

Die nächste Stufe, in deren Mitte ihr euch jetzt befindet, ihr Lieben, führt euch in das Einheitsbewusstsein. Ihr müsst aufhören, eure Brüder und Schwestern zu verurteilen, und beginnen, sie für ihre Einzigartigkeit und Verschiedenheit zu lieben. Sie haben euch große Talente und Weisheit zu bieten, so wie auch ihr sie ihnen zu bieten habt. Auch sie haben restliche Schwächen und Kummerbereiche, die zu überwinden ihr ihnen helfen könnt, ebenso wie sie wiederum euch helfen können. Wenn ihr urteilt und nur ihre Unvollkommenheiten seht, dann ist es das, was ihr in euch selbst vermehrt oder vergrößert. Wenn ihr aber nach dem sucht, was in ihrem gegenwärtigen Zustand richtig ist, und Liebe und Akzeptanz auf sie ausstrahlt, dann ist es das Frequenzmuster, das ihr verstärkt und das sie auf euch zurückspiegeln werden.

Ihr könnt es nicht sehen, ja euch nicht einmal vorstellen, wie das vereinte Kraftfeld des Lichts unter euch Lichtkriegern wächst und sich vergrößert; wie es die Erde umschließt und sie durchdringt. Wir nennen es eine Herzensverbindung, aber in Wirklichkeit ist es die Wiedervereinigung von Essenz zu Essenz, von Geist zu Geist und Verstand zu Verstand, wenn ihr in gemeinsamer Absicht zusammenkommt und durch Meditieren, Tönen, Atmen, dem großartigen, strahlenden Geist unseres Schöpfers Gestalt gebt.

Denkt daran, Geliebte, Liebe/Licht ist expansiv, ist aktiv, erhebt und erleuchtet. Angst/Dunkelheit ist zusammenziehend, ist passiv, zieht hinab und schränkt ein. Indem ihr zusammenkommt und euch gegenseitig die Strahlung eures Lichtes und die Weisheit eurer Erfahrungen anbietet, helft ihr euch gegenseitig, die Illusion und Furcht vor der Dunkelheit zu durchbrechen. Ihr strahlt eure Liebe und euer Licht aus, dass alle es sehen und sich im hellen Schein eurer Siege sonnen können. Ihr seid die Vorbilder und habt die große Gelegenheit, anderen zu helfen und sie zu ermutigen, voranzuschreiten. Diejenigen, die euch nachfolgen, werden sehen, was ihr aus euren Herausforderungen gemacht habt und welchen Lohn ihr für eure Tapferkeit und euren Fleiß geerntet habt. Ihr ebnet und erleichtert den Weg für diejenigen, die euch in euren Fußstapfen folgen wollen.

Ihr habt keinen Begriff von eurer Macht und Fähigkeit, die Welt zu verändern, wenn ihr in geeinter Absicht eurer Herzen und Seelen für die Verbesserung aller zusammenkommt. Wenn ihr eure Vorurteile und Eigeninteressen beiseite legt, dann nutzt ihr die volle Kraft und das ganze Ausmaß der Göttlichen Lichtsubstanz, und Wunder werden geschehen. Es ist Zeit, euch voran zu kämpfen, aber als ein Ganzes, nicht länger einzig und allein auf individuelles Bemühen fokussiert. Deshalb bitten wir euch, konzentriert euch zuerst auf euer eigenes Wachstum, bringt Harmonie und Ausgeglichenheit in alle Facetten eures Seins und kommt zu der Erkenntnis, dass ihr ein Funke der Göttlichen Essenz seid. Lasst dann die beengte Sicht und die Konzepte des kleinen Selbst' hinter euch und begebt euch in das Einheitsbewusstsein, wobei euer Fokus sich dann auf den eines Meisters und auf das größere EINE verlagert, statt auf das kleinere Eine.

Ihr wart alle so begierig und bestrebt, zu voller Verwirklichung zu kommen, aufzusteigen und Meisterschaft zu erlangen, dass ihr vergessen habt, euch an der Reise und den Wundern des Augenblicks zu erfreuen. Jede einzelne Begegnung und jedes Ereignis hat einen Zweck und enthält eine wichtige Information für euer Wachstum. Wenn ihr euch zu schnell an die Spitze drängt, macht ihr nicht nur eure Reise schwieriger, sondern ihr müsst ziemlich oft zurückgehen, um notwendige Weisheit aufzunehmen oder um einige überholte Konzepte loszulassen, die euch in eurem Fortschritt behindern.

Denkt daran, ihr befindet euch jetzt in der Spirale der Evolution, im Oval der Erleuchtung, in der Ebbe und Flut der Meisterschaft und Umwandlung. Ihr treibt vorwärts, hinaus in die Welt, auf der Suche nach neuem Wissen und neuer Information. Ihr müsst euch dann nach Innen wenden, um das, was ihr gelernt habt, in euch aufzunehmen, zu integrieren und anzuwenden. Und dann projiziert ihr dieses neue Bewusstsein hinaus in eure Realität, macht es euch zu eigen und gebt ein Vorbild für andere. Der Prozess wiederholt sich dann von selbst immer und immer wieder.

Viele von euch sind beunruhigt weil es den Anschein hat, als ob ihr einen Schritt rückwärts macht, denn es tauchen wieder Emotionen und Energien auf, von denen ihr dachtet, dass ihr sie längst losgelassen habt. Manchmal scheint es, als ob diese Erfahrungen sogar noch stärker sind als sie es früher waren. Ihr seid darüber bestürzt, verurteilt euch selbst und habt das Gefühl, als ob ihr zurückgeht, anstatt voranzuschreiten in ein neues Territorium oder eine neue Ebene des Bewusstseins. Sagten wir euch nicht, dass ihr die Energien und Erinnerungen des Massenbewusstseins erfahrt, um sie zu heilen und in Harmonie und Balance zu bringen? Die meisten dieser Gefühle und Emotionen stammen nicht von euch, sondern aus der Massenerinnerung längst vergangener Zeiten. Hier bitten wir euch nochmals, urteilt nicht, steigt heraus aus dem engen Fokus eures kleinen Selbst'. Begreift, dass ihr dem EINEN dient, oder dem Ganzen, zusammen mit anderen engagierten Kriegern, bei der Heilung, Ausgleichung und Klärung der vergangenen Erinnerungen der Menschheit und der Erde. Schmerz, Leid, das Gefühl des Versagens, Schuld und Angst, können nicht in dem Paradies existieren, das im Äther geformt und manifestiert wird. Sie müssen umgewandelt und neu relativiert werden, bevor sich die Menschheit und die Erde vorwärts bewegen und die strahlende neue Welt von Morgen beanspruchen kann.

Die Formel ist einfach: Werdet euch in jedem Augenblick eurer Emotionen bewusst. Fühlt, wo innerhalb eurer Körperstruktur diese Emotionen auf euch einwirken. Seid Beobachter, während ihr diese Bereiche und Emotionen überprüft und in sie hineingeht, und erlaubt ihnen, sich auszudrücken und völlig in den Vordergrund zu treten. Fürchtet, verleugnet und drosselt sie nicht, meine Freunde, denn das ist der alte Weg. Umarmt sie und erlaubt ihnen, euch die Weisheit zu geben, die sie euch bieten, wenn ihr die Unvollkommenheiten loslasst und in leuchtende Lichtsubstanz umwandelt. Atmet so, wie wir es euch gelehrt haben. Atmet durch euer Kronenchakra ein und hinab in die Erde, und dann zurück hinauf in das Kronenchakra und wiederum hinab, und formt dabei die Figur einer Acht (8) - das Zeichen der Unendlichkeit - mit eurem Herzen als Brennpunkt. Oder, tönt die Energie hinaus aus eurem Körper in euer Aurafeld und seht, wie sie in leuchtendes kristallines Licht umgewandelt wird. Auf diese Weise strahlt ihr keine unausgeglichene Energie hinaus in euer Kraftfeld, die dann eine „Ursache und Wirkung- Situation" erschaffen würde, welche korrigiert werden müsste. Das ist der alte Weg. Fordert und wisst, dass ihr berechtigt seid, mit Leichtigkeit und Anmut durch diesen Prozess hindurchzugehen, und nicht wie in der Vergangenheit durch Trauma, Schmerz und Leid.

Ich habe euch dies in der Vergangenheit gesagt, doch ich wiederhole es nochmals: Haltet jeden Abend einen Tagesrückblick. Urteilt nicht, beobachtet bloß. Was hättet ihr anders machen können? Zu welchem Tun hat euch Spirit angestupst, was ihr nicht beachtet habt? Was hätte einer der geliebten Meister in jeder Situation getan, die euch in den Sinn kommt? Habt ihr die bedingungslose Liebe und das Nichturteilen eines Meisters ausgestrahlt, oder habt ihr die Zeichen in irgendeiner Weise verfehlt? Nachdem ihr die Ereignisse des Tages objektiv überprüft habt, ruft den mächtigen Engel der Vergebung und die violette Flamme, sie mögen jedwede disharmonische Energien, die ihr an diesem Tag in die Welt hinaus projiziert habt, umwandeln und harmonisieren, und wisst, dass eure Bitte erfüllt wird. Das bringt euch in einen Zustand der Unschädlichkeit und Gnade, sodass ihr keinerlei disharmonische Energie in die Welt hinaus projiziert. Wenn ihr eure liebevollen Gedanken, Affirmationen, eure Dankbarkeit und eure Vision der Vollkommenheit für die Menschheit und die Erde hinzufügt, dann fließen diese frei, ungehindert und in keiner Weise verzerrt, und verbinden sich mit ähnlichen Energien. Sie gewinnen an Energie und Eigendynamik, während sie die Erde umrunden und in die höheren Reiche katapultiert werden, um Segen zu manifestieren und all jene damit zu überhäufen, die bereit sind, ihn zu empfangen. Dies zeigt, wie mächtig ihr werdet, meine tapferen Krieger, und wie wundersam die gegenwärtigen Zeiten sind.

Zögert nicht, Geliebte, es ist Zeit, dass ihr euer Banner und euer Lichtschwert aufnehmt. Verpasst nicht diese große Gelegenheit, euch mit euren Brüdern und Schwestern zu verbinden in einem gemeinsamen Bemühen, nicht nur euch selbst, sondern auch die Erde zu heilen, auszugleichen und zu harmonisieren. Ihr seid dazu bereit und fähig, so wie ihr im Augenblick seid. Nur ihr könnt eure besondere Aufgabe erfüllen und eure einzigartige Energie dem Ganzen hinzufügen. Eine goldene Gelegenheit ist euch geboten, geradeso, wie euch das GOLDENE VERSPRECHEN gegeben wurde. Ihr habt die Wahl; welche Menge eures Göttlichen Selbst' wollt ihr heranziehen und manifestieren? Nur ihr könnt entscheiden. Wisst, dass wir euch umhüllt von wundersamen Licht und in großem Glanze sehen, und dass ihr über alle Maßen geliebt werdet.
ICH BIN Erzengel Michael.

42. Lebt eure Leidenschaft

Geliebte Meister, als Folge eines Einflusses von extrem hohen Frequenzmustern, die auf euch herabgestrahlt werden, begebt ihr euch in einen neuen, verfeinerten Bewusstseinszustand. Ihr mögt es nicht spüren oder euch sofort anders fühlen, aber ihr werdet es - seid dessen versichert.

Ihr beginnt durch die Augen Gottes zu sehen, und euer Geist und eure Hände werden wieder die Energie der Schöpfung ausstrahlen. Die Verbindung mit eurer Quelle wird von Tag zu Tag stärker. Seid euch dessen bewusst, Geliebte, dass ihr in jedem Augenblick entweder zur Herrlichkeit und Schönheit von Gottes Vollkommenheit beitragt, oder die unausgeglichenen Energien vermehrt, die neu relativiert und gereinigt zurückgeführt werden müssen in die neutrale, primäre Lebenssubstanz, bevor sie in neue Formen höherer Schwingung umgewandelt werden können. Energie, oder manifestierte Substanz, ist nie verloren; sie kann nur umgewandelt werden oder ihre molekulare Struktur in eine andere höhere/niedere Form, oder Frequenzmuster, verändern.

Wir haben erklärt, dass es jetzt Zeit ist, die Wissenschaft der Spiritualität in eure bewusste Wahrnehmung zu bringen. Es gibt jetzt sehr viele erwachte wundersame Wesen mit wissenschaftlicher Qualifikation und Wissen, die sich die Aufgabe gestellt haben, die Wissenschaft der Spiritualität mit der Theorie und den Emotionen spirituellen Bewusstseins zu verschmelzen. Dies ist ein höchst wichtiger und entscheidender Schritt in der Entwicklung der Menschheit. Ja, ihr müsst Vertrauen in die Zukunft haben und Vertrauen in die Vollkommenheit des Plans, der sich vor euch entfaltet. Aber ihr kommt jetzt in euer spirituelles Erwachsenenalter und solltet daher nach der Weisheit und den detaillierten Informationen fragen, was die Funktionen des Kosmos betrifft und nach dem „Warum und Weshalb."

Blinder Glaube ist kein Erfordernis, noch ist es ein erwünschtes Attribut eines Meisters. Ihr werdet zu verantwortlichen Partnern, Mitschöpfern eurer Zukunft, der Zukunft der Erde und der Menschheit. Euer Stehvermögen wird geprüft, um zu sehen, ob ihr standhaft bleiben könnt in den Angriffen der Negativität, der Angst und Gegenwehr, die von denjenigen ausgespieen wird, die noch nicht zum Erwachen bereit sind. Ganz gleich wie tief die Schatten oder die Dichte der Materie ist, die euch umwirbelt, ihr müsst eine Säule des Lichts bleiben, fest verankert in der Erde und gleichzeitig hinaufreichend in die Höhe, die Stärke und Majestät eures Göttlichen Selbst.

Viele von euch sind bereit, ihren Ursprung zu erkennen, von woher ihr vor so vielen Äonen kamt. Und als Folge davon werdet ihr beginnen, eure Weisheit, eure Talente und Geschenke hervorzubringen, die, in Erwartung dieser Zeit des Erwachens, solange schlummerten. Die heilenden Schöpfungsklänge beginnen in euren Seelen widerzuhallen – ihr könnt sie nicht länger ignorieren oder verleugnen. Die geometrischen Muster von Licht und Farbe beginnen euer geistiges Auge zu füllen und sich herauszufiltern in eure Realität. Ihr erinnert euch, dass ihr als kristalline Lichtsäulen kamt, euch in fester Materie manifestiertet und nach und nach die physische Form für Körper, Geist und Emotionen annahmt. Indem ihr die Fragmente eures Selbst zurückgewinnt und die Erinnerungen der Vergangenheit heilt, werdet ihr wieder eure Meisterschaft erlangen, während euer Leben und alles um euch herum in der Reinheit und Macht des Spirit zu funkeln und zu leuchten beginnt.

Erlaubt mir, dass ich euch einen weiteren Vorgeschmack auf die Weisheit und Einsicht gebe, die euch erwartet, wenn ihr euch die höhere Weisheit der Schöpfung erschließt. Ihr wurdet mit den Farben des Chakrasystems vertraut (mit beiden, jenen des physischen Bereichs und deren Resonanz, und den transformierenden höheren Frequenzen und Farben), als auch mit den Strahlen, ihren Farben, Aspekten und Attributen. Euer Interesse für Kristalle, Edel- und Halbedelsteine, Silber und Kupfer hat dramatisch zugenommen - und nicht bloß wegen ihres schmückenden Wertes. Es gibt da eine esoterische Bedeutung (verborgene Weisheit, oder gedacht für das Verständnis von Eingeweihten oder Jüngern) dahinter, die ihr vergessen habt. Als ihr zugestimmt habt, eure Heimat in den höheren Dimensionen zu verlassen und in die Dichte und Begrenzung der physischen Form zu reisen, wünschten wir sicherzustellen, dass ihr nicht die Herrlichkeit eures Ursprungs und die Schönheit dessen, wer und was ihr wirklich seid, vergesst. Deshalb wurde der goldene und silberne Strahl der Großen

Zentralsonne in fester Form überall in der Erde deponiert, und große geheime Lager von Edelsteinen und schönen Mineralien wurden an Orten verstreut, wo ihr sie leicht finden könnt. Die Menschheit hat diese Schätze durch die Zeitalter hindurch gesucht und begehrt, ohne ihre wahre Bedeutung zu kennen oder zu würdigen.

Jeder von euch trat in die bewusste Wahrnehmung, als ihr aus der Essenz eurer Göttlichen Vater/Mutter - Gottheit hervorgeatmet wurdet. Ihr wart ein leuchtender weißer Lichtstrahl, der sich in einen goldenen und silbernen Strahl in die Dualität brach,, die ihr auf der irdischen Ebene erfahren solltet - Gold, als Träger des Vater-Aspektes, und Silber, als die Ausstrahlung des Mutter-Aspektes des Schöpfers. Einfach wie die lebensspendende Sonne die Energie des Vaters repräsentiert, und der silberne Mond die Liebe, Schönheit und Reinheit der Mutter reflektiert. Die große Mannigfaltigkeit an Edelsteinen ist ein Symbol für die gebrochenen Strahlen, die vom innersten Kern des schöpferischen Geistes projiziert und durchtränkt wurden mit Tugenden, Aspekten und Attributen, die von euch und der ganzen Menschheit aufgenommen werden sollten. Das Chakrasystem war dann auf diese Tugenden, Aspekte und Attribute eingestimmt - ursprünglich in vollkommener Harmonie. Nur, nach vielen Zeitaltern verlort ihr die Verbindung zu diesen harmonisierenden Frequenzen, da euer Chakrasystem verzerrt und unausgeglichen wurde. Kupfer wirkte als ein Stabilisator und Kanal für die Verankerung der höheren Frequenzen auf und durch die Erde und spielte eine sekundäre aber eine wichtige Rolle.

Ihr denkt, ihr begehrt und wünscht Gold und Silber wegen seiner Knappheit und Schönheit, aber das ist nicht der einzige Grund. Wenn ihr eure Frequenzen erhöht, eure vier niederen Körpersysteme und die sieben Hauptchakren (und viele kleinere), die euch in der dritten Dimension zur Verfügung stehen, ausgleicht und harmonisiert, könnt ihr die Frequenzmuster in den Kristallen, Edelsteinen und Edelmetallen vergrößern und noch einmal in Gang setzen. Diese wiederum erlauben euch, in und auf das Galaktische Chakrasystem und die fünf höheren Galaktischen Strahlen zuzugreifen und diese in eurem physischen und ätherischen Körper zu aktivieren. Es gibt für jeden Strahl eine exoterische (materielle oder äußerliche) und eine esoterische (spirituelle) Bedeutung. Die Farben haben sich durch die Zeitalter oftmals verändert oder vermischt, je nach den Lektionen, die zu lernen waren und der

Attribute, die am dringendsten von der Menschheit integriert werden mussten. Die Farben wurden durch den Schöpfer und davon bestimmt, ob die Aspekte und Energien von der Großen Zentralsonne oder von einer kleineren Sonne aus projiziert wurden.

Wenn ihr danach strebt, mehr von der Solaren Feuer-Energie des **Ersten Strahls** zu erlangen, tragt einen roten Edelstein, oder wenn ihr ein Zuviel an aggressiver Anwendung des Ersten Strahls abschwächen wollt, mildert ihn mit einem Saphir. Um euch die Weisheit des **Zweiten Strahls** zu erschließen, tragt einen lichtblauen Stein oder einen gelben Topas für Erleuchtung. Gelb kann man auch tragen oder benützen, um den Intellekt-Aspekt des **Dritten Strahls** zu verfeinern, oder leuchtendes Rosa für Göttliche Liebe. Grüne Farbe und Steine schaffen Harmonie und Ausgeglichenheit und sind, wie der weiße Diamant - das Symbol der Reinheit - der Fokus des **Vierten Strahls.** Die Farbe des **Fünften Strahls** auf der materiellen Ebene ist orange, und strahlt die Aspekte der Wissenschaft, der Logik und der Heilung aus; jedoch ist die esoterische oder spirituelle Farbe grün, deshalb ist der Edelstein, den man tragen sollte, um sich an die höheren Frequenzen dieses Strahls einzustimmen, der Smaragd. Der **Sechste Strahl** trägt die Energien des Dienens, der Hingabe, der Barmherzigkeit und Gnade. Seine Farbe ist Indigo, aber der Edelstein ist der Rubin, welcher das heilige Blut der Christusenergie symbolisiert, die durch eure Adern fließt, oder die der Schöpfer auf der physischen Ebene manifestiert. Der **Siebte Strahl**, der Strahl der Reinigung, Umwandlung und Freiheit, ist derzeit der aktivste Strahl auf der Erde, zusammen mit den Energien des Ersten Strahls des Göttlichen Willens. Er wird für die nächsten zweitausend Jahre die vorherrschende Schwingung auf der Erde sein. Seine Farbe ist violett und sein Edelstein der Amethyst. Er strahlt die Flamme der Vergebung und der Göttlichen Alchemie aus, welche die Energie wieder herstellt und vervollkommnet.

Die fünf höheren Galaktischen Strahlen sind durchdrungen von der Lumineszenz des Christuslichtes von der Göttlichen Quelle. Der **Achte Strahl** ist aquamarin oder seegrün, getönt mit der violetten Flamme der Umwandlung; er erleichtert die Reinigung der vier niederen Körpersysteme und verschafft Klarheit. Der **Neunte Strahl** ist Magenta in seiner exoterischen Form, doch strahlt er jetzt verfeinerte Energien in der Farbe eines Türkis-Edelsteins, der das neu kombinierte Herz/Kehlkopfchakra verankert und die lebensverlängernde

Thymusdrüse reaktiviert. Der **Zehnte Strahl** ist von perlweißer goldgetönter Farbe (wobei ihr jetzt Zugang zum goldenen Reichtum des Schöpfers habt, der mit jedem nachfolgenden höheren Strahl zunimmt und sich vergrößert. Ihr beginnt den Lichtkörper zu verankern und euch den ewigen Frieden und die Freude des Schöpfers zu erschließen. Der **Elfte Strahl** ist schillernd pfirsichfarben oder rosa mit Gold getönt und ist die Regenbogenbrücke zum höher-kausalen Geist, oder zu der Wiederverbindung mit eurer Göttlichen ICH BIN - Gegenwart. Am Ende strahlt der großartige **Zwölfte Strahl,** welcher der Goldene Sonnenstrahl ist, eine Opaleszenz von großer Schönheit aus. Sein Edelstein ist der schimmernde Opal, Symbol für die Transformation. Es ist der Strahl, der das Christus-Bewusstsein auf der Erde verankern wird und er ist eine Kombination von allen anderen Strahlen. Oder um es anders auszudrücken, alle anderen Strahlen sind Lichtbrechungen des Zwölften Strahls.

Ich habe mich bemüht, eure Erinnerung aufzufrischen und die wahre Bedeutung und den Zweck einiger der kostbaren Geschenke, die euch vom Schöpfer gegeben wurden, in euren Brennpunkt zu rücken. Diese Weisheitslehren sind so alt wie die Menschheit; ihr habt sie bloß vergessen. Erlaubt eurem eigenen inneren Wissen oder eurem Höheren Selbst, euch bestimmen zu helfen, welche Strahlen oder Attribute ihr benötigt, um euch darauf zu konzentrieren, sie zu integrieren und zu vervollkommnen. Dann tragt die entsprechenden Farben und meditiert damit, oder tragt die entsprechenden Steine.

Ich möchte euch daran erinnern, dass die hier gegebenen Informationen und die Anwendung dieser Werkzeuge die katalytische Energie liebevoller Absicht haben müssen, um sie zu aktivieren; und ihr müsst euer Urteilsvermögen anwenden, indem ihr euch von eurer Intuition leiten lasst, wenn ihr den Pfad der Erleuchtung entlang geht. Denkt daran, jeden Tag die Freude des Spirit zu fordern und zum Ausdruck zu bringen, während ihr voll in der Gegenwart lebt und mutig in die Zukunft voranschreitet. Während ihr tiefer und tiefer in die Bedeutung und Harmonie eines jeden Strahles eindringt, werdet ihr mehr ermächtigt und dennoch sanftmütiger. Wissen wandelt sich in Weisheit um, wenn ihr den Göttlichen Geist anzapft, in dem alle Dinge möglich sind.

Eure Fähigkeiten, euch selbst zu heilen und anderen zu helfen, das Gleiche zu tun, werden sich steigern und ihr werdet noch mehr in volle Ausgeglichenheit und Harmonie gelangen, sowohl im Innern als auch nach außen hin in die Welt. Eure Kreativität wird zu fließen beginnen und ihr werdet Werke von großer Schönheit manifestieren. Ihr werdet mehr gottähnlich und zu gleicher Zeit mehr kindlich, da ihr das Leben feiert, im Wunder lebt und die Magie des Augenblicks zu würdigen wisst. Ihr werdet Liebe ausstrahlen und eine exquisite Verbundenheit zu allem fühlen. Die Erde und alle lebenden Dinge werden euch heilig sein, da ihr in Ehrerbietung lebt und euch der Göttlichkeit in allem und jedem bewusst werdet. Wenn ihr eure Meisterschaft erlangt, werdet ihr ein großes Gefühl des Selbstwertes haben, eine Bestätigung der Heiligkeit in eurem Innern, und ihr werdet dieses Geschenk durch eure Augen und Herzen an alle ausstrahlen, denen ihr begegnet, sodass auch sie erkennen können, dass sie Göttliche Wesen sind.

Ihr werdet in Frieden und Harmonie mit allen leben, ungeachtet dessen, welche Herausforderungen oder Lektionen euch in den Weg kommen. Ihr werdet euch die Weisheit und Stärke des Spirit erschließen, da ihr jedes Geschenk und jedes Attribut nutzt und aktiviert, bis das Lichtband auf eurer Stirn völlig harmonisch das volle Spektrum der Zwölf Strahlen ausstrahlt. **Wie es war am Anfang, so wird es wieder sein.**

Es ist Zeit, eure Leidenschaft für das Leben und die Schöpfung wiederzuerlangen. Lasst die Erinnerungen an Fehlschläge los und nehmt wieder die Vision eurer ursprünglichen Aufgabe auf Erden ein. Ja, ihr müsst all die Ausdrucksfacetten, welche die Zwölf Strahlen repräsentieren, integrieren, aber ihr habt in eurer Gedächtnisbank diesen besonderen, einmaligen Wunsch, der darauf wartet, auf der Erde manifestiert zu werden. In euch, auf die Hervorbringung wartend, ist ein wundersames Geschenk, das euch der Schöpfer angeboten und nach dem ihr verlangt habt. In dieser Leidenschaft des Erschaffens liegt die Formel, mit welcher ihr euren Kontrakt erfüllen und euren Teil des Göttlichen Plans vollenden werdet.

Zögert nicht, Geliebte. Nehmt die **Flamme der Schöpfung** wieder auf, da wir zusammen den Weg markieren, zurück zu den prächtigen Tempeln von Alpha und Omega. Ihr werdet über alle Maßen geliebt.
ICH BIN Erzengel Michael.

43. Unendlicher Augenblick

Jeder Augenblick der Zeit ist niedergeschrieben auf einer
unendlichen Linie von Emotion, Gedanke und Tat.
Es gibt immer eine innere Notwendigkeit,
eine Spur von uns selbst zu hinterlassen,
eine unauslöschliche Farbe,
einen Klang oder Eindruck dessen, wer wir sind,
so dass andere nicht vergessen werden,
dass wir vor ihnen da waren.
Die Vergangenheit webt ihre Erinnerungen,
und die Zukunft birgt den Schimmer
eines glänzenden Versprechens.
Doch nur die Gegenwart ist der magische Augenblick,
denn in ihr können wir den Atem Gottes fühlen,
der unsere Seele bewegt,
und uns wissen lässt,
auch wir sind unendlich.

Ronna Herman

44. Die Heimreise hat begonnen

Geliebte Meister, Ich bitte euch, nehmt euch einen Augenblick Zeit und erlaubt euch, während ihr diese Botschaft lest, mit eurem Bewusstsein aus eurem physischen Körper abzuheben. Zuerst fühlt, wie sich euer Herz ausdehnt, um die unermessliche Weite meiner Liebe, die ich zu euch ausstrahle, aufzunehmen. Geht in eure Gehirnstruktur, wie ich es euch lehrte, und fühlt, wie sich die Lichtpakete der Weisheit entzünden und hervorzuquellen beginnen. Ihr mögt einen leichten Druck fühlen, als ob ihr ein Band um eure Stirn tragt, aber es wird nicht unangenehm sein. Nun fühlt, wie sich ein pulsierender, strahlender, goldener Heiligenschein etwa 20 cm über eurem Kopf zu formen beginnt, während Ich euch mit einem Strahl liebender Energie umhülle. Erlaubt eurer Essenz, eurem wahren Selbst, dem Göttlichen Funken, hervorzubrechen und sich hinauf und hinaus über die Grenzen von Zeit und Raum zu begeben, in die verfeinerten Reiche, wo wir zu Hause sind. Wir kommen zusammen während ihr schlaft, und wir antworten auf eure Rufe während ihr meditiert oder in Zeiten der Bedrängnis oder Traurigkeit. Nun ist es Zeit für euch zu erkennen, dass ihr die Fähigkeit habt, uns in eurem bewussten, erwachten Zustand zu erreichen und mit uns zu kommunizieren, und dass wir nicht irgendwo „da draußen" sind, sondern nur einen Gedanken entfernt. Wir schwingen in einer höheren Frequenz, und gegenwärtig können uns die meisten von euch nicht sehen, aber wir sind real - realer als ihr in eurem physisch-materiellen Überzug.

Ich will mich bemühen, eure Verbindungen zu den höheren Reichen zu verstärken und euren Kummer zu lindern, den viele von euch jetzt in ihrem Körper erfahren. Die meisten von euch befinden sich einem Prozess der Loslösung restlicher eingeklemmter Energien aus dem tiefsten Innern eures Körpers. Ihr erfahrt Facetten von euch selbst, die euch seit vielen hunderttausend Jahren nicht zur Verfügung standen. All diese unvollkommenen Fragmente, die ihr in eurem Bemühen, die Vollkommenheit eurer ersten Verkörperung wieder herzustellen, durch die Zeitalter herab in den Äther hinausprojiziert habt, strömen nun zurück in eure bewusste Wahrnehmung. Diese Energien enthalten Emotionen und Frequenzen, die Reaktionen in eurem physischen Körper auslösen - wo immer diese Erinnerung gespeichert oder eingeklemmt sind. Deshalb ist es so dringend erforderlich, dass ihr Beobachter dieses

Vorgangs werdet. Registriert die Emotionen, beobachtet wo in eurem Körper sie Reaktionen oder stressvolle Resonanz auslösen, und begebt euch in diese Energie. Habt keine Angst, es ist ein Geschenk. Welche Erkenntnis oder Weisheit ist daraus zu gewinnen? Welche Lektionen zu lernen? Euer Höheres Selbst wird euch die Einsicht in die Erfahrung geben, wenn ihr eurem intuitiven Geist erlaubt, seine Muskeln zu strecken und euer Mentor und Lehrer zu sein. Atmet die heilende, umwandelnde Violette Flamme durch euren ganzen Köper und seht, wie sich die eingepresste Energie auflöst. Oder seht, wie sich die leuchtenden fünf Galaktischen Strahlen spiralförmig durch euren ganzen Körper bewegen und unaufhörlich die dreidimensionalen Gedankenmuster, die nicht eurem höchsten Wohle dienen, neu qualifizieren, ausgleichen und harmonisieren.

Viele von euch fühlen sich nicht mehr ganz im Fluss. Ihr seid übermüdet und habt das Bedürfnis nach mehr Ruhe und braucht mehr Schlaf. Eure Eßgewohnheiten sind unregelmäßig - ihr habt ein Verlangen nach Nahrungsmitteln, die ihr normalerweise nicht esst, oder euer Appetit mag sich steigern oder abnehmen. Viele von euch haben an Gewicht zugenommen, ohne dass sie ihre Ernährungsweise veränderten, und wundern sich: „Was in aller Welt geht hier vor?" Es ist nicht von Belang, was ihr zur Zeit esst. Man könnte sagen, ihr kehrt jetzt den Prozess um, der euch zu diesem Punkt brachte, der euch zu dem machte, wer und was ihr heute seid. Ihr befreit die alten Energiemuster und Gedankenformen aus uralter Vergangenheit und sogar die eurer Vorfahren durch die Gestaltung eurer DNS. Lasst es zu, Geliebte, lasst es zu. Auch das wird vorübergehen. Seid sanft zu euch selbst und, wie Ich euch oft sagte, hört auf euer Körper-Elemental. Es wird wieder zu eurem Freund und Partner. Es wird euch helfen, eure Gesundheit und Vitalität wieder zu erlangen, wenn ihr es ihm erlaubt. Haltet inne, bevor ihr eurem Körper Nahrung zuführt und fragt euer Körper-Elemental, ob sie passend und zu eurem höchsten Wohle ist. Werdet euch bewusst darüber, ob ihr esst für die „Fütterung" eurer Emotionen, oder um euren Körper mit „Treibstoff" zu versorgen. Wenn ihr euren Körper mit Nahrung überladet, die durch euer Verdauungssystem verarbeitet werden muss, dann ist es das, worauf der Fokus eures vielfachen Körpersystems gerichtet ist, denn euer Geist wird sich träge fühlen und eure Sinne werden stumpf sein, sodass euer kreativer Spirit nicht effektiv mit und durch euch arbeiten kann. Eure Energieebene wird absinken, und der Fokus eurer Existenz wird zu dieser Zeit auf die Verarbeitung der materiellen Frequenzen, die ihr aufgenommen habt, gerichtet sein, die entweder in Schlacke oder verfeinerte Energie umwandelt werden.

Eure Mutter Erde erfährt gleichfalls viele Veränderungen und radikale Energiemuster. Viele Orte in aller Welt werden von den Elementen Wasser und Wind heimgesucht, da diese machtvollen Kräfte versuchen, die emotionalen Frequenzen und negativen Gedankenformen, welche die Menschheit diesen Orten eingeprägt hat, zu heilen und auszugleichen. Auch durch das Element Feuer wird vielen anderen Gebieten eine goldene Gelegenheit gegeben, um die Angst, den Ärger und das Verlangen nach Macht, Kontrolle und Vorherrschaft zu heilen, das in der Erinnerung Vieler an ihre Leben im alten Atlantis hervorgebracht wird. Es ist kein Zufall, dass sie sich in Gegenden inkarniert haben, wo es von größter Wichtigkeit ist, dass sie sich bemühen, die Negativität zu heilen, bei deren Erschaffung sie mitgeholfen haben. An diesen diversen Orten leben auch viele tapfere und wundersame Seelen, die versuchen, das Licht zu verankern, die Frequenzen zu erhöhen und zu harmonisieren, wo aber die Bevölkerung im Großen und Ganzen noch in Ablehnung und Widerstand verharrt. Aus diesem Grund versuchen die großen Devas – in Anbetracht der Dringlichkeit der Zeit -mittels des Feuerelements Bewusstsein einzuflößen, nicht als Strafe, sondern als einen Weckruf. Diejenigen, die diese kataklysmischen Ereignisse benötigen, um zur Erkenntnis geschockt zu werden, werden sehr beeinträchtigt und betroffen sein. Diejenigen, die sich bemühen und erlauben, dass Spirit hervorfließen und magisch ihren Weg reinigen kann, werden finden, dass sie geschützt bleiben und nicht die destruktiven Auswirkungen erfahren müssen.

Erinnert euch an das, was wir uns bemüht haben, euch in den vergangenen Jahren zu Bewusstsein zu bringen: all das, was nicht in Harmonie mit den stetig wachsenden Frequenzen der Erde ist, muss neu strukturiert und neu qualifiziert werden, entweder bereitwillig oder durch das Gesetz von Ursache und Wirkung, bekannt als Karma. Ein höchst wundersames Geschenk wird der Menschheit angeboten, aber viele ignorieren noch die warnenden Anzeichen, die Voraussagen, die „Stupser" des Spirit. Negative Voraussagen werden gemacht, sodass ihr diese durch das Geschenk des freien Willens verändern und neu relativieren, oder die Energiemuster, aus denen diese Voraussagen gemacht wurden, negieren könnt.

Denkt daran, Geliebte, alles was geschieht, ist Teil des sich ständig entwickelnden Aufstiegsprozesses. Die Unvollkommenheiten müssen an die Oberfläche gebracht und neu qualifiziert werden, um damit Raum zu schaffen oder den Platz vorzubereiten für Spirit, sodass er wieder herabzusteigen und seine Herrschaft übernehmen kann.

Diejenigen von euch, die an Gruppenmeditationen teilnehmen, oder in einem größeren Maßstab an weltweiten, vereinten Meditationen, oder welche aktiv an der Öffnung von Portalen oder galaktischen Sterntoren teilnehmen, leisten einen großartigen Dienst. Eure zusammenwirkenden Anstrengungen sind viel machtvoller als ihr euch vorstellen könnt. Es ist der Beginn der Rückkehr ins Einheitsbewusstsein, wenn ihr euch alle auf ein spezielles Projekt fokussiert und eure liebevolle Energie in ein Notstandsgebiet oder zu einer Gruppe leidender Menschen sendet. Oder es gibt diejenigen unter euch, die durch ihre bedingungslos liebende Absicht den verfeinerten Pfad für den Abstieg der höheren Resonanzen des Spirit zu Erde herstellen. Ihr erkennt, dass ihr nicht eine Insel für euch selbst seid. Eure negativen Energien schwingen hinaus auf die Frequenz-Schnellstrassen, die die Erde umrunden, und wirken sich aus auf jedes fühlende Wesen - ebenso wie eure liebevollen Gedanken und Energien die Gedankenwellen der Massen erhellen und ihnen Hoffnung und Inspiration geben und gleichzeitig ihr Bewusstsein erhöhen. Unterschätzt niemals die Macht eurer Gedanken, Taten und Worte, die ihr sprecht. Das goldene ätherische Netz der Erde wurde neu geknüpft und verfeinert, und ist jetzt in voller Funktion und wirkt so wie am Anfang. Ihr werdet telepathischer und eindeutiger, wenn die Gedankenmuster aus dem Erdinnern, den höheren Reichen und der Menschheit durch dieses Lichtnetz zu fließen beginnen. Das ist der Grund, warum ihr nicht länger das ignorieren könnt, was sich auf der entgegengesetzten Seite der Erde abspielt. Die Gedankenmuster und Frequenzen wogen hervor und sausen in einem Augenblick um die Erde und beeinflussen jeden einzelnen von euch. Wenn ihr die gleichen Frequenzmuster in euch tragt, negativ oder positiv, werden sie euch in sehr dramatischer Weise beeinflussen. Ihr könnt euch nicht verstecken oder in die Isolation gehen, diese Zeiten sind vorüber, ihr Lieben.

Ich will euch eine weitere Vision von der Vollkommenheit des großen Planes geben, damit ihr bis zu unserer nächsten Zusammenkunft darüber nachdenken könnt. Des Schöpfers Anweisung für dieses Universum war, dass viele einzigartige, detaillierte und fokussierte Schöpfungen hervorgebracht werden sollten, wobei diejenigen von euch, die sich zu einer speziellen Welt und Kultur hingezogen fühlten, zu Experten eines spezifischen Aspekts oder Attributs der Schöpfung werden würden. Was immer euer Fokus war: mental, emotional, wissenschaftlich, medizinisch, historisch, schöpferisch, lehrend, pflegend und dienend, führend und lenkend, diese besonderen Aspekte und Attribute waren dann in eure Göttliche Blaupause/Aufgabe durch die Energien und die Überlagerung mit den Energiemustern der großen Strahlen integriert. Das ist es, was ihr euch durch die Zeitalter hindurch zu tun bemüht habt, es sichtbar zu machen und zu vervollkommnen.

Seht, wie die unendliche Vielzahl Göttlicher Bewusstseinfunken ausströmen in das Universum über die Energien der großen Strahlen vom Herzen des Vater/Mutter-Schöpfers dieses Universums, zu den Mitschöpfer-Göttern, den Paradiessöhnen, zu den Elohim, den Erbauern der Form, den Engelreichen, den großen Wesen des Lichts und schlussendlich zu EUCH. Stellt euch selbst unter diesen Gesegneten, Tapferen vor, wie ihr wogt und fließt, erlebt und erschafft, und an Wissen und Fachkenntnis wachst. Äonen später wurde der nächste Teil des großen Plans verwirklicht, und die Vision eines kleinen, besonderen Planeten hervorgebracht - eines Planeten, der über alle Maßen schön sein würde, denn alle Wunder der Schöpfung würden zu diesem kleinen Ort im äußeren Grenzbereich einer Galaxie gebracht werden, am entferntesten Rand der Schöpfung.

Der Prozess, dieses Wunder der Schöpfung an einem Ort in die physische Manifestation zu bringen, begann. Nach der Ausstreuung ins ganze Universum, wurde alles zur Erde gebracht und neu erschaffen: All die Vielfalt, all die Einzigartigkeit, all die Fachkenntnis und Weisheit, die während der langen Reise seit Inkrafttreten des großen Plans gesammelt wurde. Ihr alle seid herabgewandert durch das, was man die sieben Sphären der Erfahrung nennt, oder die Reiche der sieben Ausdrucksstrahlen, welche alle Tugenden, Aspekte und Attribute enthielten, die ihr schließlich verkörpern würdet. Am längsten hieltet ihr euch an dem Ort auf, mit dem ihr innerlich in Resonanz standet, dem

Ort, der auf eure Göttliche Mission eingestimmt war. Und dort wart ihr in der Form eurer großen ICH BIN- Gegenwart, die euch dann in viele Fragmente hinabprojizierte, welche euch als eure „Seelenfamilie“ bekannt wurden.

Für viele Zeitalter hieltet ihr einen Teil eurer „kosmischen Erinnerung“ aufrecht, bis die Erde und die Menschheit in die Dichte der dritten Dimension absank. Der Vorhang des Vergessens wurde nach und nach über eure Erinnerung gezogen, und der Ring des „Nicht-Überschreitens“ oder der Quarantäne wurde auch um die Erinnerung von Mutter Erde's Bewusstsein gelegt. Ihr seid durch die vergangenen Jahrtausende gewandert im Gefühl des Alleinseins und Getrenntseins von uns, den Wesen des Lichts, und von eurem eigenen Göttlichen Selbst. Ihr wart ausgesandt, allein, um zu erfahren, zu erschaffen, Weisheit zu erlangen, und euer Fachwissen und eure Kenntnisse, die einzig die euren sind, mit anderen zu teilen. Ihr hattet zu lernen, was das Erschaffen auf der physischen Ebene in einem physischen Körper mit sich bringt, und euch daran zu erinnern, dass ihr in der Vervollkommnung eurer irdischen Fähigkeiten Meister seid.

Eure „kosmische Erinnerung“ kehrt zurück, da ihr all die Energien klärt und ausgleicht, die ihr durch Fehler, Prüfungen und Irrtümer durch die Zeitalter herab kreiert habt. Alles war Teil des allumfassenden großen Plans, meine Tapferen, aber es war nicht bekannt, wie sich das Drama abspielen würde, bis es hervorgebracht und durchgeführt und der freie Wille als grundlegender Test in der Mitschöpfung gewährt wurde.

Geradeso wie ihr aus dem Einheitsbewusstsein hervorgeplatzt seid - euch getrennt und aufgesplittert habt in viele Fragmente unterschiedlicher Größe und Resonanz, euren Weg herab durch die Dimensionen und durch viele Leben und Erfahrungen auf der Erde scheinbar allein gewoben habt - so kehrt ihr nun diesen Prozess um. Ihr heilt und integriert die Fragmente von euch selbst. Ihr harmonisiert eure Kraftfelder und gleicht sie aus, so dass auch die multidimensionalen Aspekte eures Wesens mit dem Prozess der Wiedervereinigung beginnen können. Viele von euch sind jetzt in Harmonie und Übereinstimmung mit ihrem Höheren Selbst und kommen gut voran mit der Integration der Energie, der Liebe und Weisheit ihre Christus-Selbst' oder ihrer ICH BIN - Gegenwart. Zusätzlich verschmelzt ihr in das

Einheitsbewusstsein mit euren „Reisegefährten," der Vielzahl tapferer Seelen, die in Reaktion auf den Weckruf mit euch voranschritten und zustimmten, als Teilnehmer an diesem „Großen Experiment" das Unbekannte zu durchschreiten.

Wie erstaunlich ist es, euch, ihr Kostbaren und Tapferen zu beobachten, da ihr euch erinnert und diejenigen erkennt, die eure Geistesgefährten sind, jene, von denen ihr getrennt wurdet und die ihr so schmerzlich vermisst habt. Wir schwelgen in eurer freudigen Erregung, da ihr euch liebevoll wiedervereint und die Erlebnisse eurer Reise miteinander teilt, da ihr eure gesammelte Weisheit hervorbringt und miteinander teilt und anderen erlaubt, euch zu helfen, das, was euch fehlt, wieder zu erlangen und zu integrieren.

In der Tat ist es eine Zeit großer Veränderung, eine Zeit, in der alle Facetten der Schöpfung danach streben, in die Harmonie des Einheitsbewusstseins zurückzukehren, dem sie entsprangen. Diejenigen, die in den Randzonen verharren, und diejenigen, die nicht gewillt sind, mit dem Prozess des Erwachens und der Integration zu beginnen, werden sich mehr und mehr isoliert fühlen. Das Gefühl des Allein- und Abgeschnittenseins wird sich verstärken, bis sie in Angst und Seelenschmerz aufschreien und ihre Hände nach euch ausstrecken, die ihr liebevoll wartend ihnen zurückhelft auf den Weg zur Heimreise ... um sich schließlich miteinander im Herzen unserer Vater/Mutter-Gottheit zu vereinen, aus der wir alle kamen.

Wir warten auf die Gelegenheit, euch zu helfen, die Hindernisse und Begrenzungen zu überspringen, die euch in all das verstrickt halten, was nicht Vollkommenheit ist. Ihr braucht nicht mehr länger allein reisen, Geliebte. Wir sind hier, um euch Führung, Beistand, Weisheit und all die Liebe und das Licht anzubieten, das ihr in euch aufnehmen und aus eurem Wesen hervorquellen lassen könnt.
ICH BIN Erzengel Michael und bringe euch diese Wahrheiten.

45. Der magische Weg

Geliebte Meister, stellt euch vor, so ihr wollt, wir alle befinden uns in einem großen runden Raum, auf weichen Kissen ruhend. Eine sanfte Brise weht durch feine Gaze-Vorhänge einen exquisiten Wohlgeruch, und sanfte, süße Musik spielt im Hintergrund. Wir nennen diesen Ort den Tempel der Wiedervereinigung und Harmonie. Stellt euch die mit Goldadern durchzogenen Marmorsäulen vor, und seht den herrlichen Kristall, der von der Mitte der gewölbten Decke herabhängt, strahlend und durch seine Prismen all die Farben der Zwölf Strahlen brechend. Füllt diesen Tempel mit all den schönen Schätzen, die ihr euch vorstellen könnt, mit allem, das ihr benötigen werdet, um in dieses Paradies des Herzens zurückzukehren, diesen wundersamen Ort, den ihr verlassen habt, um eure Mission zu erfüllen: durch Äonen und Lichtjahre in das physische Reich auf dem Planeten Erde zu reisen. Wisst, dass dieser Tempel ein sicherer und heiliger Ort ist, und während ihr euch tapfer in euer Inneres vertieft und all den Schatten gegenübersteht, vor denen ihr euch so sehr fürchtet, werdet ihr sehen, wie sie auf wunderbare Weise verschwinden. An ihre Stelle treten Hoffnung, Inspiration, Vision, Mut und die Macht und die erforderlichen Mittel, eure größten Träume und Wünsche zu realisieren, solange sie in Harmonie mit eurer Göttlichen Blaupause sind und dem höchsten Wohle aller dienen.

Eure Seelenfamilie erwartet euch in diesem heiligen Tempel, ebenso eure Führer, Lehrer und wir vom Königreich der Engel, die mit euch durch die Zeitalter gereist sind. Dort sind auch die Meister, mit denen ihr gearbeitet habt, und am allerwichtigsten, euer eigenes geliebtes ICH BIN- Selbst. Glaubt mir, wenn ich euch sage, dies ist nicht bloß eine Übung. Es ist der Beginn einer neuen Bewusstseinsphase; es erlaubt euch, in euer erwachendes Bewusstsein die Realitäten von dem zu bringen, was auf eurer astralen Reise stattfindet, während sich euer physisches Gehirn und euer Körper im Ruhezustand befindet.

Was wir heute tun wollen, ist, euch bewusst zu machen, wie tief die Angst vor Tod und Überleben in euch verwurzelt ist und wie sie noch immer euer Leben und jede Facette eures Daseins beeinflusst. Als ihr durch über euer Höheres Selbst und eure ICH BIN- Gegenwart von eurer Seelenfamilie und der Quelle abgeschnitten wurdet und eure Reise der Einsamkeit begann - ein Gefühl der Getrenntheit - vergaßt ihr, dass ihr unsterblich seid und dass ihr nur eine Verkleidung in Form eines physischen Körpers angenommen hattet. Ihr begannt eure Reise der Dualität und lerntet das Spiel der Polaritäten.

Alle von euch (und keiner, der im physischen Körper ist, ist davon ausgenommen) spielten das Spiel von Opfer und Täter, zu einer Zeit derjenige, der Macht ausübte, und zu einer anderen Zeit derjenige, der überwältigt wurde. Ihr habt Reichtum und Knappheit erlebt, Schönheit und Fülle, ebenso wie Mangel und Begrenzung. Ihr habt eure Talente verschleudert und habt sie nur benutzt, um ein bisschen Paradies auf die Erde zu bringen. Ihr habt die euch Nahestehenden geschätzt und gefördert, und ihr habt Leben von großem Egoismus gelebt, nur auf euch selbst konzentriert. Dies sind alles Überlebensfragen und das tiefsitzende Bedürfnis nach dem, was euer Geburtsrecht ist. Aber meistens seid ihr in die falsche Richtung gegangen, entweder das begehrend oder fordernd, was anderen gehört, oder anderen erlaubend, euch zu versklaven und das wegzunehmen, was euch gehört. Ihr habt vergessen, dass genug Liebe für alle da ist, ein unerschöpfliches Angebot von allem was für euch erforderlich ist, um ein langes, ergiebiges, großzügiges und freudvolles Leben in einem gesunden und schönen Körper auf Erden zu leben.

Als ihr euch von eurem Höheren Selbst getrennt habt, begabt ihr euch in eine Modalität des Überlebens und der Knappheit, habt euren Fokus auf die Begrenzungen des physischen Körpers gerichtet ohne die Bewusstheit und Weisheit des Spirit. Ihr begannt euch „weniger als" zu fühlen und daher unvollkommen und minderwertig. Als ihr all diese Gedankenformen hinaus in eure ätherischen Körper und in den Äther projiziertet, gewannen sie durch die Zeitalter herab an Stärke und Eigendynamik, bis ihr eine Welt erschuft, welche die schlimmsten Ängste und Zwangsvorstellungen reflektierte. In jeder Lebenszeit wurde euch eine Gelegenheit geboten, das Drehbuch neu zu schreiben, eure Wahrnehmung zu verändern, und die Quelle eures Kummers und eurer Knappheit auszulöschen. Es war eine lange, mühsame Reise, liebe Freunde, und wir sind uns wohl bewusst, wie ihr gelitten habt, denn wir mussten zur Verfügung stehen und beobachten. Wir waren in unserer Beistandsleistung eingeschränkt, denn wir konnten nicht gegen die Ausübung eures freien Willens verstoßen. Alles, was ihr hättet tun müssen, war, uns zu bitten und uns die Erlaubnis zu geben, euch zu helfen, aber meistens habt ihr das nicht getan. Ihr habt vergessen, dass wir euch das Versprechen gaben, auf jeden leisesten Wink und Ruf zu antworten, und so habt ihr euch alleine abgerackert.

Diese Zeiten gehen zu Ende. Und noch einmal: ihr erinnert euch und greift nach innen und über das hinaus, was ihr in der physischen Welt sehen könnt. Ihr beginnt, eurer Intuition zu vertrauen, den Stupsern des Spirit - dieser wundersamen, weisen Quelle des Wissens und der Stärke, die euch unfehlbar auf euren richtigen Pfad und zu eurem rechten Handeln führt.

Während ihr an diesem heiligen Ort weilt, lasst uns euch helfen bei der Loslösung der Überlebensfragen, die euch davon abhalten, eure Macht und eure Meisterschaft zu erlangen. Unversehens finden sich viele von euch in einem Übergang, oder eine beschleunigte Veränderung zeichnet sich ab in Bezug auf eure Gesundheit, Arbeit, Beziehungen, Heim und Familie. Wir haben euch gesagt, dass der Status quo nicht länger existiert, alles ist im Zustand der Veränderung - in einer Evolution. All das, was sich nicht in Resonanz befindet mit den verfeinerten Frequenzmustern, die euch und eure Welt bombardieren, wird aufgewirbelt, stimuliert und an die Oberfläche gebracht, um konfrontiert und korrigiert zu werden. Sitzt still und richtet euren Fokus auf jede Situation, die euch ins Bewusstsein gebracht wird (z.B. eure Arbeit oder Job.) Bringt sie euch Freude und Befriedigung? Nutzt ihr eure kreativen Talente und seid ihr in der Lage, wer und was ihr seid zum Ausdruck zu bringen? Oder erstickt ihr in einer Atmosphäre, der ihr längst entwachsen seid, nicht länger fähig, eine Beziehung zu den anderen um euch zu finden? Aus eurem tiefsten Innern habt ihr euch danach gesehnt, eine Veränderung herbeizuführen, eine Position zu finden, die all euren Bedarf decken würde: Finanziellen Rückhalt, aber auch emotionale und mentale Anregung und Belohnung? Viele von euch zögern und schwanken, scheuen sich, eine Entscheidung zu treffen, bis anscheinend das Schicksal einschreitet und euch zwingt, die Veränderung herbeizuführen durch die Entfernung dessen, dem ihr entwachsen seid und das nicht mehr eurem höchsten Wohle dient. Spirit wird euch helfen, das zu erlangen, was ihr euch wünscht, wenn ihr mutig genug seid, eure Vision zu erstellen und dann den Traum zu erfassen, wenn der Weg geöffnet ist.

Eure Beziehungen und die Umgebung eures Zuhause sind ein wunderbares Versuchsgelände und haben das Potential, euch in eurem spirituellen Wachstum rasch voran zu helfen. Eure lieben Angehörigen spiegeln euch das wider, dem ihr euch zuwenden und es auflösen sollt – eure eigenen Ängste und Unzulänglichkeiten. Spielt ihr das Spiel der Macht? Gebt ihr eure Macht ab und versucht eure Autorität wieder zu erlangen; oder fürchtet ihr, dass ihr nicht die Kontrolle innehabt, sodass ihr jeden und alles in eurem Leben kontrollieren müsst? Fokussiert ihr euch auf all die Unvollkommenheiten der euch Umgebenden, oder seht ihr deren Schönheit und Einzigartigkeit, dabei das bekräftigend, was positiv und liebevoll ist? Es ist traurig zu beobachten, dass so viele von euch die Schuld für euer Gefühl der Unwürdigkeit und die Ängste vor Versagen auf ihre lieben Angehörigen projizieren. Einige von euch sind ihren Beziehungen/Partnerschaften entwachsen und fühlen sich unterdrückt und eingeschränkt. Seid ihr euch dessen bewusst, wenn ihr euch auf die positiven Attribute der anderen fokussiert und ihnen die Gelegenheit gebt, sich von der besten Seite zu zeigen, während ihr ein liebevolles Beispiel gebt, unerschütterlich eure Wahrheit und Integrität lebt, dass dann die große Möglichkeit besteht, dass sie mit dem Transformationsprozess beginnen und zu den Stupsern und Inspirationen von Spirit erwachen? Jedoch, wenn sie es nicht tun, dann habt ihr eure Verpflichtung ihnen gegenüber erfüllt, und wenn ihr bittet und im Herzen zentriert bleibt, das höchste Wohl für alle verlangt, dann wird Spirit die Kontrolle übernehmen und das Dilemma für euch lösen. Niemandem wird erlaubt sein, diejenigen von euch, die sich ihrer Aufgabe und dem Pfad der Erleuchtung widmen, zurückzuhalten. Wenn ihr die Lektion gelernt oder die Weisheit aus einer Situation oder Beziehung gesammelt habt, wird sie umgewandelt oder aufgelöst.

Rührt dies Ängste des Versagens und der Verantwortlichkeit auf, oder des Verlustes von Angehörigen durch des Todesprozess? Viele haben den Entschluss gefasst, während dieser Zeiten großen Aufruhrs und großer Veränderungen nicht auf der physischen Ebene zu bleiben. Sie fürchten sich davor, sich selbst gegenüberzutreten und dem, was es brauchen würde, sich vorwärts auf die nächste Ebene zu begeben. Diejenigen von euch, die diese Botschaft lesen und sich diese Worte zu Herzen nehmen, haben höchstwahrscheinlich für sich selbst keine Angst vor dem Todesprozess, denn ihr wisst, es ist ein Übergang in ein anderes Reich des Bewusstseins, eine Heimkehr und eine Begrüßung wie jene für den verlorenen Sohn/Tochter. Könnt ihr das umfassendere Bild, den größeren Plan erkennen? Seid ihr euch nicht dessen bewusst, dass es ein viel schlimmeres Schicksal als den Tod für diejenigen gibt, die im Schmerz und der Illusion der niedrigen Dimensionen gefangen bleiben? Wenn ihr das integriert habt, was wir über diese langen Monate und vielen Botschaften euch zu übermitteln versucht haben, werdet ihr die Realität akzeptieren, dass der Tod des physischen Körpers ein neuer Anfang ist. Er ist das Ende von Schmerz und Leid, und die Gelegenheit für einen Neustart.

Wisst, dass es für diejenigen, die ihr liebt und schätzt, keine Trennung ist, und dass sie nicht für euch verloren sind. Die Schleier zwischen den Dimensionen wurden gelüftet, und so ist es leichter geworden, die ganze Zeit einen Kontakt aufrecht zu erhalten und die liebevolle Gegenwart derjenigen zu spüren, die hinübergegangen sind. Ihr habt eine wundersame Gelegenheit, euren Lieben, die gewählt haben, die physische Ebene zu verlassen, beizustehen. Sprecht zu ihnen und erleichtert sie von ihrer Furcht vor dem Tod. Helft ihnen, zu vergeben und restliche Probleme mit ihren Angehörigen zu lösen, und am allerwichtigsten, lasst sie verstehen, dass sie für alle Vergehen um Vergebung bitten und selbst solche erhalten mögen. Gebt ihnen das Geschenk der Erkenntnis, indem ihr ihnen sagt, dass da wundervolle Engelwesen oder geliebte Angehörige auf sie warten, um ihnen auf ihrer Reise ins Jenseits beizustehen. Und wenn sie offen und bereit sind, die Wahrheit anzunehmen, lasst sie wissen, dass keine Hölle oder Verdammnis sie auf der anderen Seite des Vorhangs erwartet, sondern nur Liebe, Freude und Licht. Welch einen großen und liebevollen Dienst könnt ihr denjenigen anbieten, die ihr liebt, und ihr könnt auch anderen helfen, die mit der Möglichkeit rechnen müssen, den Verlust ihrer Freunde oder geliebten Angehörigen zu erfahren.

Bei jedem Problem und jeder Prüfung mit der ihr konfrontiert seid, geht in euren Tempel und bringt sie in euer bewusstes Gewahrsein. Erlaubt den vereinten Energien des Spirit, all das zu heilen, zu transformieren, umzuwandeln und loszulösen, was euch zurückhält, was immer euch Schmerz verursacht: Unbehagen, Angst, oder emotionales Leid. Während ihr objektiv den Vorgang beobachtet, werdet ihr zu der Erkenntnis gelangen, dass niemand zu beschuldigen ist; jede Person versucht ihren eigenen Schmerz zu ersticken oder zu entfernen. Indem ihr eure eigenen Ängste, euren Schmerz und das Gefühl der Unwürdigkeit für euch geltend macht und aufhört, sie auf andere zu projizieren, geschieht etwas wunderbares: Sie werden kontrollierbar, es ergeben sich neue Einsichten und ihr beginnt ein Gefühl der Macht zu spüren und die Kontrolle über euer Schicksal.

Man nennt es die Konfrontation mit euch selbst und mit euren Dämonen, Geliebte. Eure Dämonen können die Emotion der Liebe, oder die Weisheit des Spirit, nicht überleben. Indem ihr mit dem Prozess der Wiedererlangung eurer spirituellen Souveränität beginnt, werdet ihr euch in diesen Tempel der Wiedervereinigung und Harmonie begeben und dort zu wirken beginnen. Er wird zu einem realen und fühlbaren Ort für euch, und eure Wahrnehmung der Welt und ihrer Tätigkeiten wird für immer umgewandelt sein.

Was wir uns zu tun bemühen und euch zu vollbringen helfen, ist, euch die höheren Dimensionen real zu machen, euch zu helfen, in diese Spirale des höheren Bewusstseins einzutreten, so, dass ihr beständig durch die Sanftheit und Liebe eures Göttlichen Selbst' von dem Aufruhr der Massen abgepuffert werdet. Es ist ein Geschenk, das allen angeboten ist, aber jeder muss ein williger Partner sein und seinen Anteil an Verantwortung auf sich nehmen, sodass wir das magische Tor öffnen können, das zur Wiedervereinigung und Harmonie führt. Durchschreitet diesen Torweg, meine tapferen Krieger, und zeigt denjenigen, die hinter euch nachfolgen, dass die Reise nicht so schwierig und der Preis erreichbar ist.

Wir erwarten euch an diesem Ort der Schönheit, der Liebe und Harmonie. Ihr seid unsere Ehrengäste und wir können nicht eher beginnen bis ihr ankommt. Verbindet euch mit uns, ihr Kostbaren, und lasst uns in diesem großen Abenteuer zusammen vorwärts gehen. Ihr habt euch euren Platz unter uns verdient, und wir haben euch schmerzlich vermisst. Ihr seid über alle Maßen geliebt.
ICH BIN Erzengel Michael.

46. Eure innerharmonische Annäherung

Geliebte Meister, was den Anschein von Chaos und Aufruhr in euren eigenen physischen Körpern, auf oder in der Struktur der Erde erweckt, ist in Wirklichkeit eine Bestrebung, alle Facetten physischen Ausdrucks in Balance zu bringen. Die intensiven und dramatischen Wetterkapriolen, die alle bekannten Rekorde brechen, verursachen alles, vom extremen Unbehagen bis zur totalen Zerstörung, und sogar der Tod ist nicht bloß ein Zufall. Aufregende, lebensverändernde Ereignisse geschehen auf jeder Ebene: Nationen erleben nicht nur durch extreme Kräfte der Elemente verursachte Kataklysmen, sondern auch monetäre Unsicherheit, Regierungs- und Unternehmens- belange, und ebenso sind viele Individuen hinausgeworfen aus dem, was sie für eine solide Beziehung hielten, oder aus Positionen mit einer sicheren Zukunft.

Alle werden zur Rechenschaft gezogen, vom Niedrigsten bis zum Höchsten. Spirit ist an der Arbeit, er erregt, rührt um und deckt das auf, was nicht in Harmonie und Balance ist, das, was auf Angst basiert, oder nicht aus einer liebevollen Absicht stammt. Es wird nicht mehr länger möglich sein, jene Energien zu verbergen oder abzuschirmen, die durch Gier, Machtstreben, Geiz, egoistische Absichten oder Selbstverherrlichung manifestiert wurden. Die Gesetze von Ursache und Wirkung, oder Karma, sind noch nie so aktiv und sichtbar gewesen. Es braucht nicht länger Lebenszeiten, um die Resultate eurer Handlungen, ob positiv oder negativ, sichtbar zu machen. Sie kehren fast unverzüglich zurück, oder innerhalb einer sehr kurzen Zeit, so dass ihr in der Lage seid, Vergleiche zu ziehen und die Folgen eurer Handlungen zu sehen - dass ihr wirklich das erntet, was ihr gesät habt. Positive, liebevolle Handlungen, bringen harmonische, förderliche Resultate. Negative, auf Angst begründete Handlungen, ziehen Stress, Schmerz und Leid nach sich.

Es stimmt, dass es viele unter euch gibt, welche sich durch ihre liebevolle Absicht und ihre bewussten Anstrengungen über die Gesetze des Karma hinweg begeben haben. Ihr genießt einen Zustand der Gnade, wobei ihr, mit der Hilfe eures Höheren Selbst, die Weisheit aus den Ereignissen des alltäglichen Lebens gewinnen könnt, statt euch diese durch schmerzvolle Erfahrungen zurückspiegeln zu lassen. Indem ihr tiefer eindringt in den Prozess des Loslassens der alten Energiemuster aus euren physischen, mentalen und emotionalen Körpern, mag es den Anschein erwecken, als ob ihr in eurem spirituellen Wachstum zurück schreitet. Viele von euch haben zu dieser Zeit diese Besorgnis. Seid beruhigt, ihr Lieben, dies ist nicht der Fall. Akzeptiert das vorübergehende Missbehagen als ein Geschenk des Spirit, als eine Gelegenheit, ein für allemal das loszulassen, was nicht Liebe, Gesundheit, Freude, oder eure **Gott-Essenz** ausstrahlt.

Während sich die Erde hochwindet und in eine höhere Frequenz einschwingt, muss all das, was sich nicht auf diese höheren Schwingungsmuster einstimmen kann, entweder harmonisiert und auf diese Frequenzen angeglichen werden, oder ins Chaos fallen. Das ist es, was die Erde erlebt und was jeder einzelne und alles auf der irdischen Ebene erfährt. Wir haben oft von der Violetten Flamme der Umwandlung gesprochen, die immer mehr auf euren Planeten fokussiert wird und an Stärke gewinnt. Sie wird euch helfen, die Qualitäten jedweder Energie, die weniger als vollkommen ist, auszugleichen und zu harmonisieren oder umzuwandeln. Sie wirkt als ein Katalysator im Reinigungsprozess und erleichtert die Ablösung oder Harmonisierung ungeeigneter Energien. Es ist die Flamme der Vergebung, in der alles durch bewusste Absicht in Anschluss gebracht wird. Es ist die Göttliche Alchemie, welche durch die Macht der Visualisierung und der Affirmation wiederbelebt und vervollkommnet. Es ist ein großartiges Geschenk, das der Erde und der Menschheit während dieser Zeiten der großen Veränderung gegeben wurde.

Erinnert euch, alles auf Erden schwingt auf einer individuell ausgeprägten Schwingungsebene. Durch eure Gedanken und Handlungen erzeugt ihr das Frequenzmuster, in dem ihr lebt und funktioniert. Wenn ihr eure mentalen, emotionalen und physischen Körper in einen ausgeglichenen Zustand bringt, beginnt ihr auf einer stets wachsenden oder verfeinerten Frequenzebene zu schwingen, dadurch lebt ihr in verschiedenen Ebenen der vierten oder fünften Dimension, statt in der beklemmenden Dichte der dritten Dimension. Das ist es, wenn ihr wirklich beginnt, den Himmel auf Erden, oder ein Paradies eurer eigenen Gestaltung zu erleben.

Erlaubt mir, dass ich euch einige kurze, präzise Richtlinien gebe, um euch zu helfen, einen Zustand der Gnade zu erreichen und beizubehalten, eingestimmt zu werden auf die Weisheit des Spirit, indem ihr den Übergangsprozess zu eurer nie endenden Reise entlang der Spirale der Erleuchtung beschleunigt:

ERSCHAFFT, FORDERT UND LEBT EURE WAHRHEIT. Lasst alle Informationen durch euren Herz-Monitor laufen. Denkt daran, alles, was in Resonanz steht mit Liebe, Selbstermächtigung und für das Wohlergehen aller, kommt von Spirit oder der höheren Wahrheit. Das, was Kontrolle ausübt, vermindert oder auf Angst begründet ist, ist nicht von Spirit und sollte verworfen werden. Akzeptiert nicht die alten begrenzenden Gedanken des Massenbewusstseins: „Wir steuern auf eine Krise zu - Armageddon ist da, oder es wird weltweite Kataklysmen geben." Achtet nicht auf die alten Konzepte über Krankheit, Beziehungen, karmische Massenereignisse, Vorhersagen oder Geschichten über Massenvernichtung. Ihr habt einen freien Willen und seid viel mächtiger als ihr glaubt. Wenn ihr gewillt seid, eure eigene Wahrheit der Selbstermächtigung, euren Überfluss, pulsierende Gesundheit und glückliches Leben zu fordern und zu leben, dann habt ihr wirklich die Ebene des Massenbewusstseins und des Massenkarmas überschritten.

ABSICHT * INTEGRITÄT * INTUITION * Seid auf eure Absicht fokussiert, so wie wir es euch lehrten. Legt eure Zukunftspläne sehr detailliert in allen Aspekten eures Lebens fest: Physisch, mental, emotional und spirituell. Dann übergebt den Plan eurer ICH BIN-Gegenwart, so wird er in Harmonie mit eurer höchsten Aufgabe und eurer Göttlichen Blaupause sein. Fügt den emotionalen Treibstoff hinzu: Fühlt wie es sein würde, in der Welt eurer eigenen Wünsche und der vollkommenen Schöpfung zu leben und zu wirken, wie sie sich durch Spirit manifestiert. Dann müsst ihr über eure Intuition die Schritte tun oder so voranschreiten, wie euch Spirit führt. Achtet auf die kleinen Stupser eures Seelen-Selbst, während es euch sanft leitet und den Pfad entlang führt, wissend, dass alles in perfekter Göttlicher Ordnung ist. Lebt eure Integrität oder die Wahrheit, wie ihr sie kennt und in jedem einzelnen Augenblick akzeptiert - nicht irgendjemandes anderen Wahrheit oder Einsicht, sondern eure eigene. „Deinem eigenen Selbst sei treu," ist eine höchst wichtige und tiefgründige Feststellung. Es gibt viele Ebenen, Variationen und Schichten der Wahrheit, und viele Wege führen zurück in das Einheitsbewusstsein und in die profunde Wahrheit des

Schöpfers. Ihr seid jeder ein besonderer Reisender auf einer Reise mit einem Mitschöpfungsauftrag, und müsst suchen, verlangen und leben durch eure eigene einmalige Version der Wahrheit, Integrität und durch bewusste Manifestation.

BALANCE UND HARMONIE ERSCHAFFEN UND FORDERN * Und das heißt, auf allen Ausdrucksebenen: Physisch, mental, emotional und spirituell. Eine Überbetonung oder Fokussierung auf eine Realität oder Bemühung führt zu Disharmonie. Viele von euch fühlen, dass, wenn ihr euch genügend auf euer spirituelles Wachstum konzentriert, ihr den Rest vergessen oder ignorieren könnt. Ihr wisst, wie man SPIRIT lebt und SPIRIT ist. Dies ist euer natürlicher Zustand, erinnert ihr euch? Eure Aufgabe war, Spirit zu erlauben, das physische Reich zu erfahren. Ihr habt euren physischen Körper zu lieben und zu ehren, während ihr Spirit erlaubt, in all seiner Herrlichkeit aus dem Innern hervorzustrahlen. Indem ihr eure physische Struktur liebt, akzeptiert und sie zu verbessern bemüht seid, nährt und heilt ihr auch eure emotionale Wunden, und Spirit wird beginnen, Freude und Lebendigkeit durch euch auszustrahlen, und alles wird wieder in Harmonie gebracht. Vernachlässigt oder verneint nicht irgendeine Facette eures Wesens. Liebt eure Unvollkommenheiten und beobachtet, wie sie sich auf wunderbare Weise zurückverwandeln in vollkommene Ausdrücke des Geistes.

FORDERT EURE MACHT * ERRICHTET GRENZEN * Indem ihr das Recht fordert, eure Wahrheit zu leben und zu sprechen, Grenzen zu setzen und eure Integrität zu leben, müsst ihr anderen das gleiche Recht zugestehen. Wisst, wo eure Verantwortlichkeiten beginnen und wo sie enden. Ihr seid nicht für irgendeines anderen spirituelles Wachstum verantwortlich, sondern nur für euer eigenes. Ihr sollt durch euer Beispiel lehren und nur dann Informationen anbieten, wenn man euch darum bittet. Das ist schwierig, wenn diejenigen, die ihr liebt, leiden, und nicht die Stupser von Spirit beachten wollen. Ihr könnt nicht die Lasten und Probleme anderer auf euch nehmen, und ihr erweist ihnen einen schlechten Dienst, wenn ihr versucht, negative Situationen für sie zu „reparieren.“ Kinder, im Besonderen, werden nie die Verzweigungen und Resultate des Gesetzes von Ursache und Wirkung lernen, wenn ihr beständig interveniert, zudeckt oder versucht, jede Problemsituation, in der sie sich befinden, zu korrigieren. Begebt euch in die Position und den

Ausdruck eines mitfühlenden Beobachters, strahlt Liebe und Ermutigung aus, bietet Worte der Weisheit, wenn es angebracht ist, aber steht fest in eurer Verpflichtung, jeder Person zu erlauben, seine/ihre eigene Wahrheit zu leben, auf welcher Ebene immer das sein mag, und verantwortlich zu sein für ihre eigenen Handlungen oder Kreationen.

ÜBT SPIRITUELLES BODY BUILDING * Über Tönen, heilige Klänge, sanfte Körperbewegung und alte Atemtechniken werdet ihr eure vitale Lebenskraftenergie erhöhen und euer Körper wird zu einem passenderen Aufnahmebehälter für Spirit werden. Der Atem wurde seit Jahrhunderten als Mittel für spirituelle Erleuchtung und physische Heilung benutzt. Tiefe, rhythmische Zwerchfellatmung befreit von verbrauchter, stagnierender Luft und erlaubt der heilenden Lebenskraftenergie, oder Prana, in den Körper einzutreten und ihn zu füllen, das Gehirn anzuregen und die Zellen und Organe zu revitalisieren. Eurer tiefen, rhythmischen Atemtechnik hinzugefügte Affirmationen erlauben euch, die Gehirnwellenaktivität herabzusenken und euch auf euer Unterbewusstsein einzustimmen, wo alle emotionalen und mentalen Traumata gespeichert sind. Es ist Zeit, zu eurem Unterbewusstsein zu erwachen und es zu einem bewussten Partner auf dieser Reise zum Einheitsbewusstsein zu machen. Es gibt so viele Ebenen bewussten Ausdrucks, ihr Lieben, und sie alle müssen in die Balance und Harmonie gebracht werden.

ERSCHAFFFT UND LEBT IN EUREM HEILIGEN RAUM * Wir haben euch gelehrt, wie ihr euch selbst schützt und jeden Morgen in Harmonie mit eurem Spirit bringt, indem ihr die kristallene Lichtsäule von eurer Göttlichen ICH BIN- Gegenwart hervorruft, euch damit umhüllt und sie im Zentrum der Erde verankert. Wir lehrten euch, euer Höheres Selbst zu bitten, dass es als ein Heiliger Zeuge agiere, all eure Tagesaktivitäten beobachte, leite und lenke, und euch damit helfe, in eurer Integrität und Ehre und in der Absicht zu leben, dass all eure Handlungen zum höchsten Wohle aller sein mögen. Wenn möglich, schafft euch einen kleinen heiligen Platz in eurem Heim, wo ihr jene Objekte und geliebten Symbole des Geistes platzieren könnt, die euer Herz berühren, oder euch inspirieren und unterstützen. Hierher zieht es euch in euren Zeiten der Not, wenn ihr eure Dankbarkeit ausdrücken wollt, oder wenn ihr die Liebe, Stärke und Unterstützung der spirituellen Reiche vergrößern wollt. Wir werden uns dort mit euch verbinden, Geliebte. Ruft einfach oder strahlt eure liebevolle Absicht aus, und wir werden antworten. Indem ihr eure spirituelle Stärke gewinnt wird es euch ermöglichlicht, einen verdünnten Strahl des Christuslichtes von der Quelle anzuzapfen und in eurem heiligen Raum eine Aufstiegssäule zu errichten und zu verankern. Und wenn ihr darin geübter werdet, werdet ihr diese Energie ausstrahlen durch euer Heim, in die Nachbarschaft und über das ganze Land. Dies ist noch ein anderer Weg, die Großartigkeit des Spirit anzuziehen, ihn auf die irdische Ebene herabzubringen, zu verankern und seine heilende Strahlung für alle anderen um euch hervorzubringen.

Es ist wieder einmal der Jahrestag jenes bedeutsamen Zeitpunkts, der als „Harmonische Konvergenz" bezeichnet wurde. Die Macht und Herrlichkeit unseres Vater/Mutter-Gottes wurde mit großer Stärke auf die ganze Erde und ihre Bewohner im August 1987 herabgeregnet. Diese Göttliche Frequenz wurde immer mehr verfeinert, und es wurde für die Menschheit im allgemeinen im Verlauf der Jahre immer schwieriger, zu ihr Zugang zu erlangen und sie zu integrieren. Die Träger oder Empfänger dieses Geschenks müssen eingestimmt, ausgeglichen und bis zu einer gewissen Stufe in innerer Harmonie sein, um sich dieser Energie anzupassen und sie zu integrieren. Deshalb sagen wir, ihr müsst euer physisches Gefäß heilen und harmonisieren, euren Geist kontrollieren und erweitern, eure Emotionen beruhigen und besänftigen, um euch zu einem geeigneten Behälter für diesen Segen aus der Göttlichen Quelle zu machen.

Erlaubt der Macht, dem Schutz und der Initiative des Ersten Strahls, euch zu inspirieren. Integriert die Erleuchtung, die Weisheit und das Wahrnehmungsvermögen, des Zweiten Strahls, während ihr die Liebe, Toleranz und Dankbarkeit des Dritten Strahls aussendet. Der Vierte Strahl hilft euch, eure künstlerischen Fähigkeiten zu entwickeln, während er euch Klarheit im Handeln, Demut und Reinheit der Absichten gibt. Der Fünfte Strahl wird euch helfen eure Wahrheit zu erlangen, wissenschaftliche Erkenntnisse hervorzubringen und eure Heilungsfähigkeiten zu vergrößern, während der Sechste Strahl eure Bereitschaft zur Vergebung stärkt, euren Wunsch nach Frieden und euren Willen, in einer Atmosphäre der Hingabe, des Vertrauens und der Dankbarkeit zu leben. Überleuchtet euer Dasein mit der herrlichen Violetten Flamme des Siebten Strahls. Seht sie von unterhalb eurer Füße aufflammen und seht euch völlig umhüllt mit dieser Göttlichen Flamme der Umwandlung, die euch erlauben wird, die Qualität der Energie willentlich zu verändern. Werdet zu einem magnetischen Zentrum des Spirit, sodass er durch euch hindurchstrahlen und diese wundersame Energie vom Herzen Gottes hinaus in die Welt projizieren kann.

Meine Geliebten, wenn ihr euch auf Liebe fokussiert und sie ausstrahlt, werden wir eure Bemühungen tausendfach steigern, vergrößern und verstärken. Wir erwarten mit euch, immer an eurer Seite, wie sich der nächste Schritt in diesem großen Abenteuer entfaltet, wie die Erregung sich steigert und die Wunder wachsen. Unsere ewige Liebe und Dankbarkeit regnen wir über euch herab. Wir sind immer mit euch.
ICH BIN Erzengel Michael.

47. Schnellstrasse in den Himmel

Geliebte Meister, wollen wir einen Blick in die Zukunft werfen, in eure Zukunft, und sehen, was sie für euch in diesen kommenden Monaten bereithält? Wie euch bewusst ist, ist es eine sehr wichtige Zeit. Die Entscheidungen, die ihr jetzt trefft, oder die Energien, die ihr aussendet, um das Kraftfeld zu erzeugen in dem ihr lebt, bestimmen eure Realität und darüber, wie ihr in das neue Jahrtausend voranschreiten werdet. Es ist Zeit, sich zu entscheiden, ob ihr auf der Aufstiegsspirale durch das Geschenk des Lebensprozesses vorankommen wollt, oder über die alten Energien des Todesprozesses. Irrt euch nicht, jeder Mensch auf diesem Planeten befindet sich mitten in diesem Prozess auf irgendeiner Ebene und in irgendeiner Form, ob ihr euch dessen bewusst seid oder nicht.

Ihr kehrt nun den Prozess um, den ihr vor tausenden von Jahren eingeleitet habt, als ihr in die materiellen Reiche herabstiegt und damit begonnen habt, für euer kostbares Geschenk des Lebens, euer Spirit-Selbst, einen Tempel aus Fleisch zu bauen. Ihr habt vergessen, dass ihr euch in vergangenen Zeitaltern mittels der gesegneten Violetten Flamme der Umwandlung in höhere Ausdruckssphären begeben habt, wobei die euch anhaftenden Schlacken umgewandelt und veredelt wurden und ihr, wieder einmal, zu leuchtenden, vollkommenen Lichtwesen wurdet. Es wird etwas Zeit in Anspruch nehmen, dieses Wunder der Schöpfung oder Neuerschaffung wieder zu bewerkstelligen, aber wir können euch helfen, diesen Prozess schneller und weniger schmerzhaft ablaufen zu lassen.

Es ist Zeit, eure Glaubenssätze und das, was ihr als eure Wahrheit akzeptiert habt, einer gründlichen Überprüfung zu unterziehen, denn diese sind es, die eure Erfahrungen verursachen. Haltet inne, ihr Lieben, und denkt über folgende Frage nach: Seid ihr bereit, durch das transformierende Geschenk des Lebens voranzuschreiten, oder klebt ihr noch fest am Glaubenssatz der Masse, dass man nur durch den Todesprozess in die höheren Reiche eintreten kann? Ja, wir wissen, dass dies als ein unmögliches Kunststück erscheint, und für viele wird es erst in zukünftigen Tagen möglich sein, im physischen Körper durch dieses Tor der Umwandlung zu schreiten. Aber wir können euch helfen, mit dem Prozess der Zurückgewinnung dieser Fähigkeit und der dazu erforderlichen Mittel zu beginnen, und dieses Wunder zustande zu bringen.

Viele von euch haben mit dem Prozess der Umkehr oder des Stillstands des Alterungsvorgangs begonnen. Ihr bleibt jugendlich, voller Vitalität und Stärke, und seid begierig, all das zu erleben, was euch Spirit anbietet. Ihr unterscheidet euch in eurer liebevollen gegenseitigen Beeinflussung und in eurer selbstlosen Hingabe, anderen dienlich zu sein und ihnen auf ihrem Weg beizustehen. Nun ist es Zeit, euren Erinnerungsspeicher anzuzapfen und eure Unsterblichkeit wiederzuerlangen. Viele von euch werden - als Wegbereiter dieses Prozesses - sich dessen bewusst werden, wann es für euch Zeit ist, sich auf die nächste Ebene zu begeben, oder durch das höherdimensionale Tor zu schreiten, wo euch eure lieben Angehörigen nicht länger sehen können. Ihr werdet nicht mehr krank werden, sondern immer gesund und vital sein, aber euer Spirit wird euch sagen, wann es soweit ist, euch für die Abreise bereit zu machen. Gewiss, gegenwärtig werden die meisten von euch noch den Todesprozess erfahren, aber einige wenige werden das Tor für die künftige Verklärung und den verkörperten Aufstieg der Massen öffnen.

Mit jedem Aufruhr an kosmischer Energie werden höhere, verfeinerte Frequenzmuster verfügbar, in der Tat ein Stoff, aus dem Wunder gemacht werden. Euch allen ist die goldene Gelegenheit gegeben, all das, was sich nicht in Harmonie mit diesen Frequenzen befindet, loszulassen - dies ist erforderlich, um sich diesem Geschenk anzupassen und es anzuwenden.

Ihr grübelt und fragt: Wie werden wir aussehen, wenn wir durch das Tor in die Schönheit und die Wunder der höheren Dimensionen schreiten? Macht euch ein Bild von euch ganz ohne Fehler; seht euch im schönsten strahlendsten Körper den ihr euch vorstellen könnt, denn er wird eure Wahl sein, eure Schöpfung. Werden euch eure Lieben erkennen? Vielleicht nicht durch euer Aussehen, aber sicher durch eure Ausstrahlung und die komplizierten Schwingungsmuster, die ihr aussendet und die aus Licht, Klang und Farbe zusammengesetzt sind. Haben wir dieses Faktum nicht immer und immer wieder betont: Licht, Klang und Farbe sind die Modalitäten der Schöpfung, und ihr seid sehr geübt im Gebrauch dieser Geschenke - habt ihr es bloß vergessen?

Es ist Zeit, eine Entscheidung zu treffen, ihr Kostbaren. Und obwohl wir euch oftmals gesagt haben, was dieser Prozess mit sich bringt, will ich mich bemühen, euch noch weiter aufzuklären. **GEDANKEN SIND FORMKRÄFTE** – bitte graviert diese Worte in euer Bewusstsein und Unterbewusstsein ein. Wenn ihr geübter werdet im Manifestieren durch die universalen Gesetze und durch das Geschenk der primären Lebenssubstanz, ist es von entscheidender Wichtigkeit, dass ihr euch dessen bewusst werdet, wie machtvoll eure Gedankenformen in jedem Moment eures Daseins sind. Wenn ihr mit Gedanken von Furcht, Ärger, Zweifel, oder Gefühlen der Schuld oder Unwürdigkeit zu Bett geht, werden diese im Schlaf verstärkt, da sie sich auf der astralen Ebene fortspinnen und mit ähnlichen Energien verbinden. Je machtvoller der Gedanke, oder je mehr emotionale Energie in einen Gedanken gelegt wird, desto mächtiger wird er, und desto mehr beeinflusst oder „färbt" er eure Realität. Zuerst wirken die Gedankenenergien auf euer aurisches Feld ein, entweder umwölkend und verzerrend, oder verbessernd und erleuchtend. Dann bewegen sich diese Energien durch und in eure emotionalen und mentalen Körper. Jeder Gefühlsansturm erzeugt einen Effekt: Ein positiver, liebevoller Gedanke fügt eurem aurischen Feld leuchtende Schwingungsfarben hinzu, während negative Emotionen verzerrende, dunkle oder verblassende Farben und Muster hinzufügen.

Jeder von euch lebt und fungiert in Zeit und Raum, eingeschlossen in ein selbstgeschaffenes Energiefeld. Ihr seid von einer Unmenge Gedankenformen umgeben, die ihr durch eure bewussten oder unbewussten Denkmuster erschaffen habt. Ihr nehmt die Realität durch den Filter schwingender Frequenzmuster wahr, die von euren eigenen Gedankenformen stammen. Wenn eure Gedankenmuster trübe und verzerrt sind, dann schaut ihr in der Tat durch ein schmutziges Glas.

Die Schwingungsresonanz eurer Gedanken bestimmt die Energiefarben die ihr projiziert, während die Natur des Gedankens seine Form bestimmt. Wenn eine Person Gedanken voller Selbstsucht, Gier oder Neid aussendet, wird von ihr eine bräunlich-grüne Farbschwingung ausgehen (deshalb sagt man „grün vor Neid"). Ärger und Wut projizieren dunkle Wolken einer schmutzig-roten Energie, die fast wie Dolche oder spitze Pfeile einer projektilgeformten Energie aussehen können. Jedoch, wenn ihr Gefühle reiner selbstloser Liebe an eine bestimmte Person sendet, werden diese sofort übertragen und umhüllen sie mit einer schützenden Aura. Gefühle der Anbetung, Hingabe und Verehrung strahlen nach oben und unten in einem wunderbaren Muster aus Licht und Farbe, das all die Farben der Strahlen mit all den Qualitäten der Frömmigkeit beinhaltet. Wir von den höheren Reichen sehen, fühlen und übernehmen diese gesegneten Geschenke von euch, ihr Lieben. Wisst und seid dessen eingedenk, kein liebevoller Gedanke, kein Gebet bleibt je unbemerkt oder ist je verschwendet.

Erlaubt mir, dass ich euch eine Übung gebe, um euch zu helfen, euch der Energien, die ihr projiziert, noch mehr bewusst zu werden. Es ist nicht nur wichtig, eure Gedanken zu überwachen, sondern auch zu beobachten, von wo in eurem Körper, außer eurem Gehirn, diese Energien ausstrahlen. Durch Beobachtung und Absicht habt ihr eine Gelegenheit, eure Gedankenmuster zu überwachen, und mit Entschlossenheit und dem Beistand eures Höheren Selbst' werdet ihr bald nur vibrierende, reine Farben des Friedens, der Liebe und des Mitgefühls, des Überflusses und der Freude aussenden. Wie die meisten von euch wissen, sind Chakras sich drehende, kegelförmige Energiewirbel, die in strategischen Zonen des menschlichen Körpers lokalisiert sind. Jedes dieser Energiezentren steht in Resonanz zu einer bestimmten Farbe (Farben, die sich mit der Erhöhung eurer Schwingungsfrequenz allmählich verändern). Jedoch werden wir für diese Übung die Grundfarben benützen, die den sieben Strahlen entsprechen die in eurem Sonnesystem zum Ausdruck kommen, da diese für den Großteil der Menschheit noch immer die Farben sind, zu denen sie in Resonanz steht.

Fokussiert euer Bewusstsein auf euer Wurzelchakra: Hier sind die Energien hinsichtlich Überleben und Mangel gespeichert, oder, im Falle der Ausgeglichenheit, verschafft es ein Gefühl des Überflusses und der Fülle, der Sicherheit und Verbundenheit mit Mutter Erde. Dieses Chakra befindet sich im Sexualbereich des Körpers und wird deshalb Wurzelchakra genannt. Seine Farbe ist rot. Seht es in einem strahlenden, reinen Rot der Macht und Stärke, während ihr die Worte **„ICH LEBE"** tönt oder singt. Haltet den Klang solange es euch angenehm ist und atmet danach tief ein, während ihr eure Hand und eure Bewusstsein auf das zweite Chakra, den Nabel oder den Unterbauch zubewegt. Dieses ist der Sitz für Begierden, Genuss, leidenschaftlich-sexuelle Liebe, Toleranz. Euer Ziel ist, die Wünsche und Begierden in Harmonie mit Spirit zu bringen, zu eurem eigenen, wie zum höchsten Wohle aller. Strebt danach, eure Leidenschaft und Liebe für einen anderen mit Mitgefühl und einer Seelenvereinigung, als auch einer Körpervereinigung, zu vermischen. Toleranz und Mitgefühl für alle wird euch helfen, einen großen Fortschritt in der Ausbalancierung dieses Chakras zu erzielen, so dass es rein und harmonisch schwingen kann. Seht diese Energie orangefarben, und indem ihr euch auf diesen Bereich konzentriert, nehmt einen tiefen Atemzug und tönt die Worte **„ICH FÜHLE“.**

Geht nun weiter zum Solarplexus, dem Bereich für persönliche Macht, Selbstkontrolle und Emotionen. In der Vergangenheit war dies der Bereich, wo ihr anderen erlaubt habt, eure Energiequelle anzuzapfen, oder wo ihr selber in das Energiefeld anderer eingedrungen seid. Da ihr immer mehr ermächtigt werdet, ist dies nicht länger möglich. Der Solarplexus wurde, zusammen mit dem Herzzentrum, zum Machtzentrum, wobei ihr das Geschenk des Christus-Lichts ausstrahlt, auf das ihr zugegriffen und es von den höheren Reichen zu euch herabgezogen habt. Dieses Geschenk mit der Erde und der Menschheit zu teilen, ist eine der Hauptaufgaben in eurem Leben. Seht dieses Energiefeld in gelber Farbe schwingen, atmet tief und tönt: **„ICH WILL“.**

Führt nun eure Hand und eure Bewusstsein zum Herzchakra. Hier liegt eure Lebenskraft, euer solares Kraftzentrum, der Sitz des Höheren Selbst, eurer Essenz und der Göttlichen Liebe. Wenn ihr alle Gefühle der drei niederen Chakren und deren Energien durch diese Kraftquelle filtert, dann Geliebte, werden Wunder geschehen. Seht vibrierende grüne Strahlen aus eurem Herzzentrum strömen, während ihr die Worte tönt: **„ICH LIEBE“.**

Das nächste Chakra liegt im Kehlzentrum, und dieses ist der wichtigste Bereich in dieser Zeit. Viele von euch erleben Stresssymptome im Kehlbereich. Dies deshalb, weil es das Machtzentrum des gesprochenen Wortes, der Kommunikation, der Urteilskraft, und des Selbstausdrucks ist. Zu lange habt ihr anderen erlaubt, die Wahrheit für euch zu bestimmen, und habt euch gefürchtet, eure eigene Wahrheit auszusprechen. Es ist Zeit, Geliebte, dass ihr wieder eure Macht übernehmt, mit Ehrerbietung und Integrität, mit Mitgefühl und Weisheit zu sprechen. Nehmt einen tiefen Atemzug, während ihr eine leuchtend blaue Farbe visualisiert und die Worte tönt: **„ICH SPRECHE“.**

Das dritte Auge, oder der Stirnbereich zwischen den Augenbrauen, ist das nächste Chakra. Da der Schleier des Vergessens gehoben wurde und ihr eure Geschenke des Spirit zurückgewinnt, werdet ihr wieder die Klarheit der inneren Schau, die geführte Intuition durch den Spirit, Hellsehen und Wahrnehmungsvermögen über die Grenzen der Dualität hinaus erlangen. Seht die Schwingung dieses Bereiches in einer schönen violetten Farbe, während ihr die Worte tönt: **„ICH SEHE".**

Abschließend konzentriert euch auf eure Schädeldecke, oder das Kronenchakra. Hier entfaltet sich der wunderschöne Lotus des Spirit und erlaubt den Strahlen des Schöpfers, wieder auf euch herab und durch euch hindurchzuströmen. Hier wohnt die Göttliche Weisheit, der Spirituelle Wille - wo ihr euch die Weisheit eures Höheren Selbst und der Göttlichen ICH BIN- Gegenwart erschließt, und wo ihr euch wieder in die Einheit mit aller Schöpfung und mit der Unendlichkeit begebt. Seht von diesen Bereich in ein irisierendes weißes Licht ausstrahlen, während ihr dreimal die Worte tönt: **„ICH BIN - ICH BIN - ICH BIN".**

Während ihr nun immer weiter in eurer Meisterschaft voranschreitet, liebe Herzen, werdet ihr beginnen, durch mit Liebe gefilterte Augen zu sehen und durch mit Mitgefühl gestimmte Ohren zu hören. Ihr werdet ein Energiefeld aussenden, das euch umhüllt und immer weiter und weiter ausstrahlt, und damit Frieden, Liebe, Freude und Überfluss schafft. Durch euer Beispiel werden andere lernen. Und in diesem Kraftfeld werdet ihr den Wirbel erzeugen, durch welchen ihr schließlich transzendieren und für immer die Strapazen und Prüfungen der irdischen Ebene verlassen werdet. Es ist Zeit, euch daran zu erinnern, dass es keinen Tod gibt, nur eine Überlegenheit des Geistes. Materie, oder der Stoff, aus dem euer physischer Körper zusammengesetzt ist, kann sich umwandeln und zerfallen, aber Spirit - eure Essenz - wird nur leuchtender und stärker, wenn er sich mit noch mehr Fragmenten seines Selbst wiedervereint auf der aufwärtsführenden Spirale zur Einheit mit eurem Vater/Mutter- Gott.

Geliebte, tapfere Krieger, wir haben diesen Weckruf schon früher ausposaunt, aber wir bitten euch, hört und beherzigt ihn, denn die Zeit ist jetzt wesentlich, da wir uns in diese entscheidende Phase des Evolutionstanzes für eure Erde, das Sonnensystem und die Galaxis begeben.

Wir bitten euch, ihr Lieben, vereinigt euch. Es ist wieder an der Zeit, unsere Streitkräfte zu sammeln, uns bereit zu halten für den großen Marsch quer über die Himmel, um die Herrschaft und Macht aller Legionen des Lichts, der Streitmacht Gottes, wieder einzusetzen!

Wir sehen euch in eurer Schönheit und Vollkommenheit; wir ermutigen euch, euch diese Vollkommenheit zu vergegenwärtigen, als auch euer Geburtsrecht zu fordern: „Geschaffen nach dem Ebenbilde Gottes", welches die manifestierte reine Strahlung des Gott-Geistes ist. Ich umgebe und umhülle euch mit einem aurischen Feld der Liebe und des Schutzes. Ich bin immer bei euch.
ICH BIN Erzengel Michael.

48. Über die Regenbogenbrücke des Lichts

Geliebte Meister, die strahlende Auswirkung eurer Bemühungen, euch die höheren Reiche zu erschließen, beginnt Früchte zu tragen. Ihr bewirkt einen Unterschied auf der Erde, in der Erde und unter allen Bewohnern der Erde. Indem ihr es in euch aufnehmt und zu Trägern Göttlichen Lichtes werdet, werdet ihr zu Wegweisern, Brennpunkten und Leuchttürmen der Liebe, und strahlt harmonisierende Frequenzen zu anderen aus, damit sie euch nachfolgen und nacheifern können. Es gibt jetzt genügend Energie und Schwung für diese verfeinerten Energien, die jetzt mit dem Herzschlag und dem Gedächtnis der Menschheit codiert wurden, um hinauszuschwingen in das Sonnensystem, die Galaxis und sogar in dieses Universum. Es ist in der Tat eine Zeit großer Veränderungen für alle Formen und Ausdrücke des Lebens.

Erlaubt mir, euch einen weiteren Überblick zu geben über das was geschieht, wenn ihr jene ausgedehnteren Teile von euch selbst zurückgewinnt, die ihr in den höheren Ebenen zurücklassen musstet bei eurem Abstieg in das Bewusstsein der Dualität und des physischen Ausdrucks. Wir haben es euch wiederholte Male gesagt, aber für manche ist es noch immer schwer, diese Tatsache zu akzeptieren, dass ihr Meister seid und ein Seelenfragment eines großen und herrlichen Wesens. Während eurer Reise hinab durch die verschiedenen Dimensionen, musstet ihr Teile von euch selbst hinter euch zurücklassen, oder sie auf eine andere Weise betrachten, denn ihr musstet euch selbst in immer kleiner werdende Teile aufsplittern. Durch die Zeitalter herab habt ihr viele Ebenen eures „Wesens" erfahren, eine davon ist euer wunderbares Christus-Selbst. Eine andere ist, was wir euer Höheres Selbst nennen, als ihr noch die Erinnerung an euren Ursprung und an den Zweck eurer Reise hattet. Ihr habt auch eure Einzigartigkeit auf der mentalen Bewusstseinsebene und in den höheren Astralebenen (den emotionalen Facetten eures mulidimensionalen Selbst) zum Ausdruck gebracht, während euer Seelen-Selbst seinen Weg nach unten fortsetzte und eure Großartigkeit in eine Form presste, die in euer physisches Gefäß passen würde.

Die guten Nachrichten und die Wunder sind offenkundig: Ihr kehrt nun den Prozess um, das EINATMEN der Schöpfung, oder die Heimreise, hat begonnen. Indem immer mehr von euch ihre Liebe und ausgeglichenen harmonischen Energien in den Äther hinausstrahlen, erschließt sich das, was die Regenbogenbrücke genannt wurde. Diese Brücke ist der Weg ins Licht, der die Energie der Zwölf Strahlen dieser Galaxis ausstrahlt, die von den Tugenden, Aspekten und Attributen des Schöpfers durchdrungen sind. Sie ist ein Lichtbogen und eine Vereinbarung zwischen euch, uns und unserem Vater/Mutter-Gott. Die Regenbögen, die ihr am Himmel seht, verändern sich; es werden mehr Lichtstrahlen und Farben hinzugefügt, wenn ihr euch die Energien des Höchsten erschließt und zu euch herabzieht. Es ist das manifestierte Versprechen: **„Wir hinterlassen euch einen sichtbaren Pfad, um euch zurückzuführen in eure Heimat unter den Sternen."**

All das, was ihr jetzt erlebt – das Unbehagen in euren körperlichen Formen; das Loslassen vieler Aspekte eures Lebens, von denen ihr dachtet, sie wären wichtig, dauerhaft und notwendig; das Zerbröckeln alter Glaubenssysteme und das Gefühl, dass ihr nicht mehr länger die Kontrolle über euer Schicksal habt, – es ist alles Teil des fortschreitenden sich beschleunigenden Umwandlungsprozesses. Ihr entledigt euch der Schichten ätherischer Materie aus eurer Aura, die euch nicht länger dienlich sind und die dort, wo ihr hingeht, nicht existieren können. Als ihr euer Seelen-Selbst integriertet, habt ihr die Macht und Kontrolle, die euer Ego-Selbst über euch hatte, verringert. Indem ihr euer Höheres Selbst integriert und dieses die Vormundschaft über eure Energie und euer Schicksal übernimmt, tritt das Seelen-Selbst in den Hintergrund oder, um es klarer auszudrücken, es wird in das Energiekraftfeld eures Höheren Selbst' integriert.

Viele von euch befinden sich jetzt im Prozess der Integrierung ihres Christus-Selbst. Dies ist das Zweite Kommen, Geliebte. Da ihr fähig seid, euch die höheren Frequenzen zu erschließen, werdet ihr immer mehr von dem Wunder dessen integrieren, wer ihr wirklich seid. Ihr habt nicht nur das Potential für eure Christus-Selbst, die Oberherrschaft und Vormundschaft über euer physisches Gefäß zu übernehmen, sondern ihr werdet auch den Weg für die Meister und gesegneten Lichtwesen öffnen, damit sie euch ÜBERLEUCHTEN und euch mit noch größerer

Strahlung durchdringen, welche euch die Geschenke und Weisheit des Spirit zurückbringt, die ihr einst zurücklassen musstet.

Wenn ihr eurem Christus-Selbst hervorzutreten erlaubt, und diese verfeinerten Energien die vorherrschende Kraft in eurem Leben werden, ist der Pfad für den Beginn des Prozesses geklärt, der euch Zutritt verschafft zu den verfeinerten Frequenzmustern eures Göttlichen Selbst. Diese sind die Geschenke der Myriaden Teile von euch selbst, jener Fragmente, die ebenfalls die Reise in die Dichte machten und die bereit sind, ihre Weisheit und Abenteuer mit euch zu teilen. Deshalb braucht ihr nicht alle Antworten zu kennen, genauso, wie es für euch nicht notwendig war, jede einzelne Facette irdischen Lebens zu erfahren. Eure Göttlichen Seelengefährten haben das für euch getan, ebenso wie auch ihr eure einzigartigen Erfahrungen und eure Weisheit mit ihnen teilt. So weit wollen wir euch in diesem Wiedereingliederungsprozess führen. Aber wisst dieses, Geliebte, es ist nur der Anfang des Wunders der Rückkehr zur EINHEIT DES GEISTES.

Viele schöne Seelen haben zugestimmt, diese Dramen, in welche alle Bewohner der Erde auf die eine oder andere Weise involviert sind, zu spielen. Sie stimmten auf einer Seelenebene zu, die Aufmerksamkeit der ganzen Menschheit auf die Unausgewogenheiten und Ungerechtigkeiten zu richten, die korrigiert werden müssen. Es besteht keine Notwendigkeit, diese negativen Charakteristiken zu erwähnen, ihr alle kennt sie. Viele sind so schnell im Verurteilen und im Ausdruck selbstgerechter Entrüstung. Wir sagen euch, dass keiner von euch untadelig ist. Zu einem gewissen Grad habt ihr alle das gleiche Spiel oder die gleiche Rolle gespielt oder wart in ein ähnliches Szenario zu irgendeiner Zeit verwickelt, ob ihr euch nun daran erinnert oder nicht. Erkennt also, dass ihr euch nur selbst verurteilt.

In der Tat ist es eine Zeit der Verantwortlichkeit, der Rechenschaftslegung, eine Zeit, in der nichts verborgen bleiben kann, eine Zeit, in der sich alle nach Rückkehr zu Ausgeglichenheit und Harmonie sehnen. Es ist eine Zeit, in der die Energien von Ursache und Wirkung zu jedem von euch sehr rasch zurückkehren, sodass ihr mit den Folgen eurer Gedanken und Handlungen konfrontiert seid. Aber wir bitten euch, seid Beobachter, ihr Lieben, und strahlt Liebe zu denjenigen aus, die es anscheinend am wenigsten verdienen, den Tätern sowohl, wie den Opfern. Strahlt die Liebe zu ihrer inneren Essenz, nicht um ihre Handlungen zu entschuldigen, sondern um das höchste Ergebnis für alle zu sehen; damit vermeidet ihr, dass noch mehr negative Energie der Situation hinzugefügt wird. Begebt euch auf ein Niveau, wo ihr all das beobachtet, was vom objektiven Gesichtspunkt eines Meisters ausgeht, wissend, dass es ein Potential gibt, dass aus jedem Ungemach ein größeres Gutes hervorgehen lässt. Werdet euch bewusst, dass alles, was zerstört oder niedergerissen wurde, Platz schafft für etwas Geeigneteres, Verfeinertes und mehr Er-LEUCHTETes.

Auf eurer Reise hin zur Wiedervereinigung bemühen wir uns, euch die vielen Facetten eures wahren Selbst ins Bewusstsein zu bringen. Wir möchten aber auch das Thema der männlichen und weiblichen Aspekte des Schöpfers ansprechen. Es gab eine Zeit in eurer sehr alten Vergangenheit, in der die Aspekte der Mutterseite des Schöpfers die dominante Energie und der Brennpunkt der Verehrung waren. Seit vielen tausend Jahren war es eine patriarchale Welt, und der Schöpfer wurde nur im männlichen Aspekt seiner Größe gesehen und anerkannt. Nun, da ihr all die Teile eures ausgedehnten Wesens zusammenbringt, ist es an der Zeit, die Ganzheit wieder zu vereinigen und anzuerkennen, aber ebenso die vielen Ausdrucksformen des Schöpfers. Der Aspekt der Göttin, der Mutter-Gottheit, oder der weiblichen Energie des Schöpfers, strahlt zu dieser Zeit mehr von ihren Eigenschaften und Energien durch das Universum: Göttliche Liebe, Mitgefühl, Erleuchtung, Erziehung, Dankbarkeit, Vertrauen, Kreativität, innerer Fokus und Erkenntnis des Spirit. Diese gesegneten Energien werden die männlichen Aspekte des Schöpfers, den Göttlichen Schöpfungswillen, Weisheit, Wahrheit, Tapferkeit, Entschlusskraft und Macht steigern, verfeinern und ergänzen.

Bevor viele von euch in dieses Leben traten, wart ihr damit einverstanden, Träger der sanften, süßen Energie der Göttin zu sein. Ja, viele im männlichen Körper, ebenso wie jene im weiblichen Körper, hatten eingewilligt, der Göttin zu erlauben, sie mit ihrer Energie zu überlichten, so dass sie für andere ein Vorbild sein würden, dem diese – hoffentlich – nacheifern würden. Das hat zur Folge, dass es heute für ein männliches Familienmitglied nicht mehr länger so radikal ist, derjenige zu sein, der als Ernährer und Fürsorger für die Kinder da ist. Viele mutige Männer erlauben ihre sanfte Seite herauszustellen, ihre Gefühle zum Ausdruck zu bringen und ihre emotionale Natur anzuerkennen. Der Unterschied zwischen der männlichen und weiblichen Psyche verringert sich, wenn jeder beginnt, die männlichen oder weiblichen Aspekte des Selbst zu integrieren. Auf der anderen Seite haben viele, die in einem weiblichen Körper geboren wurden, auf einer Seelenebene zugestimmt, ihre männliche Seite zu integrieren und zu erlauben, dass diese die Vorherrschaft übernimmt, damit sie dadurch aktiver in der Geschäftswelt und in der Regierung werden. Während sie ihre weibliche Rolle spielen, setzen sie sich auch in anderen Bereichen durch, die vordem ausschließlich die Domäne der männlichen Bevölkerung waren. Es ist ein weiterer Integrationsaspekt, der auf vielen Ebenen stattfindet.

Ihr habt über die Strahlen und ihre Energien gelernt, und ihr werdet vertraut mit den Wesenheiten des Lichts, oder den Erzengeln, welche über die Strahlen die Repräsentanten und Träger der solaren Aspekte des Schöpfers sind. Es ist Zeit für euch, dass ihr eure Bekanntschaft mit den wunderschönen weiblichen Aspekten der Erzengel, oder „Archaii“, wie sie manchmal genannt werden, erneuert, sie sind die Göttlichen Gegenstücke zu diesen herrlichen solaren Wesenheiten des Lichts. Beginnt bitte außerdem, die vielen Meisterinnen anzurufen, die so selbstlos durch die Zeitalter hindurch gedient haben. Findet ihre Namen heraus und die Qualitäten die sie euch anbieten, um euch auf dem Pfad der Erleuchtung weiterzuhelfen. Jene im weiblichen Körper führen den Weg in diesem Erwachensprozess, dabei zerbrechen sie die strenge Kontrolle, die für so lange Zeit in der Gewalt der männlichen Bevölkerung war. Es geht nicht um richtig oder falsch, oder um Urteile, es geht darum, alles wieder in Balance und Harmonie zu bringen.

Meine geliebte **Lady Faith** ist immer bereit und bestrebt, auf euren Ruf zu antworten und euch zu helfen, die Energien des Ersten Strahls des Göttlichen Willens hervorzubringen und zu integrieren. Sie wird euch helfen, euren Glauben an euch selbst zu stärken, nach eurer höheren Wahrheit zu greifen und sie zu integrieren, und sie wird euren Mut steigern, während ihr fortschreitet in eurem Bemühen, das neue Zeitalter der Schöpfung zu verwirklichen.

Die schöne **Lady Constance,** die zeitweise Christine genannt wurde, ist das Göttliche Gegenstück von **Erzengel Jophiel,** dem **Engel der Erleuchtung** und des Zweiten Strahls. Sie kann euch helfen, die Göttlichen Qualitäten der Weisheit, der Wahrnehmung und des Begriffsvermögens zu manifestieren und zu integrieren. Wie wundersam würde es sein, wenn diejenigen von euch, die Erzieher und Fürsorger der Jungen sind, diese weise, gütige Wesenheit rufen würden. Sie wird euch helfen, die universellen Gesetze von Ursache und Wirkung, oder Karma, zu verstehen und die notwendige Erleuchtung hervorzubringen, um Wissen in Weisheit zu verwandeln.

Die geliebte **Charity** ist die Göttliche Ergänzung von **Chamuel,** bei manchen bekannt als Kamiel. Bitte nehmt zur Kenntnis, dass zu verschiedenen Zeiten und bei verschiedenen Rassen sich die Namen leicht verändern können, aber die gesegneten Wesen des Lichtes die gleichen bleiben. In dieser Hinsicht gibt es oftmals Verwirrung, genauso wie es in den Farben und Energien der Strahlen Verwirrung gegeben hat. Wir haben dies sehr detailliert in der Vergangenheit erklärt und wollen auf diese Frage jetzt nicht nochmals eingehen, aber wir wollen euch diesen kleinen Rat geben: nehmt nur diese Informationen an, die in eurem Herzen wahr klingen, ob es sich nun um einen Namen oder ein völlig neues Konzept handelt. Chamuel strahlt die Energien des Dritten Strahls aus: Göttliche Liebe, Verehrung, das gesprochene Wort und den abstrakten Intellekt. Die geliebte Charity kann eure Toleranz, euren Takt und eure Duldsamkeit/Nachsicht stärken.

Erzengel Gabriel, der **Engel der Auferstehung** und der Träger des Vierten Strahls, war die vorherrschende Kraft während der 2000 Jahre des Fische-Zeitalters und brachte den Begriff der Unbeflecktheit hervor – Hoffnung (Hope - was für ein geeigneter Name für Gabriel's Göttliches Gegenstück). **Lady Hope** inspiriert und gibt Hoffnung denen, die danach streben ihre kreativen Visionen zu verwirklichen und die Reinheit, Klarheit der Handlungen und Demut hervorheben.

Der Fünfte Strahl liegt unter dem Einfluss und der Leitung von zwei der euch besser bekannten Gestalten eurer Geschichte: **Erzengel Raphael** strahlt die wissenschaftlichen Eigenschaften der Gesetze der Schöpfung, der Konzentration und der Hörberufe aus. **Lady Mary,** der geliebte **Engel der Weihe und Heiligung**, die eine Facette ihres Wesens herabsandte, um die gesegnete Mutter von Lord Jesus zu werden, ist die Aufseherin über all jene, die auf dem Gebiet der Heilung tätig sind. Im Prozess der Hingabe an euer Höchstes Gut, den Belohnungen selbstlosen Dienens und in Angelegenheiten des Herzens wird euch diese liebvolle Lady leiten.

Der Sechste Strahl der Hingabe, der Vergebung und des Idealismus, steht unter der Strahlung von **Erzengel Uriel** und seiner geliebten **Donna Grace,** oder Aurora, wie sie manchmal genannt wird. Diese liebevolle Lady wird euch helfen, Frieden und Ruhe zu erlangen, und eure emotionale Natur in die Harmonie mit Spirit zu bringen.

Schlussendlich kommen wir zum wichtigsten Strahl in dieser kommenden Ära, dem Siebten Strahl der Freiheit, Erlösung und Transformation. **Erzengel Zadkiel** und seine schöne **Lady Amethyst,** Träger der Violetten Flamme, werden eure Anrufungen verstärken und die Flamme der Reinigung und Vergebung vergrößern, wenn ihr danach strebt, all das loszulassen, was nicht in Harmonie mit Spirit ist und nicht eurem höchsten Wohle dient.

Geliebte, strebt danach, alle Facetten der Schöpfung, um die ihr nur zu bitten braucht, zu erkennen und zu integrieren. Verneint nicht irgendeinen Teil von euch selbst, denn wenn ihr das tut, verneint ihr eine Facette Gottes, die darauf wartet euch zu helfen, in eure Ganzheit oder Heiligkeit zu gelangen. Indem ihr vertrauter werdet mit der Funktion des Universums und der Vollkommenheit von Gottes Schöpfung, werdet ihr ohne Zweifel wissen, dass ihr die Kontrolle über euer Schicksal habt. All die Werkzeuge, die Magie und Wunder sind erreichbar. Wendet euch also nach innen und macht euer Göttliches Geburtsrecht geltend. Wir sind dort und erwarten euch in der Stille eures **Innern.**

ICH BIN Erzengel Michael, und bringe euch diese Wahrheiten.

49. Was ist eure **energetische Signatur?**

Geliebte Meister, ihr nähert euch eurem Jahresende und bereitet euch auf eine noch wichtigere Ära auf dem Planeten Erde vor. Es ist eine Zeit, in der viele sich für die Ernte bedanken und die heiligen Ereignisse der Vergangenheit feiern. Wir von den höheren Reichen kommen auch zusammen, um eine Ernte zu feiern. Auch legen wir unter der Leitung unseres Vater/Mutter-Schöpfers von der Großen Zentralsonne den Gesamtplan für das kommende Jahr an.

Die großen Wesenheiten des Lichts und der gesamten spirituellen Hierarchie, ebenso wie die Heerscharen der Engel, von den Erzengeln und den großen devischen Engeln bis zu der Vielzahl der kostbaren Elementale, alle kommen während eurer Erdenmonate November und Dezember zur Feier in der glänzenden ätherischen Stadt Shamballa zusammen. Wir bringen eine Liste eurer Leistungen und die Strahlung der Liebe, die ihr auf uns und den Schöpfer projiziert habt. Alles ist aufgezeichnet und eingetragen in das große kosmische Protokoll, und die Herrlichkeit und Größe eurer inspirierten Taten und Gedanken werden als Kraftstoff dem Vorrat der ursprünglichen Lebenssubstanz hinzugefügt, die uns für das nächste Jahr zur Verfügung stehen wird. Jeder von euch kommt in seinem ätherischen Körper vor den Hohen Rat, und wir messen eure Strahlung und eure energetische Signatur. Ausgehend davon entscheiden wir, wer angestupst und ermutigt wird, in den Vordergrund zu treten, wem mehr Verantwortung angeboten wird, und wer die Gelegenheit bekommt, noch enger mit der spirituellen Hierarchie zusammenzuarbeiten. Wir entscheiden, wer von euch bereit ist, höhere Weisheit und die größeren Gaben des Geistes zu empfangen, da wir aufgrund eurer vergangenen Leistungen wissen, dass ihr diese zum höchsten Wohle aller anwenden werdet.

Ich bitte euch, macht eine objektive Analyse von euch selbst, eurer Person, oder davon, wie ich gerne möchte, dass ihr beginnt, euch als eine energetische Signatur zu sehen. Bitte beginnt, euch in einem anderen Licht zu sehen und zu beobachten, seht euch als eine strahlende Energiekraft statt nur eines physischen Wesens mit Emotionen. Was strahlt ihr aus, ihr Lieben: Gefühle von Schuld, Angst, Unzufriedenheit,

Selbsthass, Scham, Hilflosigkeit oder Hoffnungslosigkeit, oder des Getrenntseins von eurem Spirit-Selbst? Selbst wenn ihr Momente der Hoffnung, der Inspiration habt und positive Emotionen und Vorstellungen ausstrahlt, sind diese genug, um die negative Energie zu überwinden, die ihr in eure Welt hinausprojiziert habt? Ihr habt euer Bild der Wirklichkeit mit eurer energetischen Signatur erschaffen, und eure Welt reflektiert dieses auf euch zurück. Es ist nicht möglich, Liebe, Hoffnung, Mitgefühl, Vertrauen in die Zukunft und Freude im Ausdruck auszustrahlen und damit nicht euer Leben zum Besseren zu verändern. Jeder von euch, egal auf welcher Erleuchtungsstufe, erfährt viele Prüfungen und Tests, während ihr durch die Einweihungsebenen schreitet und eure energetische Signatur ausgleicht und harmonisiert.

Das Geheimnis, meine Tapferen, ist, mit Leichtigkeit und Anmut durch das **„Reibungsfeuer"** zu gehen, als ein Beobachter des Ablaufs, und eure Prüfungen und Herausforderungen als Gelegenheiten zu sehen, um neue Weisheit zu erlangen und um euer spirituelles Lichtgewand zu manifestieren. **Euren Mantel aus vielen Farben zu erschaffen, bedeutet, all die Göttlichen Aspekte des Schöpfers zu integrieren - einen Umhang, der euch in die prächtigen Farben der Zwölf Strahlen dieser Galaxis einhüllt.**

Bitte prägt euch in euren Geist und in euer Gedächtnis diese Worte ein: **MAGNETISIERUNG** und **STRAHLUNG.** Ihr werdet diese Worte oft hören, und hoffentlich können wir die Wichtigkeit dieser Worte und deren Konzepte die sie in sich tragen, in euer Bewusstsein einflössen. Als ihr das erstemal auf die Erde kamt in all eurer Herrlichkeit als strahlende Geistwesen in einem Auftrag des Schöpfers, strahltet ihr reines Licht aus, und ihr habt all das an euch gezogen oder magnetisiert, was notwendig war, um das Paradies zu erschaffen, in welchem ihr leben solltet, den Garten von E-Don. Ihr wisst, was während dieser langen Zeitalter der Dunkelheit durchgesickert ist, aber was ich euch nochmals ins Bewusstsein rufen möchte ist dies: Indem ihr eure Meisterschaft zurückfordert und euch in die Harmlosigkeit begebt, beginnt ihr wieder, Licht und Liebe, oder die positiven Aspekte der Gottheit auszustrahlen.

Als Folge davon hat sich der Pfad zur Regenbogenbrücke, der euch mit eurer ICH BIN- Gegenwart verbindet, geöffnet, so dass ihr damit beginnen könnt, all das anzuziehen, zu magnetisieren, was ihr euch wünscht, um wieder euer Paradies auf Erden zu erschaffen.

Geliebte, wir haben euch die Universellen Gesetze der Manifestation mitgeteilt und die Regeln, die ihr befolgen müsst. Nun wollen wir noch eine weitere Komponente hinzufügen. Nachdem ihr durch den Prozess der Formulierung dessen, was ihr zu erschaffen wünscht, gegangen seid und darum gebeten habt, dass es in Harmonie mit eurer Göttlichen Blaupause und zum höchsten Wohle aller gebracht werde, seht die Strahlung eurer energetischen Signatur von euch heraus rund um die Erde strahlen. Seht sie hinausströmen in die höheren Reiche, dabei die primäre Lebenssubstanz an euch heranmagnetisierend, die ihr benötigt, um eure Vision auf der physischen Ebene zu verwirklichen. Indem ihr alle Aspekte der Liebe ausstrahlt, baut ihr ein machtvolles Kraftfeld auf, das euch ermöglicht, immer mehr von den Gaben des Spirit, dem alle Schöpfung entstammt, an euch zu magnetisieren und zu manifestieren.

Ich möchte, dass ihr eine andere Art der Visualisierung erfahrt. **Ich möchte, dass ihr euch vorstellt, ihr hättet nur noch sechs Monate in dieser Inkarnation zu leben. Ihr befindet euch in guter Gesundheit und voller Energie und Vitalität, seid also physisch nicht behindert in dem was ihr tut oder bewerkstelligt. Bevor ihr beginnt, denkt daran, dass das, worauf wir uns fokussieren, die energetische Signatur ist, die ihr mitnehmen werdet: wie viel negative Energie ihr ausgeglichen habt und wie viel positive Strahlung ihr eurem Goldenen Ätherischen Gewebe – eurem wirklichen DU hinzugefügt habt. Gibt es Beziehungen, die geheilt werden müssen, Dinge, die gesagt werden müssen, oder Ungerechtigkeiten, die richtiggestellt werden müssen und denen ihr euch enthalten habt? Habt ihr alles weggeschoben oder wartet ihr auf den „richtigen Zeitpunkt“ um ein kreatives Bemühen zu starten, das im Aufsteigen begriffen ist und euch an den Rand eures Bewusstseins zieht? Habt ihr eine Sehnsucht gehabt, aber seid anscheinend nie darum herumgekommen, mehr Zeit mit euren Lieben zu verbringen oder euch an der Schönheit der Natur zu erfreuen? Habt ihr auch selbst versprochen, dass ihr beginnen wollt zu meditieren, dass ihr einen Unterricht besuchen wollt oder euch einer Gruppe anschließen, die eure Weisheit erhöhen oder euch helfen würde, euch selbst oder andere besser zu verstehen, oder dass ihr auf die Stupser**

von Spirit achten würdet, die anscheinend immer stärker und stärker werden, aber ihr habt euch niemals dafür Zeit genommen?

Mit was habt ihr eure Tage und Nächte verbracht, ihr Lieben? Wir wissen, dass ihr für euere Familien sorgen und sie finanziell unterstützen müsst, aber was war eure energetische Signatur während ihr die euch „zugewiesene Zeit" für die Erfüllung dieser Aufgaben verwendet habt? Bitte macht Inventur und betrachtet euer Leben aus der Perspektive, dass jeder Tag ein schönes Geschenk ist, eingehüllt in Liebe und mit all der Energie erfüllt die ihr braucht, um all eure Träume zu verwirklichen. Wenn ihr nur eure Inspiration, eure Hingabe und eure Vertrauen in das Ergebnis hinzufügen wollt, zusammen mit euere Dankbarkeit für dieses Geschenk, und es dann durch eure Handlungen zu eurer eigenen besonderen Schöpfung formt, oh, was für Wunder könntet ihr erschaffen.

Bitte erlaubt all den kleinen, belanglosen Ereignissen eures täglichen Lebens, die gewöhnlich Frustration bringen und euch davon abhalten, auf das zu konzentrieren, was wichtig ist, euch zu umfließen und euch nicht zu beeindrucken. Akzeptiert nicht die negativen Standpunkte und Energien anderer als eure Wirklichkeit. Seht euch selbst als einen glänzenden, kristallenen Felsen in der Mitte eines schnell fließenden Stromes, und ob das Wasser nun sanft über euch hinwegfließt, euch umschmeichelt und erfrischt, oder ob es tobend und tosend an euch vorbeirauscht, es spielt keine Rolle. Ihr steht fest und strahlend in eurem solaren Machtzentrum und nichts kann euch aus der Gewissheit bringen, dass ihr die Kontrolle über eure Welt habt, und dass eure Welt voller Liebe und Vollkommenheit ist.

Während des neuen Jahres, das kurz bevorsteht, werden viele Prophezeiungen, sowohl positive wie negative durchgegeben und es ist wichtig, wie ihr das, was gesagt wird, wahrnehmt und akzeptiert. Ja, jeder einzelne Gedanke, jeder Ausdruck und jede Handlung hat eine energetische Signatur und wird der gesamten Ausstrahlung der Erde entweder hinzugefügt oder abgezogen. Die Erde wird ebenfalls sorgfältig überwacht, ihr Lieben, um zu sehen, wann euer Planet bereit sein wird, sich auf die nächst Ebene der Erleuchtung zu begeben. Wie euch allen bewusst ist, gab es in diesem vergangenen Jahr(1998) viel

Zerstörung und Reinigung auf der Erde, und dies wird sich fortsetzen als notwendiger Teil des Gesamtplanes für das höchste Wohl aller. Wir wissen, es ist schwierig für euch, nicht auf die Negativität und die Zerstörungen, die in der Welt geschehen, konzentriert zu sein. Aber wir bitten euch, seid euch auch bewusst, dass all diejenigen, die diese kataklysmischen Ereignisse erlebt haben, auf einer Seelenebene damit einverstanden waren, dieses große Opfer zu bringen, damit ihr und die Erde vorankommt. Diejenigen, die ihren Übergang von der Erde über die Katastrophen gemacht haben, halten mit großer Freude Ausschau von den höheren Reichen, wissend, dass sie einen wichtigen Beitrag für das Ganze geleistet haben, und dass ihnen ihre evolutionäre Reise leichter gemacht wird, weil sie zustimmten, diese Rolle zu spielen.

Eure Prüfung besteht darin, ein liebevoller, mitfühlender Beobachter zu sein, denjenigen zu helfen, denen ihr helfen könnt, wissend, dass es einen großen Plan gibt, der sich auf der Erde abspielt, während ihr euren Beitrag leistet, indem ihr eure strahlende Energie aus eurem Herzzentrum in und um die Erde und auf die ganze Menschheit projiziert. Die Erde wird nicht zerstört, noch werdet ihr bestraft, aber die Emotional- und Mentalkörper der Erde müssen ins Gleichgewicht und in Harmonie gebracht werden, sodass sie sich auf ihren richtigen Platz im Sonnensystem und in der Galaxis begeben kann. Jeder von euch, und das besagt, jeder einzelne auf der Erde, war auf einer Seelenebene damit einverstanden, in diesem sich jetzt entfaltenden Drama die Rollen zu spielen, um die er/sie gebeten wurde. Die meisten erfüllen ihre Versprechen unbewusst, viele haben aufgegeben und sind auf der Strecke geblieben, aber viel mehr von euch sind bemüht, ihre Verträge in ihrer höchsten Form zu erfüllen, im vollen Bewusstsein dessen, was sie zur Folge haben. Wir wissen wer ihr seid und wir loben euch, denn ihr seid unsere strahlenden Krieger des Lichts.

Es ist entscheidend, dass ihr versteht, wie unentbehrlich ihr seid und dass Zeit das Wesentliche ist. Wisst, dass dies die wichtigste Lebenszeit ist, die ihr jemals auf dem Planeten Erde erfahren werdet, und dass eure aktive Teilnahme unerlässlich für das erfolgreiche Ergebnis dieses Planes ist. Deshalb bitten wir euch, ändert eure Auffassung darüber, warum ihr hier seid, was das Leben auf der Erde bedeutet und was wirklich von Wichtigkeit ist. Wir bitten euch, richtet euren Fokus auf den Tempel eures Herzens und beginnt, das Paradies in eurem Innern zu errichten, erfüllt es mit Liebe, Schönheit und Harmonie, und dann projiziert diese Vollkommenheit nach außen, sodass sie sich um euch herum auszubreiten beginnt. Eure verfeinerte, energetische Signatur wird allmählich in die Welt hinausstrahlen und alles was sie berührt beeinflussen und verändern. Seht jeden Augenblick als kostbar und vollkommen an, als ein euch, den Verwaltern, zugeteiltes Geschenk von Vater/Mutter-Gott, das ihr nach euren Wünschen benützen könnt. Wisst, wenn ihr all diese Konzepte in eure Realität integriert und euch selbst als eine strahlende Kraft seht, dazu fähig, all die Wunder der Schöpfung an euch heranzumagnetisieren, dass ihr dann eure Welt transformieren und eine Welt des Friedens, des Überflusses und der Harmonie nach euren Wünschen erschaffen könnt, und dies innerhalb von sechs Monaten eurer Zeit.

Ihr, meine tapferen Krieger, habt die Formel für die Wiedererschaffung des Paradieses auf Erden. Wir sind hier, zusammen mit all den himmlischen Heerscharen, um euch auf den leisesten Wink hilfreich beizustehen. Greift nach innen und nach oben, wir werden antworten. In Liebe und Dankbarkeit grüße ich euch, meine Geliebten.

ICH BIN Erzengel Michael.

50. Botschaft von Ronna

Geliebte Freunde,

Dies war ganz und gar ein Monat voller Wunder. Es geschahen einige Dinge, die bekräftigen, wie wundersam die Werke von Spirit sind, und ich möchte sie euch gerne mitteilen.

Zuallererst, ich fuhr für einige Jahre einen 1982er Buick Riviera, welchen mein Mann, Kent, in wunderbarem Zustand hielt. Ich segne immer ein Auto, wenn ich es bekomme und frage nach dem Namen des Elementals, welches darüber wacht. Felicia war der Engel meines Buicks, und neulich ließ sie mich wissen, dass sie müde geworden ist und dass es Zeit wäre, sie gehen zu lassen – kleine Dinge mit dem elektrischen System, etc. Kent begann sich nach einem neuen Auto für mich umzusehen. Mein Beitrag bestand darin, ihm zu sagen, welche Farbe und Styling ich mochte. Wir gingen zu ein paar Händlern und fanden schließlich einen Wagen, den ich wirklich mochte. Mein Mann ist ein großer Verhandler, der ich nicht bin, und so setzte ich mich einfach nieder und hörte zu (mit Schmetterlingen in meinem Bauch). Der Händler und Kent waren von vorneherein Meilen auseinander, und er mochte nicht das Spiel, das sie spielten, also gingen wir hinaus. Ich sagte zu mir selbst: „Es ist okay, mein perfektes Auto ist da draußen, lass es gut sein." Am nächsten Tag nahm mich Kent mit zur Besichtigung eines Autos, von dem er dachte, dass es ein guter Kauf wäre, ein 1998er Nissan Maxima, mit nur 12.000 Meilen (wir kaufen nie neue Autos). Ich war sofort in es verliebt - es war von irisierender dunkelblaugrüner Farbe mit taubengrauer Polsterung und fuhr wie ein Traum. Ich wollte es WIRKLICH. Nach über einstündiger Verhandlung waren Kent und der Verkäufer noch immer um $500 auseinander (ich hätte schon vor einer Stunde aufgegeben), aber das ist sein Expertenbereich und ich mischte mich nicht ein. Schließlich gingen wir hinaus. Ich war enttäuscht, aber sagte wieder:, „Mein perfektes Auto wartet auf mich und wird sich manifestieren, wenn die Zeit dafür richtig ist."

Ich hatte für das Wochenende einen Verkaufsstand auf einer Messe für Psychisches und Kunsthandwerk und musste am nächsten Morgen sehr früh aufstehen. Gerade wie ich im Einschlafen war, flüsterte Lord Michael mir zu: „Mach' dir keine Sorgen, Geliebte, du wirst deinen süßen chariot(Triumphwagen) bekommen." Ich lächelte und schlief ein.

Am nächsten Abend, nachdem ich Kent über meinen Tag auf der Messe erzählt hatte, fragte ich ihn, was er diesen Tag gemacht hat. Er erwähnte einige Plätze, wo er war, und sagte dann: „Oh, und übrigens, ich habe deinen Wagen gekauft."

So bin ich nun der stolze Besitzer von Sweet Chariot, kurz „Cherry" – und Lord Michael kam wieder einmal durch.

Ein weiteres Wunder möchte ich euch mitteilen, das am nächsten Wochenende geschah. Mein Mann und ich gingen zur Universität von Nevada, in Reno, es gab ein Heimspiel an dem unser Sohn und unsere Tochter teilnahmen. Es war ein herrlicher Tag und unser Team spielte hervorragend. Ich beobachtete sowohl die Leute als auch das Spiel, fühlte all die Energie, die sie ausstrahlten, als Erzengel Michael mich anstupste und sagte: „Benütze sie."

Also begann ich zu visualisieren, wie all die Energie in einer großen Spirale nach oben stieg und dann herabkam durch mein Kronenchakra und hinab in die Erde strahlte und wieder zurück hinauf in die höheren Reiche. Mein Körper begann zu vibrieren bis ich kaum mehr still sitzen konnte. Kent blickte zu mir und sagte: „Was ist los?" und ich antwortete: „Oh, nichts, ich bin bloß aufgeregt." Ich schaute hinauf in den klaren blauen Himmel, und da waren von Nordosten bis Südwesten, so weit ich sehen konnte, zwei vollkommene Engelflügel. Sie sagten mir, dass die Energie empfangen wurde und für den höchsten Zweck verwendet werden würde.

Am nächsten Tag, am 11-1-1998 (eine 11-11), hatte ich eine kleine Veranstaltung geplant hier in Reno, mit Dorothy, einer Freundin von mir. Es war ziemlich improvisiert, aber wir endeten mit 38 zahlenden Teilnehmern (wieder eine 11) und wir hatten einen herrlichen Nachmittag – außergewöhnliche Leute, starke Energie und eine wunderbare, spezielle Botschaft für sie von Erzengel Michael. Am nächsten Tag erhielt ich einen Anruf von einer Lady, die mir sagte, sie hätte mich hier in Reno am Sonntag bei einer öffentlich zugänglichen Sendung gesehen. Nachdem ich sie ausfragte, stellte ich fest, dass man meine einstündige TV-Show vom vergangenen Jahr über „Bridging Heaven and Earth" gesendet hatte, wo ich über Erzengel Michael sprach und ihn channelte. Ich kenne nicht die Einzelheiten, aber mein lieber Lord Michael hatte es zustande gebracht, uns zur gleichen Zeit, in der ich mein Seminar hielt, hier in Reno auf Sendung zu bringen,.

Es ist in der Tat eine wundersame Zeit, zu leben. Fordert eure Wunder, sie erwarten euch.

Ich liebe euch alle sehr, Ronna.

51. Eine pirituelle Wiedersehensfeier

Geliebte Meister, lasst uns während dieser heiligen Zeit zusammenkommen und unsere Hoffnungen, Träume und Sehnsüchte für das kommende Jahr miteinander teilen. Ja, auch wir haben große Hoffnungen und Visionen darüber, welche Wunder zustande gebracht werden durch euch und für euch, die Sternensaat des Planeten Erde.

Schließt für einen Moment eure Augen und atmet tief, während ihr mit eurem Bewusstsein in euer Herzzentrum geht. Nun stellt euch vor, wenn ihr wollt, dass wir in diesem zeitlosen Augenblick zusammenkommen, um uns an unserer Göttlichen Beziehung gegenseitig zu erfreuen, uns an sie zu erinnern und sie wieder herzustellen. Seht mit eurem geistigen Auge und fühlt mit eurem Seelenherz, wie eure ausgedehnte spirituelle Familie aus Vergangenheit, Gegenwart und Zukunft herbeikommt, um euch zu begrüßen. Beobachtet, wie all die glänzenden strahlenden Wesen von der Zentralsonne und im ganzen Universum unseres Vater/Mutter-Gottes, bis hin zu den winzigsten elementaren Wesen, sich in all ihrer großartigen Pracht präsentieren und unter euch umhergehen. Hier gibt es keine Begrenzungen, niemand ist ausgeschlossen, denn in dieser großen Versammlung in den höheren Dimensionen ist Raum für alle – jede Seele, die jemals auf der Erde inkarniert war, ist gegenwärtig, ebenso wie alle kostbaren Wesen aus eurem Sonnensystem und eurer Galaxis. Ihr seht, es ist ein großes Wiedersehenstreffen zur Erinnerung an die Zeit, wo ihr euch alle, vor Beginn eurer langen Reise in das Physische auf dem Planeten Erde, zu einer Feier versammelt habt.

Hegt keinen Zweifel, ihr Lieben, dass ihr willkommen seid und dass ihr zu dieser Versammlung dazugehört. Wir sehen euch in all eurer herrlichen Strahlung – eure einzigartigen aurischen Farbmuster erglänzen sichtbar für alle, und die süßen Töne eurer besonderen Schwingungsharmonien tragen zu der Musik der Sphären bei, vermischen sich und verschmelzen zu einer Einheit. Es zieht euch natürlich zu denjenigen, welche die gleichen Farben und Muster ausstrahlen wie ihr, und deren Töne sich perfekt mit euren mischen, denn diese sind eure liebsten und engsten Seelengefährten, von welchen ihr vor so langer Zeit getrennt wurdet. Lasst euren Geist eine

Weile umherwandern - welche neue Einsichten kommen euch in den Sinn, welche Worte der Weisheit steigen empor, an was erinnert ihr euch, was von großer Wichtigkeit für euch ist? Erlaubt, dass ihr euch der Möglichkeit bewusst werdet, dass ihr von nun an Zugang habt zu neuen Informationen, Gedankenmustern, kreativen Ideen und Weisheiten, die in Lichtpaketen in eurer Gehirnstruktur gespeichert wurden und darauf warten, während dieser wichtigen und bedeutsamen Zeiten „entzündet" zu werden.

Während ihr euch vermischt und dahinfließt, euch mit Gruppe um Gruppe verschmelzt, werdet ihr aus deren Erfahrungen und jeweiligen Einsichten Nutzen ziehen, und ebenso werdet ihr ihnen die eurigen anbieten. Seht euch selbst mit den geliebten Meistern, die eurem Herzen am liebsten sind, beisammensitzen, wie sie euch mit Liebe und Mitgefühl umgeben und euer Aurafeld mit ihrer Strahlung füllen. Jeder bietet wiederum seine speziellen Attribute: Wahrheit, Vertrauen und Schutz, Erkenntnis und Erleuchtung, Dankbarkeit und Duldsamkeit, Klarheit und Demut, Konzentration und Hingabe, Frieden und Ruhe, Umwandlung und Reinigung, um nur einige zu erwähnen. Diese sind nur einige der Eigenschaften der sieben Strahlen eures Sonnensystems, von denen wir so oft sprachen. Welche dieser Eigenschaften fehlt euch? Was ist eure „Schwäche in Spirit?" Nochmals, sitzt friedlich mit euch selbst, wendet euch nach innen und macht eine ehrliche Inventur eurer Stärken und Schwächen - keine Verurteilung, liebe Herzen - nur Wahrnehmung. Wir bieten euch eine großartige Gelegenheit, euch in den Göttlichen Strom des Lichtes einzuschleusen, die Quelle, aus der aller Segen fließt. Nehmt alles was ihr braucht, aber dann bitten wir euch, verwendet das, was ihr nehmt, um anderen zu helfen, aufzuwachen und ihr Geburtsrecht zurückzufordern.

Es ist unser größter Wunsch, dass alle auf der Erde erwachen und sich an den Göttlichen Funken, den jeder von euch in sich trägt, erinnern, dass ihr die Barrieren, Begrenzungen und Beschränkungen beiseite schafft, die euch voneinander trennen. Wir stellen uns vor, wie ihr, jeder einzelne von euch, euren Körper, euren Geist und eure Seele heilt und wieder zurückkehrt in die Heiligkeit und Harmonie von Spirit. Wir sehen, wie eure Erde wieder zu ihrer ursprünglichen Schönheit zurückkehrt, mit sprühendem klaren Wasser, frischer, reiner Luft und reicher fruchtbarer Erde. Wir werden jeden von euch ermutigen und unterstützen, der bereit ist, für das Königreich der Tiere und der Natur Sorge zu tragen, da ihr euch erinnert, dass euch die Verwaltung über diese großen Geschenke der Schöpfung übergeben wurde. Wir bieten euch zu jeder Zeit unsere Führung, Leitung und Hilfe an, damit ihr euch auf eine höhere Ebene des Bewusstseins begeben und in das Unbekannte eintreten könnt. Wir trösten und fördern euch, während ihr euch von vielen Dingen in eurem Leben trennt, denen ihr noch einen hohen Stellenwert einräumt. Wir helfen euch bis zu einem Höchstmaß - das uns das Heilige Universale Gesetz erlaubt – in euren Bemühungen, eure Unzulänglichkeiten und Unausgeglichenheiten zu überwinden. Wir sehen nicht eure Unvollkommenheiten, Geliebte, sondern nur eure Ausstrahlung und ihre Intensität.

Wir beobachten, wie ihr ängstlich und dann manchmal kühn nach innen und nach oben zu den höherdimensionalen Frequenzen greift, während ihr, vielleicht nur für einen kurzen Augenblick, die wundersame Freude des Einsseins erblickt und erfühlt. Wie diejenigen von euch, die dieses Wunder erlebt haben, wissen, seid ihr nachher nicht mehr die gleichen, und ihr werdet euch immer danach sehnen, in diesen Zustand der Glückseligkeit zurückzukehren. Ihr werdet bis zu den Grenzen eurer physischen Ausdauer gestoßen, während ihr die alten Energiekodierungen, die nicht eurem höchsten Wohle dienen, loslasst, da ihr, durch bewusstes oder unbewusstes Übereinkommen, den Mutationsprozess beschleunigt. Ihr lasst eure animalischen Instinkte hinter euch, ihr verfeinert und löst euch von euren menschlichen Regungen, Süchten und Begrenzungen, indem ihr alle Aspekte eures Wesens zu einem voll bewussten Meister der physischen Ebene integriert. Ihr werdet wieder zu spirituellen Lichtwesen im fleischlichen Gewande.

Bevor ihr euer großes Abenteuer vor so vielen Äonen begonnen habt, hinterließt ihr eure Lichtgewänder zur sicheren Aufbewahrung bei eurer ICH BIN- Gegenwart, ebenso wie ihr uns die Erlaubnis gabt, aus eurer Erinnerungsbank vieles von eurer wahren Identität zu entfernen. Ihr wart damit einverstanden, nur einen Teil eurer Talente und eurer Weisheit in jede Inkarnation mitzunehmen, und den Rest im Herzen eurer ICH BIN- Gegenwart zu speichern. Begierig und freudig habt ihr an dem großen Drama teilgenommen, das sich auf dem Planeten Erde über viele Äonen der Zeit entfaltete, während ihr experimentiertet und all die reichhaltige Vielfalt, die euch die materielle Welt zu bieten hatte, erfuhrt. Aber als die Erde und die Menschheit in die dichten Frequenzmuster der vierten und dritten Dimension herabsank, wurde eure Leben so schmerzhaft und voller Stress, dass ihr euch in Abneigung, Angst, Ärger und in ein Gefühl der Trennung begabt. Und so verbliebt ihr über diese vielen Tausende von Jahren. Aber diese Zeit nähert sich ihrem Abschluss, weil die Fesseln der Angst und Begrenzung abfallen und jeder von euch sich kühn durch den Nebel der Illusion in das glänzende Licht der Wahrheit begibt. Denkt daran, Geliebte, während wir die Vergangenheit heilen und neu weben.

Ungeachtet der äußeren Erscheinung oder der Umstände, ob ihr der Niedrigste oder der Höchste seid, jeder von euch ist ein bewundernswerter, einmaliger Funke Gottes, eine gesegnete Schöpfung. Ihr seid ein gebrochener Lichtstrahl, ausgesandt von einem der größten Ausdrucksstrahlen, die vom Gottgeist ausgesendet wurden, damit Gott immer mehr von SEINER sich stets entfaltenden Einmaligkeit erfahren und zum Ausdruck bringen kann. Dies ist die Magie und das Wunder eurer langen Erdenreise – des Urschöpfers Ausdruck und Erfahrung durch euch, die gesegneten Funken SEINERSELBST. Erinnert ihr euch jetzt?

Alle Aspekte der Schöpfung auf eurer Erde sind im Erwachen, die Mineral- und Tierreiche, ebenso wie die Königreiche der Devas und der Elementare, die wieder ihre charakteristischen Rollen als Wächter und Hüter des Naturreichs annehmen. Die Wale und Delphine, welche die Aufzeichnungen über die Geschichte der Erde bewahren und die kosmisch-telepathischen Vermittler zwischen der Erde und der Galaxis sind, sind begierig darauf, ihre Beziehungen zur Menschheit wieder herzustellen. Ihr habt vergessen, sie aber nicht. Sie haben durch die Zeitalter herab bereitwillig und liebevoll der Menschheit gedient, nur um getötet und verstümmelt zu werden. Bitte helft, diese Gräuel zu stoppen, ihr Lieben. Die Delphine und Wale stehen in Resonanz zum Wasserelement und sind sich deshalb eurer emotionalen Frequenzmuster sehr bewusst, und sie haben mit euch durch die Zeitalter hindurch gelitten. Viele gesegnete Seelen haben ihre Energien mit diesen bewundernswerten Wesen vermischt und machen euch bewusst, wie kostbar und wichtig sie im Evolutionsplan sind.

Der Aufruf erging an diejenigen von euch, die sich erinnern, an diejenigen, die am Anfang hier waren, um sich im Physischen wieder zu vereinen und zu erwachen zu ihrer eigenen Großartigkeit und ihrem Erbe, und um sich wieder mit euren Brüdern und Schwestern, den Walen und Delphinen zu verbinden. Es gibt eine Wiederzusammenführung in den höheren Reichen, aber genauso wichtig sind die vielen großen Treffen, die auf eurem Planeten stattfinden. Ihr werdet mit vielen kostbaren Mitgliedern eurer Seelenfamilie wiedervereint, mit einigen eurer intimsten Seelengefährten und mit Gruppen, mit denen ihr seit Anbeginn der Zeit gereist seid und mit denen ihr wundersame Erlebnisse hattet. Wisst, dass diese Wiedersehenstreffen Geschenke sind, die ihr euch verdient habt, Gelegenheiten, die Harmonie und Schönheit mit passenden Seelengefährten zu teilen, zu fördern und zu genießen.

Wollt ihr euch von heute an bemühen, unsere Gegenwart viel mehr in eurem täglichen Leben zu spüren? Indem ihr das tut und uns dazu die Erlaubnis gebt, können wir eine aktivere Rolle übernehmen, euch in Zeiten von Unsicherheit, Traurigkeit und Stress hilfreich zur Seite zu stehen. Während ihr nach Harmonie strebt, können wir mehr liebevolle Energie zu euch projizieren und einen Schutzpuffer um euch errichten. Wollt ihr nicht einen Augenblick innehalten, bevor ihr euch selbst oder einen anderen beschimpft, und überlegen: **„Wie würde ein Filter aus liebevoller Energie diese Situation verändern? Was ist das Gute an diesem Geschehen und wie kann ich das höchste Ergebnis daraus verwirklichen?“** Gebt das Geschenk der Liebe und des Mitgefühls, statt materieller Geschenke. Macht Dankbarkeit und Danksagung zu einem wesentlichen Bestandteil eurer täglichen Denkgewohnheiten. Schaut nach dem Funken des Spirit in den Augen derjenigen, denen ihr begegnet, und anerkennt diesen Funken mit einem Lächeln oder einem lieben Wort. Geht heraus aus Isolierung und Separatismus in ein sich stets erweiterndes Gefühl der Einheit und des Einsseins mit anderen. Ihr werdet nicht so schnell verurteilen und kritisieren, wenn ihr erkennt, dass sie aus der gleichen Quelle kommen, andere kostbare Facetten der Gottheit sind.

Lasst uns nun näher auf die Frage der New Age- Philosophien im Gegensatz zu den religiösen Philosophien eingehen, sodass ihr zu einem besseren Verständnis darüber kommen mögt, was Spiritualität ist und was sie nicht ist. Es gibt viel Angst, Ressentiment und Kritik zwischen den Anhängern einer etablierten religiösen Philosophie und denjenigen, welche sich die sogenannten New Age- Konzepte zu eigen machen. Unglücklicherweise haben die religiösen Glaubensrichtungen zu Isolation und Trennung statt zur Einheit geführt, und es gab durch die Zeitalter hindurch Konflikte und Kriege im Namen Gottes oder eines bestimmten religiösen Glaubens. Der Schöpfer umfasst, unterstützt oder missbilligt keine der Religionen. Alle Wesen sind aus der Sicht unseres Vater/Mutter-Gottes heilig und gesegnet, und es gibt viele Wege die zurückführen in die Einheit.

Ein Mensch, der auf sein Hohes Selbst eingestimmt ist, weiß, dass Schönheit und Wahrheit in allen Religionen zu finden ist, aber er ist sich auch dessen bewusst, dass es bei Spiritualität nicht um Dogmen, ethische Gesetzbücher oder strenge Moralvorschriften geht. Spiritualität übersteigt alle Religionen und verbindet jede Seele mit ihrer eigenen göttlichen Wahrheit. Spiritualität liebt und umarmt das Leben und verurteilt oder verstößt niemanden. Spirit fungiert im Rahmen der Universalen Gesetze, und diese sind unveränderlich. Und der innerste Kern dieser Gesetze ist Liebe - Liebe zu sich selbst und Liebe für die ganze Schöpfung Gottes. Bei Spiritualität geht es nicht um Übersinnlichkeit, wie inneres Sehen, Hellsehen, Hellhören oder telepathische Fähigkeiten. Diese Fähigkeiten sind euer natürliches Geburtsrecht, ihr habt sie bloß vergessen und nicht angewendet, sodass sie verkümmert sind. Eure außersinnliche Wahrnehmungsfähigkeit wird auf natürliche Weise zurückkehren, wenn ihr eure statischen und negativen Energiemuster aus eurem Aurafeld löscht und euch mit eurem Spirit-Selbst wieder verbindet. Ihr könnt ein religiöser Mensch und dennoch nicht spirituell sein, aber ihr könnt nicht wirklich spirituell sein, wenn ihr nicht bereit seid, das Gute in jeder Religion und in jeder Person zu begrüßen, zu ehren und jedem zu erlauben, seine Spiritualität auf seine eigene einzigartige Weise zum Ausdruck zu bringen. Ihr werdet den Funken des Göttlichen in jedem und in allem erblicken, und ihr werdet in euch selbst all die wundersamen Eigenschaften des Schöpfers aufnehmen und manifestieren, da ihr zu einem nachahmenswerten lebendigen Vorbild für andere werdet.

Wenn ihr euch auf eure ICH BIN- Gegenwart einstimmt, welche eure Verbindung zur Quelle Gottes darstellt, werdet ihr Liebe und Licht der Gottheit integrieren, und Spiritualität in all ihrer Herrlichkeit wird von euch ausstrahlen. Es geschieht jetzt, Geliebte. Ihr seht und fühlt es in euch selbst und in vielen anderen um euch, weil eure Zahl sprunghaft ansteigt. Spirit wandelt auf der Erde, und das seid **IHR.** Wisst, dass ihr über alle Maßen geliebt werdet.

ICH BIN Erzengel Michael.

52. Sieben Stufen zur Meisterschaft

Geliebte Meister, viele von euch haben das Gefühl, dass sie in ihren Bemühungen auf dem Pfad der Erleuchtung eher zurückschreiten statt voranzukommen. Ich versichere euch, dass dies nicht der Fall ist. Ihr und die Erde werdet ständig mit höheren und verfeinerten Frequenzen bombardiert, und als Folge davon, befindet ihr euch mitten in den emotionalen Intensitäten und Verzerrungen der astralen Ebene, oder der vierten Dimension, die ihr durchschreiten müsst auf eurem Weg in die fünfte Dimension der Ausgewogenheit, des Friedens und der Harmonie. Für viele von euch ist es eine Reinigung von restlichen, innersten Energiemustern, die ihr loslassen müsst, damit ihr euch an die höheren Schwingungen anpassen könnt. Selbst dann kann es ein sehr intensiver und sogar schmerzvoller Prozess sein, da ihr, um es noch einmal zu sagen, mit Situationen konfrontiert werdet, die überwältigende emotionale Reaktionen auslösen. Doch wisst dies, Geliebte, es ist eine goldene Gelegenheit für euch, ein für allemal diese zusammengepressten Energien, die ihr seit vielen tausenden von Jahren als Übergepäck mit euch herumgeschleppt habt loszulassen. Stellt euch ihnen, verarbeitet sie und seht, wie sie in reine Lichtsubstanz umgewandelt werden. Und im Laufe des Prozesses werdet ihr euch leichter und strahlender fühlen, denn so wird es sein.

Immer mehr kostbare Seelen beschreiten nun den Pfad des Bewusstseins, da sie beginnen, auf die Stupser ihres Seelen-Selbst zu achten. Oft wird das durch einen heftigen „dunkle Nacht der Seele"-Prozess hervorgerufen, da sie mit den Verzerrungen des Bewusstseins konfrontiert werden, die sie kreiert haben, und so kommt das volle Ausmaß des Karma-Gesetzes, oder des Gesetzes von Ursache und Wirkung, voll zum Tragen. Es ist keine Bestrafung, selbst wenn es zu Beginn danach aussieht, sondern eine Gelegenheit zur Umkehr und zur tapferen Konfrontation mit euch selbst und mit dem, was ihr geschaffen habt. Alle Kräfte des Universums stehen euch zur Verfügung um euch zu helfen, eure Vollkommenheit wiederzuerlangen und euch wieder an die vielfachen Aspekte von euch selbst anzupassen. Dank der tapferen Seelen die man die Wegweiser nennt, oder die Vorhut der Lichtarbeiter, ist der goldene Pfad klar festgelegt, und alle Informationen, die ihr brauchen werdet, um schnell durch diesen Prozess zu gehen, stehen euch zur Verfügung. Schnell naht die Zeit heran, in der jeder von euch gebeten wird, seine eigene besondere Weisheit, die ihr durch umfangreiche Erfahrungen auf der Erde erlangt habt, als auch die Juwelen der Weisheit, die in eurer Gehirnstruktur gespeichert sind, welche ihr aus den fernen Bereichen des Universums mitgebracht habt, hervorzubringen und mit anderen zu teilen.

Weil die Tapferen vor euch in der Lage sind, Zugang zu den höheren und verfeinerten Ebenen des höheren ursächlichen Geistes und der großen Wesenheiten des Lichts zu erlangen, stehen euch eine Fülle an Informationen auf jeder Facette spirituellen Gewahrwerdens und Fortschreitens zur Verfügung. Viele dieser Informationen sind hilfreich und voller Liebe, aber einige davon verwirrend und verzerrt, und deshalb bitten wir euch, benützt euer Unterscheidungsvermögen hinsichtlich dessen, was ihr als eure Wahrheit akzeptiert. Einige der Informationen überschreiten das Vorstellungsvermögen und ihr fragt euch, wie ihr jemals die vielfachen Ebenen erreichen könnt, die da beschrieben werden. Es scheint eine fast unerreichbare Aufgabe zu sein, und so lasst uns nochmals zu den Grundlagen zurückkehren. Nachdem ihr schon so lange von eurer Quelle abgeschnitten seid, seid ihr begierig bestrebt, all das zu wissen, was es zu wissen gibt, und die Höhen der Erleuchtung so schnell als möglich zu erreichen. Aber, meine teuren Freunde, ihr müsst die Reise Schritt für Schritt machen, jede Lektion gründlich lernen, indem ihr das loslasst, was euch nicht länger dienlich ist, sodass ihr das nächste weißglühende Tor der Einstimung und der Integration durchschreiten könnt.

Erinnert ihr euch an die universellen Gesetze der Manifestation, die vordem kurz dargestellt wurden, um euch zu helfen? Ihr müsst ein klar definiertes Bild von dem haben, was ihr euch für eure zukünftige Welt wünscht. Ihr müsst Klarheit des Gedankens und der Vision haben durch Zweckbestimmung, und diese in eine Ausrichtung mit eurer Göttlichen Blaupause bringen zum höchsten Wohle aller. Ihr müsst sehr detailliert eure Gedanken niederschreiben, indem ihr den Plan erstellt und die Schritte, die ihr tun müsst, sodass ihr einen klaren Plan habt, dem ihr folgen könnt. Seid darauf vorbereitet, zu handeln, wenn Spirit euch in die richtige Richtung stupst, oft katapultiert er euch aus eurer Bequemlichkeit hinaus in das Unbekannte. Richtet euren Fokus immer auf den Augenblick und seht ihn als vollkommen und passend an. Bewahrt eine Haltung der Freude und Dankbarkeit, dadurch öffnet ihr den Weg zu noch größeren und wundersameren Geschenken, die sich über euch ergießen werden.

Lasst uns nochmals betonen, diese nächsten paar Jahre eurer Erdenzeit sind die Brücke zu einer strahlenden neuen Zukunft für euch und die Erde, und ebenso für euer Sonnensystem und eure Galaxis. Es liegt an jedem von euch, wie leicht oder wie schwierig die Reise sein wird, aber bitte merkt euch dies, ihr Lieben: Euer Erfolg ist sicher. Und denkt auch daran, es ist eure Wahl, wie lange ihr dafür braucht.

Ich bitte euch, die folgenden Stufen zur Meisterschaft zu studieren und darüber zu meditieren, bis ihr sie fest in euer Gedächtnis eingeprägt habt. Indem ihr euch selbst mit dem Prozess vertraut macht, werdet ihr erkennen, auf welchen Bereich ihr gegenwärtig fokussiert seid – bitte nicht urteilen, sondern nur beobachten. Ihr seid wahrscheinlich weiter als ihr euch vorstellt und arbeitet möglicherweise gleichzeitig innerhalb verschiedener Stufen oder Vorgänge. Da es zwischen den Dimensionen keine festen Abgrenzungen gibt, könnt ihr verschiedene Ebenen gleichzeitig erfahren.

DIE ERSTE STUFE DES WEGES* Ihr habt das Verlangen, nach innen zu gehen, um die Ursprünge eurer emotionalen Reaktionen und eurer Schmerzen aufzuspüren. Ihr seid bereit, alle Aspekte eures Ego-Selbst oder eurer unterbewussten Persönlichkeit zu betrachten und euch damit die Gelegenheit zu geben, eure emotionalen Glaubensansichten genau zu überprüfen und besser zu verstehen, wie ihr von euren Emotionen durch die Ego-Wünsche kontrolliert und gelenkt werdet. Ihr beginnt, euch in der Hingabe an die Weisheit eures Höheren Selbst' wohl zu fühlen, da ihr weiter voranschreitet im Prozess der Heilung eurer emotionalen Wunden und der Ausrichtung eurer emotionalen Wünsche an eure Seelenprägung und eure Göttliche Mission.

DIE ZWEITE STUFE DES WEGES * Ihr beginnt mit dem Prozess der Neuprogrammierung eurer unbewussten emotionalen

Glaubensansichten, indem ihr euch von alten, selbstsabotierenden Emotionen befreit und sie durch selbstermächtigende Emotionen ersetzt. Indem ihr eine persönliche Verbindung/Beziehung zu euren Führern, Lehrern und Engelshelfern herstellt, beginnt ihr zu erkennen, dass ihr einen Funken Gottes in eurem physischen Wesen habt, und ihr werdet danach streben, noch mehr von diesem strahlenden Gefühl der Liebe in euer Leben zu bringen. Ihr werdet euch bewusst, dass eure Emotionen eure Handlungen beeinflussen, genauso wie eure Handlungen eine Auswirkung auf das Gleichgewicht oder Ungleichgewicht eurer physischen Welt oder auf eure alltäglichen Erfahrungen haben.

DIE DRITTE STUFE DES WEGES * Ihr macht eine bewusste Anstrengung, euren Willen dem WILLEN eures Höheren Selbst' anzupassen. Der Emotionalkörper beginnt in einem ausgeglicheneren und harmonischeren Frequenzmuster zu schwingen. Die Ego-Wünsche werden nach und nach durch die Wünsche des Spirit/Höheren Selbst' ersetzt. Ihr wendet euch nach innen um Förderung, oder um ein Gefühl der Liebe, des Selbstwertes und der Bestätigung, statt diese außerhalb von euch selbst zu suchen. Ihr beginnt mit dem Prozess der emotionalen Loslösung von äußeren Ereignissen oder Geschehnissen, da ihr Spirit erlaubt, euch zum höchsten und besten Ergebnis für alle zu führen, und ihr werdet zu einem Beobachter, statt zu einem Anstifter oder „Reagierer“. Ihr wisst, dass in allem Geschehen ein höherer Zweck liegt, dass jeder genau dort ist, wo er für sein größtes Wachstum sein soll, und dass ihr nicht verurteilt oder bestraft werdet, sondern dass euch eine Gelegenheit gegeben wird, über die Situationen eures alltäglichen Lebens Ausgeglichenheit und Harmonie zu erlangen. Ihr begebt euch von einem ICH, oder dem Fokus des Getrenntseins, zu einem WIR, oder EINHEITS-Bewusstsein.

DIE VIERTE STUFE DES WEGES * Ihr richtet euer Bewusstsein auf euren Mentalkörper und euren linearen, analytischen Denkprozess, oder euren bewussten, konditionierten Verstand. Mit der Hilfe eures Mentalen Höheren Selbst beginnt ihr, alte Glaubensansichten, Aberglauben und Dogmen zu überprüfen, die begrenzend, unflexibel oder kontrollierend sind. Indem ihr das neu bewertet, was ihr als eure Wahrheit angenommen hattet, was euer Verhalten und eure Urteile formte, werdet ihr geneigt, objektiv neue, erweiterte, selbstermächtigende Konzepte zu untersuchen und zu studieren. Ihr entwickelt ein Vertrauen und einen Glauben an eine MACHT, die größer ist als ihr selbst, und deshalb seid ihr bereit, die Kontrolle loszulassen und Spirit zu erlauben, euch über eure Intuition oder euer inneres Wissen zu lenken und zu leiten. Ihr erlangt eure spirituelle Macht durch die Erweiterung eurer Vision, indem ihr eure Wahrheit aussprecht und eure Integrität lebt, während ihr anderen erlaubt, das gleiche zu tun.

FÜNFTE STUFE DES WEGES * Ihr beginnt die UNIVERSELLEN GESETZE DER MANIFESTATION zu verstehen und anzuwenden. Ihr formuliert peinlich genau und in großem Detail, wie ihr euch vorstellt, dass eure zukünftige Welt sein soll, und dann überlasst ihr die Kontrolle über das Ergebnis eurem Höheren Selbst, wissend, dass eure Schöpfungen sich zur rechten Zeit und in der besten Art und Weise für alle Beteiligten verwirklichen werden. Indem ihr lernt, im Augenblick zu leben, in Frieden, Freude und Harmonie mit euch selbst und den anderen um euch, werdet ihr euch bewusst, dass ihr in jedem Augenblick mit euren Gedanken, Worten und Taten eure zukünftige Realität erschafft. Ihr hört auf, zu versuchen, der „Direktor" eures Schicksals zu sein, da ihr euch vom intellektuellen in das spirituelle Bewusstsein begebt und in den Strom eures Göttlichen Schicksals hineinsteigt. Ihr hört mit dem Versuch auf, das Leben anderer Leute zu verändern oder zu kontrollieren und beginnt, euch auf deren positive Charaktereigenschaften statt auf ihre Fehler zu konzentrieren, da ihr in jeder Person den Funken des Göttlichen erkennt.

SECHSTE STUFE DES WEGES * **Ihr kommt zu der Erkenntnis, dass ihr mehr seid als nur ein physischer Körper mit einer Seele. Ihr versteht, dass ihr ein Seelenfragment eines großen und herrlichen Wesens seid, das eine physische Verkörperung erfährt, ein strahlender Aspekt unserer Vater/Mutter-Gottheit. Ihr wisst auch ohne Zweifel, dass die Erde nicht eure Heimat ist, dass ihr hier nur Besucher seid mit einer wichtigen Aufgabe auf Wunsch der Schöpfer-Götter unseres Universums. Ihr verlasst die Illusion des Massenbewusstseins und lebt in einer höheren Realitätsdimension, die ihr euch selbst geschaffen habt, während ihr weiter auf der Erde verankert bleibt und effizient in eurer alltäglichen Welt fungiert - IN DER WELT SEIN, ABER NICHT VON IHR SEIN.**

SIEBTE STUFE DES WEGES * Ihr kommt jetzt rasch auf dem Aufstiegspfad voran, da euer Ego zum Diener der Seele wird und eure Seele mit eurem Höheren Selbst vereinigt ist. Ihr habt den Pfad zu eurer ICH BIN-Gegenwart gereinigt, sodass ihr jetzt Licht und Weisheit direkt von eurer Quelle empfangen könnt. Wenn es euer Wunsch und Teil eurer Göttlichen Mission ist, werdet ihr nach und nach von dem aufgestiegenen Meister oder der Gegenwart jenes Engels „überlichtet", den ihr repräsentieren sollt, oder von dessen Familie ihr abstammt. Ihr strahlt durch euer Herzzentrum die reine Liebe, das reine Licht des Schöpfers aus, und eure Aura funkelt im schillernden Spektrum der Zwölf Strahlen. Ihr beendet eure Versuche, irgendetwas zu „werden", und begebt euch statt dessen in den Zustand des SEINS.

Geliebte Freunde, bis wir wieder zusammenkommen bitte ich euch auf euer Wurzelchakra – rote Energie (die exoterische des Ersten Strahls auf der materiellen Ebene) zu konzentrieren. Welche der negativen Eigenschaften der roten Energie erlebt ihr? Einen Mangel an Vitalität - Ein Gefühl von Depression oder Hilflosigkeit - Hass, Verurteilung oder Abneigung für irgendjemand oder irgendetwas in eurem Leben - Ein mangelndes Sicherheitsgefühl - Fragen des Überlebens oder der Knappheit - Das Bedürfnis nach Verankerung mit Mutter Erde?

Dann wandelt diese um, indem ihr die positiven Eigenschaften der roten Energie nützt: Erzeugt Stärke – Entwickelt Kraft in den Gedanken, Handlungen und Taten – Verlangt und manifestiert Überfluss – Entwickelt Mut – Benutzt eure „Willensstärke", um eure Wahrheit auszusprechen und fest in eurer Integrität zu stehen – Stimuliert euch zur Tätigkeit, um all das zu manifestieren, was ihr euch wünscht und um euer höchstes Potential zu leben.

Ich schlage vor, dass ihr euch im nächsten Monat oft rot kleidet, einen roten Füller oder roten Farbstift benützt, um eure Gedanken niederzuschreiben und euren Fortschritt aufzuzeichnen. Haltet jeden Tag Rückschau und macht euch vertraut, wie ihr die rote Energie anwendet – wie sie sich anfühlt und wo sie auf euch wirkte. Wir werden weiter fortschreiten durch das Farbspektrum der Chakren und der Strahlen, bis ihr ein gutes Verständnis über die involvierten Energien habt und rasch feststellen könnt, welche Energien ihr anzieht und wie sie auf euer Bild der Realität einwirken. Indem ihr eine engere Arbeitsbeziehung mit eurer körperlichen Form und euren spirituellen Ebenbildern entwickelt, werdet ihr fähig sein, alle aufkommenden disharmonischen Energien zu definieren und zu korrigieren, wobei ihr euch in den Fluss der Ausgeglichenheit und Harmonie begebt.

Diese Information wurde euch in der Hoffnung gegeben, dass sie euch helfen wird, rasch durch die Vielzahl der Einweihungsebenen und in den Zustand der Meisterschaft zu gelangen, der euer natürlicher Seinszustand ist. Seid tapfer und mutig, meine Krieger des Lichts, ihr habt nichts zu verlieren, außer eurer Unvollkommenheiten. Ich umgebe und umhülle euch in eine Aura der Liebe und des Schutzes.
ICH BIN Erzengel Michael.

53. Ihr werdet zu kühnen Meistern mit tapferen Herzen

Wir möchten einen neuen Namen hinzufügen, um zu beschreiben, wer ihr seid, meine Lieben: „Tapfere Herzen". Die solare Flamme des Schöpfers brennt heller in jedem von euch, die ihr eurem Höheren Selbst die Erlaubnis gegeben habt euch zu helfen, und sie hat sich auch im Busen von Mutter Erde voll entzündet. Bald werdet ihr fähig sein, das volle Maß eures Höheren Selbst und eurer ICH BIN-Gegenwart in euch aufzunehmen, aber zum gegenwärtigen Zeitpunkt scheint es doch eher so, als ob euer Körper nicht die Kraft und Intensität dieser wundersamen Energie fassen kann. Viele von euch erleben einen plötzlichen Anstieg der Kundalini-Energie (die Spirit/Lebenskraft, die aus dem Wurzelchakra hervorschießt, entlang der Wirbelsäule emporsteigt und dabei jede der sieben körperlichen Haupt-Chakrenwirbel entzündet.) Viele erleben auch eine Aktivierung der anderen größeren und kleineren Chakren im Körper, besonders im Kopf, in Nacken und Schultern, Händen und Füßen (die verfeinerten Chakren eures Lichtkörpers), die Symptome von Bedrängnis oder zeitweiligem Schmerz verursachen können. Alles ist Teil des Prozesses, ihr Lieben, seid deswegen nicht beunruhigt.

Wir bitten euch, konzentriert euch zu dieser Zeit auf die sieben Hauptchakren eures Körpers, damit euch geholfen wird, den Einfluss der Göttlichen Energie mit Leichtigkeit und Anmut zu integrieren. Wenn ihr wisst, was ihr zu erwarten habt, und ihr mit den positiven und negativen Eigenschaften eines jeden Chakras vertraut seid, wird es euch gewaltig voran helfen zu eurer nächsten Bewusstseinsebene. Bevor ihr nach den Sternen greifen und euer Bewusstsein in die höheren Dimensionsebenen erheben könnt, müsst ihr eine feste Basis haben, die euch mit eurer Mutter Erde verankert und verbunden hält. Ihr dürft nicht vergessen, dass ihr geistige Wesen seid, die für den Schöpfer das materielle Reich der Dualität/Polarität erfahren. So, ihr Lieben, sehnt euch nicht danach, von eurer Mission zurückzutreten, selbst wenn der Wunsch nach Rückkehr in euren wahren Seinszustand hell in eurem Herzen und eurem Geiste brennt. Ihr, die Sternensaat, werdet gebraucht, um die stets zunehmende Infusion kosmischer Lebenssubstanz aus der Großen Zentralsonne, die aus dem Herzen unseres Vater/Mutter-Gottes ausstrahlt, zu integrieren und zu übermitteln. Ihr seid die Vorbilder für die neuen spirituell-menschlichen Wesen, die neu entstehen: die Wegbereiter für die kommende verfeinerte Wurzelrasse des Neuen Goldenen Zeitalters.

In unserer vorhergehenden Botschaft gaben wir euch die Sieben Stufen zur Meisterschaft und streiften kurz das Wurzelchakra und die rote Energie, die Farbe des Wurzelchakras und die exoterische (auf die materieller Ebene bezogen) Farbe des Ersten Strahls des Göttlichem Willens und Göttlicher Macht. Wir baten euch, eine Zeit lang eure Handlungen und Reaktionen auf die rote Energie des Wurzelchakras zu kontrollieren.

Wenn ihr dies getan habt, habt ihr dann bemerkt, was euch ärgerlich macht? Wart ihr fähig, mit euren negativen Emotionen anders umzugehen? Habt ihr die rote Energie in ihrer positiven Form als eine Anregung erfahren, um Stärke, Willenskraft und Mut anzuwenden, oder als eine negative Kraft, die Furchtsamkeit, Ärger, Hass oder Nachträglichkeit verursachte? Habt ihr beobachtet, wie die Aussendung der roten Energie in Gedankenform aus eurem Geist euer aurisches Feld beeinflusste und wie sie von anderen auf euch zurückgespiegelt wurde? Oder habt ihr sie erkannt und umgewandelt, bevor sich daraus eine Ursache/Wirkung- Situation ergab? Wo in eurem Körper habt ihr die meiste rote Energie erfahren?

Die Seelenfragmente, die ihr durch die Zeitalter herab erschaffen habt, stehen in Resonanz zu einer speziellen Frequenz und nähren die Energie, die ihr erzeugt, sowohl positiv wie negativ. Wenn ihr zulasst, dass die negative Form zunimmt und andauert, dann werdet ihr reizbar, unversöhnlich, verbittert und frustriert. Aber, wenn Ärger, Abneigung oder Hass als das erkannt werden was sie wirklich sind - verzerrte Energien, - könnt ihr sie bearbeiten und rückverwandeln in reine universale Lichtsubstanz. Sie wird euch helfen, die Weisheit aus einem speziellen Gedankenmuster, Ereignis oder einer Begegnung zu lernen, ohne dass diese euch von anderen in ihrer negativen Form zurückgespiegelt wird. Sie wird euch die Einsicht geben, auf was ihr eure Aufmerksamkeit richten sollt und wo ihr außer Balance seid. Sie zeigt euch, wo ihr eingeklemmte Energie habt, die der Umwandlung und Heilung bedarf. In ihrer positiven Form hilft euch die rote Energie eure Entschlossenheit zu stärken und eure Seelenfragmente, die ihr erschaffen habt, zu heilen, sodass ihr sie liebevoll zurück in euer aurisches Feld aufnehmen könnt, während ihr allmählich eure Meisterschaft wiedergewinnt und die Kontrolle über euer Schicksal auf die höchste Art und Weise übernehmt.

Wir wollen uns nun auf das zweite Chakra mit der orangefarbenen Energie konzentrieren, welches seinen Sitz im Unterleib hat und auf die Adrenalindrüsen einwirkt. Es ist auf die sexuelle/leidenschaftliche Liebe fokussiert, auf die Emotionen, und es ist der Sitz der instinktiven Veranlagung. Die negativen Anwendungen der Energien des zweiten Chakras erzeugen Selbstzweifel, Neid, Abhängigkeit, Ego-begehrliche körperlich/sexuelle Probleme, übermäßige Nachgiebigkeit, Schwäche, zwanghaftes Verhalten, Schuldgefühle, Verurteilung, Kritik, Gefühle von Überheblichkeit oder Minderwertigkeit, Verlegenheit, Einmischung, Kontrolle und Manipulation, und veranlassen das Selbst, nur seiner instinktiven Veranlagung zu folgen.

Positive Attribute: Benützt die orangefarbene Energie getönt mit Rosa (Liebesenergie), um euch zu helfen, das Ego zu überwinden und eurem Seelenselbst zu erlauben, der Leiter und Lenker eures Lebens zu werden. Sie wird euch helfen, Selbstvertrauen zu erlangen, und sie ist auch neu belebend und heilend. Sie wird euch helfen, euch eurem höchsten Gut und Zweck hinzugeben oder danach auszurichten. Sie hilft eurer Konzentration und bei der Abstimmung eurer Ego-Wünsche auf die Wünsche des Spirit, welche immer in Harmonie mit eurer Göttlichen Blaupause oder Mission sind. Sie bringt eure gebende und empfangende Natur ins Gleichgewicht. (Gesegnet ist es, zu geben, aber ihr müsst euch auch würdig fühlen, zu empfangen.

Der Sitz des Ego's ist das erste, zweite und dritte Chakra (der Solarplexus). Seit dem Fall in die dreidimensionale Erfahrungsebene hatte das Ego die Kontrolle über den Emotional- und Mentalkörper. Das Ego ist eine wichtige Facette der Persönlichkeit, sollte aber nicht der Leiter sein, sondern unter der Führung des Seelen-Selbst stehen. Das Ego nährt sich von roter und orangefarbener Energie, erzeugt übermäßiges

Selbstvertrauen, Selbstherrlichkeit, oder Selbstzweifel. Wenn das Ego die Kontrolle ausübt, schaut ihr immer nach irgendjemandem, nach irgendetwas oder nach Ereignissen, die euch ein Wertgefühl zurückspiegeln. Das Ego ist nie zufrieden und so seid ihr gewöhnlich enttäuscht, denn ihr beurteilt euch selbst nach dem Standard anderer und sucht nach äußerer Bewertung.

Wenn das Ego unter der Führung der Seele steht, dann strebt ihr nach innerer Bewertung und wisst, dass ihr ein Funke Göttlicher Energie seid, einzigartig und kostbar, und ihr erlaubt euch selbst, zu SEIN wo ihr seid, während ihr beständig nach größerer Ausgeglichenheit und Harmonie strebt. Es kann revitalisierend, inspirierend und motivierend sein, wenn ihr aufhört, euch darum zu kümmern was andere über euch denken, und wenn ihr beginnt, eure Handlungen und Gefühle durch euer inneres Gewahrwerden zu überwachen, wie es euch von Spirit übermittelt wird.

Wie stark sind die von euch erschaffenen Seelenfragmente, die von SCHULD genährt werden - Schuld in Bezug auf andere; Schuld, betreffend Verantwortlichkeit; Schuld, hinsichtlich vergangener Taten, des Leistungsverhaltens oder des Perfektsein-Müssens? Wie stark sind eure Seelenfragmente, die von URTEILEN ODER KRITIK genährt werden - über euch Selbst oder über andere; über die Nichtakzeptanz und Nichtselbstliebe der Art und Weise, wie ihr im Augenblick seid; über den Vergleich von euch selbst mit anderen; durch das Kritisieren anderer, die nicht so denken wie ihr, oder über die Selbstkritik, weil man nicht dem Standard anderer oder deren Erwartungen entspricht?

Nachdem ihr die Bereiche erkannt habt, die ausgeglichen werden müssen, seht euch selbst die unausgeglichene Energie hinaufstrahlen durch euer Höheres Selbst zu eurer Göttlichen ICH BIN- Gegenwart, und dann seht, wie euer Göttliches Selbst sie an euch zurücksendet, getönt mit schöner, rosa schillernder Liebesenergie. Seht, wie sich diese verfeinerte Energie in das zweite Chakra und in all die Orte begibt, wo ihr noch unausgeglichene rote oder orangefarbene Energie gespeichert habt. Seht, wie sie eure vier niederen Körpersysteme neu belebt und heilt, indem sie euch an die höchsten Schwingungen des ersten und zweiten Chakras anpasst. Fortan kontrolliert, wie ihr die rote oder orangefarbene Ego-Energie hinausprojiziert, während ihr danach strebt, alte Gewohnheitsmuster und Gedankenformen umzuprogrammieren. Ihr müsst konsequent sein, ihr Lieben, bis ihr neue Gewohnheitsmuster geformt habt.

In ihrer dreidimensionalen Funktion verbinden euch die drei niederen Chakren mit der Erde und mit dem Schmerz und der Illusion des Massenbewusstseins. Ihr werdet vom Ego beherrscht bis ihr beginnt, eure Schwingungen durch den Prozess der Heilung eurer Kern-Energiemuster auszugleichen und zu harmonisieren, alte negative und unbewusste innere Einstellungen und Reaktionen zu eliminieren, und sie durch ermächtigende Gedankenformen und Attribute eures Höheren Selbst und eurer ICH BIN- Gegenwart zu ersetzen.

Wiederum weise ich euch eine Aufgabe zu, wenn ihr wollt. Meditiert für den nächsten Monat über die orangefarbenen Energien, tragt etwas in dieser Farbe und schreibt mit einem orangefarbenen Füller oder Bleistift. Seid euch dieser Farbe bewusst und wie sie auf euch einwirkt. Orange ist für die meisten Menschen nicht eine bevorzugte oder vielgeliebte Farbe. Nehmt klar eure Gefühle über die Farbe Orange wahr und fragt euch warum. Erfahrt und macht euch vertraut mit der orangefarbenen Energie des zweiten Chakra, bis ihr sie in ihrer positivsten Form anwendet.

Lasst uns nun unseren Fokus auf die wundersame Versammlung richten, die vor kurzem (Feb.1999) auf der heiligen Insel, genannt Maui, stattfand. Es war ein großartiges Wiedersehenstreffen gesegneter Seelen, die vor langer Zeit zusammenkamen, um die Schönheit und Vollkommenheit des Planeten Erde während des Goldenen Zeitalters von Lemuria zu erfahren, und die auch die Verwüstung, die Verzweiflung und den Zusammenbruch erlebten, als dieser schöne Kontinent in den Wogen versank und sich am Grund des Ozeans niederließ. Es war eine Zeit des Wiedererkennens, eine Zeit des Feierns und des Loslassens alter Schmerzen und Kern-Erinnerungen, da jede(r) einzelne sich wiederum erinnerte, Seelenfragmente wiedererlangte und alte Wunden heilte. Tag für Tag öffneten schöne Seelen aus aller Welt, aus verschiedenen Kulturen, Erlebnisbereichen und

Glaubensgemeinschaften ihre Herzen und gewannen wieder das Geschenk der Liebe und Einheit, das sie in alten vergangenen Zeiten gekannt hatten. Es war ein Gefühl des Nachhausekommens, ein flüchtiger Blick ins Paradies, einzigartig für jeden, aber über alle Maßen kostbar für alle.

Jeder Teilnehmer nahm seine eigenen persönlichen Wunder mit nach Hause - lebensverändernd und oft überwältigend und ohne jeden Zweifel wissend, dass sie mit Meistern kommuniziert hatten, mit göttlichen und Engel-Wesen, sowohl in physischen als auch in ätherischen Körpern. Denkt daran, Geliebte, wenn ihr in Harmonie, offenen Herzens und Geistes zusammenkommt, gibt es nichts, was ihr nicht erreichen könnt. Es ist erst der Anfang, meine Tapferen. Ihr bewegt euch schnell auf die nächste Ebene der Erleuchtung zu, und eure Lieben werden an eurer Seite sein, Hand in Hand. Nicht länger müsst ihr den Pfad alleine gehen. Ihr habt das Recht erworben, wieder vereint zu sein mit euren Seelengefährten, eurer Seelenfamilie und mit euren liebevollen Beschützern, Lehrern und uns, von den spirituellen Reichen. Herzliche Glückwünsche, ihr tapferen Herzen, der Sieg ist in Sicht.

ICH BIN Erzengel Michael und bringe euch diese Wahrheiten.

54. Botschaft von Ronna

Liebste Freunde,

Die Veranstaltung der WALFORSCHUNG, abgehalten in Maui, Hawaii war unglaublich und überstieg all unsere Erwartungen (Ich hörte dies immer wieder von jenen, die daran teilnahmen.) Die Art und Weise wie die Gruppe miteinander verschmolz, als wir sangen, tönten, tanzten und den Worten der Weisheit lauschten, die uns von einer eindrucksvollen Gruppe von Vortragenden geboten wurden, war ein Erlebnis, wir standen um 3:00 Uhr auf für unseren Aufstieg zum Krater, um dort unsere heilige Zeremonie zu halten an die wir uns alle erinnern werden. Die ersten zwei Tage war es regnerisch und stürmisch (aber doch angenehm im Vergleich zum nordischen Klima.) Die Temperatur am Mt.Haleakala (über 3.000 m) betrug um die 10°, bei dem eisigen Wind fühlte es sich aber wie gut unter Null an. An diesem Morgen standen wir auf um eine weitere Aktivierung der kristallinen Energie unterhalb des Kraters, und eine Einführung und Infusion des Ersten Strahls des Göttlichen Willens und der Göttlichen Macht von Erzengel Michael zu vollziehen.. Der Himmel war klar und funkelnd voller Sterne. Der Wind blies sehr stark bei unserer Ankunft, aber als wir uns am Gipfel versammelten und mit unserer Zeremonie begannen, legte er sich zu einer sanften Brise. Das gleiche passierte uns, als wir 1997 dort waren, und wenn ihr je die Energie und die Elemente oben am Krater erlebt habt, dann wisst ihr, dass so etwas sehr ungewöhnlich ist.

Eines Tages fuhr die Gruppe in einem großen Boot hinaus, um mit den Walen zu kommunizieren und Verbindung aufzunehmen. Und wir waren glücklich, in der Ferne eine Anzahl dieser schönen Geschöpfe zu sehen, wie sie das Wasser durchpflügten und „sangen". Es wurde vorgeschlagen, dass wir unsere „Seelentöne" singen, um die Wale herbeizurufen (das Tönen hatten wir oft während dieser Woche praktiziert). Als wir in Harmonie unsere Stimmen erhoben, war plötzlich eine Herde von Walen da mit ihren schönen, erst vor kurzem geborenen Babys zwischen ihnen. Diese Engelwesen spielten und tummelten sich um ihre Mütter, schnellten und sprangen aus dem Wasser, während wir entzückt zusahen.

Während unseres Zusammenseins verbanden sich viele von uns mit unseren Sternfamilien, und häufig gab es ein augenblickliches Wiedererkennen und es flossen Tränen der Freude, als wir uns lachend und weinend umarmten. Erzengel Michael half vielen, sich an ihren Ursprung und an ihre Aufgabe zu erinnern, als er sanft ihren Geist und ihre Herzen zu ihrer eigenen Großartigkeit öffnete.

Da gibt es eine besondere, magische Geschichte, die ich euch mitteilen möchte. Erinnert euch, Erzengel Michael sagte uns, er würde seine Essenz mit den Walen verbinden, und es war zweifellos offensichtlich, dass dies in der Tat stattfand. Da war eine liebe Lady, die wir „D" nennen wollen (eine neu gefundene alte Freundin von mir), die ihren geliebten Ehemann im letzten Sommer verloren hatte. D hatte eine schwierige Zeit, sich ihr Leben ohne ihren Mann zu ordnen, und hat sich seit seinem Heimgang nicht weit weg gewagt von ihrem Heim. Sie besitzt eine Eigentumswohnung auf Maui (zufällig gleich neben der Botschafter Suite, wo die Seminare stattfanden). Ein anderer lieber Freund hatte ihr vorgeschlagen, dass sie nach Maui gehen und zumindest an einem Teil der Walforschungskonferenz teilnehmen soll (sie zögerte, weil sie so viele wunderschöne Erinnerungen an die Zeit hatte, die sie mit ihrem Ehemann hier verbrachte, und sie fürchtete, dass es für sie schmerzvoll und einsam sein würde). Mein Name wurde des öfteren von verschiedenen Leuten erwähnt, bis sie überzeugt wurde, dass sie dort sein sollte.

Wir trafen uns und verbrachten am Tag bevor die Konferenz begann einige Stunden zusammen, und die Verbindung wurde augenblicklich wieder hergestellt: „Alte Freunde wurden wiedervereint." D genoss das Seminar und die Beobachtung der Wale ganz und gar und war froh, dass sie gekommen war, obgleich es noch immer einige schmerzvolle Erinnerungen und Zweifel wegen des Verlustes ihres geliebten Gatten gab (der ohne jeden Zweifel ein Meister des Lichts war.) Am Abend vor dem letzten Konferenztag fragte sie mich, ob ich am nächsten Nachmittag, nach Abschluss der Zeremonien, mit ihr eine Spazierfahrt unternehmen würde. Wir könnten einen anderen Teil der Insel erforschen, uns an einigen schönen Landschaften erfreuen, zusammen essen und vielleicht sogar ein wenig einkaufen. Ich stimmte freudig zu und D sagte, sie würde mich am nächsten Morgen anrufen, um unseren Plan zu fixieren.

Nun muss ich die Voraussetzungen für etwas schaffen, was sich am nächsten Morgen ereignete: Von D's Eigentumswohnung blickt man auf das Meer, und sie hat angegeben, dass sie die vielen Male, die sie hier war, noch nie Wale von ihrem Vorderfenster aus gesehen hatte. Ich war bereits hinunter in den Konferenzraum gegangen, und so nahm meine Zimmerkollegin und Freundin Helen Huber den Anruf von D entgegen. D blickte aus ihrem Fenster während sie sprach, als sie einen schönen Halbregenbogen bemerkte, der durch die Wolken über Molokai herabstrahlte, und dann schnappte sie nach Luft und konnte kaum sprechen, denn dort, in langsamer Bewegung, erblickte sie einen schönen großen Wal direkt vor ihr den Ozean durchpflügend. Sie konnte ganz klar sein rechtes Auge sehen, von dem anscheinend ein Licht ausstrahlte. In ihr tauchte sofort der Gedanke auf: „Nein, das kann nicht wahr sein – ich sehe nicht wirklich, was ich zu sehen glaube," und so brach der Wal wieder mit langsamer Bewegung durch die Wellen, und diesmal richtete er sein Auge auf sie als der Lichtstrahl hervorbrach. D begann zu weinen und konnte kaum länger sprechen. Nachdem sie versucht hatte, ihr Gedanken zu sammeln und sich zu beruhigen, ging sie ins Badezimmer, um ihr Gesicht zu waschen. Und als sie in den Spiegel blickte, roch sie überall um sich den Duft von ihres Mannes Lieblings-Rasierwasser. Erzengel Michael hatte ihr gesagt (in einer Botschaft, durchgegeben in ihr Buch), dass sie ein Wunder sehen würde, und beim Blick in den Spiegel würde sie etwas von ihrem Wesen wiedergewinnen (umschrieben).

Nach ihrer Rückkehr erzählte sie mehreren Freundinnen über ihr Wunder, und jede war so berührt, dass ihnen Tränen in den Augen standen. Sie erzählte es dem Freund, der sie ermutigt hatte, an der Konferenz teilzunehmen, und auch ihn berührte es sehr tief. Er rief dann einen seiner „Engel-Freunde," and als er ihm die Geschichte erzählte, wandte er sich zum Fernseher. Da, vor seinen Augen, war ein großer Wal, der den Ozean durchpflügte, mit einem klar sichtbaren Auge – eine Anzeige für eine bevorstehendes Wal-Event. Nun, wie groß ist die Chance, dass in dem speziellen Moment, in dem er die Geschichte von dem Wunder des Wals erzählte, er einen Wal im TV sehen würde, der den Ozean durchpflügt und sein großes mitfühlendes Auge auf ihn gerichtet hält? Ziemlich astronomisch, würde ich sagen.

Und so, ihr kostbaren Freunde, gab uns Erzengel Michael - der Wal - wundersame Wunder und Zeichen seiner Gegenwart unter uns. Er ist lebendig und gut, und seine Essenz ist in uns allen.

Ich will euch noch ein weiteres schönes Wunder mitteilen. An dem Tag, an dem ich Erzengel zu channeln beabsichtigte, wurde Helen Huber, eine andere liebe Freundin, in den frühen Morgenstunden mit Musik und Text eines lieblichen Engelgesanges geweckt, der durch ihren Kopf ging. Sie hat eine großartige, hohe, klare Stimme, und nachdem sie es für mich sang, sagte ich: „Du musst es für die Gruppe singen." Und so riefen wir Charley Thweatt, einen wunderbaren Musiker, der Gitarre spielt und uns mit vielen besonderen Songs während der ganzen Konferenz unterhalten hat. Sie übten nur für eine kurze Zeit und dann sangen und spielten sie „You Are An Angel," während die Leute ins Zimmer hereinmarschierten und wir dann alle gemeinsam die schönen Worte miteinander sangen.

Es war ein besonderer Augenblick und auch ein weiteres Zeichen dafür, was geschehen kann, wenn wir von Engeln besucht werden.

Liebe und Segenswünsche, Ronna

55. Wenn Ihr Gott wäret

Geliebte Meister, es ist eine Zeit der Erinnerung, eine Zeit der Integrierung all der vielfachen Facetten von euch selbst, sowohl die der Schönheit und des Wunders, das ihr seid, als auch die der Unvollkommenheiten. Es ist Zeit, dass das Spiel der Illusion und der Trennung zu einem Abschluss kommt. Wir beobachten, wie ihr euch abmüht, euch an den Zustrom höherer Schwingungsenergie anzupassen, welche oft zu Symptomen von Unbehagen und Verwirrung führt. Aber wir versichern euch, ihr Lieben, dass das Ergebnis diese Erfahrungen wert sein wird. Ihr werdet zurückblicken über die letzten paar Dekaden und lächeln, da ihr euch fragen werdet, warum ihr so ängstlich und zögernd wart. Euer Durchgang aus der Dunkelheit ins Licht war ein gegebenes Versprechen, als ihr auf den Weckruf geantwortet habt und einverstanden wart, ein Teil dieses großen Abenteuers zu sein. Ihr kehrt nun den Prozess um, indem ihr wieder in eure „Helligkeit" aufsteigt, nachdem ihr eure unglaubliche Weite in die Dichte und Begrenzung einer physischen Form zusammengepresst habt.

Lasst uns ein Spiel spielen, welches wir „Lasst uns so tun als ob" nennen wollen. Stellt euch vor, ihr wäret ein Gott und habt beschlossen, dass es Zeit wäre, den Planeten Erde zu besuchen. Ihr wollt aus erster Hand diese einzigartige und wundersame physische Welt erfahren, die ihr in eurem geistigen Auge geboren habt. Ihr projiziertet aus eurem Herzzentrum die perfekte Gedankenform und die ursprüngliche kosmische Substanz, sodass die großen Elohim, die Erbauer der Form, die Erzengel und die mächtige Streitmacht der Engelwesen diese benutzen würden, um diese Traumform zu manifestieren. Ihr wünschtet unter euren Kindern zu wandeln und die große Vielfalt des Gottes-Ausdrucks zu genießen, die vor so vielen Äonen erschaffen wurde.

Würdet ihr die Unvollkommenheiten, das Leid, den Schmerz und die negativen Emotionen sehen, die in der dreidimensionalen Illusion grassieren? Ich denke, nicht. Ihr würdet die Schönheit und die Wunder der vielen verschiedenen Schöpfungen sehen, die diesen außergewöhnlichen Planeten schmücken, wo all die Herrlichkeit von Gottes Traumlandschaften aus den fernen Reichen des Universums repräsentiert sind. Deshalb ist die Erde so wichtig und so einzigartig. Deshalb sind alle Kräfte der Schöpfung hier, um darauf zu achten, dass ihr nicht scheitert.

Würdet ihr eure Kinder wegen ihrer Misserfolge verurteilen und verwarnen? Nein, ihr würdet es nicht. Ihr würdet die Schönheit ihrer Essenz sehen, wie sie danach streben, auszubrechen aus der Begrenztheit ihres physischen Gefängnisses. Ihr würdet mit Mitgefühl und Verständnis auf sie blicken, wissend, dass ihr ihnen eine riesige Aufgabe gegeben habt - eine Unternehmung, die nie zuvor versucht wurde; daher gibt es auch keinen Leitfaden, keine Richtlinien, denen man folgen kann. Freier Wille und eine komplexe Zusammensetzung aus Erinnerungsmustern, Erfahrungen, Eigenschaften und Wünschen, stellen die Bühne dar für dieses große Experiment auf dem Planeten Erde. Nachdem unsere Vater/Mutter-Gottheit die kreative Gedankenform geboren hatte, überließ sie euch, ihren kostbaren Kindern, die Kontrolle. Warum sollte sie euch verurteilen für euren Versuch, eure Aufgabe auf eure eigene einmalige Art und Weise zu erfüllen?

Ihr würdet eure Kinder durch den Filter der Liebe sehen, sodass deren Unvollkommenheiten vermindert wären zu Schatten und Mustern von mehr oder weniger Licht. Ihr würdet deren Worte mit Mitgefühl hören, wissend, dass die Illusion der Trennung und des Leidens für sie sehr real ist. Ihr würdet sanft die Hand ausstrecken, um sie zu unterstützen, zu beruhigen und zu trösten, während ihr wisst, dass ihr nicht das Recht habt, die Lektionen, die von jeder einzelnen Seele gelernt werden müssen, zu entfernen. Jeder von euch hat eingewilligt, eine besondere Facette der Schöpfung zu erfahren und sie sodann in ihren physischen Ausdruck zu manifestieren. Wenn eure Schöpfung vollendet ist, würdet ihr sie als Geschenk der Ganzheit präsentieren.

Wenn ihr Gott wäret, würdet ihr kühn auf festem Boden wandeln, jeden Sinneseindruck und jedes Erlebnis eures physischen Körpers genießen, wissend, dass ihr nur in dieser materiellen Ausdrucksform wirklich lernen könnt, die Freiheit und Größe des Geistes in seiner reinen Form zu schätzen. Ihr würdet all eure mentalen Fähigkeiten nutzen, um Weisheit zu vermitteln, aber innerhalb der Grenzen der

Nichteinmischung. Ihr würdet euch dessen voll bewusst sein, dass jede Seele ihren eigenen Weg der Wahrheit finden, und an dieser Wahrheit, so wie sie von ihr erkannt wird, festhalten muss.

Ihr würdet eure physische Form hegen und pflegen und fasziniert sein von ihrer komplizierten Konstruktion. Ihr würdet sie ehren in dem Wissen, dass sie ein kostbares Geschenk ist, aber nicht eine wahre Darstellung dessen, wer ihr seid, sondern nur eine Verkleidung. Ihr würdet wissen, dass ihr viele Rollen mit verschiedenen Anteilen gespielt habt, und in einer Vielfalt von Situationen – manche große und bedeutende Rollen, und manche kleine und unbedeutende; in einigen wart ihr der Held oder die Heldin, und in anderen spieltet ihr den Bösewicht oder die Schattenseite der Dualität. Würdet ihr diejenigen verurteilen, die ihr gebeten habt, das Spiel der Polarität und Dualität zu spielen – erst die eine Seite dann die andere? Nein, ich denke nicht.

Das Spiel „Lasst uns so tun als ob" findet nun seinen Abschluss. Es ist Zeit für euch zu erfahren, dass ihr es wart, die ihr euch dafür entschieden habt, die Erde zu besuchen und an diesem größten aller Experimente teilzunehmen – ihr, die ihr werdende Götter seid. Ihr, genauso wie wir, seid kostbare Schöpfungen unseres Vater/Mutter-Gottes, und ihr seid auf einer Mission, die zu unternehmen andere nicht mutig genug waren. Erlangt wieder eure tugendsame Gottesnatur, Geliebte. Das ist es, was wir euch anbieten, indem wir uns bemühen, euren Pfad zu erleuchten und euch den Weg für eure Rückkehr zu eurer Großartigkeit als Meister der Mitschöpfung zu ebnen.

Lasst uns nun euren Fokus auf die Fortsetzung eurer Meisterschaftslektionen richten. Habt ihr während des vergangenen Monats eure „Seelenarbeit" verrichtet und euch auf das zweite Chakra konzentriert? Habt ihr jetzt ein besseres Verständnis für die Dynamik dieses Zentrums und die orangefarbene Energie? Habt ihr ein anderes Gefühl in Bezug auf Schuld? Wart ihr fähig, die Energie von Schuld anzuerkennen und sie zu verringern oder umzuwandeln? Habt ihr aufgrund dieser Tätigkeit die Selbstermächtigung oder Freiheit gefühlt? Erkennt ihr nun die Energie des Verurteilens oder der Kritik, wenn sie entsteht? Richtet sie sich mehr gegen andere oder auf euch selbst? Seid ihr nun besser fähig, einen neutralen Standpunkt einzunehmen oder nicht zu jedem Problem eine Meinung zu haben? Seid ihr bewusster und toleranter was eure Körperform betrifft? Sind irgendwelche sexuellen Probleme oder Wahrnehmungen aufgetaucht, die ihr vordem nicht angesprochen habt? Habt ihr begonnen mit dem Prozess der Einbeziehung eurer Süchte und Verhaltensweisen, so dass sie geheilt und in eine positivere Form umgewandelt werden können? Habt ihr irgendeine Einsicht gewonnen, woher eurer innerstes Suchtbedürfnis und euer Zwangsverhalten herstammt? Habt ihr irgendwelche peinlichen Situationen erlebt, und wart ihr besser fähig, damit fertig zu werden? Habt ihr begonnen, zuerst einmal euch selbst zu ehren und zufrieden zu stellen, und in der Folge davon, anderen gegenüber mehr Mitgefühl und Liebe zum Ausdruck zu bringen?

Das Solarplexus-Chakra – die gelbe Energie, ist der Fokus für unsere nächste Lektion. Dieses Chakra wirkt auf die Leber und Milz und lenkt die Eigenschaften der Selbstkontrolle und der Bemeisterung der Wünsche, welches in der Folge dazu befähigt, Liebe von eurem solaren Machtzentrum auszustrahlen. Die Anwendung dieser Energie in ihrer negativen oder unausgeglichenen Form führt zu emotionalem Trauma, Ärger, Angst, Stress und eingezwängter psychischer Energie. Seid euch bewusst, dass, wenn ihr einen Mangel an Selbstkontrolle, auf Angst basierende Emotionen, einen Mangel an persönlicher Macht oder eine Intoleranz anderen gegenüber verspürt, ihr die gelbe Energie des Solarplexus in ihrer negativen Form anwendet.

Wenn ihr den dreidimensionalen Frequenzmustern des Solarplexus-Chakras erlaubt, die Oberhand zu gewinnen, dann wird eure Gefühlsnatur infolge emotionalen Traumas aus der Vergangenheit stillgelegt. Ihr reagiert auf die emotionalen Bedürfnisse und Energien andere eher als auf eure eigenen (erlaubt damit das Eindringen psychischer Energie von anderen). Viele von euch haben vergessen, dass all die Lebenskraft-Energie, die ihr jemals braucht, aus eurem Seelen/Höheren Selbst und eurer ICH BIN-Gegenwart verfügbar ist – vertikal herabgezogen durch euer Kronenchakra. Statt dessen wurde die Praxis der horizontalen Anbindung der Energiestränge an die Emotionalkörper zueinander über den Solarplexus - um Energie abzusaugen - zur Norm. Dies führte dazu, dass ihr anderen erlaubt habt, euch zu kontrollieren, zu entkräften und euch emotional zu entleeren. Diese Praxis hielt euch im Ungleichgewicht, in einem Hin und Hergerissensein, eure emotionale Energie zu teilen oder zu behalten. Wenn ihr von eurem Ego-Emotionalkörper, statt von den Emotionen eures Höheren Selbst, beherrscht werdet, dann seid versichert, dass ihr die negativen Polaritätseigenschaften des Solarplexus-Chakras - der gelben Energie - erfahrt.

Überprüft intuitiv eure Beziehungen und stellt fest, wer eure emotionale Energie angezapft hat oder sie von euch abzieht. Überprüft auch, wessen Energie ihr anzapft oder von der ihr abhängig seid. Versucht ihr vielleicht, euren Ehepartner, eure Kinder, Freunde oder Familie zu kontrollieren oder zu manipulieren? Wer in eurem Bekanntenkreis versucht, euch zu kontrollieren oder zu manipulieren? Das nennt man emotionale Erpressung. Fragt euch selbst: „Wenn ich meine persönliche Macht wiedererlange, wie werde ich sie ausüben? Werde ich sie unter Kontrolle halten oder ihr erlauben, mich zu kontrollieren? Wie wird sich das auf meine Beziehungen auswirken? Nachdem ich versuche, diejenigen, mit denen ich eng verbunden bin, zum Vorankommen zu inspirieren, bin ich bereit, Beziehungen zu beenden, über die ich hinausgewachsen bin, ohne sie zu verurteilen? Kann ich sie lieben und segnen, während ich ihnen erlaube, ihren eigen Weg zu finden und ich dem meinigen zu einer neuen Ebene des Bewusstseins folge? Bin ich bereit, für eine „persönliche Ermächtigung" mein Leben zu verändern und mich möglichst hinauszubegeben aus dem Bereich meiner Bequemlichkeit, was zu größerer Verantwortlichkeit und der Gelegenheit führt, zu dienen, in was auch immer für einer Form oder Befugnis.?

Indem ihr in die positiven Eigenschaften der gelben Energie eintretet (die nach und nach die höheren Frequenzen der goldenen Energie von eurer ICH BIN- Gegenwart umfasst), beginnt ihr mit der Wiedererlangung eurer persönlichen Macht und Selbstkontrolle über euren Emotionalkörper. Ihr werdet toleranter und duldsamer gegenüber anderen und lernt, in euren Wechselbeziehungen Takt und Diplomatie anzuwenden. Diese strahlende Energie verschafft euch Klarheit der Gedanken und das Wissen, dass ihr ein selbstermächtigtes Wesen seid. Ein Gefühl der Souveränität wird zurückkehren, sogar indem ihr eure

Fähigkeit wiedererlangt, die Liebesenergie eurer ICH BIN-Gegenwart durch das Solarplexus-Zentrum (vorn und hinten) an andere auszustrahlen, dabei werdet ihr ein Empfänger und Umformer der hochfrequenten Lichtmuster.

Geliebte Krieger, indem ihr mit dem Prozess der Anpassung eures „Ego-Willens“ an den Willen eures Höheren Selbst’ beginnt, wird der Emotionalkörper in einem ausgeglicheneren und harmonischeren Frequenzmuster zu schwingen beginnen. Ihr wendet euch nach innen für ein Gefühl der Liebe, des Selbstwertes und der Bestätigung, statt sie außerhalb von euch selbst zu suchen. Ihr beginnt mit dem Prozess der emotionalen Loslösung von äußeren Geschehnissen, indem ihr Spirit erlaubt, euch zum segensreichsten Ergebnis für alle zu führen. Indem ihr eure Meisterschaft wiedererlangt, wird sich eure Fähigkeit, eure Version des Paradieses auf Erden zu erschaffen, mit riesiger Geschwindigkeit beschleunigen.

Es ist für die Erde und die Menschheit an der Zeit, in eine neue Ebene der Expansion, des Ausdrucks und des Bewusstseins aufzubrechen. Das Ausmaß der kosmischen Lebenskraft, die jetzt auf euch und euren Planeten herabstrahlt, wurde seit vielen tausenden von Jahren nicht erfahren. Der Weckruf zum Voranschreiten in die nächste Ebene der Meisterschaft, ist jetzt an euch ergangen. Seine Annahme bringt große Verantwortung mit sich, Geliebte, aber auch große Geschenke und Belohnungen.

Seid ihr bereit, euch euren Mantel der vielen Farben, eure Lichtgewänder anzulegen? Wir warten auf eure Antwort, meine getreuen Freunde. Wie auch immer eure Entscheidung sein mag, wisst, dass ihr ewiglich geliebt und für immer kostbare Geschöpfe Gottes sein werdet.

ICH BIN Erzengel Michael.

56. Botschaft von Ronna

Liebste Freunde,

Ich hielt am 14.März 1999 ein eintägiges Intensivseminar in Sierra Madre, Kalifornien. Es fand in Dr. Helen Huber's hübschem Haus statt, das ein wenig der Miniatur einer spanischen Botschaft ähnlich sieht und in den Ausläufern der San Gabriel Mountains gelegen ist. Es war ein wunderbares, magisches Erlebnis. Die Energie der Engel-Devas und Elementare war deutlich erkennbar in dieser lieblichen, einzigartigen Szenerie, von Bäumen, Blumen und Strauchwerk, hervorgehoben durch Brunnen, Skulpturen und gewundene Fußwege. Die zwei Tage vor der Veranstaltung waren sonnig und warm, und wir fühlten, dass es wichtig war, die Veranstaltung draußen abzuhalten auf einer großen Terrasse, während die Brunnen im Hintergrund ihren süßen, plätschernden Klang beisteuerten (wir fühlten uns völlig sicher, dass die Devas und Erzengel Michael uns das Geschenk eines perfekten Sonntags geben würden). Unser Wunsch wurde gewährt und es war herrlich: ein klarer, wunderschöner Tag mit kleinen Engelflügeln, die fast den ganzen Tag hinter mir am Himmel tanzten und schwebten. Die Energie war so hoch, dass ich zu Zeiten dachte, ich würde nicht fähig sein, in meinem Körper zu bleiben, und als unser geliebter Lord Michael seine Energie durch meinen Körper strahlte, war die Energie so stark, wie ich sie nur wenige Male vorher erlebt habe. Seine Botschaft war wunderbar – einen Teil davon gibt er euch in dieser Monatsbotschaft wieder. Ich hatte eine Freude und „Helligkeit", die mich unglaublich berührte, und das Gefühl der Einheit mit ihm und den anderen schönen Lichtwesen war überwältigend. Jeder Teilnehmer fühlte das und ging fort mit seinen eigenen Wundern. Er sagte uns, dass es in den goldenen Zeiten von Lemuria, hier in diesem Bereich wo wir waren, einen Tempel der Flamme gab, und die Umgebung war in dieser Zeit ebenfalls geschmückt mit schönen Gärten, Brunnen und Skulpturen. Er gab uns eine schöne Vision darüber, warum die kalifornische Küste so besonders ist.

Sonntag Nacht, so um Mitternacht, kam eine starke Regenfront herein und brachte ausgiebigen Regen, ja sogar etwas Hagel und auf den Bergspitzen eine leichte Schneedecke. Es war ein kalter, stürmischer Wintertag, aber wir hatten unser Wunder empfangen, und so machte es uns überhaupt nichts aus. Lord Michael ist uns behilflich, uns daran zu erinnern, wie es in jenen glorreichen Zeiten war, so dass wir sie in unseren Herzen und unseren geistigen Augen wieder zurückerobern und sie wieder im Physischen manifestieren können.

Wandelt in der Schönheit, wo immer ihr lebt, bittet um das Wissen, wie es in jenen Zeiten der Vollkommenheit war und was sie repräsentierte. Dann fragt, was ihr tun müsst, um zur Wiedererschaffung dieses Paradieses auf Erden beizutragen.

Liebe, Segen und Freude, Ronna.

57. ICH BIN DAS, ICH BIN

Geliebte Meister, während das Versprechen des Frühlings erfüllt ist und neues Leben in der nördlichen Hemisphäre eurer Welt hervorbricht, bereitet sich die südliche Hemisphäre für den Schlaf und die Ruhe des Winters vor. Ihr mögt von diesen Zyklen abhängig sein, aber es gibt andere Zyklen, die sich in eurer Welt und in eurem Sonnensystem rasch verändern und entwickeln. Wie ihr wisst, beschleunigt sich die Zeit auf eurem Planeten, aber wessen ihr euch nicht bewusst sein mögt, ist, dass sich auch eurer Umwandlungs-/Einweihungsprozess beschleunigt, sodass nur sehr wenig Zeit auf einer Ebene verbracht wird, bevor ihr in die nächste höherschwingende Ebene aufsteigt.

Es gibt viel Unruhe und Tumulte auf eurem Planeten, die sich ebenfalls beschleunigen, sodass es den Anschein erweckt, als ob kein Land oder keine Rasse dagegen immun wäre. Wir fühlen eure Besorgnis, und dies zurecht, denn es ist eine entscheidende Zeit für die ganze Menschheit. Deshalb erlaubt mir, euch nochmals mit den Gesetzen des Universums vertraut zu machen hinsichtlich dessen, was für euch als Meister der Mitschöpfung angebracht oder nicht angebracht ist. Wir wissen, dass es euer Herzenswunsch ist, denjenigen zu helfen, die leiden und in Not sind, und das ist so, wie es sein soll. Da gibt es diejenigen, deren Aufgabe es ist, direkt involviert zu sein, sei es in der Verteidigung, Pflege, Heilung, oder in der Hilfe, das Elend derjenigen zu erleichtern, die vertrieben oder in Not sind. Dann gibt es diejenigen, die in das dichteste Gewühl des Aufruhrs gerufen werden, und diejenigen, die entscheidende Beschlüsse treffen müssen hinsichtlich dessen, welche besten Handlungsabläufe in den verschiedenen Situationen und Dramen, die sich abspielen, auszuführen sind. Andere wiederum geben Unterstützung durch ihren Reichtum, und auch das ist dienlich. Jedoch die Mehrheit von euch, welche die Frequenzen der höheren Dimensionen als ihre Realität verlangt haben, sind etwas entfernt von diesen stressigen Dramen. Und selbst wenn ihr euch dieser Geschehnisse voll bewusst seid und den tief empfundenen Wunsch hegt, zu dienen, ist es unerlässlich, dass ihr innerhalb der universellen Gesetze der Nichteinmischung fungiert.

Häufiger ergehen Aufrufe für Gruppen-, ja sogar Weltmeditationen, und dies ist ein wundersam wirkungsvolles Vorhaben und Angebot. Bitte erinnert euch an die Richtlinien, die zu befolgen wir euch baten, wenn ihr wünscht, im größten Maße nützlich zu sein: Ihr müsst eure liebevolle Energie AN ALLE BETEILIGTEN aussenden, an die Täter als auch an die Opfer, an diejenigen, die ihre Schattenseite ausspielen, aber auch an die Unschuldigen, die im Trauma dieser Lebens- und Todessituationen gefangen sind. Ihr könnt nicht die größeren Dramen kennen, die rund um die Welt inszeniert werden, oder welche diese Gesegneten, für das höhere Wohl aller, zu erleben zugestimmt haben. Denkt daran, wir sprechen oft von bedingungsloser Liebe, aber wenn ihr „bedingte Liebe" sendet, um etwas zu stoppen oder jemanden auszuschalten, dann spielt ihr Gott, und das ist nicht angebracht. Wir bitten euch, das Maximum an Christuslicht an euch heranzuziehen, das in euch aufzunehmen ihr fähig seid, und seht, wie es durch euch bis ins Innerste der Erde hinabstrahlt. Wir sagen euch, dass es dort nicht stehen bleibt, sondern auch auf der anderen Seite der Welt hinausstrahlt. Atmet auch diese Energie wieder zurück durch eure Füße ein und hinauf in eure mit solarer Energie versorgte Wirbelsäule (die zu einer spiralförmigen Lichtsäule wird), und dann hinaus durch euer Solarplexus-Machtzentrum, während ihr euch vorstellt, wie sie sich durch das honigwabenförmige Netz kristallinen Lichts bewegt, das nun die ganze Erde umschließt. Es ist wichtig, dass ihr euch vor Beginn dieses gesegneten Prozesses folgende Affirmation gebt: **„Ich bitte um das höchste und größte Wohl für die ganze Menschheit und die Erde."**

Ihr könnt unseren geliebten Saint Germain anrufen, er möge die Schwingung des Siebten Strahls herabsenden, die Violette Flamme der Umwandlung, zu wem immer ihr wünscht, ohne Einmischung in irgendjemandes freien Willen. Dies ist die Flamme der Freiheit, der Reinigung und der Erlösung. Ihr könnt diese strahlende Flamme durch Anrufung oder Visualisierung aktivieren in der Absicht, diese machtvolle Energie aufzurufen, damit Veränderung, Vergebung und Transformation in einen vollkommeneren Zustand stattfinden möge. Um diese Gabe zu ermöglichen und zu nützen, bedarf es einer magnetischen Kraft, die sie anzieht. Dies geschieht durch euch, entweder in Gruppen oder individuell. Ihr müsst um diese Energie bitten, danach verlangen und sie dann auf und durch euch ausstrahlen; und dann seht sie hinausfließen in den Äther zu dem Bereich eurer Absicht oder dorthin, wo sie am meisten benötigt wird. Auf diese Weise verrichtet ihr einen großen Dienst und tut Gottes Werk in Harmonie mit dem Göttlichen Plan.

Es gibt noch einen anderen Weg, wie ihr Hilfe leisten und eure Energien voll mit der größten Wirksamkeit und für den höchsten Zweck nützen könnt: Wie euch gelehrt wurde, zieht ihr das Maximum an primärer Lebenssubstanz an euch, dessen ihr fähig seid, indem ihr euch eine Säule kristallinen goldweißen Lichtes vorstellt, das aus der Gott-Quelle durch eure ICH BIN- Gegenwart herabstrahlt. Seht, wie diese verfeinerte Energie durch euren Körper strahlt, euch dabei jedes Mal segnend und reinigend, während ihr sie in das Zentrum der Erde hinabsendet, sie dort verankert und dann wieder zurückatmet durch euer kostbares physisches Gefäß. Nun, statt sie von eurem Solarplexus hinauszusenden, seht sie zurückströmen hinauf zu eurem Kronenchakra und von dort die Lichtsäule hinauf zu dem Ort, wo wir uns befinden, und sprecht die Affirmation: „Ich biete dieses Geschenk an, damit es zum höchsten Wohle aller verwendet wird."

Dies ist ein sehr wirkungsvoller Vorgang, Geliebte, denn ihr versorgt uns mit verfeinerter Energie, die auf die höheren Frequenzen der Erde abgestimmt wurde. Durch euer freiwilliges Angebot ist es uns erlaubt, dieses Geschenk höher schwingender Frequenzen an jene Orte zu senden, die sie ganz dringend brauchen, und zu denjenigen, die nicht fähig sind, sie selbst abzurufen. Wir haben euch gesagt, dass die Frequenzen, die von der Großen Zentralsonne herabgestrahlt werden, nicht mehr länger in einer pauschalen Wirkung auf die Erde und die Menschheit gesendet werden können, ohne noch mehr Chaos, als gegenwärtig schon stattfindet, zu verursachen. Wir haben euch oft als die Umformer, die Überträger und die erleuchtenden Angler bezeichnet, die fähig sind, die verfeinerte Energie heran zu magnetisieren, zu integrieren und sie dann in und um die Erde auszustrahlen. Man könnte sagen, es entschärft den Aufprall des Lichts auf die Dunkelheit, sodass die höheren Frequenzen allmählich von denjenigen aufgenommen werden können, die bereit sind, dieses Geschenk des umformenden Christuslichtes anzunehmen. Auf diese Weise, meine tapferen Krieger, fungiert ihr wahrlich als Abgesandte des Lichts und Mitschöpfer mit Gott.

Und nun lasst uns, mit der noch verbleibenden Zeit, euren Fokus wieder auf eure Lektionen zur Meisterschaft richten. Während unseres letzten Beisammenseins baten wir euch, eure Aufmerksamkeit auf das dritte, oder das Solarplexus -Chakra und die gelbe Energie zu richten. Seid ihr euch mehr der Zeiten bewusst, in denen die euch Umgebenden versuchen, eure Energiequelle (Solarplexus) anzuzapfen? Seid ihr besser fähig, zu erkennen, wann ihr von emotionaler Energie bombardiert werdet, die nicht eure eigene ist, sondern von irgendjemand andern in euer aurisches Feld projiziert wird? Lernt ihr, Grenzen zu setzen, oder eure Wünsche in einer festen aber mitfühlenden Weise zum Ausdruck zu bringen, oder übt ihr persönliche Ermächtigung? Werdet ihr geschickter im Umgang mit Problemsituationen oder Machtkämpfen, indem ihr nicht in einer Ego-motivierten Weise reagiert? Nehmt euch die Zeit, darüber nachzudenken, welche Art von Situationen und Menschen am meisten „eure Knöpfe drücken" und warum.

Das Energiezentrum, das wir als nächstes untersuchen und erfahren wollen, ist das vierte, oder das Herzchakra-Zentrum, welches in der Farbe Grün schwingt. VERTRAUEN, LIEBE, MITGEFÜHL, GEFÄLLIGKEIT und ZUFRIEDENHEIT sind alles Zeichen eines „GLÜCKLICHEN HERZENS." Jedoch müssen diese Energien in einer ausgeglichenen Weise und in ihrer höchsten Form angewendet werden. VERTRAUEN ist eine wunderbare Eigenschaft, aber blindes Vertrauen erlaubt anderen, ihre Vorteile aus euch zu ziehen. Ihr müsst euer Vertrauen mit Weisheit und Urteilsvermögen abschwächen. Ihr könnt, wenn ihr blindes Vertrauen habt, von denjenigen hinters Licht geführt werden, die eures Vertrauens nicht würdig sind. Wie könnt ihr zuviel LIEBEN, mögt ihr fragen? Wenn ihr die falschen Dinge liebt, nennt man es Sucht: Liebe für Macht, Reichtum, Essen, Drogen, Alkohol, oder eine besitzergreifende Liebe für jemand anderen. Mäßigt eure Emotionen/Liebe mit mentaler Logik und erlaubt eurem Seelen-Selbst euch zu helfen, eure „Liebesinteressen" unter Kontrolle zu halten.

GEFÄLLIGKEIT wird manchmal zu einem Mittel der Kontrolle über andere, oder um sie vom Lernen ihrer Lektionen abzuhalten, indem man alles für sie tut, oder sie zuviel abschirmt. Zuviel Gefälligkeit, welche gewöhnlich auch eine Selbstaufopferung oder ein Gefühl der Überlegenheit in sich schließt, kann Beziehungen zerstören, denn sie ist außer Balance. Ihr könnt nicht Liebe erkaufen, indem ihr zuviel für irgendjemand anderen tut. Ihr müsst auch anderen erlauben, eure Gefälligkeiten zu erwidern, das bewirkt eine Balance zwischen Geben und Empfangen.

ZUFRIEDENHEIT - zu sehr zufrieden zu sein, führt zu Lethargie und Trägheit, zu einem Mangel an Zielbewusstheit. Nichts bleibt statisch; ihr müsst immer vorwärts streben zur nächsten Bewusstseinsebene, und ein Gefühl für Erregung und Herausforderung aufrechterhalten, während ihr gleichzeitig für den Augenblick zufrieden seid. Diejenigen, die zufrieden sind mit dem, wie sie sind, ohne hin und wieder nach neuen Wegen des Selbstausdrucks zu suchen, setzen sich selbst der Stagnation und Degeneration aus.

Das Herzchakra ist der Eingang zu den höheren Bewusstseinszuständen. Die Energie der Erde und der materiellen Ebene fließt von der Erde hinauf zum Herzen, und die Energien eures Göttlichen Höheren Selbst' fließen herab durch das Kronenchakra, und beide verschmelzen im Herzen und im Solarplexus, wobei ihr dann bedingungslose Liebe zu anderen und ebenso zurück zur Erde ausstrahlen könnt.

Geliebte, es ist Zeit, über die Ego-fokussierten Energien der Liebe hinaus zu gehen. Befreit euch von dem Bedürfnis, nur um der Bestätigung eures Selbstwertes willen, geliebt zu werden. Indem ihr die bedingungslose Liebe eures Göttlichen Selbst anerkennt und annehmt - dieses kostbare Geschenk, das in der Essenz eures Herzens wohnt - werdet ihr euch nicht länger danach sehnen, dass andere auf euch zurückspiegeln mögen, dass ihr liebenswert, begehrenswert, oder in Ordnung seid. Der wahre Test ist die Liebe zum Selbst, und mit dieser Selbstsicherheit erwächst die Fähigkeit, andere zu lieben. Ihr werdet ohne jeden Zweifel wissen, dass ihr von eurer Vater/Mutter-Gottheit geliebt werdet. Ihr seid

Kinder des Lichts, und je mehr Liebe ihr ausstrahlt, desto mehr Liebe wird von euch angezogen.

Indem ihr beginnt, die positiven Eigenschaften der Herzensenergie und der grünen Energie anzuziehen, wird sich euer Herzzentrum öffnen und empfangsbereit sein für die Lebenskraft aus eurem Höheren Selbst und eurer ICH BIN- Gegenwart, welche die dreifaltige Flamme des Göttlichen Willens, der Göttlichen Weisheit und der Göttlichen Liebe nährt. Sie heilt auch die eingeklemmte Energie im Herzen, was Ausgeglichenheit, Frieden und harmonische Gefühle in euer Bewusstsein bringt, welche wiederum ein Gefühl des Wohlbefindens erzeugen und gute Gesundheit und Vitalität begünstigen. Eure Welt nimmt einen rosigen Farbton an, da ihr sie durch mit Liebe gefilterte Augen betrachtet. Ihr fokussiert euch auf die positiven Charakterzüge der Menschen um euch, und eure Geduld und euer Mitgefühl wächst, weil ihr die physischen Begrenzungen der Liebe überschreitet, wobei ihr euch mit den Lichtwesen vereint in der strahlenden Harmonie der Göttlichen Liebe für alle Geschöpfe Gottes.

Nun, wenn ihr wollt, denkt über dieses Konzept nach, bis wir uns wieder treffen. Ihr alle habt die Redensart gehört: „ICH BIN DER ICH BIN," und viele haben nach der wahren Bedeutung dieser Worte gefragt. Stellt euch vor, wenn ihr wollt, wie das Große Alles-Was-Ist eine Gedankenform projiziert, die sich augenblicklich manifestiert - ein Ausdruck des Selbst - außerhalb Seines Göttlichen Selbst. Dieses Omnipotente Wesen blickt auf seine Schöpfung und bewundert die Ausdehnung seines Bewusstseins, bestätigend: „ICH BIN DAS." Dieser Prozess setzt sich fort während Universen, Galaxien, Sonnensysteme und Planeten geformt und manifestiert werden. Und mit jeder neuen Schöpfung sagt der Schöpfer: „ICH BIN DAS." Als der Schöpfer eure strahlende Essenz betrachtete, da euch Ausdruck und Gott-Bewusstsein gegeben wurde, erklärte er ebenfalls: „ICH BIN DAS(DER), ICH BIN." Denkt daran und wisst, dass ihr ein Fragment des Gottesbewusstseins seid. Seid ihr für den Schöpfer bereit, euch zu betrachten und zu sagen: „ICH BIN DAS?" Vielleicht noch nicht ganz, aber ihr seid gut unterwegs, ihr Kostbaren. Und denkt daran, wenn ihr euch in der Welt umschaut, die ihr erschaffen habt, müsst ihr behaupten: „ICH BIN DAS, ICH BIN."

Wir strahlen die Göttliche Liebe auf euch herab. In euch sind wir sehr zufrieden.

ICH BIN Erzengel Michael und bringe euch diese Wahrheiten.

58. Ein Ruf zu den Waffen

Geliebte Meister, wir haben von dem Weckruf gesprochen, der vor so vielen Äonen ausgesandt wurde, auf welchen jeder von euch eifrig antwortete: „Ja, ich möchte an diesem neuen Experiment teilnehmen." Kühn und tapfer habt ihr eine Vielzahl an Prüfungen und Tests durch viele Leben hindurch ertragen, weil ihr wiederholt zugestimmt habt, die reiche Auswahl an physischen Verkörperungen und Ausdrucksformen zu erleben. Viele von euch haben das Gefühl, sie hätten versagt und seien nicht würdig, Teil des „Aufstiegswunders" zu sein, über das ihr so viel gehört habt. Haben wir euch nicht gesagt, dass euch euer Erfolg zugesichert ist? Auch wenn ihr in die Tiefen der dreidimensionalen Illusion hinabgestiegen seid und euer Erbe und euer Göttliches Geburtsrecht vergessen habt, haben wir nicht auf unser gegebenes Versprechen vergessen.

Indem wir in die ätherischen Aufzeichnungen eurer individuellen Lebensströme Einsicht nehmen, ähnlich der Betrachtung einer eurer Filmdramen, können wir all das nochmals durchsehen, was sich während eures Lebens in der materiellen Welt ereignete. In Augenblicken eurer linearen Zeit, haben wir die Fähigkeit, all das zu sehen und zu spüren, was ihr gefühlt habt: Eure Träume und Bestrebungen, eure Ängste, eure Gefühle der Schuld, der Zurückweisung und des Versagens, eure sich stets verändernden Visionen der Zukunft und euren Mut, da ihr jede Herausforderung, die euch gestellt wurde, tapfer in Angriff genommen habt. Aber am meisten fühlten wir den Funken der Liebe in eurem Herzen brennen, eure beständige Sehnsucht, geliebt zu werden, und euren tiefsitzenden Wunsch nach Rückkehr in die Harmonie der Einheit.

Ein weiterer Ruf ertönt nun durch das Universum, „ **EIN RUF ZU DEN WAFFEN."** Viele haben die Meinung geäußert, dass Begriffe wie „Spiritueller Krieger" oder „Krieger des Lichts" zu militant klingen. Lasst uns diese Irritation vertreiben und klären, was diese Begriffe wirklich bedeuten. Die Meister des Lichts haben immer das Schwert des Ersten Strahls des Göttlichen Willens unter meiner Leitung geschwungen, mit Tapferkeit, Wahrheit und Integrität als ihr Motto. Wir waren die Wächter/Aufseher über die Menschheit vom ersten Augenblick an, als der große Plan für das Experiment auf dem Planeten Erde initiiert wurde. Wir haben die Vision festgehalten und die Gedankenform des Wunsches des Göttlichen Schöpfers hervorgebracht, Seine Macht und Seinen Willen in einer soliden, physisch manifestierten Weise zu erschaffen und zum Ausdruck zu bringen. **Die Macht und Strahlung des Schöpfers war unsere Rüstung; Liebe und Integrität waren unser Schild, und wir schwangen unser flammendes Schwert der Wahrheit und Tapferkeit, als wir danach strebten, euch zu schützen, zu unterstützen und zu lenken.** Dies war meine Aufgabe, ebenso wie jeder meiner Brüder- und Schwestern-Erzengel, mit ihren einzigartigen Tugenden und Eigenschaften, seine Aufgabe zu erfüllen hat.

Der RUF ZU DEN WAFFEN, der durch das ganze Universum widerhallt, ist der Ruf zur Rückkehr in die gesegneten Arme des Schöpfers, in die Umhüllung im Herzzentrum von Allem-Was-Ist. Ja, ihr seid aufgerufen, eure spirituelle Rüstung anzulegen, euch empfangsbereit zu machen für die dynamischen Frequenzen des Ersten Strahls des Göttlichen Willens und Göttlicher Macht, indem ihr euch von den alten, negativen Energiemustern in eurem Aurafeld reinigt. Die Erde und die Menschheit verlangen dringend nach Frieden, Verständnis, Mitgefühl und Gerechtigkeit für alle. Spirituelle Kämpfer strahlen Liebe aus, nicht Hass; sie erstrecken ihre Güte und eine helfende Hand zu denjenigen, die Furcht und Aggression projizieren; sie lehren durch Beispiel, leben ihre Wahrheit, wie sie sie kennen; sie praktizieren spirituelle Ermächtigung, indem sie aktiv bestimmte Regeln setzen und sie befolgen. Ein Kämpfer des Lichts strebt körperlich, geistig und emotional nach Ausgeglichenheit und Harmonie, um ein reiner Leiter für die Strahlung des Spirit zu sein, wobei er die immer höher werdenden Frequenzmuster, die auf die Erde herabregnen, empfängt und weitergibt.

Der RUF ZU DEN WAFFEN ist auch ein Ruf zur Wiedervereinigung der Sternenfamilien und Seelengefährten, mit denjenigen, von denen ihr euch getrennt habt als ihr gebeten wurdet, eurem eigenen speziellen Pfad zu folgen, scheinbar allein, um eure einzigartige Aufgabe zu erfüllen. Es wird zur Norm, einer Person zu begegnen, die ihr niemals zuvor in eurem Leben getroffen habt, und die in eurer Seele ein tiefes Gefühl des Wiedererkennens auslöst. „Ich kenne dich," flüstert euer Herz. Ihr fühlt euch sofort frei und ungezwungen und seid fähig, eure Gedanken zum Ausdruck zu bringen, so, als ob ihr seit vielen Jahren Freunde wart, und euch überkommt ein tiefes Gefühl des Verlustes, wenn ihr euch wieder trennt. Zur gleichen Zeit aber werden euch viele Freunde, die ihr seit Jahren habt, fremd. Ihr habt nicht länger etwas gemeinsam oder euch etwas zu sagen, und es wird für euch schwieriger, in ihrer Gegenwart das zum Ausdruck zu bringen, was ihr wirklich seid.

Die Schattenseite des Lebens auf der Erde kommt trübe brodelnd an die Oberfläche, da jedem von euch, individuell und kollektiv die Gelegenheit gegeben wird, in den Spiegel des Lebens zu blicken und sich mit den Ängsten und Unvollkommenheiten zu konfrontieren, die ihr geschaffen habt – eine Gelegenheit, innerste Verzerrungen mit Liebe und Verständnis zu heilen. Viele gesegnete Seelen haben zugestimmt, in diesem Drama die Aggressoren zu spielen, und viele andere, die Unterdrückten oder Opfer. Irrt euch nicht, ihr tragt die Energiemuster einer jeden Rolle in unterschiedlichen Graden in euch. Keiner ist völlig unschuldig und keiner ist völlig zu beschuldigen. Wisst, dass, wenn ihr andere richtet, ihr euch auch selbst richtet. Jeder von euch muss nach innen gehen und sich mit seiner Schattenseite konfrontieren. Und indem ihr dies ohne Furcht und Verurteilung, sondern mit Liebe und Mitgefühl tut, werden Wunder geschehen. Als kühne Kämpfer des Lichts, müsst ihr eurem schlimmsten Feind gegenübertreten: Eurem eigenen Schatten-Selbst. Als spirituelle Kämpfer nehmt ihr das Geschenk des Göttlichen Schwertes der Wahrheit an und verankert es wieder in eurem physischen Wesen. Die **DREIFALTIGE FLAMME** Göttlicher Weisheit, Göttlicher Macht und Göttlichen Willens, sowie Liebe und Mitgefühl, beginnt aus eurem Herz/Seelen-Zentrum hervorzuflammen, strahlt von euch aus und erzeugt eine machtvolle Aura, ein Kraftfeld des Lichts.

Ihr, die fortgeschrittenen Wächter, strahlt die Liebe des Spirit aus, schwingt das Schwert der Wahrheit, während ihr den Pfad reinigt und den Weg ebnet für diejenigen, die euch nachfolgen. Ihr strahlt horizontal die Frequenzen der Ausgeglichenheit und Harmonie von eurem Herzzentrum rund um die Erde aus und zu denjenigen, die bereit sind, dieses Geschenk der Transformation anzunehmen. Ihr erhöht die

Frequenzmuster des Massenbewusstseins, indem ihr vertikal die Torwege zu den höheren Dimensionen öffnet, wobei ihr eine Lichtbrücke erbaut, die es all den in den höheren ätherischen Reichen wartenden schönen Schöpfungen erlauben wird, sich wieder auf dem Erdenplan zu manifestieren: Lichtzentren, schöne Lichtgemeinschaften, ätherische Städte und die gesegneten Refugien der Meister, die euren Planeten in jenen vergangenen Zeiten der Vollkommenheit beehrten. Und so fragen wir euch, seid ihr bereit, auf den **„RUF ZU DEN WAFFEN“** zu antworten, eure spirituelle Rüstung anzulegen und das Schwert der Macht, der Wahrheit und der Tapferkeit zu tragen? Zögert nicht, Geliebte, dies ist der Ruf, auf den ihr gewartet habt, seit ihr zum erstenmal euer fleischliches Gewand anlegtet.

Und nun, um euch zu helfen, euer Energiebewusstein - sowohl der positiven wie der negativen Kräfte, die in euch arbeiten - zu erhöhen, lasst uns mit den Lektionen in der Bemeisterung eures physischen Gefäßes fortfahren. Unsere letzte Lektion bezog sich auf das Herzchakra und die grüne Energie. Seid ihr euch der „Herz-zentrierten“ Emotionen, die ihr fühlt, bewusster geworden? Könnt ihr wahrheitsgetreu sagen, dass ihr beginnt, auf euer „Engelherz“ zu hören, welches nur Liebe und Akzeptanz zu euch ausstrahlt und daher auch gleichfalls zu den anderen um euch? Fühlt ihr weniger Anspannung oder Druck im Herzen? Welche negativen Eigenschaften habt ihr erlebt, die auf das Herz oder die grüne Energie fokussiert waren? Wart ihr fähig, schneller durch diese negativen Emotionen hindurchzugehen, was euch erlaubte, zu einem Gefühl der Ausgeglichenheit und des Wohlbefindens zurückzukehren? Seid ihr nun besser in der Lage, aus eurem „Opfermodus“ herauszutreten in den Bewusstseinszustand, dass jedes einzelne Ereignis oder jede Person, die einen Einfluss auf euch ausübt, ein Geschenk für euer Lernen darbietet? Wenn ihr die negativen Emotionen durch die bewusste Anwendung der grünen Energie des Herzens verarbeiten könnt, seid ihr auf dem besten Weg, Meister in eurer Welt/Realität zu werden.

Das nächste Chakra, oder Energiezentrum, das wir ansprechen wollen, ist das fünfte, das Kehlkopfchakra, mit der blauen Energie. Der Kehlkopf und die Schilddrüse sind wichtige Teile eures neuen SOLAREN MACHTZENTRUMS, welches den Hals, den Thymus und das Herz mit einschließt. Erinnert euch, **GEDANKEN-FREQUENZMUSTER, EMOTIONEN UND KLANG ERBRINGEN FORM.** Euer Multi-Geist (unterbewusster, bewusster und überbewusster Geist) und eure Lebenserfahrungen sind Werkzeuge für ein größeres Bewusstsein. Euer Unterbewusstsein ist ein Gedankenverarbeiter, der die Ideen, Bilder und Worte, die ihr durch euer Bewusstsein filtert, buchstäblich nimmt, besonders jene, die ihr als eure Wahrheit oder Überzeugung akzeptiert. Teil eures Umwandlungsprozesses ist, euer Unterbewusstsein in einen bewussten Ausdruck zu erheben, und euer Bewusstsein mit eurem Überbewusstsein zu verschmelzen. Die Fähigkeit, machtvoll, wahrheitsgetreu und ausdrucksvoll zu sprechen, ist einer der ersten Schritte zur Selbstbemeisterung.

Ätherisch ist das Kehlkopfchakra oft durch Energiestränge aus vergangenen Leben gebunden und eingeengt, so dass es für euch schwierig ist, eure Gedanken klar zum Ausdruck zu bringen oder eure Wahrheit zu sprechen. Der Selbstverteidigungsmechanismus des Ego wird ausfallend gegenüber anderen durch Verurteilen und Kritisieren, wenn Angst, ein Gefühl der Unwürdigkeit oder Zweifel den unterbewussten oder bewussten Geist beherrschen. Bitte seid euch dessen bewusst, dass der Gebrauch einer negativen Sprache von niederen Schwingungsfrequenzen, eine Dissonanz in euren Aura/Energie-Feldern erzeugt, und dass das gesprochene Wort eine wichtige Komponente im Gesetz von Ursache und Wirkung ist.

Der erste Schritt zur Wiederlangung eurer spirituellen Macht ist, mit Urteilsvermögen, Einsicht und Mitgefühl eure Wahrheit zu sprechen, so wie ihr sie kennt. **„SEELENGESPRÄCH“** und eine ermächtigte kreative Sprache sind der Kraftstoff und die Frequenzen, die euch erlauben, die universelle Energie der Schöpfung anzuzapfen. Gedanken, Worte, Emotionen und Handlungen, sie alle sind Energieformen.

Bitte brennt in euer Bewusstsein die Erkenntnis ein, dass **„ICH BIN“** die am meisten ermächtigenden Worte sind, die ihr jemals sprechen werdet. Affirmationen, Visualisierungen und die Veränderung eurer sprachlichen Ausdrucksweise, ist einer der schnellsten Wege, um euer Unterbewusstsein umzuprogrammieren. Kreativität, Offenbarung,

Channeling, Telepathie, Imagination, sie alle sind Teil eures Geburtsrechtes, Geschenke der Schöpfung, Teil der Tugenden und Attribute unserer Vater/Mutter-Gottheit. Wenn ihr die „Sprache des Herzens" und die „Seelensprache" lernt, werdet ihr automatisch Worte der Ermächtigung benutzen, wie: **ICH BIN, ICH LIEBE, ICH WILL, ICH ERSCHAFFE, ICH WÄHLE, ICH GENIESSE, ICH HABE.**

Fangt jetzt an, ihr Lieben, macht es euch zur Gewohnheit, eure Gedanken zu überwachen und negative Gedanken durch kurze, präzise Affirmationen zu ersetzen. Das ist der beste Weg, die Statik eures Ego-Verstandes auszuschließen und neue Gedankenmuster einzubringen. Seht Spirit als einen Beobachter auf eurer Schulter sitzend, während ihr unter der Woche eurer Arbeit oder eurem Spiel nachgeht, und dann seid ehrlich zu euch selbst: Würde ein Meister die Sprache benützen, die ihr benützt, die Dinge sagen, die ihr sagt? Wenn ihr anfangt zu kritisieren oder zu verurteilen, **HALTET EIN!** Denkt nach, bevor ihr fortfahrt. Ein Meister ist jemand, der Wissen in Weisheit umwandelt. Wenn diese Weisheit mit der Macht der Absicht und mit dem gesprochenen Wort verbunden ist, erschafft sie Wunder. Wir bemühen uns, euch zu helfen, euch die Weisheit und die notwendigen Werkzeuge zu geben, um euch einen leichten Übergang zu ermöglichen, zurück zu eurem natürlichen Göttlichen Status als Botschafter des Lichts und Meister der Göttlichen Mitschöpfung. Wir umarmen euch mit unseren starken beschützenden Armen und strahlen die Liebe des Schöpfers durch unsere Herzen zu den eurigen aus.

ICH BIN Erzengel Michael.

59. Botschaft von Ronna

Hallo, liebe Freunde.

Ich bin eben erst von einem fast dreiwöchigen Europa-Aufenthalt zurückgekehrt. Das Wesak-Fest 1999, an dem ich teilnahm, wurde in einer Kleinstadt, genannt Michelstadt, etwa eine Stunde von Frankfurt entfernt, abgehalten. Judy Vermeulen- meine Geschäftspartnerin, Übersetzerin und liebe Freundin - und Ich, waren in einem malerischen alten Hotel abgestiegen, wo wir erfuhren, dass es in diesem Gebiet einige sehr interessante Legenden über Erzengel Michael gibt. Das Wesak-Fest wurde im Freien abgehalten auf einem großen Feld in der Nähe eines Hotels. Für den Fall von Schlechtwetter waren zwei große Zelte aufgestellt und Bänke für die Teilnehmer waren draußen in der Sonne platziert, mit Blick auf eine erhöhte, überdachte Bühne für die Musiker und Sprecher. Unsere Verkaufstische waren unter einigen schönen schattigen Bäumen in der Nähe aufgestellt.

Es waren zwischen 250 und 300 Leute aus verschiedenen Ländern anwesend: England, Frankreich, Dänemark, Schweiz, und natürlich auch viele aus Holland, Belgien und Deutschland. Freitag war ein herrlicher sonniger Tag, und ich gab meinen Teil des Tagesprogramms kurz vor der Wesak- Vollmond-Zeremonie am späten Nachmittag. Lord Michael hatte gebeten, dass ich vor der Wesak-Meditation die Leute durch die erste Phase des Einweihungsprozesses führe. Der Samstag morgen war bewölkt, aber es sah so aus, als ob die dunklen Regenwolken an uns vorbeiziehen würden. Ich war an beiden Tagen beschäftigt mit Bücher signieren und der Durchgabe von Botschaften, die von Judy übersetzt wurden, für die bewundernswerten deutschen und europäischen Menschen. Es gab viele Tränen der Freude und viele berührende Momente für Männer und Frauen, als sie ihr Geschenk von Lord Michael empfingen. Hin und wieder gab es ein paar Regentropfen, aber das schien niemanden zu stören. Jedoch wurden die Wolken immer schwerer und der Himmel hatte sich beträchtlich verdunkelt. (Der Gedanke „Emotionale Reinigung“ kam mir in den Sinn.)

Am späten Nachmittag (16:00 h), gerade als Judy und Ich mit Hilfe einiger Engel-Freunde über das Feld zur Bühne gingen für unseren Teil des Tagesprogramms, teilten sich die Wolken über uns in einen Kreis, und einige wunderschöne Lichtstrahlen fielen auf uns alle herab. Viele Leute stießen Rufe der Überraschung aus und manche machten Aufnahmen. Ich hatte erst eine kurze Zeit gesprochen und gerade mit der ersten Meditation begonnen, als eine Gruppe Teenager, vielleicht ein Dutzend Jungen und Mädchen quer über das

Feld gerannt kamen, laut schreiend und mit dröhnenden Lautsprecher-Boxen. Sie kamen direkt auf die Ecke unserer Gruppe zu und einige unserer Leute gingen hinüber zu ihnen und baten sie, uns nicht zu stören. Als sie sich zum Weggehen wandten, hielt ein junger Mann seine Hand ausgestreckt zu einer jungen Frau, die versucht hatte, sie zu beruhigen – in seiner Hand war eine rote Tulpe. Er bot sie ihr an mit den Worten: „Hier, gib das der Dame" (er meinte mich). Sie gingen ein wenig weiter weg, aber sie schrieen und spielten weiterhin laute Musik. Judy und ich mussten fast gleichfalls schreien, damit uns die Leute hören konnten. Plötzlich gab es einige Laute Donnerschläge und grelle Blitze – es war, als ob ein Wirbelwind an Energie über das Feld dahinfegte und die Elemente von Wind und Regen brachte. Die jungen Leute stürzten Schutz suchend fort und verschwanden.

Während ich Lord Michael durch mich herabbrachte und mit der Botschaft begann, war es die stärkste Energie, die ich je erlebt hatte. Die Leute waren gefesselt, und obwohl viele sich in den Schutz des Zeltes zurückbegeben hatten, saßen viel andere draußen im Regen mit ihren Gesichtern nach oben gewandt, hingerissen von der Schönheit des Augenblicks. So schnell wie er kam, so schnell ging der Sturm vorüber und hinterließ eine Frische und das Gefühl, dass wir alle gerade ein tiefgreifendes Wunder erlebt hatten. Ich wusste, dass uns diese schönen jungen Menschen ein Geschenk gegeben hatten, indem sie uns unsere Schattenseite präsentierten. Viele Leute waren verärgert und bestürzt über die Unterbrechung, während andere gewünscht hatten, die jungen Leute zu bitten, sich uns anzuschließen; sie waren sich des Dramas voll bewusst, das sich abgespielt hat.

Lord Michael sagte den Leuten dort, dass sie ein wunderschönes Vaterland erschaffen haben, und dass sie Göttliche Architekten waren; aber nun wäre es an der Zeit, ihre Herzen zu öffnen und dem Mutter-Schöpfer zu erlauben, ihre emotionalen Wunden und die Erde zu heilen, und sie zurückzubringen in das Einheitsbewusstsein. Diejenigen, die dort waren, werden nicht mehr die gleichen sein. Ich weiß, ich würde es nicht, und ich fühle mich gesegnet, dass ich die Gelegenheit geben durfte, an diesem wundervollen Erlebnis teilzuhaben. Wie an jedem Ort, zu dem ich gehe, waren die Menschen so wunderbar und so begierig und hungrig nach Wahrheit und der Liebe von Spirit. Ich fühle immer, als ob ich in der Mitte einer wundervollen Familien-Wiedervereinigung bin – einer Wiedervereinigung mit meiner Sternenfamilie, wie Erzengel Michael uns sagt. Ihr wart dort, ich fühlte eure liebende Gegenwart und Stärke, als wir uns in den höheren Reichen vereinten und eine machtvolle neue Ebene des Christus-Bewusstseins auf der Erde verankerten.

Wir hielten eine weitere eintägige Veranstaltung in Brüssel, wo an die vierzig Leute von Holland, Frankreich, Deutschland und Belgien teilnahmen. Es war ein angenehmer, herrlicher Tag, viel freundlicher, aber nicht weniger tiefgründig. Den Leuten dort wurde gesagt, dass sie der zentrale Brennpunkt eines strahlenden Energiewirbels wären, der sich über ganz Europa ausbreiten würde – heilend, reinigend und vereinigend. Bevor ich fortging wurde mir gesagt, dass es von größter Wichtigkeit wäre, dass ich diese Reise mache, und nun weiß ich, warum.

Ich sende allen meine tiefste Liebe und Dankbarkeit. Eure Schwester im Licht, Ronna.

60. Wir bieten euch die Schlüssel zur Selbstbemeisterung

Geliebte Meister, ich strahle auf euch die liebevollen Segnungen des Schöpfers, über das herrliche ausströmende Licht, gebrochen in die Farben der sieben Strahlen eures Sonnensystems und durchdrungen von der Lumineszenz des Christus-Lichtes von den fünf höheren Galaktischen Strahlen: Insgesamt zwölf Strahlen, welche die Attribute, Aspekte und Tugenden unseres Vater/Mutter-Gottes beinhalten. Seht und fühlt diesen Stab der Erleuchtung, wie er euch erfüllt und umgibt, und alles was er berührt, umhüllt, durchdringt und umwandelt. Das ist das Geschenk, das euch angeboten wird, da ihr euch tiefer in die Geburtswehen der Transformation begebt. Schließt für einen Augenblick eure Augen und fühlt mit all euren Sinnen, wie wir euch enger in unser aurisches Feld von Liebe und Licht hineinziehen.

Ihr wisst wie es ist, hin und wieder im **„Strom des Spirit"** zu sein, und es ist leicht, Selbstbeherrschung und die Kontrolle über eure Emotionen und Gedankenprozesse zu bewahren, wenn alles gut geht. Ihr seid euch mehr der Universellen Gesetze bewusst, habt ein umfassenderes Wissen darüber, warum ihr in einem physischen Körper seid und dass ihr einen Göttlichen Auftrag habt, mit dem letztendlichen Ziel der Rückkehr ins Einheitsbewusstsein. Aber ihr seid noch immer im Spiel der Polarität gefangen, wobei das Pendel vor- und zurückschwingt, was euch in diesem Vorgang aus eurem guten Zustand herauswirft. Das bringt euch aus der Fassung, weil ihr das Gefühl habt, ihr seid nicht erfolgreich oder lebt nicht nach den Richtlinien, die euch offenbart wurden. Sucht das Wort „Richtlinien" in eurem Wörterbuch - es bedeutet Instruktionen, Kriterien, Anweisungen - einem Standard oder Prinzip zu folgen, um einen Handlungsablauf zu bestimmen.

Geliebte, wir ermutigen euch, euch zu entspannen und euch selbst nicht so hart zu beurteilen. Viele von euch vollenden in einer Lebenszeit, was normalerweise Dutzende oder Hunderte an Lebenserfahrungen erfordern würde. Ihr lernt, durch den Filter des Herzens und mit der Weisheit der Seele/des Höheren Selbst, zu denken und zu handeln. Ihr taucht tapfer ein in die Gedankenmuster, die euch über Hunderte von Lebenszeiten in eure emotionalen und ätherischen Körper eingeflößt und anerzogen wurden, und ihr bemüht euch, diese umzuwandeln. Ihr strebt danach, ein gewisses Gleichgewicht zu bewahren, während ihr euch mit eurem Schatten-Selbst konfrontiert und euch bemüht, all die Fragmente unausgeglichener Energie, die ihr seit eurer ersten physischen Verkörperung erschaffen habt, zu integrieren. Wir sind uns bewusst, dass dies keine leichte Aufgabe ist.

Einer der Fallstricke des Prozesses, oder der „Glamours", wie sie in den esoterischen Lehren genannt werden, ist die Selbstverurteilung, oder das sich Vergleichen mit anderen - eine Handlung, angestiftet durch das Ego-Selbst. Geradeso wie wir euch angewiesen haben, in euren Interaktionen mit anderen, Beobachter zu sein, so bitten wir euch, Beobachter eurer eigenen Gedankenprozesse zu sein - fokussiert zu bleiben auf das, was im Augenblick geschieht, und eure Energie nicht in der Rückschau auf die Vergangenheit oder in der Projizierung eurer Gedanken auf eine ungewisse Zukunft zu verschwenden. Der Schlüssel zur Selbstbemeisterung liegt im gegenwärtigen Augenblick, denn in ihm habt ihr die Gelegenheit, die harmonische Resonanz eures Göttlichen Selbst an euch zu ziehen. Ihr könnt nicht auf die wundersamen Geschenke des Spirit zugreifen, wenn ihr in die Nebel des Selbstzweifels eingehüllt seid oder in die herumwirbelnden Gedankenmuster der Uneinigkeit. Spirit verlangt Harmonie und ein Umfeld der Stille, um die Samen erleuchteter Weisheit einzupflanzen.

Ihr seht also, es geht nicht darum, was ihr vollendet habt, was ihr wisst oder wie viel Weisheit ihr angesammelt habt, ja nicht einmal um den Dienst, den ihr anderen erwiesen habt - es geht um die Erschaffung eines fruchtbaren Feldes innerhalb eures physischen Gefäßes, in das Spirit herabsteigen und darin Wohnung nehmen kann. Wenn dies erreicht ist, folgt alles andere mit Leichtigkeit und Grazie im richtigen Tempo innerhalb des richtigen Zeitrahmens. Dies ist eine simple Erklärung des Aufstiegsprozesses, aber sie ist so gegeben, damit ihr aufhört, euch selbst zu verurteilen und mühselig zu versuchen, nach den Richtlinien zu leben, die euch andere vorgegeben haben. Dies ist der alte Weg, wo Regeln, Vorschriften und Beschränkungen von anderen auferlegt wurden, welche die Massen kontrollieren und beherrschen wollten. Ihr werdet wieder zu souveränen Wesen, mit eurer eigenen, intimen Verbindung zum Schöpfer über eure ICH BIN-Gegenwart und euren eigenen wahren Weg, der euch zur rechten Zeit zurückführt in die EINHEIT.

Denkt daran, jeder von euch ist ein einzigartiger Aspekt des Schöpfers; jeder von euch hat eine besondere Aufgabe und Reise zu bewältigen; jeder von euch trägt in sich Erfahrungen, Impulse und Erinnerungen von vielen Lebenszeiten. Deshalb wird eure Reise zurück in die Ganzheit ebenso einzigartig sein. Hier könnt ihr einen der wichtigsten Schlüssel zur Meisterschaft verlangen: Wählt euren Weg zurück zur Erleuchtung, indem ihr eure eigene Wahrheit fordert und diese Wahrheit nach eurem besten Vermögen lebt und jedem anderen erlaubt, das gleiche zu tun. Selbstachtung und Selbstliebe sind ebenfalls wichtige Komponenten der Selbstbemeisterung, wobei ihr der Essenz von Liebe/Licht erlaubt, zu und durch euch zu fließen und dann auf andere auszustrahlen. Das hilft euch, euer Vertrauen in den Spirit zu legen, indem ihr loslasst und GOTT DURCH EUCH WIRKEN LASST.

Durch die Zeitalter herab gab es nur wenige Seelen, die nach Einweihung und Erleuchtung strebten. In alten Zeiten gab es die elitären esoterischen Schulen der Weisheit, wo die Eingeweihten einem langen und harten Trainingsprozess unterworfen waren, manchmal für viele Jahre. Jedoch waren nur wenige erfolgreich und noch weniger waren in der Lage, die Fähigkeiten, die sie gewonnen und das, was sie gelernt hatten, zum Wohle aller anzuwenden. Die Übungstechniken der östlichen Welt schrieben auch Jahre der Meditation und eine strenge Disziplin vor, um eine Ebene der Selbstbemeisterung zu erzielen. Aber es gab nur wenige die in die Welt hinaus kamen und das Gelernte praktisch anwendeten. Diese Zeiten sind vergangen, Geliebte. Die Schlüssel zur Selbstbemeisterung werden nun den Massen angeboten, sie müssen aber während des Lebens und Funktionierens in der Welt von Ursache und Wirkung erreicht und dann so lange praktiziert werden, bis sie voll integriert und im Alltagsleben praktische Anwendung finden. Dies unterstützt die Heilung und Harmonisierung der Energiemuster mit euren Mitmenschen, da jeder von euch zu einem nachahmenswerten Vorbild für andere wird. Das ist Teil der Rückkehr in das Bewusstsein der EINHEIT von allen Dingen. Die Zeiten der Isolation oder des Separatismus sind vorbei.

Genauso wie ihr von einem Kind im ersten Schuljahr nicht erwartet, dass es so handelt oder Verantwortung trägt wie ein Jungendlicher in einer viel höheren Klasse, so ist es auch auf dem Seelenpfad der Einweihung. Es ist ein schrittweiser Prozess, und euer Höheres Selbst weiß, was das Beste für euch ist, wenn ihr nur auf die Führung von Spirit hören wollt. Wir erwarten nicht von euch, vollkommen zu sein; ihr werdet nicht verurteilt wenn ihr Fehler macht oder für eine Weile in die falsche Richtung geht. Lebt jeden Augenblick so gut wie ihr nur fähig seid, während ihr euch die Freiheit gewährt, all die aufsteigenden Emotionen anzuerkennen, aber ihnen nicht gestattet, euch in Disharmonie zu bringen. Schritt für Schritt und durch fortschreitende Erfahrung werden alte Gewohnheiten und Gedankenmuster abfallen. Ihr werdet euch aus den Fängen der Begrenzung und des Ego in die Ermächtigung des Spirit begeben, wobei ihr nach und nach zu Meistern eures Schicksals und zu Lenkern eurer Realität werdet.

Da ihr nun in das neue Jahrtausend vorrückt, bitten wir euch, entwickelt eine Vision darüber, wie ihr euch die Zukunft der Menschheit und der Erde für das nächste Jahrhundert vorstellt. Das Geheimnis liegt für jeden von euch darin, eure eigene Vision der Vollkommenheit zu erschaffen, oder wie ihr euch den Himmel auf Erden vorstellt. Ihr werdet viel machtvoller im Anzapfen der Gedankenformen oder der kosmischen Substanz der Manifestation, in dem ihr euch in bewusster, liebevoller Absicht miteinander verbindet. So ist es also wichtig, dass jeder von euch seine Vision zu der vom Rest der Welt hinzufügt. Denkt daran, die Wunder der Manifestation beginnen in jedem Herz/Seelenzentrum, strahlen dann nach außen und verbinden sich mit ähnlicher Energie, sich dabei vergrößernd und machtvolle Gedankenformen erschaffend, welche sich schließlich auf der physischen Ebene verwirklichen. Erlaubt Spirit, mit dem „Herunterladen“ der Weisheit und Inspiration zu beginnen, die ihr benötigen werdet, um klare Einsicht darüber zu gewinnen, wie eure höchste Vision sein soll, so dass ihr eure inspirierten Gedanken und Energien jenen der Gesamtheit hinzufügen könnt. **Erinnert euch, Geliebte, wir alle befinden uns gemeinsam im Aufstiegsprozess zurück in das Einheitsbewusstsein. Es ist der Wunsch unseres Vater/Mutter-Gottes, dass ihr Frieden, Liebe und Freude erfahrt – JETZT!**

Wir haben früher schon viele Male dargelegt, Teil des Einweihungsprozesses - und um ein mitschöpferischer Meister des Friedens und der Harmonie zu werden - ist, ein besseres Verständnis für das Wirken des Geistes und der universellen Gesetze zu erlangen. Wenn ihr die Regeln kennt und die Konsequenzen der Nichtbefolgung dieser Regeln, dann hilft es euch, die richtige Wahl zu treffen. In unserer Bestrebung, euch in diesem Bemühen zu helfen, wollen wir unsere Lektionen über die Integration der höheren Attribute des Chakrasystems, durch Umwandlung und Heilung der unausgeglichenen Aspekte, fortsetzen.

Unser Fokus war im vergangenen Monat auf das fünfte, oder das Kehlkopfchakra gerichtet, das mit den Frequenzen der blauen Farbe in Resonanz steht. Es ist wichtig, dass ihr versteht, dass Farben zu spezifischen Energiemustern schwingen, wie alles in der materiellen Welt. Stellt euch vor, wie die Worte, die ihr sprecht, Form annehmen und in spezifischen Farben und Gebilden ausstrahlen: Scharfe rote Dolche aus Ärger, Hass oder Wut, oder das flammend rote Schwert der Ermächtigung und Stärke; schmutziggrüne Haken der Eifersucht oder der Versuche, zu kontrollieren und zu besitzen, oder Worte, welche die vibrierend grüne Energie der Heilung und Harmonie ausstrahlen. Es ist kein Zufall, dass eure Erde überwiegend aus den Farben blau, welche die Energien des Friedens, der Gelassenheit und Wahrheit trägt, und grün besteht, die Lebenskraftenergie, Heilung und Balance spendet. Was immer es braucht, es ist unerlässlich, dass ihr die universelle Wahrheit akzeptiert, dass in jedem Wort, das ihr sprecht, in jedem Gedanken und in jeder Tat, die ihr projiziert, eine Qualität von Energie innewohnt, die gleichfalls projiziert wird, sei sie positiv oder negativ.

Wenn ihr die Energie des Kehlkopfchakras beobachtet und euch darauf konzentriert habt, solltet ihr euch der Sprache bewusster sein, die ihr in eurem alltäglichen Umgang verwendet, und der Gedankenmuster, die durch euren Geist fließen. Wenn ihr euch bemüht, die höheren Aspekte eines jeden Chakras und jeder Farbe zu integrieren, ruft ihr die Hilfe des Höheren Selbst herbei. Das ermöglicht euch, alte Verhaltensmuster abzulegen, mit Urteilsfähigkeit eure Wahrheit zu sprechen und eure Gefühle in positiver Weise zum Ausdruck zu bringen. Ihr werdet auch Verschwiegenheit lernen und tapfer genug zu sein, nicht immer eure

Meinung äußern zu müssen – zu wissen, wann ihr schweigen sollt. Ein Meister spricht sanft und bleibt oft schweigsam, beobachtet und hört zu, es sei denn, er/sie befindet sich in einer belehrenden Situation. Es ist auch wichtig, dass ihr beginnt, eine Sprache von niedrigen Schwingungsfrequenzen auszumerzen, und sie durch positive Worte der Ermächtigung zu ersetzen. Übt das Hören mit dem inneren Ohr des Spirit auf die Botschaften oder die Bedeutung hinter den Worten anderer. Überwacht ständig eure Sprechweise, um zu sehen, dass eure Worte mit dem übereinstimmen, was ihr wirklich fühlt.

Wir wollen uns nun dem sechsten Chakra zuwenden, dem dritten Auge, welches die Frequenzen der Indigo-Energie ausstrahlt. Es ist Zeit, das Feststehende und Verformte aus eurem dritten Auge auszuräumen, denn es ist das Tor zu den Geschenken der Überlegenheit und Meisterschaft. Die Hirnanhangdrüse wird reaktiviert und öffnet sich wie eine schöne Lotosblüte, welche den Zutritt gewährt zu den Lichtpaketen und den in eurer Gehirnstruktur gespeicherten verschlüsselten Weisheiten. Als der Schleier des Vergessens über eure Erinnerung gezogen wurde, wurdet ihr von eurem Höheren Selbst getrennt, und die natürlichen Fähigkeiten des Hellsehens, Hellhörens, der Kreativität und intuitiven Weisheit begannen zu verkümmern. Die höherdimensionalen Ebenen des Gehirns schlossen sich, was Angst, Kopfschmerzen, negative Gedankenmuster und ein Gefühl der Isolierung oder des Abgeschnittenseins von eurem Höheren Selbst und Gott zur Folge hatte. Die Menschheit begann, sich mehr auf die niederdimensionalen Frequenzen, oder die instinktiven Gehirnmuster zu fokussieren, statt auf die höheren Frequenzen des überbewussten Geistes.

Der menschlich Geist ist im Erwachen – als Teil des Wiedererwachens-/Mutationsprozesses – und ihr kommt zu der Erkenntnis, dass ihr all die notwendigen Werkzeuge habt, um jede Realität, die ihr euch wünscht, zu erschaffen. Jede Schöpfung beginnt zuerst mit einem Gedanken – die Intensität und Beschaffenheit des Gedankens bestimmt, wie schnell er sich auf der physischen Ebene manifestieren wird. Eure Sensitivität wird zunehmen und eure Bedürfnisse werden sich verändern, während ihr auf dem Pfad der Verfeinerung voranschreitet. Indem ihr den Glauben an euch selbst und eure Fähigkeiten entwickelt und lernt, eingestimmt auf euer Höheres Selbst und in Harmonie mit den Universellen Gesetzen zu leben, wird eure Welt märchenhaft, und eure Sehnsucht nach Liebe, Frieden, Freude und Überfluss wird sich auf natürliche Weise entfalten, da ihr euch in die höheren Frequenzen der Ausgeglichenheit und Harmonie mit Spirit begebt.

Der Pfad, dem ihr folgen müsst, ist klar gekennzeichnet, und es gibt Wegweiser und Richtlinien entlang des Weges. Alles was ihr tun müsst, ist, voranzugehen, jeweils einen festen Schritt nach dem anderen, mit liebevoller Absicht und fester Entschlossenheit. Wir sind euch nahe, um euch zu unterstützen wenn ihr strauchelt, euch Mut zuzuflüstern wenn ihr mutlos seid, aber vor allem sind wir hier, um die ermächtigende Liebe Gottes auf euch zu strahlen, so dass ihr wissen werdet, dass ihr niemals allein seid. Ich umhülle euch mit einem Aurafeld der Liebe und des Schutzes.

ICH BIN Erzengel Michael.

61. Seid ihr bereit, euren Lichtmantel anzulegen?

Geliebte Meister, selbst wenn ihr die Fähigkeit erreicht habt, bewusste Beobachter zu sein und all das, was geschieht, vom Blickwinkel eines Meisters aus zu betrachten, gibt es doch Zeiten, wo es schwierig ist zu verstehen, was das größere Bild sein mag und die wahre Bedeutung von dem, was die Welt als eine große Tragödie sieht. Lasst euch von uns eine Erklärung und, hoffentlich, einen Trost geben, da immer mehr ungewöhnliche und noch nie da gewesene Ereignisse sich in diesen sich schnell verändernden Zeiten zu entfalten beginnen.

Vor allem befindet ihr euch in der Mitte eines größeren Zuflusses an Christusenergie aus dem Innersten der Galaxis, was sich auf einer gewissen Ebene auf alles auf der Erde auswirkt. Viele von euch haben emsig daran gearbeitet, alte Energiemuster aus ihren physischen/ätherischen, emotionalen und mentalen Körpern zu entfernen, zusammen mit den eingezwängten Energien aus dem Innern eurer Chakrasysteme, um reine Aufnahmebehälter für diesen Göttlichen Zustrom zu sein. (Chakren sind fokussierte, konzentrierte Energie an spezifischen Stellen des Körpers.) Chakren enthalten alle vergangenen Erinnerungen, positive wie negative, und sind zusammen mit eurem Unterbewusstsein hilfreich bei der Erschaffung eures Realitätsbildes. Stellt euch vor, wie sich eure Chakren in perfekter Harmonie immer schneller und schneller zu drehen beginnen, bis sie ein Maximum an Geschwindigkeit erreicht haben, und plötzlich gibt es eine Lichtexplosion aus dem Innersten eines jeden Chakras, die es in eine neue Farbe und Resonanz umwandelt. Wenn das stattfindet, dann bedeutet es, dass ihr ein heiliges Siegel innerhalb des Körpers geöffnet habt und ihr eine Einströmung des Christuslichtes und der verfeinerten Energien von den fünf höheren Galaktischen Strahlen erlebt. Wir werden das später noch detaillierter erklären, aber es ist wichtig, dass ihr versteht, was sich gegenwärtig abspielt.

Es finden Öffnungen im Chakrasystem der Erde statt – Siegel, die gebrochen oder geöffnet werden, und das gleiche geschieht in eurem physischen Körper. Viele von euch haben das sechste oder siebte Siegel geöffnet (das dritte Auge und das Kronenchakra), und manche sogar das achte oder ein noch höheres. Bitte, lasst euch nicht von Zahlen einfangen oder vom Spiel „auf welcher Ebene stehe ich?" Und vergleicht euch mit niemand anderem. Wisst, dass ihr euch auf dem vollkommenen Ort für euer Wachstum und für eure Ermächtigung befindet - ihr seid auf eurer eigenen, einmaligen Reise, so wie es jede Seele auf Erden ist.

Wir haben auch über das „Zweite Kommen" gesprochen, und ihr befindet euch ebenso in der Mitte dieses Prozesses. Jedem von euch steht das Maximum an Christusenergie zur Verfügung, das euer physisches Gefäß aufnehmen kann. Und so, nochmals, finden bei einigen kleinere Infusionen statt, und wundersame Verschmelzungen mit dem Christus-Selbst bei denjenigen von euch, die fleißig an der Ausgleichung und Harmonisierung ihres physischen Gefäßes gearbeitet haben. Auf dem Weg in die fünfte Dimension bewegt ihr euch rasch durch die Vielzahl der Einweihungsebenen und die unteren und höheren Ebenen des Bewusstseins.

Es finden auch wichtige astrologische Konfigurationen statt - himmlische Ereignisse von bedeutsamen Ausmaßen. An eurem Kalenderdatum des 11.August 1999, fand eine totale Sonnenfinsternis statt, die an sich nichts Ungewöhnliches ist. Jedoch gab es zu dieser Zeit auch eine machtvolle Formation eines Großen Kreuzes in den „Toren der Macht," welches die fixen Tierkreiszeichen sind: Stier, Löwe, Wassermann und Skorpion. Es gab eine Anzahl von Interpretationen, Vorhersagen und Erklärungen, aber erlaubt uns, euch noch ein weitere zu geben. Bevor ihr in die Harmonie mit eurer spirituell/menschlichen Lichtkörperrealität eintreten könnt, müsst ihr alle festen, starren Konzepte loslassen, - all eure linearen, analytischen Gedankenformen, die euch in den Grenzen einer dreidimensionalen Realität festhalten. Seid ihr bereit, euch eurer starren Rüstung der Begrenzung, eurer fixierten Konzepte darüber, um was es im Leben geht und wer ihr seid, zu entledigen? Ja, es ist ein Torweg zu höherem Bewusstsein. Eine Gelegenheit für euch, ein neues Bewusstsein zu gebären und der Erde zu helfen, zurückzukehren zu ihrem rechtmäßigen Status als ein glänzender heiliger Lichtplanet.

Während der Zeiten des großen Wandels, jenen, welche die Erde und die Menschheit jetzt erleben, gibt es ein Potential für kataklysmische Ereignisse – nicht als Bestrafung, sondern als ein natürlicher Prozess, da die höheren Frequenzen des Lichts auf die starren Energien der Unausgeglichenheit und Dunkelheit treffen. Ihr seid viel mächtiger geworden als ihr wisst, da ihr euch in immer größer werdender Zahl zusammenfindet und euch auf „das höchste Wohl für alle" in liebevoller, geeinter Absicht fokussiert.

Wisst, dass die schöne weise Seele, genannt John Kennedy, Jr. und diejenigen, die ihn begleiteten, keine unglücklichen Opfer einer Tragödie waren. Es wurde auf höchste Anordnung hin ein Vertrag erfüllt. Stellt euch die Millionen Herzen vor, die sich in einem großen Liebeserguss öffnen, sogar noch verstärkt durch das emotionale Gefühl des Verlustes eines „Leuchtenden." Seht diese Aura vereinter Liebe, wie sie die Erde umhüllt und wie ein Filter wirkt für den Einstrom von Energie, die jetzt auf die Erde herabfließt – mildernd, erweichend, sich sanft und harmonisch vermischend, während sie die starren Energien von Angst, Ärger, Habsucht und Ignoranz umwandelt.

Wisst, dass ihr Lebenszeiten gewählt habt, in denen es euch bestimmt war, ein hohes Alter zu erreichen, um die Früchte des Erfolges oder der Fehler zu ernten, und die Gebrechlichkeit des Fleisches zu erleben. Bitte denkt daran, dass ihr auch gewählt habt, das Leben als ein leuchtender glänzender Stern zu erfahren – strahlend hell auf die Leben all derjenigen einzuwirken, die ihr berührt, um aber am Höhepunkt eurer Herrlichkeit zurückzukehren in eure spirituelle Heimat. Ihr kamt nicht, um hier zu bleiben; ihr kamt nur auf einen Kurzbesuch, um die Welt mit eurer liebevollen Strahlung zu beschenken. Und dies war die Aufgabe des genannten John Kennedy, Jr. Denkt an ihn und segnet ihn für sein Geschenk.

Geliebte, wisst, dass ich während dieser Zeiten bedeutender Veränderung und des Einweihungsprozesses, den ihr gegenwärtig erlebt, bei euch sein werde, und ebenso werden es eure persönlichen Engel-Helfer, die Meister, die euch führen und lenken, und die vielen anderen großen Lichtwesen sein, die an diesem wundersamen Aufstiegsprozess teilhaben.

Diese Einweihung symbolisiert eine äußere Anerkennung und Bestätigung eines inneren Umwandlungsprozesses, der seit einiger Zeit heranreift. Sie symbolisiert euer persönliches Erleben des **ZWEITEN KOMMENS CHRISTI -** die Aufnahme oder Integrierung eures **CHRISTUS - BEWUSSTSEINS.** Eines der Vorteile dieses Göttlichen Geschenks ist das direkte Zusammenspiel mit den Lichtwesen und die zweifelsfreie Gewissheit, dass ihr unter der Führung und dem Schutz dieser strahlenden Wesenheiten steht. Ihr seid nun frei, auf vielfache Weise mit den höherdimensionalen Ebenen und Frequenzen zu kommunizieren.

Eure Bitten und Verfügungen wurde gehört und ordnungsgemäß aufgezeichnet – so wie eben alle aufrichtigen Bitten gehört werden. Im Geist wurdet ihr während eurer Schlafenszeit vor das Lichtkonzil der Hierarchie gebracht und für würdig befunden, den Listen der **Jünger des Lichts,** oder Trägern der Christus-Flamme, hinzugefügt zu werden. Das ist der Grund, warum ihr in den vergangenen Jahren so viel Aufruhr und Dramen erlebt habt. Um diesen Status zu erreichen, musstet ihr mit vielen restlichen karmischen Mustern in eurem Energiefeld konfrontiert werden, sie verarbeiten und reinigen. Das heißt nicht, dass ihr in Zukunft nicht mit Herausforderungen und stressvollen Ereignissen konfrontiert sein werdet, denn ihr werdet immer noch durch die Dualität und Polarität der dreidimensionalen Umwelt beeinflusst, selbst wenn ihr schon mit vierdimensionalen oder noch höheren Frequenzen in Resonanz steht. Der Unterschied liegt darin, dass ihr jetzt alle Werkzeuge und Mittel habt, die ihr benötigt, aber ihr könnt auch die gewaltige Energie der höheren Dimensionen an euch ziehen, so dass ihr euch nie wieder allein abmühen müsst.

Damit ihr also wisst, dass wir immer nahe und bereit sind, euch zu helfen und zu führen, bitten euch die aufgestiegenen Meister, die Erzengel und die Göttin in ihrer vielfältigen Form, dass ihr sie anruft, damit sie ihre Tugenden, Eigenschaften, ihre Macht und ihren Segen in euch einflößen. Wählt eine oder mehrere, von welchen ihr wünscht,

ÜBERLICHTET zu werden und Quelle eurer Inspiration und Führung zu sein. Eure Bedürfnisse mögen sich verändern, also zögert nicht, irgendjemand von uns anzurufen, wann immer es euch richtig erscheint. Wir werden immer antworten. Wenn ein Lichtwesen, von dem betreut zu werden ihr wünscht, hier nicht aufgelistet ist, ruft es an und es wird ein inspiriertes Mantra von ihm zu euch kommen.

Diese Bitten werden in Form eines Mantra gegeben, welches das herbeirufen wird, was ihr benötigt, um eure Aufgabe zu erfüllen, und das gleichzeitig Liebe und Schutz auf euch ausstrahlen wird.

ICH RUFE DEN GELIEBTEN LORD JESUS/SANANDA, mein Mentor und mein führendes Licht zu sein. Ich bitte, dass er, der die perfekte Verkörperung des Christus-Bewusstseins ist, mich mit mitfühlender Weisheit, fester Absicht und Entschlossenheit erfülle. In jedem Augenblick werde ich mich bemühen, ein leuchtendes Beispiel manifestierten Geistes in Aktion zu sein. Ich schreite voran in der Gewissheit, dass mir der höchste Pfad immer klar vor Augen geführt wird, und dass ich jede Aufgabe, die mir gestellt wird, mit Leichtigkeit und Anmut erfüllen werde.

ICH RUFE DEN GESEGNETEN LADY-ERZENGEL MARIA, zu der ich eine so große Zuneigung fühle, mich zu leiten und zu unterstützen in meiner Suche nach Wahrheit und schöpferischer Macht. Ich verlange nach all den Gaben, die auf meine Seele und in meine Gehirnstruktur eingeprägt wurden, und ich manifestiere sie dankbar und in ihrer höchsten Form zum Segen aller. Ich werde beständig inspiriert, Dinge von großer Schönheit zu erschaffen, um andere zu erfreuen und zu ermutigen, das gleiche zu tun. Ich richte mich nach den Gesetzen der Schöpfung und widme mein Leben dem Dienst an der Menschheit.

ICH RUFE SAINT GERMAIN und bitte ihn, meine Inspiration zu sein. Ich verlange nach dem Geschenk der umwandelnden violetten Flamme - der Göttlichen alchemistischen Energie der Umformung und Umwandlung. Ich nehme die Herausforderung an, die volle Verkörperung der männlichen und weiblichen Energien zu sein und

damit allen zu zeigen, was es heißt, in Macht und Stärke zu wandeln und zugleich Liebe und Mitgefühl zu personifizieren. Ich verlange und verkünde meine MEISTERSCHAFT JETZT!

ICH RUFE KWAN YIN und bitte sie, mich mit all der heilenden Energie, der Liebe und dem Mitgefühl ihrer wundersamen Natur zu erfüllen; mir zu erlauben, ein Pfleger und Heiler all derjenigen zu sein, die nach Trost, Hoffnung und Inspiration suchen; mir zu erlauben, das Instrument zu sein, durch welches sie Ganzheit im Körper, Seele und Geist erzielen. Mögen alle, denen ich begegne und diene, mit Ausgeglichenheit, Frieden und Harmonie erfüllt sein.

ICH RUFE MEISTER KUTHUMI, Weltlehrer und Träger von Wahrheit und Weisheit, und bitte ihn, meine Inspiration zu sein. Möge ich die verborgenen Wahrheiten und die höhere Weisheit der Meister auf solch eine Weise enthüllen, dass sie von allen, die nach Wissen streben, verstanden werden kann. Sei bitte mein führendes Licht und meine Inspiration; lehre mich Urteilsfähigkeit und denjenigen weisen Rat zu geben, die zu mir geführt werden. Ich strebe nur danach, ein klarer Kanal zu sein, und ich weiß, je mehr ich gebe, desto mehr werde ich empfangen.

ICH RUFE ERZENGEL GABRIEL mit der Bitte, in einer Flamme des Ruhmes die Erklärung meines triumphalen Auftauchens aus allen physischen Beschränkungen bekannt zu geben. Ich bin jetzt bereit und willig, den vollen Umfang meiner dynamischen Macht und Autorität anzunehmen. Ich erkläre mich selbst zu einem Diener der Christusenergie und werde ein leuchtendes Vorbild und eine Inspiration für andere sein.

ICH RUFE ERZENGEL RAPHAEL, der seit unvergänglichen Zeiten mein Lehrer, Hüter und Beschützer gewesen ist. Ich verlange Frieden und Harmonie für mich selbst, und übermittle die Schönheit meiner liebevollen Natur an all jene, mit denen ich zusammentreffe. Ich schreite voran in dem Wissen, dass ich ein Wesen mit großer Zielsetzung bin, und dass mir jeder Tag die Gelegenheit bringt, die Vollkommenheit meines Spirit zu nützen und zu manifestieren.

ICH RUFE ERZENGEL URIEL, sich meiner als Verkünder der neuen Wahrheit und Weisheit zu bedienen, die auf die Erde und die Menschheit ausgegossen wird. Ich weihe mich selbst als eine Stimme der Zukunft und als ein Kanal für die heilende Energie aus der universalen Quelle. Alles was ICH BIN und alles was ich fortan tue, soll zur Manifestation des neuen Himmels auf Erden beitragen. Ich will ein Sendbote der FRIEDENSTAUBE sein.

ICH RUFE ERZENGEL MICHAEL und bitte ihn, sein Bevollmächtigter auf Erden und ein Kurier in seinen mächtigen Legionen des Lichts sein zu dürfen. Ich werde mein Leben, meine Energie und alles was ich habe, der Erfüllung des Versprechens widmen, das ich gab, bevor ich die physische Form annahm. Mein größter Wunsch ist, meine Göttliche Mission auf dem Planeten Erde zu erfüllen. Ich will ein Träger des Schwertes der Wahrheit, Ehre und Tapferkeit sein und will standhaft bleiben, bis der Traum vom neuen Goldenen Zeitalter sich erfüllt hat.

ICH RUFE ERZENGEL ZADKIEL, der eine Inspiration und ein Göttlicher Aufseher über viele meiner Inkarnationen war. Mit seiner Hilfe will ich kühn sein Banner der Violetten Flamme der Erlösung tragen. Ich will immer danach streben, ein Vorbild für richtiges Handeln und für Gerechtigkeit zu sein. Ich werde nicht zögern, voranzuschreiten, sei es um zu dienen oder um ein Beispiel der Vollkommenheit zu sein, die ich jetzt zu verkörpern strebe.

ICH RUFE DEN SCHÖNEN LADY-ERZENGEL FAITH und bitte sie, mich durch die vielen unbekannten Weiden zu führen. Ich will in vollem Vertrauen und Wissen voranschreiten, dass ich von meinem SPIRIT geführt werde, und ich will ein leuchtendes Vorbild für alle sein. Ich werde anderen zeigen, dass mit Mut und Vertrauen das Unmögliche möglich wird; dass ich durch das Aufgeben all dessen, was als sicher gilt, getröstet und mit unermesslichem Reichtum gesegnet werde. Ich werde denjenigen schwachen Herzens zeigen, dass wir über die Klippe steigen und uns zu den Sternen erheben können.

ICH RUFE DEN MITFÜHLENDEN LADY-ERZENGEL HOPE. Ich will Hoffnung und Inspiration in meinem Verhalten, in meiner Sprache und in meinen Handlungen verkörpern. Ich will liebevoll Hilfe leisten, wo sie gebraucht wird. Ich will sanft inspirieren und ermutigen, wo Verzweiflung herrscht. Ich werde zu allen Worte der Hoffnung sprechen. Allein durch meine Gegenwart werde ich Trost spenden und in meinem „Kielwasser" eine Aura des Friedens und der Schönheit hinterlassen.

ICH RUFE LADY KONSTANZE, ERZENGEL DER GERECHTIGKEIT. Ich, der/die ich Ignoranz, Bigotterie und Ungerechtigkeit kennen gelernt habe, will ein leuchtendes Vorbild bedingungsloser Liebe und reiner Absicht sein. Ich werde mich immer bemühen, zu verstehen und zu verzeihen. Ich verlange die Reinheit meines Göttlichen SELBST und lasse seinen Glanz herabstrahlen auf alle, um sich darin zu wärmen. Ich will die Eigenschaften des Verstehens, des Wahrnehmens und der Göttlichen Weisheit verkörpern.

ICH RUFE DIE GÖTTIN DER FREIHEIT, mich von jeglicher Begrenzung zu befreien, die mich von der Erfüllung meiner höchsten Bestimmung abhält. Ich nehme den Mantel der Meisterschaft an und schreite fort in der beständigen Gewissheit meines Erfolges. Ich weiß, dass ich ein Lehrer der neu aufkommenden Weisheit und Wahrheit bin. Möge ich niemals zögern, meine Wahrheit auszusprechen und meine Weisheit mitzuteilen, wenn mein SPIRIT mich dazu auffordert. Ich akzeptiere die Rolle eines behutsamen Führers für all diejenigen, die zu mir geführt werden.

ICH RUFE DIE GÖTTIN DER WAHRHEIT, mich mit dem Wunsch zu erfüllen, die verborgene Weisheit der Zeitalter zu erkennen und zu erfahren. Indem ich wahres Wissen und Weisheit erlange und in meinem Leben zum Ausdruck bringe, möchte ich ein Vorbild und ein Verbreiter höherer Wahrheit sein und sie mit allen Lichtsuchern teilen. Ich werde jenen Trost spenden, die entmutigt sind und diejenigen inspirieren, die sich niedergeschlagen fühlen. Ich will ein mutiges Vorbild für die Zaghaften sein und denjenigen liebevolle Hilfe geben, die sich nicht der Liebe wert fühlen. Ich werde auf die

Anstöße meines Spirit hören und sie ehren und den Weg der Wahrheit und Liebe gehen.

ICH RUFE DIE LEUCHTENDE GÖTTIN DES LICHTS – DEN HEILIGEN GEIST, mich mit ihrer herrlichen Strahlung zu erfüllen und zu durchdringen. Mache mich zu einem Leuchtturm, den alle sehen können, so dass sie erkennen werden, wem ich diene, da ich das Licht des Geistes zum heilen, trösten und inspirieren benütze. Ich werde mich in ihrer glühenden Strahlung wärmen und solch eine großartige Aura der Liebe erschaffen, dass alle, mit denen ich in Kontakt trete, gesegnet werden und die Samen der Transformation ausgesät werden, um zur rechten Zeit zu reifen. Mein Spirit frohlockt, da ich meinen Einfluss von liebevollem Licht weit verbreite.

ICH RUFE DIE LIEBEVOLLEN GÖTTINNEN DER DEVISCHEN UND ELEMENTALEN KÖNIGREICHE und bitte sie, ihre strahlende liebvolle Energie über die Erde zu ergießen, alle Elemente der Natur zu beruhigen und sich mit unseren Bemühungen zu verbinden, unsere verwundete Mutter Erde zu heilen. Ich bitte sie, wieder mit uns zusammenzuarbeiten, um die Schönheit und Vollkommenheit der Erde wieder herzustellen. Mögen wir uns daran erinnern, dass wir die Verwalter der Erde sind, und dass uns die Obsorge für die Tier-, Pflanzen- und Mineralreiche übertragen wurde. MÖGEN WIR IN FRIEDEN UND HARMONIE WANDELN, ALLE SCHÖPFUNGEN GOTTES EHREN, VON DEN NIEDERSTEN BIS ZU DEN HÖCHSTEN.

Affirmation: Hiermit ziehe ich meine spirituelle Rüstung an und akzeptiere die Geschenke und Verantwortlichkeiten eines Göttlichen Meisters der Mitschöpfung. Ich weihe mein Leben und mein ganzes Sein dem Ruhme von Gott/Göttin/Alles-Was-Ist und der Manifestation des Himmels auf Erden. Und so sei es!

Möge die Strahlung vom Lichte Gottes sich über euch ergießen. Wisst, dass ihr über alle Maßen geliebt werdet.

ICH BIN Erzengel Michael und bringe euch freudig diese Wahrheiten.

62. Ein leuchtender Geist

Als ich hörte was geschah an diesem traurigen und tragischen Tag,
Mit tränenvollen Augen und schwerem Herzen kniete ich betend bei meinem Bett.

„Warum hast du ihn hinweggenommen, Herr? Er war so jung und heiter,
Er hatte noch so vieles zu erleben, um schon so früh abberufen zu werden."

In mein Herz kam eine Stille, und eine sanfte Stimme schien zu sagen:
„Ein kühnes und glückliches Herz brauche ich, einen starken und treuen Geist.
Ich habe ein Universum zu führen, da gibt es sehr viel zu tun."

„Er wird mir helfen, die Sterne zu entzünden zur Nacht,
Und den Mond scheinen zu lassen, bis es hell wird,
Die Wolken hinweg zu fegen mit einem feinem Besen
Und der Sonne zu sagen, wann sie scheinen soll."

„Er wird den Regenbogen in den Himmel malen,
Und den Engeln das Fliegen lehren,
Die Schneeflocken entwerfen, bevor sie fallen,
Und die Harfen stimmen in den Himmlischen Hallen."

„Nun gebe ich dieses Versprechen all denjenigen, die ihn wahrhaft lieben:
Er wird nie sehr weit von euch sein.
In euren Träumen, wenn ihr schlaft,
Wird er immer eine Verabredung mit euch einhalten.
Und wenn eure Zeit gekommen ist für das versprochene Land,
Wird er dort sein, um euch zu führen bei der Hand."

„All seine wundersamen Werke wird er euch zeigen wollen,
Und ihr werdet zusammensein in alle Ewigkeit."

All den schönen jungen Engeln gewidmet, die zur Erde kamen, um uns nur für eine kleine Weile mit ihrer Strahlung zu beglücken. Sie verließen uns mit Erinnerungen an ihre Liebe, Freude und was es heißt, HELL ZU LEUCHTEN. Sie sind nicht fort; sie werden für immer in unseren Herzen bleiben.

Ronna Herman

63. Eine Vision für das neue Jahrtausend

Ihr steht an einem großen Scheideweg. Ihr Lieben, während ihr durch den Prozess der Klärung und Reinigung eurer vielfältigen Facetten geht, lasst ihr die Energien hinter euch, die allen Kummer und alles Leid erzeugt haben. Haltet für einen Augenblick inne und blickt auf diese vergangenen Monate als ein Beobachter: Beginnt ihr das Bild zu erfassen, um was es bei diesem großen Plan und dem Aufstieg geht? Bewusst zu sein und die Kontrolle über sich zu haben, sind wichtige Facetten der Meisterschaft. Und wenn ihr fleißig mit den Lektionen, die wir euch gaben, gearbeitet habt, dann solltet ihr gut unterwegs sein, um die vielen Geschenke wieder zu erlangen, die ihr vor so vielen Äonen auf die Erde gebracht habt.

Wir haben sehr viel Zeit damit verbracht, die vielen negativen Ausdrucksfacetten zu identifizieren, um euch zu helfen, sie zu erkennen und zu korrigieren. Nun ist die Zeit gekommen, sich auf die positiven Eigenschaften zu konzentrieren, die ihr zu stärken und zu vervollkommnen wünscht. Es ist Zeit, das zu identifizieren und zu verstärken, was in eurer Welt richtig ist, statt dem was falsch ist. Wie wir euch schon so oft gesagt haben, worauf ihr eure Aufmerksamkeit richtet, dem verleiht ihr Energie, die das vergrößert und verstärkt, was immer es sein mag, sei es positiv oder negativ. Daher ist es wieder einmal an der Zeit, Inventur zu machen, denn ihr müsst ein klares Bild darüber haben, wie ihr eurem Wunsch entsprechend die Welt der Zukunft aussehen und sich anfühlen soll. Es bringt euch nichts, zu versuchen, euch an die Träume anderer Personen anzupassen. Es ist Zeit, euch euren eigenen Traum im vollsten Ausmaß vorzustellen und ihm dann zu erlauben, sich im „Traumland der Zukunft für die Menschheit und die Erde" durch die Affirmation: „Zum höchsten Wohle aller" zu erfüllen.

Habt ihr klar definiert, wie ihr in diesen sich rasch verändernden Zeiten eure Dienste zur Verfügung stellen wollt? Das sollte in euren Visionen an allererster Stelle stehen, ihr Lieben. Es kann ganz einfach so sein, dass ihr zu einem Anker werdet für den zunehmenden Einfluss an Göttlicher Lebenskraft-Energie, oder indem ihr die violette Flamme dazu benutzt, um andere zu umhüllen und ihnen damit zu helfen. Denkt daran, es gibt ein universelles Gesetz, das besagt, das ihr die Gaben der Weisheit und Erleuchtung, die ihr empfangen habt, anwenden und weitergeben müsst, damit ihr Platz schafft, um noch mehr davon zu empfangen. Sprecht ihr eure Wahrheit und teilt ihr eure Einsichten, die ihr durch eure eigenen Prüfungen, Tests und Erfahrungen gewonnen habt? Verlangt ihr nicht nur nach den Gaben, die euch Spirit anbietet, sondern benutzt und trainiert ihr auch jene spirituellen Muskeln, die durch Nichtbenutzung geschrumpft sind, solche, wie das Anerkennen und Niederschreiben von inspirierten Einsichten oder von Weisheitslehren, die in euren Geist platzen? So wie mit den meisten Träumen, driften sie davon wie Rauch, wenn ihr sie nicht einfangt und niederschreibt. Seid ihr gewillt, aus eurem Bequemlichkeitsbereich auszusteigen wenn ihr gebeten werdet, an einem Ereignis oder einer Übung teilzunehmen, die euch nervös macht oder euer Herz heftig schlagen lässt? Es ist das Ego, das euch zögern lässt. Fürchtet euch nicht, Fehler zu machen, meine lieben Freunde, oder zuzugeben, dass ihr auf eine gestellte Frage keine Antwort wisst. Das ist es, was euch menschlich macht, was andere sich wohl fühlen lässt und ihnen die Erlaubnis gibt, ihre spirituellen Fähigkeiten ebenfalls zu praktizieren und zu vervollkommnen.

Haben sich eure Beziehungen zu anderen verändert? Ihr könnt darüber erzählen, wie ihr euch neben Menschen fühlt, die ihr an euch zieht - solche, die euch euer Selbstwert-Konzept widerspiegeln. Es ist gleichsam wie ein Tanz - ihr wechselt ständig die Partner und die Tempi - manchmal in perfekter Harmonie dahinfließend und sich vereinigend; bei anderen jedoch scheint es, als ob ihr ständig außer Tritt seid oder euch gegenseitig auf die Zehen steigt. Es macht die Sache nicht entweder falsch, besser oder weniger als... - es bedeutet bloß, dass ihr nicht in Harmonie miteinander seid. Indem ihr euch alle immer mehr in ein Einheitsbewusstsein integriert, ist es wichtig, dass ihr euch derer bewusst werdet, mit denen ihr nicht in Harmonie seid (ohne zu urteilen), und derjenigen, mit denen ihr in Harmonie seid, euch gegenseitig ergänzt und ermächtigt. Solange ihr in einem physischen Körper seid, werdet ihr Beziehungen haben die euch ständig herausfordern werden, konzentriert zu bleiben - Dramen, die auszuspielen ihr mit Partnern, Freunden und Familie zugestimmt habt. Jedoch, das Geheimnis von solchen Situationen ist, sich nicht von ihrer Reise oder von ihrem Realitätsbild einfangen zu lassen, sondern zentriert zu bleiben, euer spirituelles Bewusstsein durchzusetzen, indem ihr Grenzen setzt und Vorbild seid aus dem Wissen heraus, dass ihr nicht für das spirituelle Wachstum anderer verantwortlich seid, sondern nur für euer eigenes. Lasst euch nicht von eurem Weg ablenken, ihr Lieben. Geht anmutig mit Liebe und Mitgefühl durch jede Prüfung und Situation, unter der Leitung eures Höheren Selbst. Wenn ihr euch danach richtet, werdet ihr nicht fehl gehen.

Überprüft auch eure gegenwärtigen Konzepte betreffend Überfluss, Gesundheit und Körperform, euren Anspruch auf all die Schönheit, die Großzügigkeit und den Überfluss, den euch die Erde zu bieten hat - euer Göttliches Geburtsrecht. Nachdem ihr alle Facetten des SELBST definiert und sie gefordert habt - im Glauben und in der Bejahung, dass ihr ein liebender und geliebter FUNKE GOTTES seid - seid ihr bereit, euch in den Modus der SELBSTLOSIGKEIT zu begeben, was bedeutet, sich nicht länger auf das kleine Selbst zu fokussieren, sondern auf das Ganze. Ihr wisst ohne jeden Zweifel, dass eure Bedürfnisse, Wünsche und Bestrebungen erfüllt werden, da ihr voranschreitet in den Dienst als Meister.

Ihr werdet beginnen, überpersonell zu leben, das Leben und die Umstände vom Standpunkt des „WIR", und nicht des „ICH" aus zu betrachten. Und mit erweitertem spirituellem Bewusstsein blickt ihr auf das größere Bild des Lebens - nicht auf die „kleine Geschichte" des Ego. Stellt euch selbst in das Zentrum eurer Vision und eurer neuen Realität (bestimmt genau, wer ihr in dieser neuen Realität seid: Charakteristiken, Talente, Fähigkeiten und Eigenschaften, welche den höchsten Ausdruck dessen beschreiben, wer ihr seid). Seid kühn und unverschämt in eurer Vision, da ihr für euch selbst fordert, ein liebevolles, souveränes Wesen zu sein, und dann formuliert in großem Detail, wie ihr multidimensional als Mitschöpfer von LIEBE, LICHT, FRIEDEN, FREUDE UND ÜBERFLUSS agieren und funktionieren wollt.

Nehmt euch die Zeit, darüber nachzudenken, welche Art Beziehungen ihr mit den Menschen in eurem Leben haben wollt. Wenn ihr neue Beziehungen in eurem Leben wünscht, stellt sie euch in eurer Vision vor - beschreibt in großem Detail, was für eine Art Beziehung ihr wünscht:

einen Partner, Spielkameraden, Seelengefährten, Geschäftspartner, Freunde, etc. Stellt sie in eure Vision, ohne sie zu identifizieren; legt nur die Typen und die erwünschten Beziehungsqualitäten fest, und dann lasst euer Göttliches Selbst das Wunder erschaffen. Haltet eure Vision immer so klar und präzise wie möglich. Begehrt freudvolle, wunderbare Liebe und Erfüllung. Sagt jeden Tag: „ICH HABE DEN FÜR MICH PERFEKTEN GEFÄHRTEN, JETZT! (oder perfekten Freund, Partner, etc.). Wenn ihr im Augenblick in einer Beziehung seid, die nicht eurem höchsten Wunsch entspricht, dann fokussiert euch auf die positiven Eigenschaften dieser Person und bejaht dennoch: „ICH HABE MEINEN PERFEKTEN PARTNER, JETZT! Diese(r) mag euch überraschen und zum perfekten Partner werden. Bitte wisst, dass es manchmal für euch angebracht ist, euer eigener perfekter Partner zu sein.

Ihr müsst ein gut definiertes Konzept und eine feste Basis für alle Aspekte eures Lebens in der physischen Welt haben, da ihr beginnt, multidimensional aufzusteigen. Ihr müsst lernen, innerhalb der natürlichen Struktur und den Richtlinien des Spirit zu fließen (oder eurer Göttlichen Bestimmung mit Leichtigkeit und Anmut zu folgen).

Wir werden euch nächsten Monat noch mehr Richtlinien für eure Vision geben, aber lasst uns euch dieses Mantra geben, das ihr bis zu unserer nächsten Zusammenkunft anwenden sollt:

„Ich habe all die Ressourcen, die ich benötige und mir wünsche, um mich wohl zu fühlen und die mir helfen, meine Göttliche Mission zu erfüllen. Ich lebe am perfekten Ort, um meinen Spirit und meine physischen, mentalen und emotionalen Körper zu nähren. Überfluss fließt zu mir und durch mich hindurch, da ich ihn leicht in meinen Händen halte und ihm erlaube, in die Welt hinauszufließen, um ständig ergänzt zu werden. All meine Bedürfnisse und Wünsche werden erfüllt, noch bevor ich mir dessen bewusst werde. Meine Zeitplanung im Treffen von Entscheidungen und im Ausführen von Handlungen ist perfekt. In all meinen Bemühungen höre und folge ich immer meinem Spirit; daher sind meine Entscheidungen und Handlungen zum höchsten Wohle aller. Ich ehre und pflege unsere Mutter Erde, und sie ehrt und fördert mich. Ich strahle Liebe und Segen zu allen aus und sie kehren verzehnfacht zu mir zurück. Meine Welt ist immer voller Liebe, Freude, Schönheit, Frieden und Wohlbefinden."

Nun erlaubt uns fortzufahren mit unseren Belehrungen über das Chakrasystem in eurem Körper, die Attribute der sieben Strahlen eures Sonnensystems und schlussendlich, die totale Integration der fünf höheren Galaktischen Energiestrahlen. Zuletzt besprachen wir das sechste Chakra, das Dritte Auge und die Frequenzen der Indigo-Energie. Hoffentlich habt ihr einige stille Zeit damit verbracht, euch auf diesen Bereich zu fokussieren und in eure persönliche Wahrnehmung darüber einzutauchen, wie er auf euch wirkt, wie ihr die Gaben des sechsten Chakras angewendet habt und welche Verzerrungen ihr loslassen oder neu programmieren müsst. Viele von euch wünschen sich die Gaben des Hellsehens und des Hellhörens, aber ihr habt tiefsitzende Erinnerungen an Zeiten, in denen ihr diese Gaben missbraucht habt oder bestraft und verfolgt wurdet, wenn ihr sie angewendet habt, um anderen zu helfen. Dies sind Erinnerungen oder eingezwängte Energien, die zu heilen und umzuwandeln wir euch helfen möchten.

Es ist wichtig, dass ihr eine innige Beziehung mit jedem Chakra habt und vertraut werdet mit der Schwingungsresonanz, die ihr in euer aurisches Feld ausstrahlt. Das Dritte Auge ist das Tor zur Hellsichtigkeit oder zur INNEREN SCHAU - oder anders gesagt, euer Höheres Selbst benützt über eure Intuition die Hirnanhangdrüse, um Pulsierungen oder Lichtpakete an Informationen an euch zu senden, oder um euch zu helfen, die Kreativität oder Weisheit, die in eurer Gehirnstruktur gespeichert ist, anzuzapfen. Indem ihr mit Hilfe eures Überbewusstseins zum Beobachter eurer Gedankenprozesse werdet, werdet ihr euch eurer gewohnheitsmäßigen Denkmuster und wie sie eure Realität verzerren oder erweitern mehr bewusst. Es ist leichter, in einem Zustand leichter Meditation zu arbeiten, mit Spirit als Beobachter auf eurer Schulter sitzend, der euch Klarheit und Führung gibt.

Ihr werdet sensitiver für die Gefühlsempfindungen für das, was „richtig oder falsch" für euch ist. Luzide Träume werden zur Norm und eure kreative Energiezufuhr wird erhöht, indem ihr euch das große Reservoir der höherdimensionalen Realität unter der Führung und Leitung eures

Göttlichen Selbst', eurer Führer und Lehrer, erschließt. Indem ihr die Emotionen des Egos zügelt und lernt, eurer Intuition und den Anstößen des Spirit zu vertrauen, werden immer häufiger Wunder geschehen und zu einem natürlichen Teil eurer Realität werden. Teil des Wiederauferstehungs-Prozesses ist das Erwachen des menschlichen Geistes und die Erlangung der Erkenntnis, dass ihr die Werkzeuge und Fähigkeiten habt, um jede Realität, die ihr euch wünscht, zu erschaffen. Es ist Zeit, die Quelle der **FREUDE** anzuzapfen, die euer **NATÜRLICHER SEINSZUSTAND** ist. Wisst, dass ihr euch in einem intensiven Umwandlungsprozess befindet, in welchem ihr euch mit zunehmendem Tempo in höherdimensionale Ebenen und Frequenzmuster begebt, und zwischen den Einweihungen nur sehr wenig Zeit verbleibt.

Nun wollen wir unsere Aufmerksamkeit auf das Kronenchakra, den Siebten Strahl, und die violette Energie richten. Indem ihr die siebte Stufe des Weges integriert, kommt ihr auf dem Aufstiegspfad schnell voran. Euer Ego fungiert jetzt unter der Leitung des Seelen-Selbst, und euer Seelen-Selbst vereint sich allmählich mit eurem Höheren Selbst. Euer Unterbewusstsein wird bewusst, und euer Bewusstsein wird überflutet von der Weisheit eures Überbewusstseins. Die Energie ist nun auf die Zirbeldrüse fokussiert, und da euer Kronenchakra geöffnet und die Verzerrungen ausgeräumt sind, beginnt ihr, die Regenbogenbrücke des Lichts zu eurer ICH BIN-Gegenwart von neuem zu errichten. Die Christusenergie oder die höheren Frequenzmuster des Lichts werden die Zirbeldrüse, die Hirnanhangdrüse und die Hypothalamusdrüse reaktivieren, die ihrerseits alle Drüsen, Organe und Zellen eures Körpers beeinflussen (das wird der „Aufbau des Lichtkörpers" genannt). Es ist auch ein Abstieg des Spirit oder ein Zulassen der höheren Aspekte eurer unermesslichen Weite, wieder die Herrschaft im physischen Körper zu übernehmen (was eine sehr wichtige Komponente des Aufstiegsprozesses ist). Der Prozess der Hingabe an Spirit wird ganz natürlich und ihr wisst ohne jeden Zweifel, dass hier ein Göttlicher Plan in eurem Leben am Werk ist. Licht, Klang und Farbe nehmen eine völlig neue Bedeutung für euch an, da ihr beginnt, mit der „Sprache der Schöpfung" mitzuschwingen. Der Prozess der Integration der sieben Chakren des physischen Körpers mit den höheren galaktischen Chakren und Strahlen geht gut voran. Während ihr eure sieben Chakren von den unausgeglichenen Gedankenmustern befreit, beginnen sie, sich in vollkommener Harmonie immer schneller und schneller zu drehen, und die höheren Strahlen fließen durch eure Wirbelsäule und kehren euer Energiewirbelsystem in eine leuchtende, irisierende Lichtsäule um. Das Licht durchdringt euer Aurafeld und beginnt weiter und weiter in die Welt hinauszustrahlen, alles segnend und positiv beeinflussend, was es berührt. Tragt einen Amethyst-Stein, kleidet euch violett oder überflutet euch mit dieser Farbe - sie hat wundersame, magische Eigenschaften, denn sie ist die Farbe der Umwandlung und Umformung.

Wir bieten euch die Geschenke der Erleuchtung, der Weisheit und Inspiration, und ihr baut eine Brücke zwischen der dritten, vierten und fünften Dimension, indem ihr neue Ideen und Frequenzmuster über Reinigung, Umwandlung und Inspiration integriert und verankert. Ja, ihr steht an einem großen Scheideweg, meine tapferen Krieger, beschreitet den spiralförmigen Pfad der ER-LEUCHTUNG, und lasst die Starrheit der dritten Dimension hinter euch. Erlaubt allem, was euch nicht länger dienlich ist, sanft von euch abzufallen und in der gesegneten violetten Flamme der Umwandlung aufgelöst zu werden. Lasst die Bürden hinter euch, die ihr so lange herumgeschleppt habt, und schreitet in die strahlende, goldene Zukunft, die eure Belohnung und Bestimmung ist.

Wir schätzen und lieben euch über alle Maßen.

ICH BIN Erzengel Michael.

64. Sprechen wir über Engel

Geliebte Meister, da sich die Welt nun verwandelt und entlang der Spirale erleuchteten Bewusstseins nach oben bewegt, lässt sie die alten verzerrten Ansichten und Konzepte hinter sich, die ihre Bewohner abgetrennt hielten von deren Ursprüngen und wahren Identitäten. Ein Vorhang hebt sich zwischen den Dimensionen, gibt euch einen flüchtigen Blick frei auf das WOHER ihr kamt und WOHIN ihr geht. Die schwache Stimme im Innern spricht nun deutlicher und öfter zu euch, ihr habt luzide Träume, viele davon in lebendigen Farben, die alles übertreffen, was ihr in der physischen Welt gesehen habt. All dies ist Teil des Rückgewinnungsprozesses - des Prozesses der Zurückgewinnung eurer Gaben und Lichtgewänder auf eurer Reise heimwärts.

Die Glaubensansichten, die ihr loslasst, und die neue erweiterte Vision der Schöpfung, die jetzt in das Bewusstsein der Menschheit gefiltert wird, kann mit jener Zeit verglichen werden, als jeder glaubte, die Erde wäre flach und die Schiffe würden an der Kante der Welt abstürzen, wenn sie zu weit hinaus in unbekannte Gewässer segeln würden. Noch einmal, ihr „segelt" jetzt einen neuen Kurs, aber er führt in die unbekannten Reiche von Energie und Raum. Die Furcht vor dem Unbekannten hat immer diejenigen gebremst, die von der Führung ihres Höheren Selbst' abgeschnitten sind, und so ihre Macht abgeben, indem sie sich auf die Wahrheit und Führung anderer verlassen, auf diejenigen, die kühn genug sind, eine Vision zu haben und die Entschlusskraft, sie zu manifestieren. Unglücklicherweise hatten diese Pioniere oft nicht das beste Interesse für andere im Sinn, sondern dienten ihren eigenen selbstsüchtigen Interessen - dem Wunsch nach Kontrolle oder Reichtum. Die Menschheit wird bis in ihre äußersten Tiefen durchgerüttelt, da Spirit versucht, die Fesseln der dritten Dimension abzuschütteln, die euch alle für so lange Zeit in Knechtschaft hielt.

Dieses sind beunruhigende Zeiten großer Veränderung und scheinbar nicht endender Katastrophen rund um den Erdball. Deshalb möchten wir, dass ihr wisst, dass wir hier sind, euch zu helfen und euch den Weg zu zeigen. Eines der größten Geschenke dieser „Zeit des Erwachens" ist unsere Wiedervereinigung mit euch. Es wurde schon früher viele Male gesagt und erklärt, aber erlaubt mir, dass ich euer Gedächtnis auffrische was das Engelreich betrifft, wie es in den großen Plan des Schöpfers passt und was unsere Funktionen sind.

Es gibt viele Ebenen und Abteilungen in der himmlischen Hierarchie der Engel, die nur eine Facette des bewussten Selbstausdrucks des Schöpfers ist. Wir, die Erzengel, tragen die Attribute und Tugenden des Gottesbewusstsein genauso wie ihr. Aber der Unterschied liegt darin, dass wir eine spezifische Eigenschaft des Schöpfers ausstrahlen – man könnte sagen, die treibende Kraft für einen Aspekt des Geistes Gottes. Wir bringen Glauben, Liebe und absoluten Gehorsam gegenüber dem Schöpfer zum Ausdruck, <u>immer</u>. Das Engelreich in seinen vielen Ausdrucksformen wurde von Gott erschaffen, um euch zu helfen, führen, zu fördern und zu belehren, euch, ihr Kühnen, die ihr einverstanden wart, euch in geringere Wesen zu vermindern, um das Gottesbewusstsein in seiner höchst fragmentierten Form zu erfahren. Ursprünglich brachtet ihr alle Aspekte und Attribute des Geistes Gottes zum Ausdruck, aber nach und nach, im Verlauf eurer Reise durch die Zeitalter und herab aus den höheren Dimensionen, ließt ihr euer höheres Bewusstsein zurück in der Obhut eurer ICH BIN- Gegenwart.

Als ihr das erste Mal auf die Erde kamt in eurem schönen leuchtenden Lichtkörper, strahltet ihr die sieben Strahlen des Gottesbewusstseins für dieses Sonnensystem aus, mit dem Strahl eures ICH BIN- Selbst' als Überlagerung. Im Laufe der Zeit habt ihr aber allmählich einige Attribute oder „Strahlentugenden" auf Kosten anderer gesteigert, oder sie in ihrer negativen, begrenzenden Ausdrucksform angewendet. Manche von euch sind mehr mental, andere mehr emotional ausgerichtet, einige sind von kreativem Ausdruck gefesselt, andere wiederum wissenschaftlich, gottergeben, oder auf Dienen orientiert. All diese Ausdrucksformen sind wünschenswert, aber bedenkt, wir haben von Ausgeglichenheit gesprochen und davon, was in dieser Zeit benötigt wird, nämlich, die Integration und Anwendung der positiven Aspekte aller Tugenden und Attribute von Gottes Kreativität, während ihr die spezifischen Gaben von eurer ICH BIN-Gegenwart oder der Überlagerung eures Hauptstrahls meistert und steigert.

Die Elohim, die mentale Strahlung des Schöpfers, die großen Erbauer der Form, und die wundersamen Königreiche der Devas und der Elementare, die mithalfen, das Naturreich auf der Erde und in anderen Welten zu erschaffen und die es jetzt überwachen, sie alle stehen bereit, euch in diesen turbulenten Zeiten des Übergangs zu helfen. Wir hoffen, ihr habt es als eure Wahrheit akzeptiert, dass ihr Schutzengel habt, Wesen, die euch vom Augenblick eurer Geburt an zugeteilt wurden und die über euch wachen und euch vertrauensvoll dienen innerhalb der Grenzen des universellen Gesetzes und in dem Maße, in dem ihr es zulasst. Es gibt noch weitere wundersame Engelwesen, die bereit und willig sind, euch zu dienen, aber ihr müsst sie darum bitten, denn es ist ihnen nicht erlaubt, gegen euren freien Willen zu verstoßen.

Liebe und Freude zieht die Engel an wie ein Magnet – deren größter Wunsch darin liegt, der Menschheit zu dienen. Betteln ist nicht der Weg, ihre Gunst zu gewinnen, aber sie zu bitten, euch in euren Bemühungen zu helfen, wird euch ihre Mitarbeit sichern. Sie werden euch helfen, eure Träume zu manifestieren, wenn das, was ihr wünscht, zum höchsten Wohle aller ist. Aber wisst, dass es in ihrer Zeit und auf ihre Art und Weise geschehen wird. Das Geldkonzept ist für sie verwirrend, bittet sie statt dessen um ihre Hilfe bei der Manifestierung von Überfluss, Freude, Liebe und Frieden, das verstehen sie. Aber ihr müsst auch euren Teil dazu beitragen, indem ihr die nötigen Schritte tut und auch irgendwelche selbstsabotierende Glaubensansichten ausmerzt, die ihr noch immer in eurem Unterbewusstsein beherbergt.

Es gibt liebevolle Engelwesen, die euch in Herzensangelegenheiten und in euren mentalen oder kreativen Bemühungen beistehen. Sie werden euch helfen, eure Entschlossenheit zu festigen und mit euren Körperlementalen zu arbeiten, um gute Gesundheit und Wohlbefinden in eurer physischen Form herbeizuführen. Die wunderbaren verspielten Cherubim warten darauf, euch Freude und eine Gefühl für Fröhlichkeit zu bringen. Diese kostbaren kleinen Wesenheiten aus Gottes Licht lieben es, in eurer Nähe zu sein und euch mit kleinen Wundern oder „Zufällen“ zu überraschen. Bittet sie, euch bei der Suche nach verlorenen Dingen zu helfen, und ihr könnt auch lernen, mit ihnen zu kommunizieren, nur ist ihre Sprache eine Sprache der Gefühle und der Gedanken, statt der Worte. Sie werden „Engel-Stupse“ auf eurer Haut verursachen, wenn eine Wahrheit festgestellt wurde, und sie werden euch mit einem Engelskuss ansäuseln oder manchmal mit einem lieblichen Duft umgeben. Das Engelreich bringt der Menschheit die Liebe und die Strahlung Gottes, und der größte Wunsch der Engel ist, euch zu dienen.

Die Essenz der Engel kommt auf die Erde in einer Verkörperung durch Menschen wie Du und Du und Du – sie kommen als Repräsentanten der großen Erzengel, um unter der Menschheit zu wandeln und die Tugenden und Attribute des Gottesbewusstseins zu verteilen. Ja, sie sind gerade so wie ihr, und ihr mögt Engel sein, meine teuren Freunde, die ihren Weg durch die menschliche Evolution gehen, indem ihr von den niederen Sprossen der Evolutionsleiter durch Studium, Arbeit und Dienst emporsteigt. Zu dieser Zeit gibt es auf der Erde Repräsentanten von jeder Ebene des Gottesbewusstseins, verkörpert im physischen Ausdruck, um die erhabensten, verfeinerten Aspekte des Schöpfers zu verankern. Haben wir euch nicht gesagt, dass ihr großartiger und kostbarer seid, als ihr euch je vorstellen könnt?

Ihr Lieben, lasst uns nun fortfahren, die Vision für die Zukunft eurer Welt aufzubauen. Ihr müsst verstehen, dass ihr mit dem Aufbau eurer Vision zuerst in den höheren Reichen der unbegrenzten Möglichkeiten beginnen müsst. Eure Gedankenformen nahmen langsam festere Form an, indem sie mehr kosmische Lichtsubstanz anziehen, und danach fortschreitend damit beginnen, sich im physischen Ausdruck auf Erden zu manifestieren. Je größer die Konzentration und die Absicht, desto schneller wird sich die Vision manifestieren. Während ihr in geeinter bewusster Absicht, zum Wohle aller, als eurer motivierenden Kraft, zusammenkommt, erschafft ihr eine synergistische Gedankenform von dynamischen Proportionen. Das ist der Grund, warum ihr jetzt solch einen Einfluss auf die Denkweise des Massenbewusstseins ausübt. Als spirituelle Lichtkrieger, obgleich eure Zahl geringer ist als die der Masse, macht ihr große Fortschritte aufgrund eurer vereinten, ermächtigten Gedanken der Liebe, des Friedens, des Überflusses und der Harmonie für alle.

Es ist Zeit, in eurer Vision kühn und unverschämt zu sein. Stellt euch selbst als eine Liebevolle, meisterhaft souveräne Wesenheit vor, und formuliert dann in großem Detail, wie ihr als multidimensional als Mitschöpfer von Liebe, Licht, Frieden und Freude tätig sein wollt.

Erklärt täglich:

„Ich bin gesund und habe eine jugendliche Einstellung. Ich bin voller Energie und Lebensfreude. Ich sprühe vor Vitalität und schätze sehr jeden Tag und jede Gelegenheit, um mein sich stets erweiterndes Bewusstsein auszudrücken. Ich inspiriere andere, ihre alte abgenutzte Realität loszulassen. Ich tanze voller Freude im mutigen Voranschreiten in die Zukunft, Tag für Tag lebe ich mein Leben in vollen Zügen. Jeden Tag werde ich mehr ermächtigt von meinem Christusbewusstsein, da es herabsteigt und die Herrschaft über meinen Körper, meinen Geist und meine Emotionen übernimmt. In diesem Körper steige ich auf, aber ich will so lange auf der Erde bleiben, bis meine Aufgabe erfüllt und mein Schicksal verwirklicht ist."

Beginnt, die Angst auf eine neue Weise zu betrachten. Erklärt euch selbst bis ihr es glaubt: „ich habe eine neue Beziehung zur Angst. Angst ist eine Emotion die mir dient, und ICH BIN immer in Kontrolle über meine Emotionen, daher BIN ICH in Kontrolle über meine Angst." Die Angst zu transzendieren bedeutet, ihr könnt sie erfahren, beobachten, von ihr lernen und dann durch sie hindurchgehen. Auf diese Weise dient euch die Angst als eine Alarmglocke für das, worauf ihr achten müsst, was aus dem Gleichgewicht geraten ist, was ihr in Harmonie bringen müsst. Emotionen sind aus negativen oder positiven Energie-Gedankenformen entstanden und ihr müsst sie unter Kontrolle halten statt ihnen zu erlauben, euer Meister zu sein.

Legt das Fundament für die emotionale Natur eurer Vision. Was macht euch freudig und erfüllt euch mit Dankbarkeit? Ihr müsst eurem Spirit erlauben, in die Höhe zu steigen, aber ihr müsst auch das innere Kind und ebenso die Seele fördern. Seid willens, das auszudrücken und zu verlangen, was die Unschuld im Innern berührt oder erhält: Freude, Vergnügen, Spontaneität, oder Traurigkeit, Ärger und Angst - fühlt diese Emotionen, aber erkennt, dass ihr nicht diese Emotionen seid. Freiheit des Ausdrucks sollte eine wichtige Facette eurer Vision sein. Wisst, dass ihr das Recht habt, völlig spontan zu sein und euren eigenen

Neigungen und Wünschen zu folgen, solange sie dem höchsten Wohle aller zugute kommen. Beginnt, das Beste von den Menschen zu erwarten und sie werden euren Erwartungen entsprechen. Verlangt und stellt euch vor, wie euer Leben angefüllt ist mit Wundern, Schönheit und Freude, und allmählich werden eure größten Affirmationen wahr. Indem ihr alle Dinge unterstützt, liebt und ehrt, werdet ihr im Gegenzug unterstützt, geliebt und geehrt werden.

Entwickelt eure eigene Philosophie des Lebens und der Lebensweise. Hört auf eure innere Führung und übt eure Urteilsfähigkeit. Beginnt jetzt mit den vielfachen Teilen eures Wesens zu interagieren, als ob sie alle um euch herum wären, jeden Augenblick in eurer Gegenwart, denn in Wahrheit sind sie es. Ihr ruft bewusst Information und Weisheit von der fünften Dimension und darüber ab, und indem ihr sie als eure Wahrheit akzeptiert, werdet ihr fähig, deutlich und genau mit euren Führern, Lehrern, Meistern, Helferengeln und all den großen Lichtwesen zu kommunizieren. Erklärt und bejaht:

„ICH BIN ein Göttliches Instrument des Lichts, durch das die höherdimensionalen Frequenzen der Schöpfung fließen. Von jetzt an werde ich voll und ganz meine perfekte Vision des Himmels auf Erden leben. Jeden Tag werde ich zu einem Meister Göttlicher Manifestation in der Welt der Form und überschreite die Begrenzungen und Einschränkungen der drei- und vierdimensionalen Realität. Ich trage die Fackel des Gotteslichtes. Ich strahle die Liebe der Engel aus. Fortan, Tag für Tag, ziehe ich zu mir, durch und um mich mehr und mehr meiner perfekten ICH BIN- GEGENWART GOTTES."

Lasst euch nicht von den Schranken am Wege abhalten; steigt kühn über sie hinweg. Lasst euch nicht von Unbehagen und Schmerz entmutigen; Ruft eure Helferengel, euch zu besänftigen und zu unterstützen. Erlaubt nicht den Zweifeln und Urteilen anderer euren Entschluss zu schwächen – seid ihnen Vorbild und seid fest in euren Überzeugungen. Wendet eure Augen oder eure Aufmerksamkeit nicht vom Ziel ab, ihr Lieben; es ist näher als ihr denkt.

Wir geben euch die liebenden Gedanken unseres Vater/Mutter-Gottes weiter: **„Geliebte Kinder des Lichts, gesegnet seid ihr in Unserer Sicht. An euch haben Wir Unser Wohlgefallen."**

Und so nimmt die Spirale eine weitere Runde. Seid ihr bereit für das nächste Erwachen?

ICH BIN Erzengel Michael.

65. Ihr seid Göttliche Boten

Geliebte Meister, seid ihr wagemutig genug, die Wahrheit zu akzeptieren, dass ihr in einem physischen Gefäß seid, um dem Schöpfer zu helfen, sich SEINER SELBST mehr bewusst zu werden? Jede Facette von Gottes Selbstausdruck, wie groß oder klein sie auch sein mag, wurde ausgesandt, um die Herrlichkeit und Majestät von ALLEM WAS IST zu erschaffen, auszudehnen und zu vergrößern. Dies ist ein sich stets weiter entwickelnder Prozess, ohne Anfang und ohne Ende. Obwohl das Experiment auf dem Planeten Erde nur ein winziger Teil des großen Planes des Schöpfers ist, ist es ein wichtiger, wesentlicher Teil der Evolution eures Sonnensystems, eurer Galaxis und eures Universums, aber auch des Omniversums. Man könnte sagen, die Erde ist der Brennpunkt oder Ausgangspunkt für die Wiedervereinigung mit Spirit.

Eure Erde wurde ausgewählt, die Heimatbasis für die größte je erlebte Aufsplitterung des Gottesbewusstseins zu sein. Ihr, die ihr tapfer genug wart, dem Aufruf zu antworten, wart damit einverstanden, eurem großartigen ICH BIN- Selbst zu erlauben, in eine immer größer werdende Zahl kleiner und kleinerer Bewusstseinsfunken aufgeteilt zu werden. Dies war in der Tat ein gewagtes Bemühen. Die Risiken waren groß, aber das Potential der Bewusstseinserweiterung des Schöpfers war enorm. Aus diesem Grund waren keinem anderem Planeten oder Sonnensystem jemals so viele Engelshelfer oder große Wesenheiten des Lichts zugewiesen, noch wurde irgendein Planet so genau beobachtet und überwacht, wie die Erde. Ihr kennt einiges von der alten Geschichte der Erde und ihren Anfängen, als auch einiges über ihre Fehlschläge, und ein wenig über die hellen Perioden in der jüngeren Vergangenheit der Erde, aber ihr begreift noch immer nicht, wie wichtig ihr seid im kosmischen Plan der Evolution.

Obwohl ihr euch von Zeit zu Zeit daran erinnert, wer ihr seid, und in euren Träumen oder Visionen einen flüchtigen Blick eurer wahren Heimat und eurer vielen wundersamen Abenteuer einfangen konntet, seid ihr noch immer verwirrt und es tut eurem Herzen weh, wenn ihr die Qual und das Leid seht, das auf Erden grassiert. Ihr fragt euch, warum so viele gute und liebe Menschen anscheinend so jung sterben müssen, und warum Tragödien die lieben und unschuldigen Menschen genauso treffen, wie die scheinbar unwürdigen. Bitte denkt daran, dass nichts davon der Wille des Schöpfers ist und niemand bestraft wird. Bitte erinnert euch, dass jeder von euch mit einem völlig freien Willen beschenkt wurde, als ihr eingewilligt habt, einen fleischlichen Körper auf der materiellen Ebene der Polarität und Dualität anzunehmen. Denkt auch daran, dass ihr jetzt den Höhepunkt und die Zusammenfassung all eurer vielen Lebenszeiten erfahrt, und zu Zeiten damit einverstanden seid, eine verheerende Krankheit, einen Unfall oder irgendeine Tragödie zu erleben als einen Weg, um alle vergangenen karmischen Unausgewogenheit auszugleichen – oder um ein Vorbild für andere zu sein, ihnen zu zeigen, dass ihr selbst im Missgeschick Liebe, Frieden und Harmonie des Spirit ausstrahlen könnt. Jedes Erlebnis, gleichgültig wie tragisch es ist, kann dazu benutzt werden, große Schritte im Bewusstsein zu machen, andere zu erheben und zu inspirieren und ihnen den Weg zu zeigen. Wie ist das möglich? – Indem ihr zulasst, dass euer Christus-Selbst euch ÜBERLICHTET und damit Frieden und Trost in euren physischen Körper bringt; indem ihr euch eurem höchsten Gut und Zweck hingebt, auch wenn es bedeutet, dass ihr eure gegenwärtige Identität und körperliche Form aufgeben müsst; und indem ihr an Wunder glaubt und daran, dass alle Dinge möglich sind.

Erfuhr nicht der geliebte Meister Christus Jesus, der ohne Makel war, höchsten Schmerz, Leid und Erniedrigung zu Gunsten der Menschheit? Euer Schmerz und Leid wird auch gebührend beachtet und vergeht nicht unbemerkt, wenn ihr euch in Spirits Wiege der Liebe begebt und bittet: „Dein Wille geschehe.“ Tod und Krankheit, wie ihr sie gegenwärtig erfahrt, sind unnatürlich und nicht Teil von Gottes Plan. Teil des Prozesses der Wiedererlangung eures Lichtkörpers, ist die Entfernung der Verzerrungen aus euren physischen, mentalen, emotionalen und ätherischen Körpern, so dass ihr nicht mehr länger diese Gräuel erfahren müsst. Nur in eurem fragmentierten Zustand in der dritten Dimension, könnt ihr Schmerz, Leid, Angst und das Gefühl der Unwürdigkeit erfahren, was für so viele auf Erden die Norm ist. Ungeachtet ob ihr daran glaubt oder nicht, all die Unausgeglichenheiten, die eure gegenwärtige Realität geschaffen haben, verändern sich, da die Erde sich aufrührt und ihren göttlichen Status wiedererlangt, und da diejenigen wie ihr, die Lichtkrieger, ihr Bewusstsein erhöhen und eine neue Vision für die ganze Menschheit manifestieren werden.

Wir tun alles, was uns das Universelle Gesetz erlaubt, um euch beizustehen: euch zu helfen, euer Göttliches Geburtsrecht wiederzuerlangen, euch daran zu erinnern, den Pfad zu ebnen und eure Bürde zu erleichtern. Wir senden nicht nur die leuchtenden Strahlen des Gottesbewusstseins zu euch herab, sondern wir stellen auch unsere engen Beziehungen zu euch wieder her. Das Verbindungsglied zwischen physischem Ausdruck und spiritueller Bewusstheit ist der Intellekt, temperiert durch Liebe. Darum haben wir uns bemüht, die Weisheit, die in eurer Gehirnstruktur gespeichert ist, zu aktivieren, indem wir euch helfen, euch daran zu erinnern, dass ihr ein Funken des Göttlichen seid, da ihr danach strebt, euch wieder mit eurem Höheren Selbst, eurem Christus-Selbst und eurer Göttlichen ICH BIN- Gegenwart zu verbinden und sie zu integrieren.

Wir haben euch Lektionen über die sieben Strahlen des Gottesbewusstseins für euer Sonnensystem erteilt und euch einen Überblick über die fünf höheren Strahlen des Galaktischen Bewusstseins gegeben. Erlaubt uns, euch eine gedrängte Übersicht über die Tugenden zu geben, die durch die sieben Strahlen auf euch eingestrahlt werden - Tugenden, die zu integrieren ihr bemüht sein sollt. Wisst auch, dass ihr, indem ihr euer physisches Sein in Harmonie mit Spirit bringt, das Potential habt, den bestimmenden Strahl eurer ICH BIN- Gegenwart auf euch herabzuziehen, zu vergrößern und als ein lebendes Beispiel auf andere auszustrahlen – eine Personifizierung dieses Aspektes und dieser Tugend des Schöpfers zu sein.

DIE TUGENDEN DES ERSTEN STRAHLS:

DER WILLE UND DIE MACHT ZU ERSCHAFFEN, WAHRHEIT UND GLAUBE.

Unter dem Ersten Strahl findet ihr Führer, Pioniere und dynamische Typen voller Willens- und Entschlusskraft. Für die Erste-Strahl-Typen ist es wichtig, ihren dynamischen Handlungsdruck mit den Energien der Liebe und Weisheit des Zweiten und Dritten Strahls auszugleichen. Der

Erste Strahl wird euren Mut und eure Entschlossenheit steigern, während ihr kühn voranschreitet, um eure Version des Neuen Goldenen Zeitalters zu manifestieren.

DIE TUGENDEN DES ZWEITEN STRAHLS:

ERLEUCHTUNG, WAHRNEHMUNG UND WEISHEIT.

Diejenigen mit einer Monade des Zweiten Strahls, oder des Göttlichen ICH BIN- Selbst', sind Sucher der Wahrheit und des Wissens und letztlich der Erleuchtung. Der Hauptfokus dieses Strahls ist, Wissen in Weisheit umzuwandeln, und Weisheit mit Liebe und Mitgefühl zu mischen. Die ideale Person des Zweiten Strahls ist ruhig, intuitiv, mit scharfer, klarer Intelligenz; ein Sucher nach Wahrheit und spiritueller Weisheit.

DIE TUGENDEN DES DRITTEN STRAHLS:

TOLERANZ, VEREHRUNG, NACHSICHT UND TAKT.

Der Dritte Strahl ist der Strahl des gebildeten Verstandes, des gesprochenen Wortes und des abstrakten Intellekts - die Ebene des Spirit und des höheren kausalen Geistes. Hier findet ihr die Weisen, Philosophen, Träumer und Visionäre. Der Dritte Strahl stärkt Toleranz, Takt und Geduld, und mischt den Wunsch nach Vollkommenheit und intellektuellem Streben mit gesundem Menschenverstand und Aufrichtigkeit.

DIE TUGENDEN DES VIERTEN STRAHLS:

REINHEIT, TÄTIGKEIT, KLARHEIT, DEMUT, KOMMUNIKATION UND HARMONIE.

Der Vierte Strahl ist der Strahl der Schönheit, der Harmonie und künstlerischen Bestrebung. Er ist die Ebene der Intuition. Er wird oft bezeichnet als der Strahl der Harmonie durch Konflikt oder der Strahl des Kampfes. Um euch euren höheren intuitiven Geist zu erschließen, müsst ihr das Ego und den Emotionalkörper bezähmen, was oft zu jahrelangen Kämpfen und zu Frustration führt. Eine Person des Vierten Strahls bedarf der Heilung und Harmonisierung des Emotionalkörpers und der Stärkung des Mentalkörpers, um den erleuchteten Qualitäten der Intuition zu erlauben, sich zu manifestieren. Auf diese Weise wird eine Balance zwischen den spirituellen und physischen Welten der Realität geschaffen.

DIE TUGENDEN DES FÜNFTEN STRAHLS:

HEILUNG, ERGEBUNG, SELBSTLOSIGKEIT, KONZENTRATION, ZUHÖREN UND HINGABE.

Der fünfte Strahl ist der Strahl des konkreten Wissens und der Mentalebene. Hier findet man diejenigen mit wissenschaftlichem Verstand, die Forscher und großen Intellektuellen oder diejenigen, die mehr linear denkende, analytische Typen sind. Wenn ihr übermäßig emotional seid, werden euch die Energien des Fünften Strahls helfen, euren mentalen Fokus zu stärken und Ausgeglichenheit herzustellen. Der Fünfte Strahl fokussiert sich auf die wissenschaftlichen Attribute der Schöpfungsgesetze und wird euer Verlangen nach Wahrheit und Gerechtigkeit steigern.

DIE TUGENDEN DES SECHSTEN STRAHLS:

HINGEBUNG, VERGEBUNG, HEILUNG, BARMHERZIGKEIT UND GNADE, FRIEDEN UND RUHE.

Der Sechste Strahl ist ein auf Emotionen basierender Strahl, und seitdem einer seiner Zweckbestimmungen darin liegt, zu helfen, die Energien der niederen Astralebenen aufzulösen, ist er im Unterbewusstsein fokussiert und bemüht sich, ins Bewusstsein zurückzukehren und in die Harmonie mit den bewussten und überbewussten Sinnen. Benützt die Energien dieses Strahls, um aus religiösen Dogmen und einem Gefühl der Abgetrenntheit herauszukommen in ein spirituelles Gewahrsein und Einheitsbewusstsein. Benützt diesen Strahl, um eure Hingebung und Zärtlichkeit, euren Frieden und eure Ruhe zu steigern. Nehmt die emotionale Intensität des Sechsten Strahls, verstärkt ihn mit dem mentalen Fokus des Fünften Strahls, und dann vermischt ihn mit der umformenden Energie des Siebten Strahls, und ihr werdet gut unterwegs sein zu eurer Meisterschaft.

DIE TUGENDEN DES SIEBTEN STRAHLS:

FREIHEIT, REINIGUNG, ERSLÖSUNG, DIENST, ANRUFUNG, MANIFESTATION, DIPLOMATIE UND VERFEINERUNG.

Der Siebte Strahl ist der Strahl des Neuen Zeitalters (New Age). Er bringt die Violette Flamme der Umwandlung hervor. Es ist der Strahl der Anrufung/Invokation, der sich in der höchsten Form des Dienens manifestiert. Er ist der Strahl der bewussten Umwandlung, und die Violetten Flamme ist auch die Flamme der Vergebung. Benützt diesen Strahl, um eure Fähigkeiten der Anrufung und Visualisierung zu steigern. Ruft die wunderschönen Engel der Violetten Flamme, sie mögen euch helfen, die ungeeignete Energie zurückzuverwandeln in neutrale Lichtsubstanz, und euch helfen, mit Leichtigkeit und Anmut durch diesen Umwandlungsprozess zu gehen.

Denkt daran, ihr Lieben, die wichtigste aller Tugenden ist die LIEBE, und dieser Segen des Schöpfers durchdringt und ÜBERSTRAHLT alle anderen Tugenden.

Euer Ziel ist, all die Tugenden des Gottesbewusstseins zu integrieren, anzuwenden und auszustrahlen mit dem Strahl eures Göttlichen Selbst, als eurer Überlagerung und Führung. Indem ihr nach und nach die sieben Hauptchakren und die vielen Nebenchakren des physischen Körpers - welche die Magneten für die Energien/Eigenschaften der korrespondierenden Strahlen sind - ausgleicht, werdet ihr beginnen, auch das Erglühen der fünf höheren, verfeinerten Galaktischen Strahlen an euch zu ziehen und zu integrieren. Wenn dies geschieht, wird euer spirituelles Bewusstsein und Wachstum in höchstem Maße beschleunigt, denn ihr erschließt euch die Strahlung eures Christus-Selbst' und eurer ICH BIN- Gegenwart.

Wisst, dass ihr GÖTTLICHE BOTEN seid, die den Funken Gottes in die Welt der Form tragen. Ihr erschafft und erfahrt das erweiterte Bewusstsein Gottes in SEINER bezauberndsten und wunderbarsten Form, als ein Resultat eurer tapferen Reise in die formlosen, unmanifestierten Reiche des Kosmos.

Nun, wenn ihr wollt, lasst uns miteinander eine Reise unternehmen. Ich möchte euch helfen, wieder in Erinnerung zu rufen, wie man sich in den verfeinerten Welten der höheren Dimensionen fühlt. Ihr könnt, so ihr es wünscht, diese Meditation auf ein Tonband übertragen, oder ihr habt einen Seelenverwandten, der sie euch vorliest, sodass ihr den größten Nutzen daraus ziehen könnt.

* * *

Schließe deine Augen und gehe in den goldenen Tempel deines Herzens – dort steht ein wunderschönes, strahlendes Wesen, dein Höheres Selbst. Du gehst auf diese(n) Liebende(n), Strahlende(n) zu und umarmst sie/ihn. Die Liebe, die von ihr/ihm ausströmt, ist so ungemein groß, dass sie dich zu Tränen rührt. Zusammen geht ihr auf eine kristallene Wendeltreppe zu und beginnt euren Abstieg hinab in die Erde, bis ihr deren kristallines Herz erreicht. Hier steht eine liebliche Lady, in einem zarten grünen Kleid. Ihr Haar ist mit Blumen verflochten und Vögel und kleine Tiere sind alle um sie herum, aber auch die Repräsentanten der mächtigen Königreiche der Devas und der gesegneten Elementare. Dies ist die Essenz der Mutter Erde, sie, die eure liebevolle Gastgeberin war und die für viele lange Zeitalter die Belastungen, Widerwärtigkeiten und Misshandlungen der Menschheit ertragen hat. Sie schreitet auf euch zu und ihr umarmt euch gegenseitig, und die Liebe, die ihr austauscht, ist tief und machtvoll. Sie fragt, ob ihr gewillt seid, ihr in ihrem Transformationsprozess zu helfen. Sie verspricht euch, dass sie alles irdisch mögliche tun wird, um die Kataklysmen der Elemente auf einem Minimum zu halten: Die rasenden Feuer, die turbulenten Winde, die sintflutartigen Regenfälle und das Schütteln und Beben ihres Körpers. Aber sie braucht eure Hilfe, eure Liebe, euer strahlendes Licht und eure positiven Gedankenformen, um dies zu bewirken.

Zusammen betretet ihr die Kristallspirale und begebt euch schnell nach oben und hinaus in die Erdatmosphäre – hinaus in die Galaxis und darüber hinaus in die höheren Dimensionen. Ihr betretet nun eine andere Spirale, die euch zu den Welten der Sieben Sphären des Gottesbewusstseins führt. Dies ist der Ort, wo ihr die Attribute und Tugenden des Schöpfers integriert habt, welche dann in die sieben Chakren eures Körpers eingeflossen sind und welche die beherrschenden Energien eures Sonnensystems sind. Plötzlich befindet ihr euch an einem Ort, der mit ROTER ENERGIE gefüllt ist, der Energie des Wurzelchakras. Schaut euch um: was müsst ihr loslassen, um wieder in die Harmonie mit dieser Welt zurückzukehren, die auf Stärke, Macht, Fülle, Willen und Mut fokussiert ist? Tragt ihr noch restliche Energien von Ärger und Knappheit? Fungiert ihr immer noch in einem Überlebensmodus? Habt ihr Angst davor, euren WILLEN zu benutzen und eure MACHT zu fordern? Seht, wie die Lumineszenz dieser Welt euer Wurzelchakra in ein funkelndes Magenta oder rot verändert, getönt mit blau/violett. Lasst all die negativen Energien los, die euch davon abhalten, euer Geburtsrecht auf Überfluss, Liebe und Freude zu fordern.

Nun begebt ihr euch in die Welt der ORANGEFARBENEN ENERGIE, den Fokus des zweiten Chakras. Das ist die Welt, wo euer spiritueller Wunschkörper mit den mentalen, emotionalen und physischen Aspekten eures Wesens verbunden wurde. Es ist der Ort, wo die Energien des Verlangens, der sexuellen/leidenschaftlichen Liebe, der Emotionen und eurer instinktiven Natur im physischen Körper gespeichert sind - jener Bereich, in dem der Ego-Wunschkörper so lange geherrscht hat. Seht all die gespeicherten Energien des Ego-Wunschkörpers (der nie zufrieden ist) - Eifersucht, Neid, übermäßiger Genuss und Süchte - umgewandelt, da diese Welt euer zweites Chakra mit einem funkelnden orange, getönt mit rosa oder einer schönen Pfirsich-Farbe, überflutet, da Spirit wieder die Herrschaft übernimmt.

Die nächste Welt ist von GELBER ENERGIE, die ihr in eurem dritten Chakra, oder dem Solarplexus tragt. Dies ist euer emotionales/persönliches Machtzentrum für Selbstkontrolle, Autoritätssinn, und von wo ihr, in Einheit mit dem Herzen, euer Licht und eure Liebe projiziert. Seht diese gelbe Welt eine strahlend goldene Farbe auf dieses Chakra ausstrahlen, während ihr alle negativen Anhängsel loslasst und das emotionale Trauma klärt - all die seelische Energie, die ihr durch die Zeitalter von anderen absorbiert habt, und auch all den Kummer, den Ärger und die Angst. Wie fühlt es sich an, wieder eure Autorität und Selbstkontrolle zu übernehmen und nur Liebe und Licht in die Welt auszustrahlen?

Die Spirale führt euch nun hinauf zu einer Welt von GRÜNER ENERGIE, die im Herzen oder Lebenskraft-Zentrum verankert ist. Bittet euer Höheres Selbst, schnell eine Inventur des Herzchakras zu machen – lauern da noch Energien von Eifersucht, Neid, Egoismus, Schuld oder Unwürdigkeit? Ladet euer Höheres Selbst und eure ICH BIN-Gegenwart ein, dauernden Aufenthalt in eurem Herz/Seelen-Zentrum zu nehmen, und beobachtet, wie ihr von der hellen rosa/violetten Strahlung dieser Sphäre überflutet werdet. Fühlt, wie euer Herz sich ausdehnt in Liebe zu euch selbst, zur ganzen Menschheit und zur gesamten Schöpfung.

Es ist schwierig, diese Welt der Liebe zu verlassen, aber es ist Zeit, sich auf die nächste Ebene zu begeben. Ihr findet euch an einem Ort, gefüllt mit BLAUER ENERGIE, der mit dem fünften Chakra, oder dem Kehlkopfzentrum korrespondiert. All die eingezwängten Energien und Beschränkungen, die euch davon abhielten, eure Wahrheit zu sprechen, die dunklen Energien der Unwissenheit, die Worte der Verurteilung und der Kritik, befinden sich im Chakra des Kehlkopfzentrums. Fühlt, wie eure Kehle gebadet wird in einem tiefen Blauviolett dieser wundersamen Sphäre, während die Bande der Beschränkung von eurer Kehle entfernt werden und ihr wieder eure Macht des gesprochenen Wortes erlangt. Erklärt, dass ihr fortan mit Urteilsvermögen, Diskretion und Mitgefühl eure spirituelle Wahrheit sprechen werdet. Erinnert euch, wie es in dieser Welt war, wo ihr gelernt habt, die Töne der Schöpfung zu erzeugen; wie ihr an einer vollkommenen Vision festhieltet und dann die wundersamen Töne erzeugtet, die eure Vision zur Manifestation brachte. Atmet tief das Prana des Lebens, da ihr die Macht des gesprochenen Wortes wiedererlangt. Indem ihr eure Gedanken reinigt und eure Kehle heilt, wird die Beredsamkeit eurer Worte zweitrangig, denn die Resonanz eurer Stimme wird für die Ohren und innersten Gefühle der Menschen um euch wie himmlische Musik erklingen.

Das sechste Chakra ist der Bereich des Dritten Auges, eine Welt von INDIGO ENERGIE. Hier ist es, wo ihr eure Intuition, Hellsichtigkeit, telepathische Fähigkeiten und Weisheit integriert habt – die Gaben des Spirit, die ihr brauchen würdet, um in der physischen Welt zu funktionieren. Hier wurden die Lichtpakete der höheren Weisheit und eurer Göttlichen Blaupause vorbereitet, um zu einer späteren Zeit in eure Gehirnstruktur kodiert zu werden. Seht, wie all die eingeklemmten Energien, die in diesem Chakra gespeichert sind – Furcht, Spannung,

Konzentrationsunfähigkeit und schlechte Träume – sich auflösen und in ein strahlendes goldenes Weiß verwandeln, da ihr euch eure höhere Weisheit, Intuition und telepathischen Fähigkeiten erschließt, und dadurch die Brücke zu eurer Göttlichen ICH BIN- Gegenwart verstärkt.

Das siebte Chakra befindet sich am Scheitelpunkt des Kopfes. Diese Welt ist eine Mischung der blauen Farbe von des Vater-Schöpfers Willen und Macht mit dem Rosarot von des Mutter-Schöpfers Liebe und Mitgefühl, was zu einer lieblichen violetten Farbe führt, oder der VIOLETTEN ENERGIE des siebten Strahls – des Strahls des Neuen Zeitalters. Seht all die eingeklemmten Energien von Verwirrtheit, Depression, Unschlüssigkeit und Mangel an Inspiration, die Statik oder Verzerrung in eurer Lichtsäule, die euch mit eurem Höheren Selbst und der Göttlichen ICH BIN- Gegenwart verbindet, umgewandelt in einer lodernden violetten Flamme – dem heiligen Feuer der Freiheit. Es wird ALLE disharmonischen Energien der Vergangenheit umwandeln. Alles was ihr zu tun habt, ist, diese Flamme anzurufen, und sie wird von euren Füßen auflodern, euch umhüllen und euch erfüllen mit überfließender, nie endender Zufuhr an umformender magischer Energie.

Bekräftigt, dass ihr all die Strahlung, Ausgeglichenheit und Harmonie, und die Gaben der Sieben Sphären in die physische Welt zurückbringen werdet, indem ihr euch die Universelle Einheit – die Christus-Energie unseres Vater/Mutter-Gottes erschließt.

Erklärt, wenn ihr wollt: Im Namen unseres Vater/Mutter-Gottes fordere ich hiermit mein Geburtsrecht zurück. ICH BIN ein strahlender Abgesandter Gottes. ICH BIN ein leuchtender Funke der Gottheit. ICH BIN das Licht. Das Licht BIN ICH.

Geliebte, unsere Mission ist, euch von euren selbst auferlegten Banden zu befreien. Mein Versprechen ist, bei euch zu sein – euch zu führen und zu beschützen, bis jedes Engelwesen, jeder Mensch auf der Erde und in den astralen Ebenen, und jedes liebe Elementar befreit ist, und alle erlöst und zurückgekehrt sind in den Zustand der Vollkommenheit, dem ihr alle entstammt. Ihr könnt euch nicht einmal vorstellen, wie sehr ich euch liebe.

ICH BIN Erzengel Michael und ich bestätige erneut einem jeden von euch mein gegebenes Versprechen.

66. Ein Kredo für das Neue Zeitalter

Gesegnete Krieger des Lichts! Lasst uns die Voraussetzungen schaffen für eure „Herauskommens-Party," denn ihr befindet euch wahrhaftig in dem Zustand eures Evolutionsprozesses, wo ihr bereit seid, eure Lichtumhänge anzulegen und eure Kosmische Identität zu fordern - falls ihr kühn genug seid, den nächsten Schritt zu tun. Wir könnten euch mit einer Schmetterlingspuppe vergleichen, umhüllt von einem Kokon in einem fragilen Zustand eurer Entwicklung, und im Zustand eines Halbtraumes, in dem ihr geschützt werdet müsst. Aber nun seid ihr bereit zu entschlüpfen, da ihr die verändernden, auflösenden Energieverzerrungen, die euch fesselten, abstreift - da ihr nun die Attribute und Tugenden des Gottesbewusstsein, die über euer Höheres Selbst und eure ICH BIN- Gegenwart auf euch herabgefiltert werden, voll integriert. Teure Freunde, noch einmal, ihr seid bereit, eure strahlenden Schwingen des Lichts zu entfalten und euch wieder mit eurer spirituellen Familie zu vereinen (auf vielen mehrfachen Ebenen), indem ihr die nächste Sprosse der Aufstiegsleiter auf eurem Weg zurück in die höheren Reiche emporsteigt.

Findet ihr, dass ihr mehr im Gleichlauf mit Spirit seid - in Freude und Erwartung lebt, sogar mitten im Chaos rund um euch? Eine Erregung baut sich auf und dehnt sich aus rund um die Erde, sogar an Orten, wo Unterdrückung und Entmachtung herrscht. Indem mehr von euch auf die Stupser von Spirit erwachen und die innere Unzufriedenheit ansprechen, die immer stärker wird, schafft die Angst Platz für Liebe und Hoffnung, und Ärger gibt den Weg frei für heitere Gemütsruhe und Mitgefühl. Die Fluttore kosmischer Wahrheit stehen nun offen und euer Planet und alles darin und darauf wird mit den Saaten des Bewusstseins und der Erinnerung überschwemmt. Der Intellekt des physischen Verstandes vermischt sich über euer Spirit-Selbst mit der tugendsamen reinen Liebe, und gibt damit den Weg frei für die Infiltration der Lehren und höheren Schwingungsmuster in das Bewusstsein der Massen.

Erlaubt uns, euch ein GLAUBENSBEKENNTNIS FÜR DAS NEUE ZEITALTER zu geben, um es zu integrieren, zu praktizieren und danach zu leben. Es übersteigt alle religiösen Lehrmeinungen und kann von jedem praktiziert werden, ganz gleich welchen spirituellen Glaubens. Es ist Zeit, all die Grenzen von starren Dogmen, Aberglauben, Trennung und Furcht aufzulösen. Macht dieses Jahr zu dem, in welchem ihr das Einheitsbewusstsein, brüderlich/schwesterliche Liebe und Respekt für die ganze Menschheit zu üben beginnt.

1. **Liebt euren Vater/Mutter-Gott mit eurem ganzen Wesen. Liebt euch selbst bedingungslos als einen Göttlichen Funken des Schöpfers. Liebt jeden anderen so, wie ihr euch selbst liebt.**
2. **Wisst, dass ihr Verwalter der Erde und all der Lebensformen seid, die auf ihr wohnen - die Natur, die Tiere, die elementaren und menschlichen Königreiche. Schützt, bewahrt und ehrt alle Ausdrucksformen des Lebens.**
3. **Lebt euer Leben mit der Freude und Spontaneität eines Kindes. Bemüht euch, ein Vermächtnis der Liebe und Hoffnung zu hinterlassen. Genießt die Reise des Lebens und seid bestrebt, eure irdische Aufgabe nach eurem besten Können zu erfüllen.**
4. **Haltet stets eine Gesinnung der Dankbarkeit aufrecht und lebt jeden Tag so, als ob Spirit als Beobachter auf eurer Schulter säße. Übt Nichturteilen und seht nach dem Guten in jedem Menschen.**
5. **Euer Ziel ist, zurückzukehren zur Ausgeglichenheit im Körper, Geist und Spirit. Polarität und Dualität werden euch nicht länger beeinflussen, wenn ihr den Weg der Mitte geht.**
6. **Sucht und fordert eure Wahrheit und dann lebt sie mit Integrität. Erlaubt allen anderen das gleiche Recht.**
7. **Lernt und nützt die universellen Gesetze der Manifestation - die Gottgegebenen Werkzeuge, die euch helfen werden, eure Version des Paradieses auch Erden zu erschaffen.**
8. **Teilt die Weisheit, die ihr integriert habt, mit anderen - zuerst durch Beispiel, dann durch eure Handlungen und schließlich durch eure Worte.**
9. **Fordert euer Göttliches Geburtsrecht: die Liebe, Freude, den Frieden, die Gesundheit und den Überfluss, die euer sind als ein Geschenk von unserem Vater/Mutter-Gott.**
10. **Ruft jeden Tag eure mächtige ICH BIN-Gegenwart an, euch zu überlichten, zu führen und zu lenken, und dann hört auf ihre inneren Stupser. Ruft am Ende eines jeden Tages den mächtigen**

Engel der Vergebung und die Violette Flamme an, etwaige disharmonische Energie, die ihr an diesem Tag projiziert habt, auszugleichen, zu harmonisieren und umzuwandeln, so dass sie dadurch harmlos wird und sich über die Gesetze von Ursache und Wirkung hinaus in einen Zustand der Gnade begibt.

Ich habe euch angeboten, jeden Monat einige eurer Fragen zu beantworten, um euch zu helfen, eure Ängste zu zerstreuen und einige Probleme zu klären. Viele von euch sind besorgt über die Länder in denen ihr lebt, solche wie China, Japan, Türkei, Griechenland, Russland, Jugoslawien, Afrika, Südamerika, Mexiko und Mittlerer Osten, die so viel Unfrieden und Leid erfahren. Ihr fragt: „Was können wir tun, um zu helfen?“ Zuerst, lernt und lebt nach dem obigen Glaubensbekenntnis – seid ein Vorbild und strahlt euer Licht aus, damit es alle sehen und sich darin sonnen können. Nehmt an Gruppenmeditationen teil, die nun in aller Welt hervortreten, und fügt eure einzigartigen Energien und Gebete hinzu. Zieht das Maximum an kosmischer Lichtsubstanz an euch, da ihr zu einem Lichtanker werdet in dem Bereich, in dem ihr wohnt. Stellt euch große Kristallpyramiden des Lichts in der fünften Dimension vor, wo ihr euch alle in euren Meditationen versammelt in der Absicht, die größtmöglichen kosmischen Lichtwellen zu erschaffen. Diese Wellen, für das höchste Wohl aller bestimmt, werden im Laufe der Zeit über jedes Land hinwegfegen, die Massen erwecken, die negativen Energien reinigen und klären, die einen Würgegriff auf jedes Land und deren Bewohner ausüben. Wisst, dass jedes Land und jede Rasse einmalig ist, denn sie wurden mit verschiedenen Eigenschaften, Wünschen, Gelegenheiten und Herausforderungen erschaffen. Jede(r) von euch wurde strategisch in einem Bereich platziert, wo ihr den größten Dienst leisten und euer Bestes geben könnt. Ihr tragt Schwingungssamen in eurer Gehirn/Seelen-Struktur, die eurem Land und euren Landsleuten helfen werden. Und die Erde hat euch Saatgut der Erinnerung zurückzugeben über die großen kristallinen Energien tief in ihrem Körper, die sich jetzt zu ihrer vollen Stärke beschleunigen.

Seid ein Vorbild durch Akzeptanz eurer spirituellen Macht, indem ihr, während ihr eure Liebe, Pflege und Unterstützung ausweitet, wo immer es möglich ist, liebevoll neue Grenzen festsetzt. Setzt neue Ziele während ihr eure klare Absicht festlegt und dann kühn voranschreitet, um die Schönheit und Vollkommenheit zu erschaffen, für die euer Land einst bekannt war. Sucht eure spirituelle Familie und vereint euch in einer gemeinsamen Absicht, damit erweitert ihr exponentiell eure Macht und Wirksamkeit. Indem ihr eure neue Vision festlegt und bejaht und die notwendigen Schritte zu unternehmen beginnt, sie zu eurer Realität zu machen, werden wir uns mit euch verbinden mit all der Stärke und Macht der Schöpfung, um euch zu helfen, euren Traum zu verwirklichen – auf die beste und kürzeste Weise die möglich ist. Es ist uns jetzt erlaubt, innerhalb bestimmter Parameter zu intervenieren und euch zu helfen, aber ihr müsst um unsere Hilfe bitten und wir müssen den Gesamtplan für die Evolution der Menschheit in berücksichtigen.

Viele von euch wundern sich und sind beunruhigt über die widersprüchlichen Informationen, die sie über verschiedene „Channels" und Lehrer erhalten. Wisst, dass einige noch immer in den alten Paradigmen von Hölle und Strafe, Untergang und Verhängnis verfangen sind. Diese Lehren wurden erdacht, um Schuld und Furcht einzuflößen durch diejenigen, die wünschten, andere zu kontrollieren. Keiner der großen Meister, einschließlich des geliebten Jesus, lehrte diese Philosophie – ihre Worte und Missionsanweisungen wurden verzerrt und verändert und sind nicht die wahren Interpretationen ihrer Lehren. Seid euch bewusst, Geliebte, dass in verschiedenem Grad alle Channels die Informationen, die ihnen von höherer Quelle gegeben werden, durch ihr eigenes Glaubenssystem filtern. Manche Channels sind fähig, ihr Bewusstsein zur Seite zu schieben und zuzulassen, dass fast reine Information durchkommt, während viele andere diese Disziplin nicht gelernt haben. Wisst auch, dass Channels nur Informationen von einer Frequenzebene hervorbringen können, die anzuzapfen sie mit Hilfe ihrer Seele, ihres Höheren Selbst oder ihrer ICH BIN-Gegenwart fähig sind. Mit anderen Worten, je reiner der Pfad zu eurem ausgedehnten Selbst, zu desto mehr verfeinerten Schwingungsmustern habt ihr Zugriff. Zum Beispiel, meine Botschafterin, die ihr in diesem Leben unter dem Namen Ronna Herman kennt, stellt euch vor, wie sie ihr Bewusstsein in der Lichtsäule emporhebt zu ihrer ICH BIN-Gegenwart, wo wir uns mit ihren Schwingungsmustern verbinden und Lichtpakete an Information in ihre Gehirnstruktur senden, die dann durch ihr Gehirn/Wissen/Weisheit gefiltert und in die englische Sprache übertragen werden. Je mehr ein Channel auf die Wahrheit des Schöpfers ausgerichtet ist, desto fehlerfreier sind die Botschaften die er/sie hervorbringt. (Unsere Botschafterin fühlt sich nicht behaglich mit uns, weil wir sie als Beispiel anführen, aber Wahrheit ist Wahrheit.)

Viele zapfen nur die Schwingungsmuster aus der mittleren vierten Dimension an und bringen deshalb nur Gedankenmuster und mutmaßliche Realitäten hervor, egal von welcher Ebene, auf die sie eingestimmt sind und die in ihr Realitätsbild passt. Wie wir euch schon so oft zuvor erklärt haben, **akzeptiert NICHT** irgendeine Information als eure Wahrheit, ganz gleich aus welcher Quelle sie kommt, bevor ihr sie nicht durch euren Herz/Seelen-Monitor auf ihre Gültigkeit geprüft habt. Wenn sie liebevoll und ermächtigend ist und wahr klingt, dann mögt ihr sie als eure Wahrheit akzeptieren. Wenn ihr Angst, Anspannung oder Furcht in eurem Herzen oder Solarplexus fühlt, verwerft diese Information. Wenn ihr euch nicht sicher seid – könnte es eine Information sein, die erheblich verschieden ist von dem, was ihr für eure Wahrheit hieltet. Legt sie beiseite und bittet euer Höheres Selbst, sie für euch zu bestätigen, wenn es eure Wahrheit sein soll. Und wenn sie es ist, dann wird sie ohne jeden Zweifel bestätigt – durch irgendjemanden, in einem Buch oder Artikel, den ihr lest, oder in einem Ereignis, das unmissverständlich ist.

Nun erlaubt mir, euch auf eine Reise mitzunehmen - eine Meditation, um euch zu helfen, mit der Weite dessen zu verschmelzen, der ihr seid.

EINE DREIEINIGKEIT DES SPIRIT - EINE DREIEINIGKEIT DES BEWUSSTSEINS

Fokussiere dein Bewusstsein auf dein Herzzentrum. Atme tief, während du dir mit deinen inneren Sinnen einen wunderschönen Tempel vorstellst. Sie dich selbst durch eine goldene Tür treten, die ein leuchtendes irisierendes Licht ausstrahlt. Im Zentrum dieses Raumes sitzt eine großartige Wesenheit auf einem Thron. Von ihr strahlt so viel Liebe aus, dass es dich fast überwältigt.

Langsam gehst du vorwärts und stehst vor diesem wundersamen Wesen. Und als du in seine/ihre glänzenden Augen blickst, erkennst du, das dies dein Seelen-Selbst ist. Du begibst dich in die Umarmung deiner Seele und fühlst eine große Woge von Wärme und Liebe, während du mit deiner Seele verschmilzt in einem vereinten Göttlichen Aspekt des Schöpfers. Dein Herzzentrum bricht auf in voller Liebe, da es sich erweitert, um dieses wunderbare Geschenk zu umfassen.

Du wendest dich um und siehst ein weiteres herrliches Lichtwesen den Raum betreten und auf dich zukommen, ein Wesen von sogar noch größerem Licht. Du erkennst dieses wunderschöne Wesen als dein Überbewusstein oder Höheres Selbst, während es sich vorwärts bewegt und sanft mit dir und deiner Seele verschmilzt. Sehe dein Unterbewusstsein als ein schönes Kind, und sehe dein Bewusstsein als eine androgyne Form von flammender goldgrüner Energie.

Du streckst deine Hände aus und formst eine Dreieinigkeit des Bewusstseins, indem du in vollkommener Harmonie mit diesen Aspekten deiner selbst eins wirst. Sieh alle Zellen deines Körpers - jede mit einem eigenen Bewusstsein -in einem flammenden Licht aufbrechen, da sie sich mit dir im Tempel deines Herzzentrums verbinden. Fühle die machtvolle Energie und Freude, während du dich in ein größeres Einheitsbewusstsein ausdehnst und dich tiefer in den Mikrokosmos deiner DNS-Struktur begibst.

Sieh nun eine große und majestätische zwölfsträngige Helix vor dir, und da du in diese ehrfurchtgebietende Struktur hineinsteigst, beginnst du hinabzudriften ins Zentrum der Erde. Dort, in einer wunderschönen Kristallpyramide, steht eine liebliche strahlende Lady, die Essenz von Mutter Erde.

Du streckst deine Hand aus, und als sie diese nimmt, durchströmt dich ein Gefühl der Dankbarkeit, der Einheit und Liebe. Zusammen steigt ihr schnell die spiralförmige Helixformation empor und hinaus in die höheren Reiche, die Begrenzungen des physischen Gefäßes hinter euch lassend - ausdehnend, fortbewegend, herumwirbelnd in den herrlichen Strahlen von Licht und Farbe - hinaus in die Galaxis und in das Herz der Großen Zentralsonne.

Du siehst ein herrlich leuchtendes Licht, das, deine wildesten Vorstellungen übertreffend in einer Aurora Borealis von Farben strahlt, während du umgeben bist von umspülenden Klängen lieblicher Musik. Du blickst dich mit freudigem Erkennen in diesem Reich um, während du deine Hände ausstreckst zu deinem Vater/Mutter/Gott, den Schöpfern dieses Universums. Jeder Teil deines Wesens dehnt sich aus und schwillt an voller Liebe, so süß und überwältigend, dass es dir Tränen der Freude in die Augen treibt.

Wieder hast du eine Dreieinigkeit geformt, und zusammen verbinden sich diese herrlichen Wesen im Tempel deines Herzens und hinterlassen dort dein Erbe: das Geschenk der Liebe, der Freude, des Überflusses und der Harmonie. Du weißt, du wirst nie mehr der Gleiche sein. Du hast dich wiederverbunden mit deiner Quelle und dich tief verankert im Herzen der Erde, eine sich wölbende Regenbogenbrücke erschaffen, die dich schließlich zurückführen wird in deine Heimat unter den Sternen.

Indem du langsam deine Rückreise hinab durch die Dimensionen antrittst, siehst du dich von einem großen Strom von goldenem, irisierendem Licht, angefüllt mit Millionen winziger Diamantkristalle, umgeben - ein weiteres Geschenk des Schöpfers. Sieh, wie dieses goldene flüssige Licht deine Aura umhüllt und langsam beginnt, durch all deine Körpersysteme hindurch in den wahren Kern deines Wesens einzudringen. Fühle, wie du dich zurückbegibst in dein physisches Bewusstsein, wissend, dass du tiefgreifende Verbindungen mit allen Teilen deines Göttlichen Selbst hergestellt hast.

Ob du nun nach Innen oder nach Außen reist, du wirst Liebe, Unterstützung, Weisheit und Nahrung finden. Von diesem Augenblick an bist du die Verkörperung von allen heiligen Energien, mit dem Bewusstsein und der Weisheit eines Meisters. Alle Geschenke der Schöpfung gehören dir in alle Ewigkeit. Alles, was du zu tun hast, ist, sie zu verlangen. Bei der Gnade und Liebe Gottes, so soll es sein und so ist es!

Noch einmal richte deine Aufmerksamkeit langsam auf dein Bewusstsein, atme tief und fühle dich wieder vollkommen zurück in deinem Körper, indem du fühlst, wie dich die Energie durchwogt und dir ein Gefühl von Wunder, Vitalität und Lebendigkeit in dein Bewusstsein bringt. Sage und wisse ohne jeden Zweifel: „ES IST GETAN."

Kommt, ihr Tapferen und Geliebten, und vereint euch mit uns in den Reichen aller Möglichkeiten - ihr fangt erst an, eine Ahnung von der Herrlichkeit und Liebe zu bekommen, die euch erwartet. Ich bin immer mit euch.
ICH BIN Erzengel Michael.

67. Botschaft von Ronna

Meine lieben und kostbaren Freunde:

Wie wahrlich gesegnet und privilegiert sind wir, diejenigen zu sein, die, wie ich es nenne, die Hauptrollen spielen in dieser Zeit des Erwachens. Ich fühle eure Liebe und Gegenwart über Meilen auf mich strahlen, und eure lieben Mitteilungen und Briefe bedeuten mir mehr, als ich euch je sagen kann (obwohl ich nicht immer Zeit habe, jeden zu beantworten). Diese vergangenen paar Jahre waren Zeiten großer Herausforderungen (welche leichter werden), und einer regen, hektischen Zeitplanung (was ich liebe).

Täglich bitte ich unseren geliebten Lord Michael mir gute Gesundheit und Kraft zu geben, um das Tempo so lange fortzusetzen, als ich gebraucht werde. Jetzt ist für uns die Zeit, meine Freunde, sichtbarer und hörbarer zu werden. Es ist erstaunlich, wie die allgemeine Bevölkerung zu erwachen beginnt und Fragen stellt – überall wo ich hinkomme, stelle ich das fest. Also, kommt heraus, ich traue es euch zu und ich glaube, ihr werdet erstaunt sein, wie viel ihr mitzuteilen habt – wie offen und aufnahmefähig die meisten Leute sind. Nehmt die einfachen Wahrheiten, die uns Lord Michael über die Jahre hindurch gegeben hat, und gebt sie weiter auf welche Weise immer es angebracht ist. So einfach ist das. Mein Herz ist voller Liebe und Dankbarkeit. Gebt euch selbst eine große Umarmung von mir.

Ich wünsche euch Liebe, Strahlen und Regenbögen voller Licht, Freude, Lachen und Gottes Segen, immerdar.

Ronna

Über die Autorin

Ronna Herman ist ein international bekannter Channel/Kanal für Erzengel Michael. Seine durch Ronna Herman übermittelten Botschaften der Hoffnung und Inspiration wurden in mehr als einem Dutzend New-Age-Zeitschriften und spirituellen Publikationen in aller Welt veröffentlicht und in die meisten Hauptsprachen übersetzt.

Als pensionierte Geschäftsleiterin und Immobilienmaklerin, bietet Ronna einen vernünftigen Zugang zur Metaphysik. Ihre spirituelle Forschung begann 1970, und nach intensivem Studium und Training begann sie eine zweite Karriere als ein spiritueller Lehrer und Berater. Im Jahre 1994 gründete sie StarQuest (www.ronnastar.com).

Ronna trat in zahlreichen Radio- und TV-Sendungen auf und sprach zweimal bei S.E.A.T. der Vereinten Nationen (**T**he **S**ociety for **E**nlightenment und **T**ransformation). Sie hält Seminare überall in den Vereinigten Staaten und in der Welt, berührt die Herzen der Menschen und verbindet sie mit deren Seelen-Selbst. Diejenigen, die an ihren einflussreichen Seminaren teilnehmen, erhalten nützliche Werkzeuge, um sich auf die nächste Ebene ihres spirituellen Wachstums zu begeben.

In ihrem ersten Buch, ***On Wings of Light*** (deutsch: Auf Schwingen des Lichts, Ventla-Verlag,) erteilt Ronna inspirierende Botschaften von Erzengel Michael. Das Buch, in fünf Sprachen herausgegeben, ist ein Bestseller in den Niederlanden. Auf diesen Erfolg hin schrieb Ronna eine Triologie von sechs Geschichten, die sie als „Metafiktion" bezeichnet. Jetzt in Manuskriptform angeboten, beruhen die Geschichten in „Once Upon a New World" zum Teil auf flüchtigen Eindrücken und Erinnerungen an einige von Ronna's vergangene Leben und einigen Erlebnissen ihrer gegenwärtigen Inkarnation.

Ronna lebt mit ihrem Ehemann Kent, einem pensionierten leitenden Angestellten einer Fluggesellschaft, im Hochland außerhalb von Reno, Nevada. Wenn sie nicht auf Reisen sind, genießen Ronna und Kent die Gartenarbeit und verbringen ihre Zeit mit ihren verbundenen Familien, die aus 7 Kindern, 19 Enkelkindern und 4 Großenkelkindern bestehen.

Armando de Melo
„Weltenlehrer"

Dieses Buch beschreibt,
wie Armando de Melo
zum Malen der Geistigen Wesen
gekommen ist, wie sie ihm
erschienen und was sie sagten
und wer sie waren.
Es ist bereits ein großer Erfolg
und ein wunderschönes Geschenk
für alle, die sich auf dem
geistigen Weg befinden.
Ca. 170 Seiten, 30 Abbildungen,
ISBN 3-936226-00-8

€ 18,00
sfr 33,00

Spirituelle Räucherstäbchen

Original aus Brasilien
Hervorragend geeignet zur
Reinigung von allen
unguten Energien und
Schwingungen in der Wohnung.
Eine Schachtel enthält
20 Stäbchen.

€ 11,00
sfr 20,00

Remo Arentz
Das Sieben-Chakra-System
als CD + deutschsprachigem
Büchlein € 23,00
sfr 43,00

„Das Sieben-Chakra-System"
als Büchlein allein
35 Seiten, 5 Abbildungen,
broschiert € 6,00
sfr 10,00

Die **CD** ist eine wundervolle Komposition zur Arbeit und Meditation mit den 7 Hauptchakren des Menschen, mit einer Beschreibung in englischer Sprache.

CD ohne deutsches Buch € 19,90
sfr 35,00